Arbeitsbuch für die Sekundarstufe II
Gesellschaftswissenschaften

Methodentrainer

Bernd Kolossa

Cornelsen

Legende

 Definition

 Profitipp

 Übung

Redaktion Peter Südhoff
Gestaltung und Satz Anna Bakalović und Annika Preyhs, Berlin
Umschlaggestaltung Anna Bakalović unter Verwendung eines Bildes von Todd Davidson
Illustrationen Sabine Comes, Wuppertal

http://www.cornelsen.de

1. Auflage Druck 4 3 2 1 Jahr 03 02 01 2000

Druck CS-Druck Cornelsen Stürtz, Berlin

ISBN 3-464-65037-5

Bestellnummer 650375

Gedruckt auf säurefreiem Papier, umweltschonend hergestellt aus chlorfrei gebleichten Faserstoffen

... eine Bemerkung zu diesem Buch ...

Mit der Forderung nach größerer Praxisnähe der Schulausbildung wandert der Blick immer wieder über den Tellerrand der Schule hinaus zur Universität, zur Wirtschaft und zum Berufsleben. Auch nach dem Schulabschluss geht das Lernen weiter, und die Fähigkeit zum flexiblen, selbstorganisierten Lernen erfordert Schlüsselqualifikationen, die über die primäre fachbezogene Wissensaufnahme in der traditionellen Sekundarstufe hinausgehen.

Schlüsselqualifikationen

Zahlreiche Begegnungen zwischen Kultusministern und Vertretern der Schulen, Universitäten und der Wirtschaft haben dazu geführt, dass das Erlernen von Lern- und Arbeitsmethoden in unterschiedlichen Formen, sei es als besonderer Kurs oder als zentrale Unterrichtssequenzen, in den Gesamtunterricht integriert wird. Absolventen der Sekundarstufe II müssen heute nicht nur über eine hohe schulische Allgemeinbildung verfügen, sie sollen auch in der Lage sein, auf alle Lernanforderungen, die in der weiteren Ausbildung an Hochschulen und im Beruf auf sie zukommen, flexibel und selbstständig zu reagieren.

selbstständiges und flexibles Lernen

Dieses Buch, das für entsprechende Kurse und Unterrichtsveranstaltungen zugeschnitten ist, zeigt eine exemplarische Reihe von Methoden, die beim Erwerb, der Ordnung und Verwaltung, sowie der Weitergabe von Informationen nützlich sind. Klassische Vorgehensweisen stehen gleichberechtigt neben denen, die für die Nutzung der modernen Informationstechnologie geeignet sind. In mehreren Zwischenkapiteln werden Möglichkeiten und Methoden der Selbstorganisation vorgestellt. Bei der Methodenauswahl wurde besonders darauf geachtet, dass der Rahmen dessen, was Schülern an Möglichkeiten zur Verfügung steht, nicht gesprengt wurde. In zahlreichen Fortbildungsseminaren bei Privatfirmen und Organisationen sowie in einer zweijährigen Erprobungsphase als Kurs in der gymnasialen Oberstufe sind die hier vorgestellten Methoden in der Praxis getestet worden. Sie orientieren sich an den Bedürfnissen von Schülern, Lehrern und der beruflichen Fortbildung.

Methodenauswahl

Das Buch eignet sich sowohl als Arbeits- und Informationsgrundlage für den Klassen- oder Kursunterricht, kann aber genauso zum Selbststudium oder als methodisches Begleitbuch im Fachunterricht eingesetzt werden.

Einsatzmöglichkeiten des Buches

Der modulare Aufbau begünstigt die themenorientierte Arbeit. Jedes Kapitel beschreibt zunächst eine Methode und bietet dann an geeigneten Stellen Übungen an, die sich an die Praxis der Gesellschaftswissenschaften anlehnen, und die die Möglichkeit zur Anwendung und Vertiefung, entweder einzeln oder in Gruppen, bieten. Zur besseren Übersichtlichkeit ist der Aufgabenteil vom darstellenden Teil grafisch abgehoben. Auch die Hervorhebungen von Definitionen und Profi-Tipps, ebenso wie die Stichwörter am Rand dienen der schnelleren Orientierung.

Aufbau

Es würde uns freuen, wenn Sie uns Ihre Erfahrungen mit diesem Buch, Ihre Kritik und Ihre Anregungen mitteilten, um noch besser auf Ihre Wünsche und die Anforderungen der Unterrichtspraxis eingehen zu können.

Schreiben Sie uns!

Schreiben Sie uns! Cornelsen Verlag, Redaktion Gesellschaftswissenschaften, Mecklenburgische Straße 53, 14197 Berlin.

1. Lernen – ein Leben lang?

Selten verkünden Experten aus Politik, Wirtschaft und Wissenschaft so einmütig eine Botschaft: Ob Schüler/-in oder Student/-in, Ingenieurin oder Softwarespezialist – wer in Ausbildung und Beruf bestehen will, muss bereit sein ein Leben lang zu lernen. Dieses Einstiegskapitel verdeutlicht, was mit dieser Anforderung gemeint ist und wie sie begründet wird.

INFORMATIONSKOMPETENZ

INFOSMOG

QUALITÄTSMANAGEMENT

1.1. Neue Anforderungen – neue Qualifikationen

Veränderungen in der Schule, im Studium und in der Arbeitswelt

Nicht nur Schule und Studium, auch der Beruf sind heute im Rahmen der gesellschaftlichen Entwicklungen ständigen Veränderungen unterworfen. Das Abitur, die traditionelle Eintrittskarte in das Studium und die akademische Welt ist oft schon die Voraussetzung für viele nichtakademische Berufe. Die gymnasiale Oberstufe wird immer wieder reformiert oder den Anforderungen der Berufswelt durch inhaltliche Verlagerungen nähergebracht.

Auch das Studium verändert sich. Studiengänge, die es vor wenigen Jahren noch nicht gab sind heute schon fast überlaufen. Fächer, die früher zur umfassenden akademischen Bildung gehörten, werden jetzt nur noch von wenigen belegt. Veränderungen kommen so schnell, dass Erstsemesterstudenten nicht mehr sicher sein können, ob sie am Ende ihres Studiums noch gute Berufschancen haben.

Die Arbeitswelt selbst hat sich vor allem durch die Einführung neuer Technologien rasant verändert. Viele traditionelle Berufe gibt es nicht mehr, vorhandene Berufsbilder verändern sich permanent und neue Arbeitsfelder entstehen vor allem im Bereich der Informations- und Kommunikationswirtschaft.

lebenslanges Lernen

Die Folge dieser Entwicklung ist, dass Flexibilität heute mehr denn je gefragt ist. Wer in der Schule und im Studium vorankommen möchte, kann heute nicht mehr nur auf ein Abitur oder ein Examen mit ordentlichen Noten hinarbeiten und davon ausgehen, dass sich alles weitere daraus ergibt. Auch für den Ingenieur, die Journalistin, die Abteilungsleiterin oder den Softwareexperten gilt: mit dem Abschluss der Ausbildung oder dem Erreichen einer Position darf heute das Lernen nicht mehr aufhören. Auch kann man nicht mehr als Individualist in irgendeinem Fachgebiet brillieren, wenn man nicht gleichzeitig mit anderen kooperiert und über Teamfähigkeit verfügt.

Wissensexplosion und Halbwertszeit des Wissens

So hat sich in den letzten Jahrzehnten nicht nur die Menge des verfügbaren Wissens explosionsartig vermehrt, auch die Halbwertszeit des Wissens wird immer geringer. Besonders hoch ist die Verfallsrate in den Naturwissenschaften und in den Bereichen Technologie und neue Medien. Schon nach 12 bis 24 Monaten veraltet z. B. das Wissen im Bereich Hardware und Softwareelektronik um 50 Prozent. Eine Antwort darauf lautet: Es wird immer wichtiger, dass wir über Techniken verfügen, mit denen wir möglichst effektiv lernen, Wissen erwerben und wieder ablegen. Eine andere Antwort darauf ist die Spezialisierung und damit Aufspaltung des Wissens. Für die Autoproduktion gibt es heute z. B. den Umweltingenieur und den Akustiker. Das so aufgespaltene Wissen muss aber wieder zusammengefügt werden. Nicht Einzelkämpfertum, sondern Informationskompetenz und Teamfähigkeit sind daher gefragt.

1.2. Was ist Infokompetenz?

Informationsflut und „Infosmog“

Informationen gelten als das kostbarste Gut unserer Mediengesellschaft, doch immer weniger sind wir heute noch in der Lage, die auf uns einströmenden Datenmengen zu überblicken und zu verarbeiten. Es gibt Untersuchungen, die mit Zahlen belegen können, welchem Informationsbombardement der Einzelne tagtäglich ausgesetzt ist. Die normale durchschnittliche Tagesschau, die 15 Minuten dauert, bringt neben größeren Themen bis zu 60 Kurz- und Nebeninformationen in Wort und Bild. Im Bild erscheinen bis zu 10 teilweise animierte Grafiken, darüber hinaus Standbilder, Filme und Studiogespräche. Mit etwa 150 Bildschnitten und unterschiedlichen Kameraperspektiven wird der Zuschauer im Verlauf der Sendung konfrontiert. Und doch ist die Tagesschau nur eine Viertelstunde eines Tages, der mit weiteren Informationen jeder Art gefüllt ist. Besonders die neuen Medien (Internet, CD-ROM) beeindrucken hier als Informationslieferant durch Aktualität, Tempo, Dichte und Verzweigungsmöglichkeiten. Das Mehr an Informationen kann aber auch zu einem Weniger an Qualität führen, wenn wir diese Informationsmengen nicht mehr bewältigen können („Infosmog“ nennt der amerikanische Buchautor David Shenk diesen Zustand).

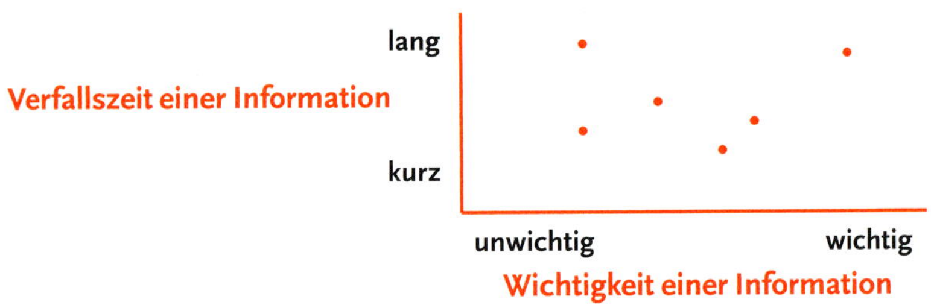

Informationskompetenz bedeutet, wichtige Informationen von unwichtigen unterscheiden zu können, zu wissen, welche Informationen schnell verfallen und welche langfristig nutzbar sind. Informationskompetenz beinhaltet, Informationen so zu ordnen und abzulegen, sei es im eigenen Gedächtnis oder in unterschiedlichen Organisations- und Speichermedien, dass der gezielte Zugriff jederzeit gewährleistet ist. Informationskompetenz bedeutet aber auch, zu wissen wie ich überhaupt an Informationen gelange und wie ich sie aufbereite und auswerte, sodass sie mir weiterhelfen.

- Wie komme ich an Informationen die für meine Arbeit relevant sind?
- Wie kann ich relevante Daten verarbeiten und aufzeichnen?
- Wie binde ich Informationen sinnvoll in meine Arbeit ein? Wie kann ich das Gelernte weitergeben und benutzen?

1.3. Informationskompetenz und Schule

Wer heute in Deutschland eine Bildungsmesse besucht und das Angebot dort mit dem einer Bildungsmesse noch vor zehn Jahren vergleicht, wird feststellen, dass eine zunehmende Anzahl von Ausstellern und Anbietern ihre Adressaten im Bereich der beruflichen Aus- und Weiterbildung sieht. Es werden Methoden und Ansätze vorgestellt, die in der Schule bisher kaum oder gar nicht vertreten waren. Nun hat aber auch die Schule festgestellt, wie gut und nützlich viele neue Methoden sind, und vor allem, wie gut und nützlich es für Schüler ist, mit diesen Methoden umgehen zu können. Das selbstgesteuerte Lernen, das bisher frühestens nach dem Abitur zu einer ernsthaften Anforderung wurde, soll nun in die schulische Ausbildung integriert werden.

mehr selbstgesteuertes Lernen, auch in der Schule

Wer es während seiner Schulzeit nie gelernt hat, Lehrervorträge im Unterricht mitzuschreiben, wird später an der Universität im Hörsaal sitzen und nicht wissen, was man von der Vorlesung mitschreiben soll. Wer nie gelernt hat im Team zu arbeiten, ein Referat, einen Vortrag, eine Präsentation frei und und für die Zuhörer interessant darzubieten, wird bei seiner ersten derartigen Aufgabe im Beruf scheitern.

Die Schule ist der Ort, wo Sie diese Fähigkeiten und Fertigkeiten üben können, z. B.

- bei der Recherchearbeit für Referate, Präsentationen und Diskussionen
- bei der individuellen Vertiefung des Unterrichtsstoffes
- bei der Anfertigung von Hausaufgaben
- bei der Vorbereitung auf Klassenarbeiten, Klausuren und Prüfungen
- beim selbstgesteuereten Lernen (allein oder in Gruppen)
- bei der Erfassung der Tagesaktualität (inner- und außerunterrichtlich)
- bei der Ziel- und Zeitplanung
- beim Abwägen von Aufwand und zu erwartendem Ergebnis

Selbstgesteuerte schulische Arbeitsprozesse fördern und fordern Schüler und Schülerinnen mit einem hohen Maß an Selbstorganisationsfähigkeit, Selbstverantwortung und Informationskompetenz. Diese Kompetenzen sind kein Selbstzweck und es geht auch nicht darum, dass Sie mehr und härter arbeiten. Informations- und Methodenkompetenz bedeuten intelligenteres Arbeiten, die Fähigkeit den Lernprozess selbst in die Hand zu nehmen, eigenständig Probleme zu lösen und Entscheidungen zu treffen. Wenn Sie die dazu notwendigen Techniken trainieren und beherrschen, haben Sie nicht nur einen persönlichen Standortvorteil in der Schule, an der Universität und in der beruflichen Ausbildung und Praxis. Sie erwerben auch soziale Qualifikationen, die Ihnen und anderen das Leben erleichtern.

Arbeitsweise mit dem Buch

Es ist nicht nötig und auch nicht sinnvoll, dass Sie dieses Buch der Reihe nach von Anfang bis Ende durcharbeiten. Jedes Kapitel kann losgelöst von den anderen bearbeitet werden, selbst wenn es einen Gesamtzusammenhang und eine innere Logik gibt. Sie können dieses Buch als Methodenbeschreibung, als Arbeitsbuch, als Nachschlagewerk und als Lehrbuch für Gruppen und Einzelunterricht verstehen. Versuchen Sie jeden Teil, den Sie lesen, dadurch zu vertiefen, dass Sie über die vorgeschlagenen Übungen hinausgehend, eigene praktische Anwendungen finden.

2. Die Recherche – wie und wo finde ich Informationen?

MEDIENRECHERCHE

INTERNET

INTERVIEW

MEINUNGSUMFRAGE

BIBLIOTHEK

STATISTIK

TV · RADIO

2.1. Tipps für die Recherche: Der Unterschied zwischen sammeln und suchen

In unserer Informationsgesellschaft besteht immer die Gefahr, dass man von der unglaublichen Fülle von Informationen erdrückt wird, dass man nicht unterscheiden kann zwischen relevanten und irrelevanten Informationen, und dass man viele – oft auch widersprüchliche – Informationen ungeprüft aufnimmt. Anders gesagt: Sammeln Sie nicht alles und jedes. Suchen Sie sich Ihre Informationen schon von Anfang an gezielt heraus. Prüfen Sie genau, ob die jeweilige Information etwas mit Ihrem Kontext zu tun hat und Sie in Ihrer Arbeit weiterbringt, oder ob sie sich letztlich nur als überflüssiger Ballast erweist.

Qualitätskontrolle

Eine für Referate, Klausuren, Präsentationen, etc. brauchbare Information muss die folgenden Qualitätskriterien erfüllen:

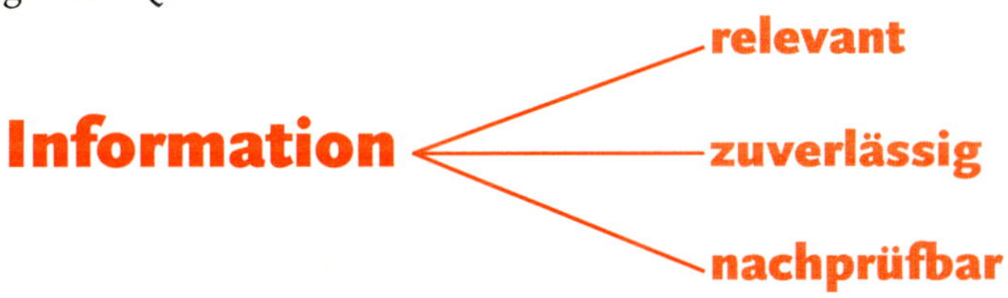

Was ist eine „relevante" Information?
Informationen, die sachgemäß sind, die die Arbeit an einem Thema voranbringen, sind relevant. Dass zum Beispiel die englische Königin Victoria mit einem deutschen Prinzen verheiratet war, ist keine relevante Information zum Thema „Englische Kolonialpolitik im 19. Jahrhundert", wohl aber die Information, dass Victoria auch Kaiserin von Indien war.

Was ist eine nachprüfbare Information?
Wenn zum Beispiel der deutsche Bundeskanzler bestimmte Vorstellungen zur Steuerreform hat, so wird diese Information nachprüfbar, wenn man weiß, in welcher Rede, in welcher Pressemitteilung, er sich zu diesen Vorstellungen geäußert hat. Man kann sich die Originaldokumente besorgen und den genauen Wortlaut nachlesen.

Was ist eine zuverlässige Information?
„Wie aus gewöhnlich gut unterrichteten Kreisen verlautet ..." oder „nach bisher noch unbestätigten Meldungen ..." sind sicherlich Einleitungsformulierungen für spannende Informationen, sie lassen aber nicht erkennen, ob die Informationen richtig oder falsch sind. Die Zuverlässigkeit einer Information prüft man, indem man versucht aus anderen unabhängigen Quellen eine Bestätigung der Information zu bekommen. Bei amtlichen Verlautbarungen, Rundfunk-, Fernseh-, Zeitungsmeldungen kann man davon ausgehen, dass die betreffenden Journalisten sauber gearbeitet haben und die Richtigkeit der Information selbst bestätigen können oder überprüft haben. Darauf kann man sich bei der Weiterverwendung berufen.

Sie arbeiten beispielsweise an einem Referat zum Thema „Die Reform der europäischen Kommission". Welche der folgenden Informationen erfüllen die oben aufgeführten Kriterien.

1. Fewer than 1 in 4 backs euro, poll shows. (The Sunday Telegraph, 13 June 1999)
2. Dem Vernehmen nach fordert die portugiesische Regierung in der neuzubildenden Europäischen Kommission die Zuständigkeit für den Bereich der wirtschaftlichen Zusammenarbeit. (Hessischer Rundfunk, Juni 1999)
3. In einem ZDF-Interview hat der bayerische Ministerpräsident gefordert, einen der beiden deutschen Kommissionsposten in Brüssel mit einem Unionskandidaten zu besetzen.
4. Der designierte italienische Kommissionspräsident Prodi hat sich in seiner bisherigen politischen Laufbahn als kompetent und als Mann des Ausgleichs erwiesen.
5. Die Europäische Kommission legt spätestens am 1. September einen Entwurf für einen Haushaltsplan des nachfolgenden Jahres vor. (vgl. Maastricht-Vertrag, Art. 203)

Von entscheidender Bedeutung für den Erfolg ihrer Arbeit ist es, dass sie vorab folgende Tipps beherzigen:

Tipps für die Vorbereitung der Recherche

- Vergewissern Sie sich zunächst, dass Sie die Fragestellung Ihrer Arbeit klar formuliert und das Ziel Ihrer Recherche genau bestimmt haben.
- Erstellen Sie dann einen Aktionsplan für Ihre Recherche, d. h. listen Sie auf, wo und wie Sie die Informationen beschaffen wollen.
- Überlegen Sie sich frühzeitig ein Ordnungsprinzip für Ihre Informationen, sodass Sie beim Sammeln und Notieren schon eine (noch flexible) Grobgliederung haben. Sie erkennen dann schneller, wo noch Informationen fehlen und wo Sie bereits über ausreichend Material verfügen.
- Notieren Sie sich alle relevanten Informationen (z. B. auf Karteikarten, Zettel, Datenbank) und schreiben Sie sofort dazu, woher die Information kommt. So wird jede Information leichter nachprüfbar und erleichtert intensivere Nachforschungen.
- Prüfen Sie die Zuverlässigkeit Ihrer Informationsquelle.

2.2. Medienrecherche

Medienrecherche bedeutet, in allen zugänglichen Informationsquellen (Medien) gezielt und themenorientiert nach Informationen zu suchen.

Welche Medien kann ich als Informationsquelle nutzen? Welche Vorzüge bieten sie mir? Wo liegen die Probleme?

Medium	+	–
Printmedien		
Bücher	meist sehr ausführlich, auch mit Hintergrundinformationen	relativ großer Zeitaufwand beim Lesen und Bearbeiten
Zeitungen, Zeitschriften	gute und für das jeweilige Datum aktuelle Informationsquelle	zurückliegende Artikel lassen sich meist nur umständlich über ein Register oder eine Bibliografie erschließen
Fachpublikationen	sehr speziell und fachspezifisch für das jeweilige Thema	nur dann brauchbar, wenn man selbst über genügend fachspezifisches Hintergrundwissen verfügt
wissenschaftliche Publikationen	sehr speziell und für anspruchsvolle Information wie auch für Hintergrundzusammenhänge nutzbar	oftmals schwierig zu lesen. Für den Einsatz in der Schule nicht immer sinnvoll
Sonstiges: Fotos, Karten, Informationsmaterial etc.	je nach Art der Publikation recht spezifisch, kann aber gut eingesetzt werden	oft Probleme bei der Auswahl, da viele Materialien (z. B. Werbung) sehr subjektiv sind
AV-Medien		
TV-Sendungen, Videos	interessant und multimedial gestaltet, hohe Informationsdichte	umständliche und schwierige Erschließung von Einzelinformationen
Hörfunksendungen, Tonträger (CDs etc.)	hohe Informationsdichte aus Wort, Musik und Geräuschen	umständliche und schwierige Erschließung von Einzelinformationen
Multimedia		
CD-ROMs	multimediale und interaktive Informationsmöglichkeit, schnelle Ergebnisse	Recherche wird durch die Speicherkapazität der jeweiligen CD-ROM begrenzt
Internet	schnelle und multimediale Information, oft sehr aktuell	Schwierigkeit der Erschließung durch Einengung und Präzisierung der Suche über unterschiedliche Suchmaschinen
Datenbanken und Informationsdienste	schnell, multimedial, aktuell und meist sach- und themenorientiert	oft mit hohen Abonnementskosten verbunden und für Nichtabonnenten nicht zugänglich

2.3. Recherche in der Bibliothek

Jede Fachdisziplin hat ihre eigenen, bewährten Methoden des Informationserwerbs. In den naturwissenschaftlichen und technischen Fächern gehört zählen, messen, beobachten und erproben dazu, in den Sozialwissenschaften kommt man oft ohne Befragungen und Interviews nicht weiter. Allen Fächern gemein ist die Arbeit mit Büchern und die Arbeit in Bibliotheken.

Wer die Möglichkeit hat, unter mehreren Bibliotheken wählen zu können, wird sehr schnell grundlegende Unterschiede und Eigenheiten feststellen:

Staatsbibliothek · Landesbibliothek · Kreisbibliothek · Stadtbibliothek
Diese öffentlichen Bibliotheken bieten ein sehr breit gefächertes Angebot und decken nahezu alle Interessen- und Fachgebiete ab. Je nach Größe, finanziellem Rückhalt und Serviceangebot können aber auch diese Bibliotheken innerhalb der verschiedenen Abteilungen sehr fachspezifisch sein und durchaus über neueste in- und ausländische Fachliteratur verfügen. Dies gilt insbesondere für Staats- und Landesbibliotheken. Kreis- und Stadtbibliotheken sehen sich in der Regel eher der Allgemeinbildung und weniger dem fachwissenschaftlichen Ansatz verpflichtet. Sie werden auch oft durch besondere Serviceleistungen wie Stadtteilbibliotheken und Fahrbibliotheken für literarische Unterhaltung genutzt.

Alle bisher genannten Bibliotheken sind Leihbibliotheken, das heißt, dass Bücher in der Regel vier Wochen lang entliehen werden können. Nicht ausleihbare Bücher, wie z. B. Referenzwerke (Lexika, Wörterbücher, etc.) und besonders wertvolle oder seltene Bücher können (evtl. nach Vorbestellung) im Lesesaal der jeweiligen Bibliothek eingesehen werden.

Mehr und mehr entwickeln sich die öffentlichen Bibliotheken auch zu Mediotheken, in denen der Nutzer nicht nur Bücher und Zeitschriften findet, sondern auch Videos, CDs, CD-ROM, Kassetten, Mikrofilme, Grafiken, Noten, Spiele, Karten und Internet-Arbeitsplätze.

Universitätsbibliotheken
Jede Universität hat neben den jeweiligen Instituts- und Seminarbibliotheken auch die zentrale UB, die Universitätsbibliothek, die normalerweise über einen oder mehrere Lesesäle verfügt, in denen die berechtigten Nutzer (meist Studenten und wissenschaftliches Personal der Universität) arbeiten können. Viele Bücher können auch entliehen werden. Universitätsbibliotheken konzentrieren sich auf die Fachbereiche, die an der jeweiligen Universität vertreten sind und sind daher trotz großer Breite sehr fachspezifisch. Außerdem verfügen sie über Belegexemplare aller Dissertationen und Diplomarbeiten sowie anderer wissenschaftlicher Publikationen der Universität.

Instituts- und Seminarbibliotheken
Diese Bibliotheken, gleichgültig, ob es nun eine Bibliothek eines Universitätsinstituts oder einer nicht-universitären Einrichtung ist, bieten eine Fülle allgemeiner, populärer

und wissenschaftlicher Werke zur jeweiligen Fachdisziplin des Instituts oder Seminars. In der Regel sind diese Bibliotheken Präsenzbibliotheken, d. h. man sitzt an Arbeitsplätzen zwischen den Buchregalen und sucht sich die Werke, die man benötigt, selbst. Zugelassene Nutzer sind alle, die an dem Institut oder Seminar wissenschaftlich tätig sind oder studieren. Aber auch Außenstehenden, die ein berechtigtes Interesse an der Nutzung der Bibliothek nachweisen, wird der Zutritt in der Regel nicht verwehrt.

Spezialbibliotheken

Je nach Thema und Bedarf ist es sinnvoll Bibliotheken zu nutzen, die von Firmen, Verbänden und Forschungsinstituten oder von Vereinen, Museen und Kirchen, Behörden oder Parlamenten getragen werden. Welche Möglichkeiten sich hier eröffnen zeigt das Beispiel Hamburg (siehe M 1). Davon zu unterscheiden sind die Archive (z. B. Stadtarchiv, Schularchiv), die Materialien und Dokumente zu bestimmten Themen gesammelt haben, auf die besonders bei Arbeiten und Projekten aus dem Bereich Geschichte und Sozialwissenschaften zurückgegriffen wird (zu den Archiven siehe S. 26 f.).

M 1

Was sich hinter dem Sammelbegriff Spezialbibliotheken verbergen kann, zeigt das Beispiel der Hansestadt Hamburg (alphabetisch sortiert):

Bibliothek der Bundesforschungsanstalt für Fischerei
Bibliothek der Geografischen Gesellschaft
Bibliothek der Hamburger Arbeitsstelle für deutsche Exilliteratur
Bibliothek der Stiftung Europa-Kolleg
Bibliothek des Ärztlichen Vereins
Bibliothek des Altonaer Museums
Bibliothek des Amerika-Hauses
Bibliothek des Instituts für Asienkunde
Bibliothek des Instituts für Friedensforschung und Sicherheitspolitik
Bibliothek des Instituts für die Geschichte der deutschen Juden
Bibliothek des Instituts für Schiffbau
Bibliothek des Max-Planck-Instituts für ausländisches und internationales Privatrecht
Bibliothek des Museums für Hamburgische Geschichte
Bibliothek des Rechts der Vereinigten Staaten
Bibliothek des Unesco-Instituts für Pädagogik
Bibliothek des Vereins für Hamburgische Geschichte
Bibliothek und Archiv des Deutschen Orient-Instituts
Commerzbibliothek (Bibliothek der Handelskammer Hamburg)
Forschungsstelle für die Geschichte des Nationalsozialismus in Hamburg
Hamburger Lehrerbibliothek
Informationsstelle des Instituts für Iberoamerika-Kunde
Informationszentrum des HWWA (Hamburger Weltwirtschaftsarchiv)
Linga-Bibliothek der Freien und Hansestadt Hamburg
Nordelbische Kirchenbibliothek
Präsenzbibliothek des Instituts für Afrika-Kunde
Staatsarchiv Hamburg
Übersee-Dokumentation (Deutsches Übersee-Institut)

In welcher Bibliothek würden Sie das folgende Buch wahrscheinlich finden? Bei einigen Beispielen gibt es mehr als eine richtige Antwort.

1. Marcel Reich-Ranicki, *Mein Leben*
   a) Stadtbibliothek
   b) Bibliothek des Seminars für Zeitgeschichte
   c) Bibliothek des literaturwissenschaftlichen Instituts der Universität
2. Renzo Vespignani, *Faschismus*
   a) Bibliothek des Militärgeschichtlichen Forschungsinstituts
   b) Bibliothek des italienischen Instituts der Universität
   c) Stadtbibliothek
3. Sabine Asgodom und andere, *Zukunftsmanagement. Trainingsperspektiven für das 21. Jahrhundert.*
   a) Seminarbibliothek des Fachbereiches Parapsychologie
   b) Landesbibliothek, Abteilung Sportwissenschaft
   c) Landesbibliothek, Abteilung Wirtschaftswissenschaften
4. Frank F. Hawkins, *Human Factors in Flight*
   a) Universitätsbibliothek, Abteilung Arbeitspsychologie
   b) Bibliothek des Instituts für Luft- und Raumfahrttechnik
   c) Stadtbibliothek
5. Martin Müller, *Goethes merkwürdige Wörter. Ein Lexikon.*
   a) Bibliothek des Instituts für Dolmetscher und Übersetzer
   b) Bibliothek des germanistischen Seminars der Universität
   c) Fachbibliothek der Universitätskliniken, Fachbereich Logopädie
6. Paul Davies, *Gott und die moderne Physik*
   a) Bibliothek des Theologieseminars
   b) Bibliothek des Max-Planck-Instituts für Metallforschung
   c) Bibliothek des Instituts für theoretische Physik
7. Margarete Graf, *Brüssel*
   a) Bibliothek des Instituts für Europastudien
   b) Bibliothek des Instituts für moderne Architektur
   c) Stadtbibliothek

Vom Allgemeinen zum Speziellen: Tipps für eine strategische Recherche

- Bevor sie mit der Literatursuche beginnen, sollten sie zunächst ihr Informationsbedürfnis abklären (Geht es um eine erste Orientierung zum Themenumfeld? Wollen sie einen umfassenden Überblick über ihr Sachgebiet erhalten? Benötigen sie Spezialliteratur zu bestimmten Themenaspekten? u. Ä.).
- Wenn die Entscheidung für ein bestimmtes Vorhaben oder Thema gefallen ist, sollten Sie bei Ihrer Literatursuche vom Allgemeinen zum Speziellen vorgehen. Arbeiten Sie sich schrittweise an das eigentliche Thema heran.
- Verschaffen Sie sich einen ersten Eindruck über das Thema mithilfe von gängigen Lexika (Brockhaus, Meyers-Lexikon, dtv-Lexikon), die Sie bei sich zu Hause oder in der Schulbibliothek finden. Auch Schulbücher sind für eine erste Orientierung geeignet. In beiden Fällen sollten Sie aber darauf achten, dass die Bücher nicht veraltet sind.
- Versuchen Sie einen umfassenden Überblick über ihr Sachgebiet zu bekommen, indem sie in einer gut ausgestatteten öffentlichen Bibliothek recherchieren. Hier finden sie Speziallexika, Fachbücher, Zeitschriften oder Handbücher, die weiter ins Detail gehen.
- Stellen sich Detailfragen, die sich mit der vorhandenen Literatur nicht bearbeiten lassen? Hat sich ihr Thema so weit konkretisiert, dass ganz spezifische Fragen geklärt werden sollen? In diesem Fall kann sich der Besuch einer Spezialbibliothek lohnen. Lehrer oder Bibliothekare in den öffentlichen Bibliotheken können ihnen beim Auffinden örtlicher Spezialbibliotheken weiterhelfen.

Der Katalog

Allen Bibliotheken gemeinsam ist der Katalog, traditionell ein Karteikastenschrank. In jedem Karteikasten befinden sich hunderte von Karteikarten, pro Buch des Bibliotheksbestands eine Karte. Bis in die jüngste Vergangenheit und auch heute noch bei kleineren Bibliotheken (z. B. auch Schulbibliotheken) ist dieser Katalog das zentrale Rechercheinstrument. Er besteht in der Regel aus zwei Teilen, dem alphabetischen und dem systematischen oder Schlagwortkatalog.

1 Rechercheinstrumente in der Bibliothek

alphabetischer Katalog

Im alphabetischen Katalog sind alle Bücher in alphabetischer Reihenfolge bezogen auf den Nachnamen des Autors, Co-Autors oder Herausgebers sortiert. Um ein bestimmtes Buch zu finden, muss man also den Namen des Verfassers wissen.

systematischer Katalog

Fehlt diese Information, hilft nur der systematische Katalog weiter. Hier sucht man, ausgehend von Oberbegriffen, nach und nach speziellere Bereiche. Ich beginne meine Suche beispielsweise mit den Karteikästen, die unter „Geschichte“ eingeordnet sind. Mein nächstes Kriterium, sichtbar durch eine größere und andersfarbige Indexkarte in den Karteikästen lautet „20. Jahrhundert“, dann „Europa“ und schließlich „EU“, um alle in der Bibliothek vorhandenen Titel zum Thema „Euro“ zu finden. Je nach Umfang des systematischen Kataloges könnte ich ebenso über die Kriterien „Politik“ und „Finanzpolitik“ zum Thema „Euro“ gelangen.

Signatur

Auf der Karteikarte des Buches, das mich interessiert, finde ich oben rechts die Signatur, eine bibliotheksinterne Buchstaben- oder Ziffernfolge, die pro Buch nur einmal vergeben wird. Damit weiß ich, in welchem Regal ich das Buch vorfinde, und ich kann nun hingehen und es mir holen oder zum Ausleihen in den Lesesaal oder nach Hause bestellen.

Welche Informationen entnehme ich einer Karteikarte?

Dies sind die Grundinformationen, die jede Karteikarte enthält. Je nach bibliografischem Aufwand, den eine Bibliothek treibt, können hier noch weitere Informationen über das Buch stehen.

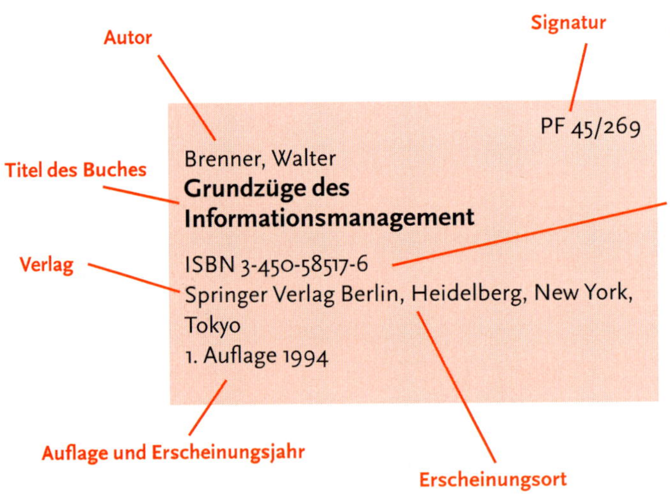

ISBN Die International Standard Book Number ist eine international einheitlich gestaltete Nummer zur Identifizierung von Büchern. Die Nummer besteht aus 10 Ziffern, die durchlaufend gedruckt wird, aber auch durch Leertasten oder Bindestriche in sich gruppiert werden kann. Die erste Ziffer gibt die Sprache bzw. das Land an, in dem das Buch erschienen ist. Beginnt die ISBN mit einer 0, so ist das Buch meist englischsprachig und in Großbritannien oder den USA erschienen. Bücher deutscher Verlage beginnen mit einer 3. Die Ziffern 2 bis 9, meist in zwei Gruppen gedruckt, geben den Verlag und die Bestellnummer an. Die zehnte Ziffer ist eine Kontrollziffer für die elektronische Datenverarbeitung. Statt einer Ziffer kann hier auch „X“ stehen.

2 Bibliothekskarteikarte

Das elektronische Recherchieren

Mehr und mehr wird der Karteikartenkatalog aber durch ein computergestütztes Bibliotheksverwaltungssystem abgelöst, das auf der Grundlage einer relationalen Datenbank nicht nur den gesamten Bibliotheksbestand verwaltet, sondern gleichzeitig über ein Benutzerterminal eine benutzerfreundliche Recherche ermöglicht.

> Eine **Datenbank** ist ein Computerprogramm, mit dem große Mengen an Informationen nach zuvor definierten Kriterien gespeichert und schnell und effektiv abgerufen werden können. Eine **relationale Datenbank** stellt zwischen den einzelnen Daten und den Ordnungskriterien Beziehungen und Verknüpfungen her, die insbesondere auch bei der Recherchearbeit sehr nützlich sind. So kann man zum Beispiel Schlagwörter durch „und"-Verknüpfungen, „oder"-Verknüpfungen und „alle … außer …"-Verknüpfungen miteinander verknüpfen und dadurch unnötig hohe Trefferquoten vermeiden.

Buchbestellung am Benutzerterminal

Bei diesen Programmen gibt der Nutzer, wenn er ein Buch ausleihen möchte, zunächst seinen Namen oder eine Codenummer über die Tastatur des Benutzerterminals ein. Dann wird die Signatur eingetippt, der Nutzer erfährt sofort, ob das Buch vorhanden und ausleihbar ist, oder ob es bereits ausgeliehen ist und wann es spätestens zurückkommt. Mit einem Druck auf die „Enter"-Taste wird das Buch in den Lesesaal oder zur Ausleihstelle bestellt, wo es meist eine Stunde später vorliegt und abgeholt werden kann.

Weiß man die Signatur des gewünschten Buches noch nicht, beginnt man zu recherchieren. Zunächst öffnet sich ein Begrüßungsbildschirm, man schaltet weiter zum nächsten Bild, einer Bildschirmmaske, die so aussieht:

einfache Recherchemaske

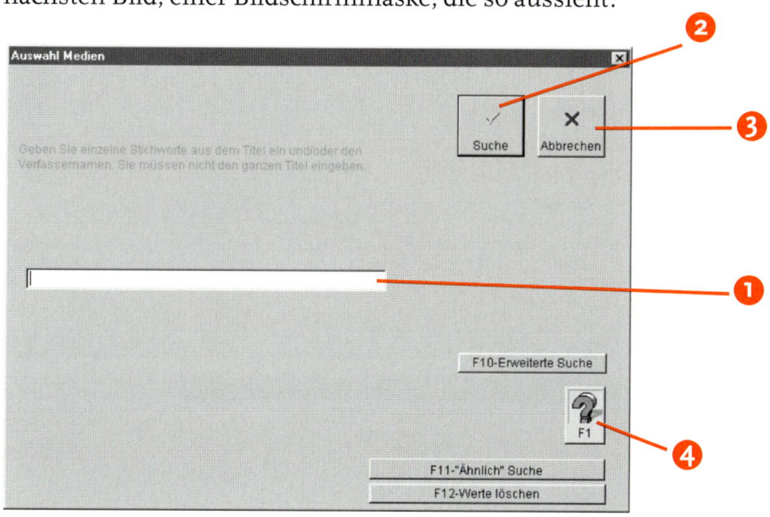

Dies ist eine einfache Recherchemaske für ungeübte Benutzer. In das einzige Feld (1) gibt man entsprechend der Anweisung einzelne Stichworte aus gewünschten Buchtiteln ein bzw. Namen der Autoren. Dann klickt man auf die Schaltfläche „Suche" (2) und das

System beginnt aus dem gesamten Datenbestand all die Titel herauszusuchen, in denen das eingegebene Stichwort vorkommt. Wenn man die Suche abbrechen möchte, klickt man auf die daneben liegende Schaltfläche (3). Benötigt man weitere Hilfe, klickt man entweder auf die gelbe Schaltfläche, oder drückt auf der Tastatur die Funktionstaste F1. Es öffnet sich dann ein Fenster, in dem nochmals genau beschrieben wird, was man tun muss. Wenn das System mit dieser einfachen Suchmaske keine befriedigenden Rechercheresultate zeigt, drückt man entweder auf die Funktionstaste F 10 auf der Tastatur oder klickt die Schaltfläche „Erweiterte Suche" (4) an. Es öffnet sich dann eine etwas kompliziertere Bildschirmmaske, mit der man präzisere Suchkriterien eingeben kann:

Eingabemaske für detaillierte Recherche

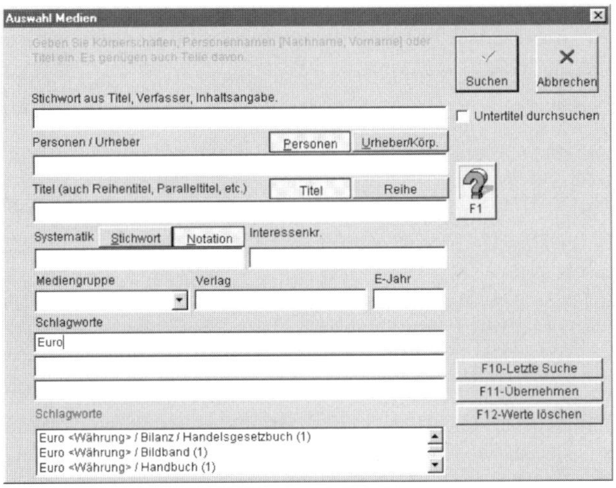

Von Bibliotheksnutzern erwartet man heute, dass sie nicht vor einem Computer zurückschrecken. Dennoch kann man nicht von Expertenkenntnissen im Umgang mit der Software ausgehen. Die hier abgebildete Eingabemaske ist für detaillierte und gezielte Suchaufgaben geeignet, da sie über entsprechend viele Eingabefelder verfügt. Alle Felder und Funktionen sind selbsterklärend. Sollte es dennoch einmal zu Unklarheiten in der Bedienung kommen, gibt es auch bei dieser Maske die Möglichkeit, über die F1-Taste eine leicht verständliche Hilfe aufzurufen.

Rechercheergebnisse in Listenform

Wenn nun die Suche in dem gesamten Bibliotheksbestand erfolgreich war, zeigt der Computer das folgende Bild:

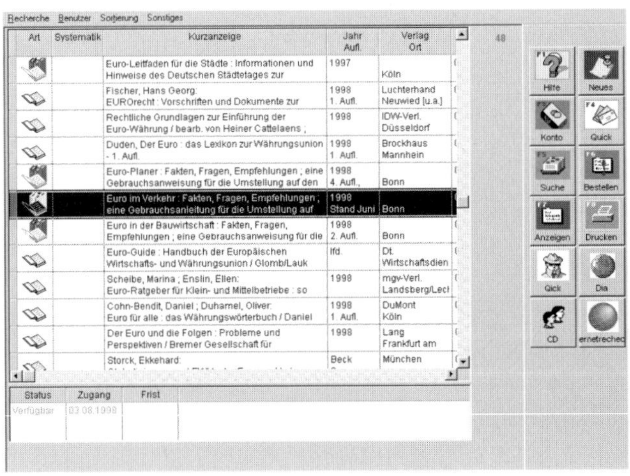

Hier sehen wir eine Liste, bei der jede Zeile ein Buch darstellt und in den Spalten die gleichen Informationen bereithält, die man auch auf einer traditionellen Karteikarte findet. Auf der rechten Seite dieser Bildschirmdarstellung befindet sich eine Reihe von Schaltflächen, mit denen man zu anderen Funktionen und Möglichkeiten des Programms gelangt, unter der Liste sind einige Anzeigefelder, die Aufschluss darüber geben, ob das Buch verfügbar oder ausgeliehen ist und wo es in den Räumlichkeiten der Bibliothek steht. Modernste Computerprogramme lassen sogar vom Standort des Rechercheterminals bis zum Standort des gesuchten Buches eine Animation ablaufen und führen den Benutzer virtuell zum realen Standort des gesuchten Buches oder Mediums.

Suchergebnis als Liste

virtuelle Bibliothek

Wenn man weitere Informationen über ein bestimmtes Buch auf der Liste erhalten möchte, genügt ein Doppelklick auf die entsprechende Zeile. Ein Informationsfenster öffnet sich und zeigt die gewünschten Daten.

Bibliotheken Online und auf CD-Rom

Falls Sie über einen Internetzugang verfügen, sollten Sie überprüfen, ob es möglich ist in dem Katalog Ihrer Bibliothek zu recherchieren und Online Bücher zu bestellen.

Über den Bestand von einzelnen Bibliotheken hinaus gibt es Möglichkeiten für weitere Literaturrecherchen. So gibt es Bibliothekskataloge auf CD Rom oder im Internet. Hier seien nur einige ausgewählte genannt:

OPAC (Online Public Access Catalogue) ist ein elektronischer Bestandskatalog für wissenschaftliche Bibliotheken.

http://www.hbz-nrw.de/germIst.html

OPAC für deutsche öffentliche Bibliotheken

http://www.dbi-berlin.de

Übersicht über Bibliotheken, Links

http://www.laum.uni-hannover.de/iln/bibliotheken/

Virtuelle Bibliothek

http://www.rz.uni-duesseldorf.de/WWW/ulb/virtbibl.html

Zugang zur Bibliotheksrecherche

http://www.swbv.uni-konstanz.de/CBGI/cgi-bin/opacform.cgi

Internationale Übersicht

http://www.sunsite.berkeley.edu/Libweb

Europäischer Bibliotheksverbund

http://www.portico.bl.uk/gabriel/en/services.html

Verzeichnis lieferbarer Bücher

http://www.buchhandel.de

http://www.buecher.de

http://www.telebuch.de

Englischsprachige Bücher

http://www.amazon.com

Profitipps zur Erkundung der Bibliothek

- Machen Sie sich mit den örtlichen Gegebenheiten Ihrer Bibliothek vertraut. Vielleicht können Sie sogar an einer Führung teilnehmen. Sie investieren damit eine Stunde, die Sie später bei Ihrer Arbeit mehrfach wieder einsparen.
- Lassen Sie sich rechtzeitig einen Benutzerausweis ausstellen.
- Machen Sie sich mit dem Aufbau und der Arbeitsweise des elektronischen oder Online-Kataloges sowie mit dem Karteikartenkatalog vertraut.
- Verfallen Sie nicht der zeitaufwendigen trial-and-error-Methode. Wenden Sie sich bei Unklarheiten lieber sofort an das qualifizierte Personal der Bibliotheksaufsicht.
- Testen Sie, wie viel Zeit vom Bestellen eines Buches bis zum Abholen an der Leihstelle oder der Lesesaalaufsicht vergeht.
- Überprüfen Sie, ob es möglich ist, per Internet von zu Hause aus im Katalog Ihrer Bibliothek zu recherchieren, und ob Sie Bücher dann online bestellen können.
- Überprüfen Sie, ob Sie Bücher telefonisch oder per Fax bestellen und verlängern können.
- Verfügen Sie über einen Laptop-Computer? Überprüfen Sie, ob die Arbeitsplätze in der Bibliothek einen Stromanschluss haben, sodass Sie dort mit Ihrem Gerät arbeiten können.

Was tun Sie, wenn Sie das gewünschte Buch nun bekommen haben?

Kurzcheck

Zu den meisten Themen gibt es vielfältige Fachliteratur und es besteht immer die Gefahr, dass Sie den Überblick verlieren, wenn Sie sich blindlings in die Lektüre stürzen. Sie können nicht alle Bücher, die Sie zum Thema gefunden haben, von vorne bis hinten durchlesen. Oft sind nur einzelne Kapitel oder Teilabschnitte brauchbar. Überprüfen Sie also zunächst, ob sich das Buch als Ganzes oder in Teilen überhaupt für ihre Zwecke eignet.

- Überprüfen Sie anhand des Impressums, ob das Buch inhaltlich noch aktuell ist (Erscheinungsjahr, letzter Neudruck).
- Suchen Sie im Klappentext, der Einleitung und im Vorwort nach Hinweisen zur Eingrenzung des Themas und zur Zielsetzung der Untersuchung.
- Prüfen Sie das Inhaltsverzeichnis und die Kapitelüberschriften. Können Sie direkte Verbindungen zu ihrem Thema feststellen?
- Testen Sie das Personen- und Sachregister. Neben dem Inhaltsverzeichnis ist es eine wichtige Orientierungshilfe zum Auffinden von Informationen.
- Lesen Sie kurz das ein oder andere Kapitel an, um zu sehen, wie der Autor bzw. die Autorin mit dem Stoff umgeht. Lesen Sie einzelne Kapitel diagonal, um einen Überblick zu gewinnen. Kursorisches Lesen ist eine Lesetechnik, mit der Sie Schlüsselwörter, Wichtiges und Interessantes auffinden.

kursorisches Lesen

Bibliografische Angaben

Wenn Sie das gefundene Buch für brauchbar halten, notieren Sie sich die genauen bibliografischen Angaben sofort und am besten nach einem bestimmten System (auf

Karteikarten, als Liste o.Ä./siehe hierzu Kapitel 3). Nur so ist es gewährleistet, dass Sie die Bücher leicht wiederfinden und korrekt zitieren können.
Folgende Angaben müssen enthalten sein:

- Autorenname(n) bzw. Herausgeber
- Titel mit Untertiteln
- Erscheinungsort
- Verlag
- Erscheinungsjahr
- Auflage (ggf.)
- Reihe (ggf.)
- Fundort (Bibliothek) und Signatur.
  Wenn Sie Literatur kopieren, notieren Sie die Angaben auf der Rückseite der Kopie.

Wie geht man bei der Arbeit mit einem Buch aus der Bibliothek vor?

- Entweder man liest das Buch ganz durch, oder man versucht mithilfe des Inhaltsverzeichnisses oder Registers alle relevanten Stellen zu finden und liest diese.
- Da man in einem entliehenen Buch nichts anstreichen sollte, empfiehlt es sich, jeweils bei den relevanten Stellen ein Blatt in das Buch einzulegen, oder noch wirkungsvoller, farbige Haftmarker (in jedem Schreibwarenhandel erhältlich) an den Seitenrand zu kleben. Die Farben der Haftmarker können dabei bereits als Einordnungskriterium verwendet werden.

Haftmarker

- Nachdem alle relevanten Stellen nun in dieser Weise markiert sind, beginnt man mit dem Exzerpieren.

Ein **Exzerpt** ist ein Ausdruck aus einem größeren Text. Dabei ist zu beachten, dass zu jedem Exzerpt eine **Quellenangabe** gehört. Quellenangaben bestehen aus den bibliografischen Angaben sowie Seitenzahl der Seite, auf die sich das Exzerpt bezieht. Bei mehreren Exzerpten aus dem gleichen Buch können diese Angaben sinnvoll gekürzt werden. Exzerpte können stichwortartig, in Form gekürzter Zusammenfassungen oder als wörtliche Zitate angefertigt werden. Wörtliche Zitate werden durch „…“ gekennzeichnet.

- Für das Festhalten von Exzerpten bieten sich Karteikarten an. Lesen Sie dazu bitte das Kapitel 3.1.
- Zur eigentlichen Technik des Exzerpierens lesen Sie bitte das Kapitel 3.2.1. Exzerpieren.

Arbeit mit Karteikarten

Arbeitsschritte zur Analyse längerer Sachtexte

Längere Sachtexte eignen Sie sich meist in umfassenden Arbeitszusammenhängen an. Wenn Sie sich das bereits erworbene Vorwissen vergegenwärtigen, können Sie Neues besser einordnen.

Sich des thematischen Zusammenhangs vergewissern
- Thema umreißen
- strittige Fragen notieren

Aktiv lesen (sich einen Überblick über den Inhalt verschaffen)
- Schlüsselbegriffe unterstreichen
- unbekannte Wörter in Lexika bzw. Wörterbüchern nachschlagen
- zu jedem Abschnitt eine Überschrift formulieren
- Randzeichen und Textmarkierungen

Das Gelesene gedanklich verarbeiten (den Text durchmustern und die Aussagen rekonstruieren)
- Begriffe in einem Modell mit Oberbegriff und untergeordneten Begriffen darstellen
- eine Übersicht über den Text in Form eines Clusters erstellen
- mit der Treppenmethode die Textaussagen gewichten und gedanklich aufeinander beziehen

sich mit einer zentralen These/Information des Textes auseinander setzen

Randzeichen

| wichtige Textaussage

ʃ zweifelhafte, nicht ganz nachvollziehbare Darstellung

? vorerst unklare Textstelle, über die Sie noch einmal nachdenken müssen (evtl. nach einer gründlichen Zweit- oder Drittlektüre)

! Aussage, die in besonderer Weise Ihren eigenen Ansichten entspricht

Markierungen im Text

Unterstreichung: ein zentraler Begriff; ein abschnittbildender Aspekt

Unterschlängelung: eine Textstelle, die erkennen lässt, mit welchen anderen Autoren/Autorinnen, mit welchen widerstreitenden Meinungen sich der Text auseinander setzt

Einkreisung: eine Textstelle, an der sich die Einstellung/persönliche Meinung/weltanschauliche Position des Autors oder der Autorin besonders gut nachweisen lässt

Markierungen am Rand

T = These/Behauptung
Arg = Argument
Erl = Erläuterung
Bsp = Beispiel
Zit = unterstützendes Zitat
Def = wichtige Definition
–>< – = widersprüchliche Aussagen (Markierungen an zwei Textstellen; die Pfeile sind aufeinander gerichtet)
rh = Besonderheit der Aussageweise/rhetorische Figur

Treppenmethode

1. Einen Satz formulieren, der die gesamte Textaussage umfasst
2. Sätze formulieren, die ganze Abschnitte umfassen
3. Sätze formulieren, die Unterabschnitte umfassen

Bitte gehen Sie in eine größere Bibliothek und beantworten Sie die nachfolgenden Fragen.

1. Unter welchen Stichwörtern sind im Schlagwortkatalog der Bibliothek Bücher und Materialien zum Thema „Euro“ eingeordnet?
2. Gehört das Buch *Der Euro-Coup* (Eichborn-Verlag, Frankfurt, 1999) des früheren SPD-Ministers Horst Ehmke zur finanzpolitischen Fachliteratur?
3. Versuchen Sie, aus Buchtiteln über die Europäische Union Definitionen für die nachfolgenden Begriffe zu zitieren:

a) Sonderziehungsrechte
b) EAG-Vertrag
c) Davignon-Bericht
d) Subsidiaritätsprinzip
e) Schengener Abkommen

4. Was sind AKP-Länder und welche Abkommen regeln die finanziellen Hilfen der EG bzw. EU im Rahmen der Handels- und Entwicklungszusammenarbeit mit diesen AKP-Ländern?
5. Falls Ihre Bibliothek alle Ausgaben des Nachrichtenmagazins DER SPIEGEL auf Mikrofilm oder CD-ROM hat, suchen Sie bitte die Originalartikel, in denen DER SPIEGEL über den Vertrag von Rom oder die Römischen Verträge und die Gründung der Europäischen Wirtschaftsgemeinschaft berichtet. Möglicherweise müssen Sie erst in einem Buch zur Geschichte der EU herausfinden, in welchem SPIEGEL-Jahrgang Sie nachforschen müssen. Erstellen Sie von diesem Artikel bitte einen Ausdruck oder eine Kopie.
6. Finden Sie bitte heraus, aus welchen Ländern die bisherigen Präsidenten der Europäischen Kommission kamen.
7. Benutzen Sie das elektronische Recherchiersystem Ihrer Bibliothek, um herauszufinden, über welche Titel der folgenden Autoren die Bibliothek verfügt.
   a) Klaus Dahrendorf
   b) Werner Weidenfels und Wolfgang Wessels
   c) Oscar W. Gabriel
   d) Frank R. Pfetsch
8. Lassen Sie sich die Lokalzeitung des Jahrgangs 1999 geben und suchen Sie Artikel zum Thema „Agenda 2000“.
9. Gibt es in Ihrer Bibliothek englisch- und französischsprachige Bücher zur Geschichte der Europäischen Union?
10. Bitten Sie die Mitarbeiter an der Auskunft Ihrer Bibliothek, Ihnen zu erklären, wie Sie möglichst aktuelle Dissertationen (Doktorarbeiten) zum Thema der Erweiterung der EU einsehen können.
11. Worum ging es 1999 beim „Sprachenstreit von Helsinki“?
12. Vergleichen Sie die Einwohnerzahl der Europäischen Wirtschaftsgemeinschaft zur Zeit ihrer Gründung mit der Einwohnerzahl der EU heute. Versuchen Sie, diesem Vergleich eine tragfähige Basis zu geben.
13. Welche europäischen Regionen gelten als strukturschwache Gebiete und erhalten eine finanzielle Förderung? Wie heißt der Fond, aus dem diese Fördermittel fließen?
14. Finden Sie heraus, ob Ihre Bibliothek über Quellenbände mit dem Originalwortlaut von Dokumenten zur Geschichte der Europäischen Union verfügt.
15. Suchen Sie in Ihrer Bibliothek eine Bibliografie der Zeitschriftenartikel und stellen Sie fest, in welchen Zeitschriften im Januar 1973 Artikel über den Beitritt weiterer Staaten zur Europäischen Gemeinschaft erschienen sind.

2.4. Archiv

Ein Archiv ist eine Institution, die Dokumente sammelt und aus rechtlichen oder kulturellen Gründen aufbewahrt. Diese Dokumente sind Akten, Urkunden, Karten, Bilder, Zeitungen und Zeitschriften, sowie andere Ton- Bild- und Informationsträger. Als Ergänzung können Sammlungen mit Objekten jeder Art, Sachquellen, hinzukommen.
Die Arbeit der Archivarinnen und Archivare besteht darin, die Dokumente zu sichten, zu sammeln, zu kategorisieren, zu katalogisieren, für die Geschichtsschreibung oder historische Rekonstruktion aufzubereiten und schließlich herauszugeben und der Öffentlichkeit zugänglich zu machen.
Bei öffentlichen Archiven besteht je nach Staat, aktueller Regierungsform und Zeit eine Sperrfrist von in der Regel 20 bis 30 Jahren, während der der Öffentlichkeit kein Einblick gewährt wird. Hier gibt es aber auch zahlreiche Ausnahmen.

Welche Arten von Archiven gibt es?

private und öffentliche

Grundsätzlich unterscheidet man zwischen privaten und öffentlichen Archiven. Die Privaten decken das ganze Spektrum vom persönlichen Familienarchiv bis zum Firmen- und Konzernarchiv ab.

Gerade aufgrund der Sammlungen in den Archiven vieler Firmen konnte zum Beispiel das Problem jüdischer Zwangsarbeiter und anderer Häftlinge aus den Konzentrationslagern des Dritten Reiches teilweise rekonstruiert werden. Da derartige Archive aber keiner öffentlichen Aufsicht unterliegen, ist die Gefahr einer nachträglichen Manipulation nicht immer auszuschließen.

gesetzliche Regelungen

Das Führen und die Verwaltung öffentlicher Archive ist in Deutschland gesetzlich und behördlich geregelt. Auch die Ausbildung der Archivare folgt genauen Richtlinien. In Marburg gibt es die Deutsche Archivschule.
Zu den öffentlichen Archiven gehören:

- Staatliche Archive
- Kommunalarchive
- Kirchliche Archive
- Literaturarchive
- Wirtschaftsarchive
- Parlamentsarchive und Archive politischer Parteien und Verbände
- Universitätsarchive und Archive sonstiger Institutionen
- Medienarchive
- Archive sozialer Bewegungen

Zu welcher Gruppe von Archiven gehören die folgenden Institutionen?

1. Bundesarchiv Koblenz, Potsdamer Straße 1, 56075 Koblenz
2. Der Bundesbeauftragte für die Unterlagen des Staatssicherheitsdienstes der ehemaligen DDR (die sogenannte Gauck-Behörde), Glinkastraße 35, 10117 Berlin
3. Zentralarchiv zur Erforschung der Geschichte der Juden in Deutschland, Bienenstraße 5, 69117 Heidelberg
4. Zentralarchiv der Stiftung Preußischer Kulturbesitz, Bodestraße 1–3, 10178 Berlin
5. Nordrhein-westfälisches Hauptstaatsarchiv, Mauerstraße 55, 40476 Düsseldorf
6. Graf von Bissingen und Nippenburg, Archiv, Schloß Hohenstein, 78661 Dietingen
7. Archiv der Westfälischen Wilhelms-Universität Münster, Philippistraße 17, 48149 Münster
8. Abteilung MA des Bundesarchivs (Militärarchiv), Wiesentalstraße 10, 79155 Freiburg im Breisgau
9. Deutscher Caritasverband, Archiv, Karlstraße 40, 79104 Freiburg im Breisgau
10. Stadtarchiv Dortmund, Friedensplatz 5, 44135 Dortmund
11. Außenstelle Berlin des Politischen Archivs des Auswärtigen Amts, Marx-Engels-Platz 2, 10178 Berlin
12. Deutscher Bundestag, Parlamentsarchiv, Bundeshaus, 53113 Bonn
13. Landkreis Esslingen, Landkreisarchiv, Landratsamt, Pulverwiesen 42, 73728 Esslingen am Neckar
14. SPIEGEL-Verlag, Archiv, Brandstwiete 19, 20457 Hamburg

Wie bekomme ich Einblick in Archivmaterial?

Besonders bei Arbeiten aus dem Bereich Geschichte und Sozialwissenschaften ist es sinnvoll auf Archive zurückzugreifen. Sie sollten aber vorab Literatur zum Thema durcharbeiten und ihr Thema und ihre Fragestellung so genau wie möglich eingrenzen. Welche Archive es an ihrem Ort gibt, erfahren Sie z. B. in Ihrer örtlichen Bibliothek. Während Sie aber in Bibliotheken direkt oder per Fernleihe alle Bücher bekommen, sind Archive nur begrenzt zuständig. Prüfen Sie also genau, ob das jeweilige Archiv Bestände führt, die inhaltlich, räumlich und zeitlich zu Ihrem Thema passen. Auskunft hierüber geben z. B. der Name des Archivs, Bestandslisten, die die Archive als Vorabinformation herausgeben oder auch Archivpädagogen und -mitarbeiter, die Sie vorab telefonisch befragen können. Entscheidend für eine erfolgreiche Suche im Archiv ist eine präzise Fragestellung, da die Archive ihre Bestände nach der Herkunft des Schriftgutes ordnen (z. B. werden alle Unterlagen einer Behörde oder eines Betriebszweiges zusammengefasst, unabhängig von ihrem jeweiligen Inhalt).

begrenzte Zuständigkeit der Archive

Systematik nach dem Herkunftsgrundsatz

Da Archive normalerweise keine Materialien ausleihen, sollte man sich über die Öffnungszeiten informieren und dann dort arbeiten. Oft empfiehlt sich eine telefonische Voranmeldung. Ist das gewünschte Material verfügbar, arbeitet man dort ähnlich wie in einer Präsenzbibliothek. Aber auch, wenn bestimmte Urkunden und Akten noch nicht generell für die Öffentlichkeit einsehbar sind, hat man eine gute Chance, an das Material

telefonische Voranmeldung

heranzukommen, sofern man ein persönliches oder wissenschaftliches Interesse nachweisen kann.

Warum sind manche Archivmaterialien nicht generell zugänglich?

Schutz von Personen und internen Informationen

Der Sinn der Zugangsbeschränkung liegt darin, dass Behörden und die mit ihnen in Beziehung tretenden Personen und deren Nachkommen vor Indiskretionen geschützt werden. Aktuelle wirtschaftliche bzw. zeitgeschichtliche politische Vorgänge sind deswegen nicht zugänglich, damit politischen Gegnern, ausländischen Regierungen oder wirtschaftlichen Konkurrenten der Einblick in interne Entwicklungen verwehrt wird.

Wie gehe ich vor, wenn ich in einem Archiv ein bisher noch nicht veröffentlichtes Dokument einsehen kann?

Prinzip der Quellenauswertung

Generell ist das Dokument wie eine Quelle zu betrachten und nach der Wer-was-wann-wie-warum-Analyse zu bearbeiten (siehe 2.9. Quellen), um anschließend zu einer Wertung und Beurteilung zu gelangen.

Von der arbeitstechnischen Verfahrensweise wird ein Dokument aus einem Archiv genauso behandelt, wie andere Informationen auch, d. h. man exzerpiert (siehe 3.2.), benutzt z. B. Karteikarten (siehe 3.1.), und man achtet genau auf die bibliografischen Belege. Bei Originaldokumenten aus Archiven enthalten diese die folgenden Angaben:

bibliografische Belege

Verfasser, Titel des Dokuments, Datum des Dokuments, Name des Archivs, Katalog-Nr. des Dokuments im Archiv, Seitenzahl.

2.5. Internet und E-Mail

Karikatur L. Grolik, CCC/München

Das **Internet** ist ein weltweit verbreitetes, digitales Datenübertragungsnetzwerk, mit dem jeder, der über einen Computer und einen Telefonanschluß oder ein anderes Gerät Zugang hat, Informationen eingeben und abrufen kann, mit anderen kommunizieren kann, sich multimedialer und interaktiver Unterhaltung hingeben kann oder kommerziell Waren und Dienstleistungen anbieten und erwerben kann. Das Internet kann Schrift, Bild und Ton verarbeiten und ist daher multimedial, und es scheint nahezu problemlos zu wachsen, immer neue Teilnehmer anzusprechen und neue Anwendungsmöglichkeiten zu erschließen.

Frequently Asked Questions (FAQs):

1. Wie erhalte ich Zugang zum Internet?

Wenn Sie selbst noch keinen Computer und keinen Internet-Zugang haben, können Sie

1. in den Computerraum oder Internetraum Ihrer Schule oder Ihres Instituts gehen und dort arbeiten.

Computerraum

2. in eine öffentliche Bibliothek gehen und sich dort für eine bestimmte Arbeitszeit im Internet anmelden. Ein Computerarbeitsplatz wird während dieser Zeit für Sie freigehalten.

Bibliothek

3. wenn Sie in einer Stadt leben, in der es ein Internetcafé gibt, dort hingehen und dort arbeiten.

Internetcafé

2. Benötige ich Vorkenntnisse?

minimale Kenntnisse in der Bedienung eines Computers

Sie sollten wissen, wie man den Computer einschaltet und wie man den Browser lädt. Es hilft auch weiter, wenn man schon weiß, wie man mit dem Browser umgeht, obwohl dies weitgehend selbsterklärend ist. Der Browser ist ein Computerprogramm, mit dem man

Browser sich im Internet hin- und herbewegt. Die bekanntesten Browser sind der Netscape-Communicator und der Microsoft-Explorer.

3. Wie arbeite ich mit dem Browser?

Adresse eingeben **1** Hier wird über die Tastatur die gewünschte Internetadresse eingegeben. Durch die Taste „Enter" wird dann der Anwahlvorgang gestartet und nach kurzer Zeit erscheint die gewünschte Homepage auf dem Bildschirm.

Homepage Auf der Homepage wird das Programm des jeweiligen Anbieters vorgestellt. Durch Anklicken der grafisch dargestellten Schaltflächen oder hervorgehobenen Wörter ruft man die jeweils gewünschte Seite auf, wobei, je nach grafischem Aufwand, der Seitenaufbau ein wenig dauern kann.

Blättern **2** Mit diesen Pfeilen kann man zwischen allen in einer Sitzung aufgerufenen Seiten hin- und herblättern.

Bookmarks **3** Hier werden die Adressen der Homepages gespeichert, die einem wichtig sind, und die man bei späterer Gelegenheit wieder aufrufen wird.

E-Mails **4** Klickt man den E-Mail-Schalter an, so zeigt sich ein Auswahlmenü, mit dem man die Post aufrufen und lesen kann, die an einen selbst gerichtet ist, oder über welches man eine Eingabemaske zum Schreiben und Versenden von E-Mails öffnet.

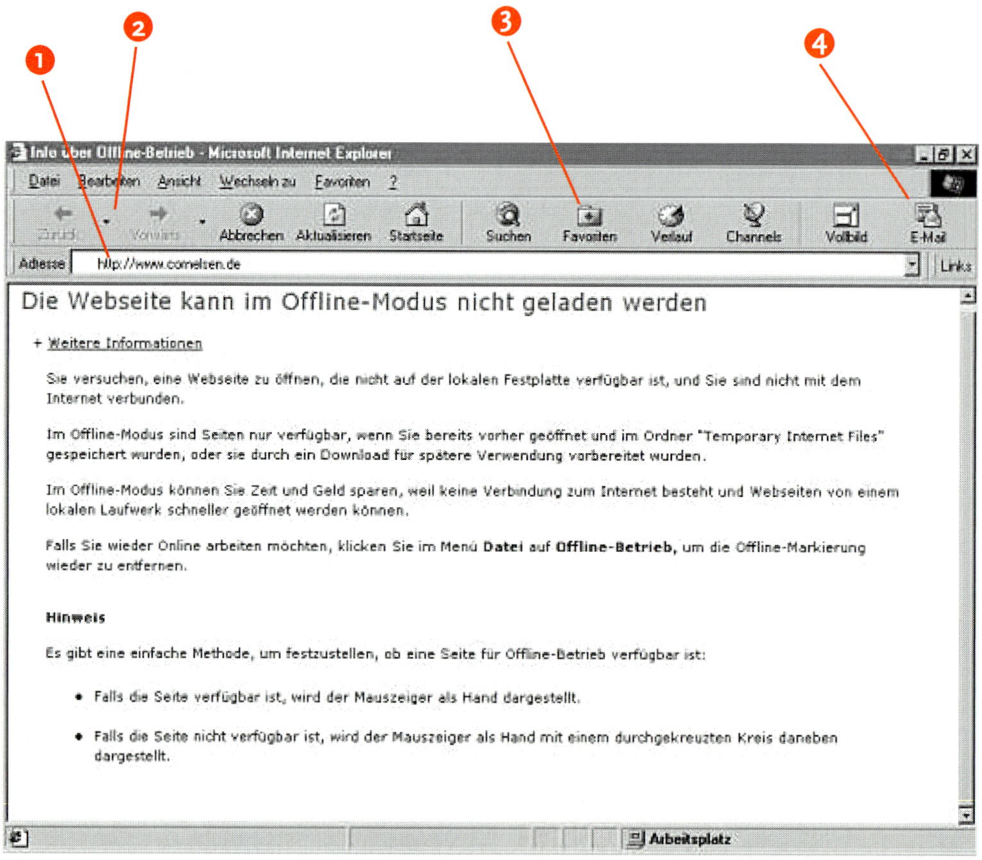

4. Was nützen mir E-Mails?

E-Mails sind zunächst nur schriftliche Nachrichten, die blitzschnell im weltweiten Datennetz versandt und empfangen werden können. Man kann sich also von Kontinent zu Kontinent, oder auch über kurze Entfernungen elektronische Briefe und Nachrichten schreiben, die nur wenige Sekunden nach dem Absenden im elektronischen Briefkasten des Empfängers liegen. All das kostet nicht mehr als ein Ortsgespräch per Telefon. An diese E-Mails kann man beliebige Text-, Bild-, Video- und Tondateien anhängen. So können beispielsweise Mitglieder einer Arbeitsgruppe oder einer Learn-Community, die räumlich getrennt an verschiedenen Computern arbeiten, ihre Ergebnisse austauschen, indem sie sich E-Mails mit angehängten Dateien schicken. Diese sind dann auf dem jeweils anderen Computer einsehbar oder können ausgedruckt werden.

elektronische Briefe und Nachrichten

angehängte Dateien

Über E-Mails kann man auch Informationen von Online-Zeitungen und Informationsdiensten beziehen. Man erhält dann in regelmäßigen Abständen Updates der abonnierten Informationen.

Informationsabonnements via E-Mail

5. Wie finde ich Informationen im Internet?

Es ist kein Problem, wenn man weiß, wer die gewünschten Informationen bereitstellt und wenn man dessen Internet-Adresse kennt. Wenn man die Adresse nicht kennt, muss man sich über Suchmaschinen und entsprechende Stichwörter seinem Ziel nähern (siehe auch unten „Suchstrategien“ S. 34).

Suchmaschinen

6. Wie funktionieren Suchmaschinen und was leisten sie?

Suchmaschinen sind Spezialprogramme. Wenn man sie aufruft, kann man eins oder mehrere Stichwörter in ein freies Feld eingeben. Klickt man dann die Suchbefehltaste an, sucht das Programm im Internet alle möglichen Texte und Einträge, die die eingegebenen Suchstichwörter enthalten und listet diese auf. Klickt man nun einen der Listentitel an, gelangt man zu der Website, von der der gefundene Eintrag stammt.

Eingabe von Suchbegriffen

Übersicht Suchmaschinen

AltaVista Deutschland	**www.altavista.de**	durchsucht 8 Millionen deutschsprachige Dokumente
AltaVista international	**www.altavista.com**	durchsucht 150 Millionen Dokumente. Sprachen können voreingestellt werden. Suchergebnisse werden mit Datum nach Sprachen geordnet dargestellt.
Excite Deutschland	**www.ecite.de**	Suchergebnisse werden mit Datum und Relevanz (in %) dargestellt.
Excite international	**www.ecite.com**	durchsucht ca. 50 Millionen Dokumente. Darstellung der Ergebnisse mit Datum und Relevanz.
Fireball	**www.fireball.de**	durchsucht ca. 8,5 Millionen deutschsprachige Dokumente mit hoher Geschwindigkeit. Darstellung der Ergebnisse mit Datum und Relevanz.
HotBot	**www.hotbot.com**	durchsucht ca. 110 Millionen internationale Dokumente. Ergebnisdarstellung mit Datum und Relevanz.
Infoseek Deutschland	**www.infoseek.de**	durchsucht ca. 6 Millionen deutschsprachige Dokumente. Ergebnisse können nach Relevanz oder Datum sortiert werden.
Infoseek international	**www.infoseek.com**	durchsucht ca. 45 Millionen internationale Dokumente. Ergebnisse können nach Relevanz und Datum sortiert werden.

vordefinierte Suchabläufe

Die Startseiten vieler Suchmaschinen enthalten neben dem Eingabefeld für den Suchbegriff bereits vordefinierte Suchabläufe, z. B. für Tagesnachrichten, Schlagzeilen, Wetter, Börsenkurse, Sport, TV-Programm, etc.

Suchoptionen

Bei der Eingabe des Suchbegriffs kann man die Suche einengen oder auch erweitern: Man kann z. B. wählen, ob im gesamten Internet oder nur im deutschsprachigen gesucht werden soll, ob auf Groß- und Kleinschreibung zu achten ist, ob Rechtschreibfehler bei der Eingabe erlaubt werden, ob komplette Wörter oder Teile davon gesucht werden sollen, ob Suchbegriffe mit Hilfe der Boolschen Operatoren (z. B. AND, OR, AND NOT) zu komplexeren Fragen kombiniert werden und noch weitere. Diese Suchoptionen gibt man entweder über Schaltflächen oder Auswahlmenüs ein.

Boolsche Operatoren

Beispiel

Beispiel: (Berlin OR Brandenburg) AND (Zeitungen OR Zeitschriften) AND NOT (Sport OR Freizeit). Mit dieser Eingabe suchen sie nach Zeitungen und Zeitschriften, die in Berlin oder Brandenburg erscheinen und keine speziellen Sport- oder Freizeitpublikationen sind.

Besonders leistungsfähig sind Meta-Suchmaschinen, die in mehreren Suchmaschinen parallel suchen.

Meta-Suchmaschinen

Highway 61	**www.highway61.com**	sucht gleichzeitig in Lycos, Yahoo!, Excite und Infoseek. Die gefundenen Dokumente werden aufgelistet.
Metacrawler	**www.go2net.com**	sucht parallel in 6 internationalen Suchmaschinen. Ergebnisdarstellung nach Relevanz.
MetaGer	**www.rrzn.uni-hannover.de**	sucht parallel in 15 Suchmaschinen. Ergebnisdarstellung nach Relevanz.

Suchmaschinen und Meta-Suchmaschinen suchen hauptsächlich nach konkreten Begriffen, Personen oder Informationen. Daneben gibt es eine andere Art von Suchmaschine, die man als Katalog bezeichnet. Kataloge sind von einer Redaktion bearbeitet, insofern als Internet-Dokumente nach Themengebieten zusammengefasst und geordnet sind. Inhaltlich sind Kataloge daher oft ergiebiger, auch wenn die Anzahl der durchsuchten Dokumente geringer ist.

Kataloge

Dino	**www.dino-online.de**	Die aus über 200000 deutschsprachigen Dokumenten gefundenen Titel werden nach Katalogbereichen aufgeführt.
Web.de	**vroom.web.de**	durchsucht ca. 180000 deutschsprachige Dokumente. Suchergebnisse nach Relevanz sortiert.
Yahoo! Deutschland	**www.yahoo.de**	durchsucht ca. 70000 deutschsprachige Dokumente. Die Suchergebnisse werden nach Suchkategorien sortiert.
Yahoo! international	**www.yahoo.com**	durchsucht ca. 750000 internationale, vorwiegend englischsprachige Dokumente. Die Suchergebnisse werden nach Suchkategorien und Datum sortiert.

Und schließlich gibt es noch Besprechungsdienste, die versuchen, qualitativ hochwertige Internet-Adressen zu erfassen und nach bestimmten Kriterien zu bewerten. Auch hier zwei Beispiele:

Argus Clearinghouse	**www.clearinghouse.net**	bewertet Dokumente nach Qualität und Aktualität.
WebTIP	**www.webtip.de**	bewertet die besten 5% des deutschsprachigen Internets nach Aufbereitung, Inhalt, Wirkung und Aktualität.

Besprechungsdienste

7. Kann man Suchmaschinen automatisch recherchieren lassen und nur die Ergebnisse abfragen?

Die Antwort ist erfreulich, denn es gibt Möglichkeiten. Auf den Webportalen einiger Suchmaschinen werden viele aktuelle Informationen gebündelt. Wenn man sich mit einigen persönlichen Daten z.B. bei Lycos, Excite oder Yahoo! anmeldet, kann man täglich oder wöchentlich per E-Mail Nachrichten und Informationen zu beliebig anwählbaren Themen aus nahezu allen im Internet vertretenen Tageszeitungen bekommen.

Viele Websites bieten Mailing-Abonnements als besonderen Service dieser Art. Die nachfolgenden Adressen helfen hier weiter:

Mailing-Abonnements

www.paperball.de

Hier bieten über 80 deutschsprachige Zeitungen Informationen unter 6 Oberbegriffen (z.B. Politik, Sport, etc.) an.

www.paperboy.de

Mehr als 300 deutsche und internationale Informationsquellen können hier angezapft werden. Es wird ein tägliches kostenloses Info-Update per E-Mail geliefert.

newscan-online.de

Fast 600 deutsche und internationale Informationsquellen werden für ein tägliches E-Mail oder Fax-News-Update geboten. Insgesamt gibt es hier etwa 250 vordefinierte Rubriken.

ACHTUNG!: Es ist sehr bequem, wenn man die Nachrichten alle frei Haus geliefert bekommt, aber Vorsicht: je nachdem, was man abonniert, wird man von der Materialfülle so erschlagen, dass man sich vorher fragen sollte: Habe ich die Zeit, das alles zu lesen?

8. Wie kann ich Dokumente und Software aus dem Netz auf den eigenen PC laden?

Das beste ist, Sie trainieren diesen Vorgang praktisch. Unter Bildung Online **http://www.b-o.de/** (Rubrik: Tipps & Tricks) finden Sie hierfür eine detaillierte Anleitung mit entsprechenden Übungen:

Download-Training

1. Schritt: Sie lernen, einen Ordner anzulegen, damit Sie die Dateien möglichst schnell wiederfinden.
2. Schritt: Sie laden Dokumente mit dem Netscape Navigator oder dem Internet Explorer herunter.
3. Schritt: Sie üben das „Entpacken" komprimierter Dateien.
4. Schritt: Sie informieren sich über verschiedene Dateiformate, die Ihnen beim Download begegnen können und über Software, die Sie für Hilfsprogramme benötigen.

Suchen statt Surfen!

Das Hauptproblem bei der Arbeit mit dem Internet liegt darin, dass man oft trotz der Suchmaschinen nicht den richtigen Zugang zur Fülle des Materials findet und daher viel Zeit mit wenig zielgerichteter Suche verbringt. Um das zu vermeiden, sollte man sich vorher, d.h. noch offline, genau überlegen, was man eigentlich sucht und auf welchem Weg man sein Ziel am besten erreichen kann. Gefragt ist also eine richtige Suchstrategie.

Profisuche im www.

- Wählen Sie einen geeigneten Suchdienst aus (offline), eine Suchmaschine für gezielte Informationen zu einem Thema, eine Meta-Suchmaschine für eine grobgerasterte Parallelsuche, einen Katalog für die Suche nach einem spezifischen Sachgebiet oder einen Besprechungsdienst für gute und aktuelle Webseiten zu Ihrem Themengebiet.
- Überlegen Sie vorher, wie Sie durch geschickte Formulierung, durch Präzisierung des Themas oder des Stichworts die Suche eingrenzen können. Oft hilft es, themenbezogene Wortfelder zu erstellen und so die Anzahl der Suchbegriffe zu spezifizieren. Auch fremdsprachige Schreibweisen helfen insbesondere bei internationalen Suchmaschinen weiter, z. B. „Europe" statt „Europa".
- Benutzen Sie die Operatoren, die die Suchdienste zur Verfügung stellen, um Ihre Suchstichwörter sinnvoll zu kombinieren.
- Erstellen Sie sich mit Hilfe eines Formulars (siehe S. 35) einen persönlichen Recherche-Plan. Damit vermeiden Sie zeitaufwendige Mehrfachsuchen, wenn Sie Ihre Arbeit einmal unterbrochen haben und vielleicht ein paar Tage später wieder anfangen wollen.

persönliches Recherche-Formular

Thema					
Suchbegriffe					
Recherche bei	**Adresse**	**Erfolg?**	**Ausdruck? Archiviert unter**	**Bestellung**	**Abo**
Nachschlagwerke Online-Zeitungen Zeitungsarchiven Suchdiensten Buchhandel öfftl. Bibliotheken Newsgroups Mailing-Listen					

Nützliche Internet-Adressen:

Nachschlagwerke			
Encyclopaedia Britannica Online	**www.eb.com**	Das umfangreichste Auskunftswerk der Welt mit ca. 130 000 Links zu anderen Internet-Seiten	30 Tage kostenlos, danach monatlich $5
Meyers Lexikon	**www.nem.edu/Cref.m10**	ca. 45 000 Artikel	kostenlos; Kopieren nicht erlaubt
CIA World Factbook	**www.odci.gov/cia/publications/factbook/index.html**	aktuelle Informationen zu allen Ländern der Erde	kostenlos; kopieren erlaubt
Munzinger	**www.genios.de/sheets/MALAND.HTM**	alle 2 Wochen aktualisierte Informationen und Analysen zu allen Staaten der Welt, Bundesländern, Organisationen, Bündnissen	DM 6 je Dokument
Wirtschaftsverbände, Behörden, Organisationen	**www.genios.de/sheets/VBO.HTM**	Nach Sachgebieten geordnetes Verzeichnis von über 30 000 deutschen Wirtschaftsverbänden und europäischen Institutionen	DM 9,50 je Dokument
Biography Magazine	**www.biography.com**	englischsprachige Informationen zu über 20 000 Prominenten	kostenlos; kopieren erlaubt
Deutsche Biografische Enzyklopädie	**www.genios.de/sheets/DBM.HTM**	Biografien zu ca. 60 000 Persönlichkeiten aus Deutschland, Österreich und der Schweiz. Bisher liegen die Bände A–E vor.	DM 4,80 je Dokument
Internationale Künstlerdatenbank	**www.genios.de/sheets/IKD.HTM**	Biographien von über 250 000 Künstlern (Bildende Kunst) aus aller Welt	DM 1,20 je Dokument
Politikus	**www.politikus.de**	ständig aktuelle Informationen zu deutschen Politikern	DM 120 pro Jahr
Who's who?	**www.genios.de/sheets/WIW.HTM**	Who's who in Deutschland	DM 9,60 je Dokument

Zeitungs- und Zeitschriftendatenbanken

Zeitungen und Zeitschriften weltweit	**www.webwombat.com.au/intercom/newsprs/index.htm**	Umfassende Datenbank über Zeitungen und Zeitschriften weltweit mit direkten Links	kostenlos
Elektronische Zeitschriftenbibliothek	**www.bibliothek.uni-regensburg.de/ezeit/fl.phtml**	zahlreiche Volltext Fachzeitschriften	kostenlos
Tageszeitungen	**dir.web.de/Medien/Presse/Tageszeitungen**	zahlreiche deutschsprachige Tageszeitungen, regional geordnet	kostenlos
Paperball	**www.paperball.de**	siehe oben, Frage 7	lkostenlos
Paperboy	**www.paperboy.net**	siehe oben, Frage 7	kostenlos

Wörterbücher

Online Dictionaries	**www.factstaff.bucknell.edu/rbeard/diction.html**	über 800 Wörterbücher in 160 Sprachen; auch spezielle Fachwörterbücher	kostenlos; kopieren erlaubt
Duden Online	**www.duden.bifab.de**	neue deutsche Rechtschreibung	kostenlos; kopieren erlaubt
Langenscheidts Fremdwörterbuch Online	**www.langenscheidt.aol.de**	Erklärung und Verwendungsbeispiele von Fremdwörtern	kostenlos; kopieren erlaubt

Bibliothekskataloge

OPAC	**www.hbz-nrw.de/germlst.html**	Online Public Access Catalogue; elektronischer Bestandskatalog für wissenschaftliche Bibliotheken	kostenlos
OPAC für deutsche Bibliotheken	**www.dbi-berlin.de**	elektronischer Katalog für wissenschaftliche Bibliotheken in Deutschland	kostenlos
VLB und VLZ (Verzeichnis lieferbarer Bücher und lieferbarer Zeitschriften)	**www.buchhandel.de** oder **www.telebuch.de** oder **www.buecher.de**	Verzeichnisse der aktuell lieferbaren Bücher und Zeitschriften	kostenlos
Amazon Online Buchhandel	**www.amazon.de** oder **www.amazon.com**	Möglichkeit, alle lieferbaren deutschen und englischsprachigen Bücher direkt zu bestellen	

Sonstige

Europäische Union	**www.europa.eu.int**	sehr umfangreiche Website der Europäischen Union	kostenlos; kopieren erlaubt
Deutsches Bibliotheksinstitut	**www.subito-doc.de**	Online-Recherche des Deutschen Bibliotheksinstituts in wissenschaftlichen Zeitschriften	kostenlos

Versuchen Sie bitte, die folgenden Fragen mithilfe des Internet zu beantworten:

1. Gibt es eine Online-Version Ihrer lokalen Tageszeitung? Wenn ja, wie unterscheidet sie sich von der gedruckten Version? Wo gibt es Gemeinsamkeiten?
2. Schauen Sie bitte im Online-Buchhandel nach, welche aktuellen Bücher zum Thema „Euro" zur Zeit lieferbar sind.
3. Suchen Sie mithilfe einer Suchmaschine Informationen zu politischen Parteien auf Landesebene in Deutschland. Die Stadtstaaten Hamburg, Bremen und Berlin sollen dabei unberücksichtigt bleiben.
4. Suchen Sie Informationen zum Stichwort „Maastrichter Vertrag" über AltaVista Deutschland, Fireball, HotBot und Metacrawler. Vergleichen Sie die Ergebnisse.
5. Überlegen Sie sich (evtl. mit Hilfe eines persönlichen Rechercheformulars) eine Suchstrategie, mit der Sie genügend Informationen erhalten, um damit ein Kurzreferat über die Auswirkungen des Schengener Abkommens vorzubereiten.
6. Suchen Sie die Titel von 10 Zeitschriften, in denen Sie Artikel zu einzelnen Aspekten der europäischen Geschichte finden.
7. 1999 ist die Europäische Kommission neu besetzt worden. Finden Sie heraus,
   a) wie viele Kommissare es gibt,
   b) aus welchen Ländern diese kommen, und
   c) welche Zuständigkeiten sie erhalten haben.
8. Finden Sie heraus, wie die Präsidentin/der Präsident des Europäischen Parlaments heißt und welche Funktionen sie/er evtl. zuvor auf nationaler und europäischer Ebene bekleidet hat.
9. Überlegen Sie sich ein Ordnungsprinzip für die 20 Internet Adressen, die Sie am häufigsten aufrufen und speichern Sie sie entsprechend unter Ihren Favoriten ab.
10. Suchen Sie die Homepage Ihrer bevorzugten Fernseh-Nachrichtensendung auf und vergleichen Sie die Nachrichtenpräsentation dort mit der der Sendung.
11. Wenn Sie noch weitere Aufgaben lösen möchten, empfehlen wir Ihnen folgende Internetadresse: **http://www.ipts.de/pmt/aufg4.htm** (zusammengestellt vom Kieler Institut für Lehrerfortbildung finden Sie hier 44 Rechercheaufgaben).

2.6. „Was versteht man unter ...?" – Ein Internet-Glossar

Mit dem Internet und der Verbreitung der neuen Medien ist eine Fachsprache entstanden, die Sie entziffern und beherrschen sollten, um sich effizient und problemlos im Netz zu bewegen. Wenn Sie einen Begriff nicht finden sollten oder das Glossar aktualisieren möchten, empfehlen wir Ihnen einen Besuch bei einem **Internetlexikon im Internet**: **http://www.networds.de/**(Hier können Sie schnell und komfortabel über 1400 v.a. Internet-spezifische, aber auch allgemeine Computer-Begriffe nachschlagen. Die meist englischen Stichwörter sind alphabetisch sortiert und werden leicht verständlich auf Deutsch erklärt. Außerdem finden Sie hier täglich einen neuen „Begriff des Tages", der sofort ins Wörterbuch aufgenommen wird.

@
Sonderzeichen, das in jeder e-mail-Adresse auftaucht, z. B. : e-mail@cornelsen.de. Das Zeichen wird bei PCs mit der Tastenkombination AltGr+q aufgerufen, bei Macintosh-Rechnern mit alt+shift+1.

Account
Zugangsberechtigung zu einem ▸Online-Dienst oder ▸Provider. Ein Account enthält normalerweise den Benutzernamen und ein Passwort. Beide werden bei der Einwahl, auch bei der automatischen Einwahl, eingegeben.

Banner
Unbewegte oder animierte Werbegrafik, die gegen Entgelt auf ▸Web-sites erscheint. Viele ▸Homepages werden durch Bannerwerbung finanziert. Dadurch ist das Angebot dieser Seiten für den Nutzer kostenfrei.

Betaversion
Vorversion eines noch nicht im Handel erhältlichen Computerprogramms, das oft zu Testzwecken kostenlos über das Internet heruntergeladen werden kann.

Bit/s oder bps (bits per second)
Einheit zum Messen der Datenübertragungsgeschwindigkeit.

Bookmark
Interessante Internet-Seiten können als Bookmark (=Lesezeichen) entweder über Kurztastenbefehl, Mausklick oder Menüfunktion gespeichert werden. In den meisten ▸Browsern lässt sich eine derartige Sammlung von Bookmarks thematisch sortieren und schnell wieder aufrufen.

Browser
Spezielles Computerprogramm zur Internet navigation. Die am häufigsten genutzten Browser sind der Netscape-Communicator und der Microsoft Explorer, die z. T. kostenlos erhältlich sind.

Cache
Aktuell vom Computer angelegter Ordner, in dem aufgerufene ▸Web-sites temporär gespeichert werden.

Chat
Zeitgleiche und weltweite schriftliche Unterhaltung beliebig vieler Internet-Teilnehmer. Neben allgemeinen und eher belanglosen Chats gibt es auch sehr viele, die dem themengebundenen Meinungsaustausch dienen. Oft werden virtuelle Chatrooms eingerichtet, wobei jedem Room ein bestimmtes Thema zugeordnet ist.

Cookie
Kleine Datei, die beim Anwählen bestimmter ▸Web-sites auf den Computer geschleust und normalerweise im Ordner *Temporary Internet Files* abgelegt wird. Diese Cookies können extern identifiziert werden und geben Aufschluss über das Benutzerverhalten des Internet-Anwenders. Moderne ▸Browser können so eingestellt werden, dass sie entweder vor Cookies warnen oder diese generell nicht auf den Computer lassen.

Counter
Zählwerk, das bei bestimmten ▸Web-sites die Besucher zählt.

Domain
Name des angewählten ▸Servers. So ist zum Beispiel bei **http://www.cornelsen.de** „cornel-

sen" der Domain-Name. „de" ist die Domain-Endung für Deutschland.

Download
Das Herunterladen und damit das Kopieren einer ►Web-site auf den eigenen Computer. Je nach Einstellung und Format können dabei Texte, Grafiken oder Programmcodes heruntergeladen werden.

e-business
Betriebswirtschaftlich orientierte Netznutzung (Internet oder Intranet) durch eine Firma oder Organisation zur verbesserten Kommunikation zwischen verschiedenen Abteilungen der Firma, Mitarbeitern und Kunden.

e-commerce
Produktvertrieb über das Internet.

Einwahlknoten
Zugangsmöglichkeit zu einem ►Online-Dienst oder ►Internet-Provider.

e-mail
Weltweite elektronische Post von Bildschirm zu Bildschirm. Textnachrichten, die innerhalb kürzester Zeit zum Telefon-Ortstarif zwischen allen Computern mit Internetzugang ausgetauscht werden können. Einer e-mail können weitere Textdateien, Tondateien, Bild- oder Videodateien angehängt werden.

e-mail-client
Spezialprogramm zum Empfangen, Versenden und Verwalten von e-mails, z. B. Netscape Messenger oder Microsoft Outlook.

FAQ
Frequently Asked Questions. ►Web-site eines ►Online-Dienstes oder Anbieters, auf der häufig gestellte Fragen beantwortet werden.

Frames
Rahmen, die eine ►Web-site in kleinere Fenster unterteilen. Die Fenster dienen der Übersichtlichkeit, der besseren Information, der Navigation oder der seitenfremden Information (z. B. Bannerwerbung).

FTP (File Transfer Protocol)
Datenübertragungsprotokoll, das statt ►„http" von Rechnern mit sehr hohen Datenbeständen, z. B. Universitäten, genutzt wird.

GIF (Graphic Interchange Format)
Für Bildübertragungen vergleichsweise schnelles Dateiformat, das häufig für Internetgrafik genutzt wird. Es ist an der Dateiendung „.gif" erkennbar.

Global village
Durch das Internet wächst die Welt so eng zusammen, dass man vom globalen Dorf spricht.

Homepage
Die erste Seite eines Internet-Angebots, die als Begrüßungsseite fungiert. Auf dieser Seite ist normalerweise Name und Adresse des Anbietenden zu finden, sowie ein Inhaltsverzeichnis seines Angebots und Navigationsschaltflächen, die zu den Inhalten führen. Homepages sind auch die persönlichen Seiten von Privatpersonen, die sich damit kurz vorstellen und ihre Homepage als weiteren Kommunikationskanal nutzen.

Host
Computersystem, das hinter einer Internet-Adresse steht und als „Gastgeber" die Daten liefert.

html (hypertext markup language)
Im ►World Wide Web ist html für alle Dokumente das Standardformat und kann weltweit von allen Computern identifiziert und gelesen werden.

http (hypertext transfer protocol)
Übertragungsprotokoll für Daten und Dokumentformate im ►World Wide Web.

Internet
Ursprünglich ein Datennetz des US-Militärs, das sich zu einem weltweiten Verbund zahlreicher kleinerer Netze entwickelt hat, die über ►TCP/IP-Protokolle miteinander kommunizieren können. Der bekannteste Internetdienst ist das ►World Wide Web (www).

Internet-Café
Inzwischen sehr weit verbreitete Lokale, die ihren Gästen zusätzlich zum Konsum die Möglichkeit bieten, mittels im Lokal vorhandener Computer im Internet zu ►surfen.

Intranet
Nicht öffentliches firmen-, instituts- oder organisationseigenes internes Kommunikationsnetzwerk auf der Basis des Internets.

ISDN (Integrated Services Digital Network)
Internationaler Telekommunikationsstandard, mit dem Sprache und Daten digital übertragen werden.

ISDN-Karte
Hardwarekomponente, mit der ein Computer

Daten über das digitale Telefonnetz senden und empfangen kann. Ein ►Modem erfüllt den gleichen Zweck, hat aber in der Regel eine geringere Übertragungsgeschwindigkeit.

Java
Internet-Programmiersprache

JPG (Joint Photographics Expert Group)
Für Grafik- und Bildübertragungen im Internet geeignetes Dateiformat, erkennbar an der Dateiendung „.jpg".

Kryptografie
Verschlüsseln und Entschlüsseln von Daten

LAN (Local Area Network)
Datenkommunikationsnetzwerk, das räumlich eng begrenzt ist, z. B. auf einen Raum (Computerraum einer Schule), ein Gebäude oder ein Gebiet.

Link
Eigentlich Hyperlink. Es ist eine direkte, vorprogrammierte Anwahlverbindung von einem ►html-Dokument zu einer anderen Internet-Adresse, die meist in Form einer Grafik oder eines hervorgehobenen Wortes erscheint und durch Anklicken zu dem neuen Dokument führt.

Login
Anwählen und Anmelden bei einem Server. Verbindungsaufbau.

Mailbox
Elektronischer Briefkasten, in dem bis zum Aufruf bzw. bis zum Herunterladen durch den Adressaten alle an ihn gerichteten ►e-mails und Dokumente gespeichert werden.

Mailing-Liste
Elektronische Adressenliste für den gleichzeitigen Versand einer ►e-mail an alle Adressen auf dieser Liste.

Modem (Modulator/Demodulator)
Hardwarekomponente, mit der die Verbindung zwischen Computer und Telefonnetz hergestellt wird.

MP3
Format zur datenreduzierten Übertragung von Audio-Dateien. Es ermöglicht das Herunterladen von Musik und damit den gewerblichen Vertrieb von Musikaufnahmen über das Internet.

Netiquette
Verhaltensregeln für den Umgang mit Online-Partnern.

Netzwerk
Verbindung mehrerer digital arbeitender Kommunikationsgeräte, in der Regel die Vernetzung mehrerer Computer zum Zweck des Datenaustauschs.

Newsgroups
Öffentliche von allen Internet-Nutzern einsehbare Diskussionsbeiträge zu bestimmten Themen in Form von ►e-mails. Für Newsgroups wird nicht das ►World Wide Web, sondern das ►Usenet benutzt.

Newsletter
Regelmäßig von Organisationen oder Firmen herausgegebene Informationen, die per ►e-mail an die Adressaten, meist Abonnenten, versandt werden.

offline
Man kann mit seinem ►Browser oder e-mail-Programm arbeiten, ohne dass eine Verbindung zum Internet besteht. Beispielsweise kann man all seine ►e-mails offline schreiben, im Postausgangskorb des e-mail-Programms zwischenspeichern, und dann zum schnellen Absenden kurz ►online gehen.

online
Man ist online, wenn der Computer eine Verbindung zum Internet hat und sende- und empfangsbereit ist.

Online-Dienst
T-Online und AOL sind in Deutschland weit verbreitete Online-Dienste, die ihren Kunden einen Internet-Zugang und eine e-mail-Adresse zur Verfügung stellen. Zum Serviceumfang gehören oft auch Diskussionsforen, Informationsdienste und Nachrichten.

OPAC (Online Public Access Catalogue)
Kostenlos nutzbarer elektronischer Bestandskatalog für wissenschaftliche und öffentliche Bibliotheken. Die Adresse für wissenschaftliche Bibliotheken in Deutschland lautet: **http://www.hbz-nrw.de/hbz/germlst.Welcome.html**. Für öffentliche Bibliotheken in Deutschland: **http://www.dbi-berlin.de**. Hunderte von ausländischen Bibliothekskatalogen aus aller Welt findet man unter **http://www.hbz-nrw.de/hbz/toolbox/opac.html**.

pdf
Im Internet weit verbreitetes Format zum Publizieren gestalteter Seiten. Dateien mit der Endung „.pdf" können heruntergeladen und dann mit dem kostenlosen Programm Adobe Acrobat Reader gelesen werden.

Portal
Eingangsseite eines Online-Dienstes, auf der der Anbieter den direkten Zugang zu einer Vielzahl von besonderen Internet-Dienstleistungen bereithält.

Provider
Firma oder Institution, über die man einen Zugang zum Internet bekommen kann.

Server
Leistungsfähiger Zentralrechner eines Netzwerkes, der allen angeschlossenen Teilnehmern (Clients) Daten liefert.

SMS (Short Messages Service)
Maximal 128 Zeichen lange Kurznachricht per Internet von einem Computer an ein Mobiltelefon.

Snail-Mail
„Schneckenpost". Despektierliche Bezeichnung von e-mail-Nutzern für den herkömmlichen Briefpostversand.

Suchmaschinen
Spezialprogramme, die nach der Eingabe eines Stichworts entweder das gesamte ►World Wide Web oder ►Usenet oder ein regional begrenztes Netz (z. B. nur das deutschsprachige) nach relevanten Einträgen durchsuchen und diese auf dem Bildschirm auflisten. Durch Anklicken kann man jeden Eintrag auf der Liste dann einsehen und evtl. herunterladen.

Surfen
Eher zielloses aber oft recht unterhaltsames Herumreisen im Internet, indem man von ►Link zu Link springt.

TCP/IP-Protokoll (Transmission Control Protocol/Internet Protocol)
Technische Protokolle zum Auf- und Abbau von Netzwerkverbindungen.

Thumbnails
Sehr kleine Vorschaubilder mit nur geringer Datenmenge. Wenn man durch das Ansehen mehrerer Thumbnails eine Vorauswahl getroffen hat und das entsprechende Thumbnail-Bild anklickt, wird die eigentliche, dann wesentlich größere Datei geladen.

Übertragungsrate
In ►bits per second gemessene Geschwindigkeit der digitalen Datenübertragung. Mit einer ►ISDN-Verbindung können 64 Kilobit pro Sekunde übertragen werden, das entspricht einem Text von 8 000 Zeichen.

Upload
Kopieren eigener Dateien auf einen anderen Computer.

URL (Uniform Resource Locator)
vollständige Beschreibung einer Internet-Adresse für ein ►html-Dokument.

Usenet
Internet-Netzverbund für ►Newsgroups

Viren
Von außen durch Fremddisketten oder Internet-Datenübertragungen eingeschleuste Programmanhängsel, die sich durch Weitergabe selbstkopierend vermehren und Schäden an Dateien, Programmen oder an Betriebssystemen anrichten können.

Virenscanner
Spezialprogramm zum Erkennen von Computerviren. Ist eine Datei verseucht, erscheint eine Warnung. Die meisten Programme dieser Art können ihnen bekannte Viren auch entfernen.

WAP (Wireless Application Protocol)
Eine Übertragungssprache, die es erlaubt, Internet-Inhalte direkt zum Mobiltelefon zu senden, ohne den Umweg über Modem und Computer. Bei dieser Übertragung wird eine Art abgespeckte Version der Internetsprache ►html verwendet, wml (Wireless Markup Language).

Webcam
Digitalkamera, die in kurzen Minutenabständen Bilder aufnimmt und per Internet zugänglich macht. Eine Webcam kann zum Beispiel zu Naturbeobachtungen eingesetzt werden. Eine Webcam kann auch eine Videokamera für zeitgleiche Dauerbeobachtungen sein.

Web-site
Gesamtes Angebot, das unter einer Internet-Homepage-Adresse aufgerufen werden kann.

World Wide Web
Weltweit größter und erfolgreichster Internetdienst.

2.7. TV, Radio

Die modernen Massenmedien gehören heute zu den Standard-Informationsmitteln, über die jeder verfügt. Es ist sehr einfach, sich über aktuelle Ereignisse und Hintergrundinformationen kundig zu machen, und auch die Meinungsbildung wird sehr stark vereinfacht. Es besteht allerdings auch die Gefahr, dass Nachrichten und andere Informationen ungeprüft übernommen werden, im Vertrauen darauf, dass die Journalisten gewissenhaft gearbeitet haben. Leider ist es oft so, dass Nachrichten und Meldungen korrigiert werden müssen.

Wer Rundfunk- oder Fernsehmeldungen für seine eigene Arbeit verwenden möchte, wird sicher gut daran tun, nur brauchbare Informationen (siehe Kapitel 2.1.) zu übernehmen. Eine weitere Problematik liegt darin, dass Sendeanstalten meist nicht völlig unabhängig sind und auch in ihren Informationssendungen einseitige politische Tendenzen nicht ausgeschlossen werden können.

Diskutieren Sie mit Ihren Mitschülern, wie Sie die Problematik der folgenden Nachrichtensituationen sehen:

1. Während des Kosovokrieges laufen über die Nachrichten aller Sendestationen in Rundfunk und Fernsehen die Erfolgsmeldungen von der täglichen Pressekonferenz aus dem Brüsseler NATO-Hauptquartier. Ähnliche oder auch nahezu identische Bilder aus serbischen Quellen werden von den serbischen Kommentatoren völlig anders interpretiert. Welchen Informationswert hat der Nachrichtenvergleich für Sie?
2. Während eines innenpolitischen Skandals, in dem es um Gesetzesverstöße in der Parteienfinanzierung geht, behaupten führende Politiker der betroffenen Partei und langjährige Inhaber von Spitzenämtern in verschiedenen Fernsehinterviews, von all den Unregelmäßigkeiten nichts gewusst zu haben. Wie glaubhaft ist diese Information?
3. Bei einer Pressekonferenz sagt ein Regierungssprecher, die bilateralen Verhandlungen mit einem schwierigen außenpolitischen Partner seien in angenehmer und konstruktiver Atmosphäre verlaufen. Zwar sei noch kein Durchbruch erzielt, aber die Talsohle sei bereits durchschritten. Welchen Informationswert haben diese Aussagen?
4. In der Zeit des Dritten Reiches und vor allem während des zweiten Weltkrieges konnten viele Deutsche die deutschsprachigen Nachrichten des feindlichen britischen Rundfunksenders BBC hören. Das Einschalten des Senders war natürlich strengstens verboten. Wer nur den deutschen Rundfunk hörte, bekam völlig andere Meldungen zu hören. Worin bestand das Informationsproblem der Radiohörer im Deutschen Reich?
5. Nach langen Tarifverhandlungen stellen sich ein Vertreter der Arbeitgeber, die maximal 1 % Lohnerhöhung zugestehen wollten und ein Gewerkschaftsführer, der mindestens 5 % gefordert hat, den Kameras. Beide bezeichnen den erzielten Kompromiss von 3,2 % mehr Lohn als einen großen Erfolg für ihre eigene Organisation. Wer ist denn nun als Sieger aus den Verhandlungen gegangen?

Informationsdichte

Im Gegensatz zum Radio verfügt das Fernsehen über völlig andere Mittel, Informationen einprägsam zu präsentieren. Aber wieviel von diesen Informationen bleibt bei der Vielzahl der optischen und akustischen Reize einer Sendung tatsächlich in unserem Gedächtnis haften? Machen Sie einen Test:

Zeichnen Sie eine Nachrichtensendung per Video auf. Zeigen Sie diese Aufzeichnung anschließend einer Gruppe von Mitschülern und bitten Sie sie vorher nur, die Sendung aufmerksam zu betrachten. Stellen Sie hinterher die folgenden Fragen:

1. Welches waren die wichtigsten Meldungen?
2. Wie wurden diese Meldungen dargeboten? In Wort, Bild oder Film? Wurde nur berichtet oder auch kommentiert? Welche Meinung hat der Kommentar vertreten? Gab es grafische Illustrationen? Waren Bild und Ton vom gleichen Urheber oder ist die Meldung im Studio bearbeitet worden?
3. Wie viele Meldungen ungefähr enthielt die gesamte Sendung? In welcher Reihenfolge wurden die Meldungen präsentiert?
4. Welche Meldungen bezogen sich auf Ereignisse und Personen im Inland, welche auf das Ausland?
5. Wie war die Nachrichtenmischung? Gab es vorzugsweise politische Meldungen oder wurde auch aus der Wirtschaft, aus der Kultur und aus anderen Bereichen berichtet?
6. Gab es Interviews? Wenn ja, was wurde gefragt, was geantwortet?
7. Was ist besonders in Erinnerung geblieben? Eine Grafik, die Krawatte des Nachrichtensprechers, sein Versprecher oder die polemische Formulierung eines Politikers?

Nun schauen Sie sich die Sendung nochmals an und stellen die gleichen Fragen noch einmal. Wie unterscheiden sich dic Antwortet?

Um sich klarzumachen, welche Fülle von Informationen eine Nachrichtensendung enthält, schauen Sie sie sich ein drittes Mal an und fertigen dabei eine Strichliste an, um die folgenden Fragen zu beantworten?

- Wieviele Schnitte gab es während der Sendung?
- Wieviele Grafiken und Karten wurden eingeblendet?
- Wieviele unterschiedliche Themen wurden angesprochen? Wieviel Zeit wurde jedem Thema gewidmet?
- Wieviele verschiedene Personen wurden namentlich genannt?
- Wieviele Schauplätze für die Ereignisse gab es?
- Wieviele Inlandsmeldungen, wieviele Auslandsmeldungen enthielt die Sendung?

Checkliste Manipulation in Film- und Fernsehdokumentationen
Durch welche Mittel können Film- und Fernsehdokumentationen manipuliert werden?

- Unterschlagen von Bildern/Hinzufügen von Bildern.
- Zu schnelle Schnittfolge/zu langsame Schnittfolge.
- Kommentar und Bild stimmen nicht überein.
- Ungenügende Recherche.
- Überfrachtung der Information.
- Unterschlagung zugänglicher Informationen.
- Falschmeldungen.
- Falsche O-Töne zum Bildmaterial.
- Propagandistische Musik.
- Tendenziöse Sprechweise.
- Vorzensur durch Sender/Nachzensur.
- Falsche Übersetzung aus der Fremdsprache.
- Bildmonopol durch Presseoffiziere.
- Schere im Kopf des Redakteurs.
- Vermittling von Feindbildern.

zusammengestellt nach Christian Hörburger: Krieg im Frieden. Didaktische Materialien und Analysen für die Medienerziehung. Tübungen 1996, S. 47

Radio- und TV-Sendungen für Referate und Seminararbeiten nutzen

Um Radio- oder Fernsehsendungen für den Informationserwerb zu nutzen, ist es immer sinnvoll, sich eine Tonband- oder Videoaufzeichnung zu machen und diese später in Ruhe auszuwerten. Für Informationen besonders geeignet sind

- Nachrichtensendungen
- Dokumentarfilme und -programme
- Interviews aller Formate, auch seriöse Talkshows
- politische Magazine
- Schulfunksendungen
- Wissenschaftsmagazine
- Auslandsberichte

Um die Aufzeichnung einer Sendung für ein Referat oder eine Seminararbeit zu nutzen, müssen Sie deren Informationsgehalt analysieren. Dabei stellt sich die Frage nach den Autoren und ihrer jeweiligen Perspektive der Dinge:

Perspektive

- Was wollen die Autoren eines Radio- oder Fernsehberichts zum Ausdruck bringen? Geht es nur um Fakten? Oder werden genügend Hintergrundinformationen gebracht? Ist die Argumantationskette schlüssig? Werden Fakten mit medientypischen Mitteln untermauert, also mit Originalton und Bild?
- Wie ist der Bericht gegliedert? Werden die verschiedenen Seiten einer Nachricht angesprochen?

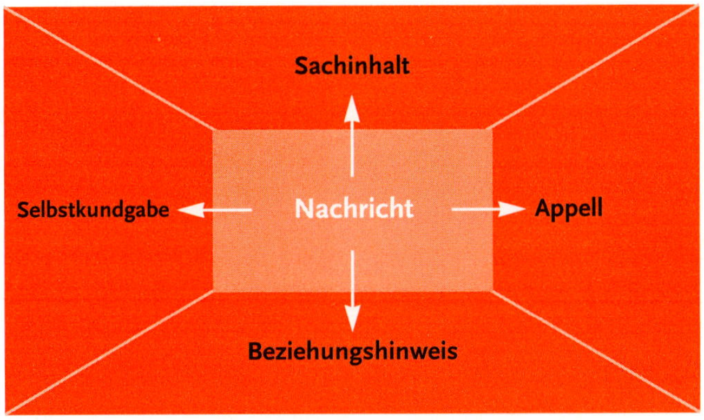

- Welche Wirkung ist bei den Zuhörern oder Zuschauern beabsichtigt? Kann die Nachricht missverstanden oder fehlinterpretiert werden?
- In welchem Ereigniszusammenhang steht die Nachricht?

Alle Hinweise und Beobachtungen inhaltlicher und formaler Art werden wie Exzerpte aus schriftlichen Quellen auf Karteikarten oder als Mitschrift schriftlich festgehalten, wobei zur späteren Überprüfung die jeweilige Stelle mit dem Zählwerkstand des Abspielgerätes mit aufgeschrieben wird. Dies gilt ebenso für wörtliche Zitate.

Zählwerkstand

Bei der späteren Verwendung von Radio-oder Fernsehsendungen wird der Beleg so angegeben:

Titel der Sendung, Autoren, Sender, genauer Sendetermin mit Datum und Uhrzeit des Sendungsbeginns.

Belegangabe

Wenn Sie sich in einem Referat auf eine Radio- oder Fernsehsendung beziehen, kann es Ihren Vortrag sehr beleben, wenn Sie den Zuhörern einen kurzen Ausschnitt vorspielen, sei es als Einstieg, Schluss oder zur Stützung einer besonders wichtigen Aussage. Suchen Sie sich einen geeigneten Ausschnitt aus Ihrer Aufzeichnung aus – geeignet heißt auch von vorführfähiger Ton- und Bildqualität – und achten Sie darauf, dass der Ausschnitt nur maximal drei Minuten lang ist.

Integration eines Ausschnitts in ein Referat

Falls Sie die Sendeanstalten kontaktieren möchten, um Rückfragen zu stellen, oder um vielleicht sogar Zugang zu deren Archiven zu bekommen, so können Sie die Adressen über das Internet herausbekommen. Für Radiostationen rufen Sie bitte auf: http://www.infodrom.north.de/links.htm. Und für TV-Sender gilt diese Internetadresse: http://www.neumuenster.de/aktuelles/tv.htm.

Sendeanstalten im Internet

Im Jahr 2000 soll im Medienhaus des Sony-Centers am Potsdamer Platz in Berlin die „Deutsche Mediathek“ eröffnet werden, die, ähnlich wie vergleichbare Institutionen in anderen Ländern, z. B. die „Inatheque de France“ in Paris oder das „Museum of Television and Radio“ in New York/Los Angeles einen Einblick in die prägenden und repräsentativen deutschen Programme von Hörfunk und Fernsehen geben soll. Selbst wenn sich die Eröffnung verzögert, werden die Programmbestände und das Archiv dieser Einrichtung bald eine wertvolle Recherchemöglichkeit bieten.

Deutsche Mediathek

2.8. Presse

„Presse“ soll hier im weiteren Sinne verstanden werden. Neben der aktuellen Tagespresse und Zeitschriften gehören dazu auch Fachzeitschriften, wobei es oft schwierig ist, die Grenze zwischen einzelnen Zeitschriftentypen anzusetzen.

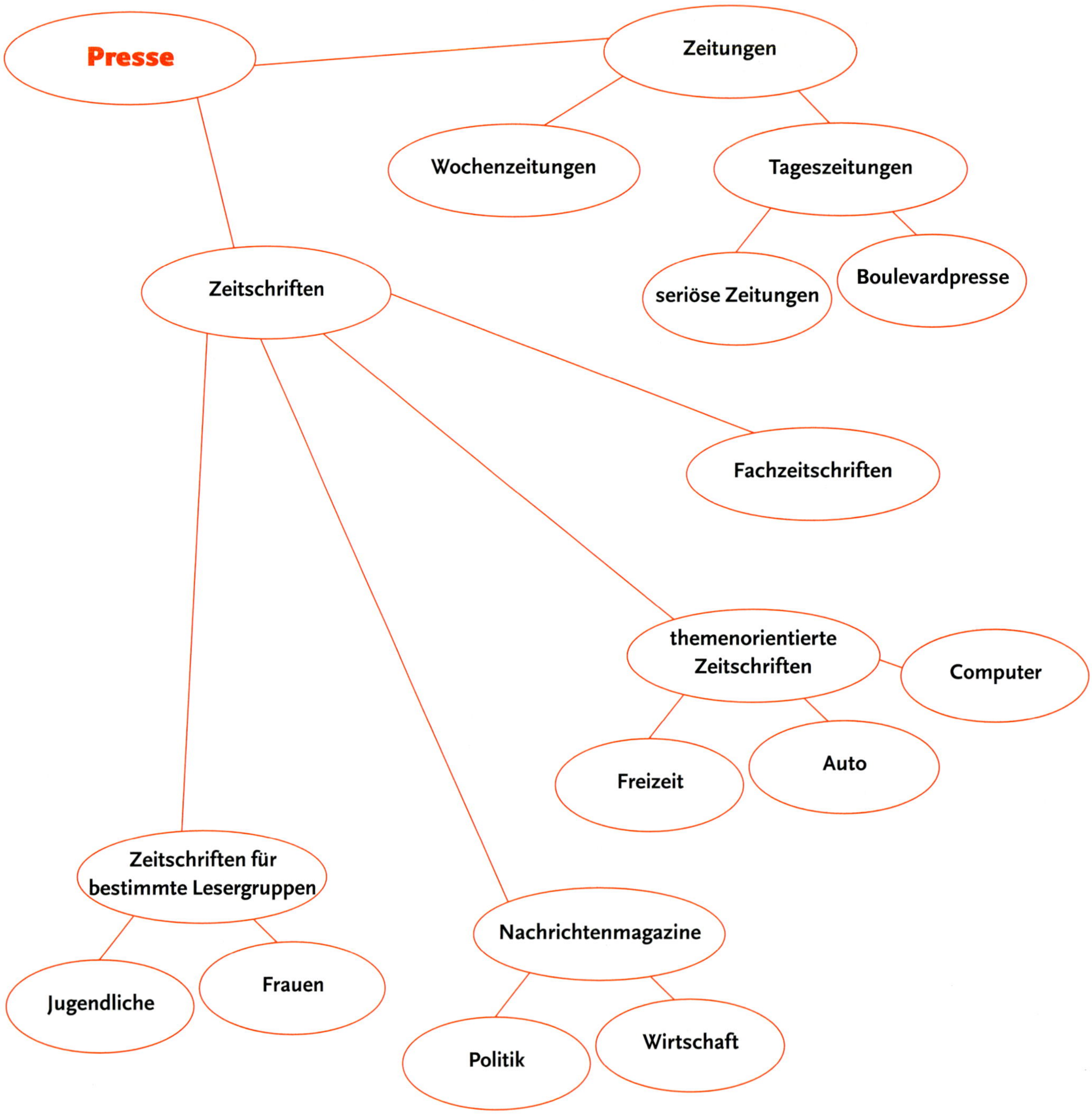

Allen **Zeitschriften** und **Zeitungen** ist gemeinsam, dass sie immer wieder mit neuen Ausgaben erscheinen. Meist ist diese Erscheinungsweise regelmäßig. Zeitungen wie z. B. die „Frankfurter Allgemeine Zeitung“ oder die „Süddeutsche Zeitung“ erscheinen täglich, andere wöchentlich. Zeitschriften und Magazine erscheinen meist wöchentlich, z. B. „Der Stern“, oder monatlich, z. B. „The National Geographic Magazine“. Fachzeitschriften erscheinen monatlich oder in noch größeren Abständen, z. B. die „Vierteljahreshefte für internationale Politik“.
Zeitungen und Zeitschriften werden abonniert, d. h. den Beziehern bei Erscheinen regelmäßig ins Haus geliefert, oder an Kiosken und in Geschäften verkauft.

Zeitungen gehören zu den wichtigsten Informationsmedien über gesellschaftliche und politische Ereignisse. Anders als beim Fernsehen oder im Radio, erscheinen die Nachrichten und Meldungen um einen Tag zeitversetzt. Dafür bieten Zeitungen die Möglichkeit zur nachlesbaren und damit genaueren Information und der Rythmus und der Umfang der Informationsaufnahme wird durch den Leser und die Leserin bestimmt. Zeitungen transportieren Nachrichten und Meinungen und ihre Aufgabe ist es, die Leser und die Leserinnen möglichst umfassend und objektiv über aktuelle Ereignisse und ihre Hintergründe zu informieren. Wenn Sie verschiedene Tageszeitungen von einem Tag nebeneinanderlegen zeigt sich jedoch schnell, dass Meldungen unterschiedlich gewichtet werden: Was eine Zeitung auf der ersten Seite berichtet, erscheint in einer anderen Zeitung erst auf Seite Drei und in einer weiteren überhaupt nicht. Ein weiteres Problem liegt in der politischen Färbung der Berichterstattung. Während die eine Zeitschrift kritisch oder nachdenklich über ein Ereignis berichtet und kommentiert, ist die andere eher zustimmend positiv. Auch wenn sich eine Zeitung im Impressum oder auf der Titelseite als als unabhängig und überparteilich darstellt, so bedeutet dies nicht, dass sie auch meinungsneutral und politisch ausgewogen ist. Wer sich einen objektiven Standpunkt zu einem Ereignis bilden möchte, muss also die Berichterstattung nicht nur in einer, sondern in mehreren Zeitungen und Zeitschriften untersuchen. Bei diesem Versuch kann man aber auch auf Grenzen stoßen, die durch den Konzentrationsprozess auf dem Zeitschriftenmarkt bedingt sind. Während Sie sich über Ereignisse von überregionaler Bedeutung (z. B. die Haushaltsdebatte im Bundestag) leicht aus mehreren Zeitungen informieren können („Die Welt“, „Frankfurter Rundschau“ u. A.) kann man sich hingegen über das lokale Geschehen häufig nur über eine Zeitung, nämlich das jeweilige Heimat- oder Lokalblatt informieren. Kritisch mit den angebotenen Informationen umzugehen ist insbesondere in diesem Fall geboten.

der Leser bestimmt den Rhythmus

politische Färbung

Zeitungsvergleich

kritische Analyse

Als Zeitungsleser sollten Sie sich daher folgende Fragen stellen:

- Werde ich umfassend oder einseitig informiert? Sind die Informationen nachprüfbar und zuverlässig? (siehe auch S. 11) Werden fremde Meinungen als solche kenntlich gemacht.
- Welche Texte enthalten Informationen, Wertungen, Aufforderungen? Wird der journalistische Grundsatz eingehalten, Meinung und Nachricht zu trennen?

Recherche über Internet und Bibliothek

Um an die gewünschten Artikel aus zurückliegenden Erscheinungsjahrgängen heranzukommen, können Sie bei abonnierten Fachzeitschriften die jeweiligen Jahresregister einsehen. Darüber hinaus gibt es zwei Möglichkeiten, Internet und Bibliothek, die sich auch beide kombinieren lassen und die für allgemeine Zeitschriften und Zeitungen besser geeignet sind.

So kann man sich im Internet über eine Suchmaschine oder einen Katalog bestimmte Zeitungen aufrufen, um in den Onlinearchiven der Zeitungsverlage zu recherchieren, oder man gelangt über Nachrichtenmaschinen zu diesen Zeitschriften oder Meldungen. Hier einige Suchhilfen:

Suchhilfen

Unter **http://www.hbz-nrw.de/hbz/toolbox/zssdata.htm** finden Sie eine umfangreiche internationale Zeitschriftendatenbank mit Links, über die Sie sich bei den aufgenommenen Zeitungen direkt einloggen können. Der Archivzugang erfolgt dann über die Homepage des aufgerufenen Verlages.

„Infoscanner" ist ein Suchprogramm mit Suchfeldern für verschiedene Nachrichtendienste und Zeitungsarchive.

„Paperazzis" ist eine Artikelsuchmaschine.

„Paperball", „Newsan" und „Paperboy" wurden bereits in Kapitel 2.6. beschrieben.

Das Herunterladen einzelner Artikel aus elektronischen Zeitschriftenarchiven oder Datenbanken wie z. B. den Genios-Wirtschaftsdatenbanken (**www.genios.de**) ist oft mit Kosten pro Artikel verbunden.

Günstiger ist es in der Bibliothek. Hier gilt die folgende Vorgehensweise:

Bibliothek

Sie wissen noch nicht genau, was Sie suchen, und wo Sie es suchen sollen.

Sie wissen genau, welche Zeitung oder Zeitschrift Sie suchen. Auch das genaue Erscheinungsdatum ist Ihnen bekannt.

Nehmen Sie eine Bibliografie der Zeitschriftenliteratur zur Hand. Diese Bibliografien erscheinen meist in Jahresbänden und sind nach Namen und Stichworten geordnet, unter denen dann jeweils angegeben wird, in welcher Zeitschrift und wann ein Artikel zu Ihrem Stichwort erschienen ist.

Prüfen Sie mit Hilfe des Bibliothekskataloges oder des elektronischen Kataloges, ob die gesuchte Zeitschrift in Ihrer Bibliothek vorhanden ist. Mit dem Katalog können Sie Signatur und Standort feststellen. Holen oder bestellen Sie sich den Band.

Suchen Sie den gewünschten Artikel in dem Band.

Bearbeiten Sie den Artikel nun im Sinne der in 2.9. beschriebenen kritischen Betrachtungsweise. Wie Sie die aus dem Artikel bezogenen Informationen verwalten, lesen Sie bitte in Kapitel 3 nach.

1. Besorgen Sie sich drei oder vier verschiedene Tageszeitungen vom gleichen Tag und vergleichen Sie sie miteinander.
   a) Welches sind jeweils die Hauptartikel auf der ersten Seite?
   b) Welche Themen werden in den Leitartikeln kommentiert?
   c) Welche politische Grundhaltung der Kommentatoren wird in den Leitartikeln deutlich?
   d) Wie werden die Informationen präsentiert? (sachlich, tatsachenbezogen, grafisch aufbereitet, sensationslüstern, sarkastisch, satirisch, informativ, etc.)
   e) Wie aussagekräftig sind die Fotos?
   f) Haben Sie den Eindruck, dass die Artikel ordentlich recherchiert, dass die Darstellung plausibel und glaubwürdig, und dass die Zeitung zitierfähig ist?
   g) Sind die Informationen, die Sie aus den Zeitungen beziehen, relevant, zuverlässig und nachprüfbar (siehe Kapitel 2.2.)?
2. Vergleichen Sie eine Ausgabe von „Der Spiegel" mit einer Ausgabe von „Focus", „Wirtschaftswoche" und „Bizz".
   a) Wie oft erscheinen diese Zeitschriften?
   b) Welche Themen werden hauptsächlich behandelt?
   c) Wie werden die Informationen präsentiert?
   d) Wie tiefgehend sind die Hintergrundinformationen, die der Leser erhält?
3. Welches waren die 10 wichtigsten Meldungen heute vor einem Jahr? Versuchen Sie, diese Frage mit dem Internet und in einer Bibliothek zu beantworten. Welche Arbeitsweise sagt Ihnen eher zu? Warum?
4. Vergleichen Sie einen Artikel aus einer Fachzeitschrift mit einem Artikel aus einer allgemeinen Wochenzeitschrift zum gleichen Thema.
   a) Welche Ansprüche stellt die Fachzeitschrift, welche die allgemeine Zeitschrift an ihre Leserschaft?
   b) Worin bestehen die Unterschiede in der Präsentation der Informationen?
5. a) Gehen Sie in ein großes Zeitschriftengeschäft, z. B. am Bahnhof oder Flughafen. Stellen Sie fest, zu welchen Themenbereichen es wie viele verschiedene themenorientierte Zeitschriften im Handel gibt.
   b) Lösen Sie die Aufgabe 5.a alternativ durch den Besuch eines virtuellen Presseshops im Internet (z. B. **http://www.mende.de/glinks.htm**).
6. Informieren Sie sich im Internet über das Angebot des Vereins „Zeitung in der Schule" (ZIS) (**http://www.zis.at/**)

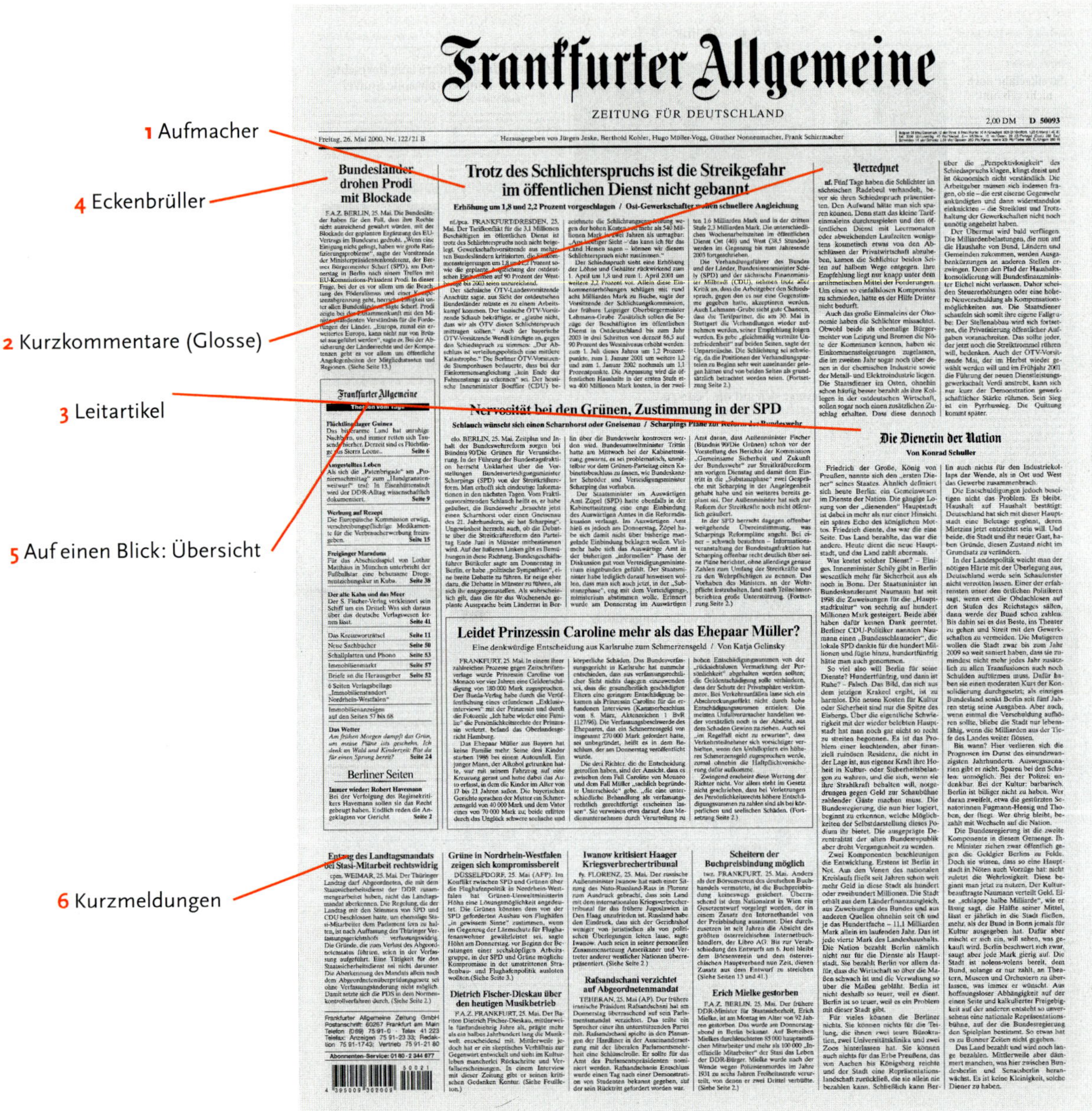

Kleines Presse-Glossar

Bericht: Wiedergabe von Ereignissen oder Handlungen. Das Nacheinander der Begebenheiten wird sachlich, ohne emotionale Ausdrücke dargestellt. Berichtet wird im Präteritum. Ein äußerst verkürzter Zeitungsbericht ist die Meldung (Vergleiche auch unter „Nachricht").

Essay: Eine subjektiv geprägte Stellungnahme zu Fragen von öffentlichem Interesse – z. B. zu Literatur, Politik, Umwelt, Kunst, Kultur – in stilistisch anspruchsvoller, ästhetisch ansprechender, oft pointierter Form. Der Essayist will aufklären, er beleuchtet, prüft und urteilt, wendet sich gegen Klischees und erstarrte Vorstellungen.

Glosse: Kurzer Kommentar in Zeitungen mit kritischer, oft spöttischer Stellungnahme

zu aktuellen Ereignissen. Polemischer und knapper als der eigentliche Kommentar.
Interview: Wörtlich wiedergegebenes Gespräch.
Karikatur: Übersteigerte, (zeichnerische) Darstellung von Personen und Ereignissen. Für die Entschlüsselung von Karikaturen eignen sich folgende Arbeitsschritte: 1. Formulieren Sie Ihren ersten Eindruck auf die Karikatur. 2. Beschreiben Sie, welche Sachverhalte und Personen dargestellt werden. Was fällt Ihnen besonders auf? 3. Charakterisieren Sie die zeichnerischen Mittel, die der Karikaturist anwendet. Was wird gelobt oder kritisiert? 4. Benennen Sie den thematischen Zusammenhang, auf den sich die Karikatur bezieht. 5. Worin besteht die Botschaft der Karikatur? Was will der Karikaturist erreichen? 6. Formulieren Sie Ihren persönlichen Standpunkt zur Aussage der Karikatur.
Kommentar: Kritische Stellungnahme in der Presse, in Rundfunk und Fernsehen zu aktuellen Ereignissen. Dabei werden Darstellung, Erläuterung und Meinungsäußerung miteinander verknüpft.
Lead-Stil: Aufbau eines Zeitungsartikels, bei dem auf Schlagzeile und Untertitel eine knappe, einspaltig gesetzte Grundinformation folgt. An diese schließt sich nach einer Leerzeile der ausführliche Text mit Zusatzinformationen an. Das Aufbauprinzip entspricht dem Bild einer umgekehrten Nachrichtenpyramide:

Leitartikel: Der wichtigste Kommentar an auffälligster Stelle.
Meinungs- und Pressefreiheit: In der Bundesrepublik Deutschland ist das Recht auf Meinungs- und Pressefreiheit im Grundgesetz verankert: „Jeder hat das Recht seine Meinung in Wort, Schrift und Bild frei zu äußern und zu verbreiten und sich aus allgemein zugänglichen Quellen ungehindert zu unterrichten. Die Pressefreiheit und die Freiheit der Berichterstattung durch Rundfunk und Film werden gewährleistet. Eine Zensur findet nicht statt.“ GG, Artikel 5 (1).
Nachricht: Nachrichten als Zeitungstexte informieren in längerer oder kürzerer (Meldung) Form über aktuelle Ereignisse. Im Unterschied zum Bericht, der innere und äußere Zusammenhänge einbezieht, beschränkt sich die Nachricht auf die wesentlichen Fakten. Schreibnormen sind Sachlichkeit, Objektivität und Zuverlässigkeit.
Porträt: Charakterisierende Beschreibung einer Person.
Reportage: Persönliche Schilderung gleichzeitig ablaufenden Geschehens (z.B. im Rundfunk beim Thema Sport). Objektive Darstellung vermischt sich mit subjektiven Ausdrücken, damit Unmittelbarkeit entsteht und Miterleben möglich wird.
Rezension: Persönliche, kritische Besprechung, die über ein Buch, ein Theaterstück oder einen Film informiert und diese gleichzeitig beurteilt.

Zeitungsrätsel

Gesucht sind Fachbegriffe rund um die Presse. Die Buchstaben in den orangen Kästchen ergeben von oben nach unten gelesen einen Lösungsbegriff. (Umlaute sind nicht aufgelöst!)

aus: H. Biermann/B. Schurf (Hg.): Arbeitsheft zum Deutschbuch – Erweiterte Ausgabe. Cornelsen Verlag, Berlin 1999, S. 61

2.9. Quellen

> **Quellen** sind alle Materialien, die dazu beitragen, vergangene Ereignisse und Sachverhalte aufzuklären. Quellen sind besonders wichtig in allen historischen Disziplinen.

Man unterscheidet üblicherweise zwischen schriftlichen Quellen und Sachquellen. Zu den Sachquellen gehören z. B. archäologische Funde, Gegenstände, Architekturfragmente, historische Kleidungsstücke, Siegel, Orden, Waffen etc. Schriftliche Quellen sind z. B. Urkunden, Akten, Zeitungen, Briefe, Gesetze, Tagebücher, etc.

Sachquellen

Schriftliche Quellen findet man in der Regel in Bibliotheken und Archiven. Oft ist es so, dass man aus Begeisterung darüber, dass man eine geeignete Originalquelle gefunden hat, jede kritische Distanz vergisst. Davor sei gewarnt. Quellen können Fälschungen sein, sie können vom Verfasser in manipulatorischer Absicht formuliert worden sein und sie können zu ihrer Zeit gezielte Desinformationsabsichten gehabt haben. Daher gehört zu jeder Arbeit mit Quellen eine genaue Analyse mit Hilfe der Fragen „wer", „was", „wann", „wie" und „warum".

schriftliche Quellen

	Analyse	Beurteilung und Bewertung
Wer?	• Wer ist der/sind die Verfasser? • Vor welchem zeitgeschichtlichen/sozialen/kulturellen Hintergrund schrieb er? • Hat er ein Amt, eine öffentliche Funktion? Trifft er Entscheidungen von großer Tragweite? • Aus welcher Perspektive schreibt er?	• Beurteilung der gesellschaftlichen und politischen Funktion und der Einflußmöglichkeiten • Unabhängigkeit oder Parteilichkeit • Bindung an Denkmuster und Normen
Was?	• Was sagt die Quelle aus? • Welches sind die Leitgedanken? • Wie ist sie strukturiert? • Welche Schlüsselbegriffe werden verwendet?	• inhaltliche und textliche Analyse
Wann?	• Wann wurde die Quelle verfasst? • Welche zeitlichen und örtlichen Hinweise werden gegeben? • Welche Bezüge zu Personen oder Ereignissen im weiteren Umfeld gibt es?	• historische Einordnung • lokale Einordnung
Wie?	• Wie wird die Aussage präsentiert? • Welche Schwerpunkte werden gesetzt?	• Vergleich mit anderen Quellen • Problematisierung
Warum?	• Warum wurde das Dokument verfasst? Was wurde damit beabsichtigt? Wer profitiert davon? Wer hat eher Nachteile?	• Aussageabsicht • Manipulation • Information • Meinungsbildung • Propaganda • Überredung • Überlieferung • Bevorzugung/Benachteiligung anderer

1. Erarbeiten Sie eine Analyse der Aussagen, die Jörg Heider im SPIEGEL-Interview (siehe 2.13.) macht.
2. Analysieren Sie den nachfolgenden Brief des Präsidenten der Reichskammer der Bildenden Künste in Berlin vom 3. April 1941.

M 1

Herrn
Karl Friedrich Schmidt-Rottluff
Berlin W 30
Bamberger Straße 19

EINSCHREIBEN!

Anläßlich der mir seinerzeit vom Führer aufgetragenen Ausmerzung der Werke entarteter Kunst in den Museen mußten von Ihnen allein 608 Werke beschlagnahmt werden. Eine Anzahl dieser Werke war auf den Ausstellungen „Entartete Kunst" in München, Dortmund und Berlin ausgestellt.
Aus dieser Tatsache mußten Sie ersehen, dass Ihre Werke nicht der Förderung deutscher Kultur in Verantwortung gegenüber Volk und Reich entsprechen.
Obwohl Ihnen außerdem die richtungweisenden Reden des Führers anläßlich der Eröffnung der Großen Deutschen Kunstausstellungen in München bekannt sein mußten, geht aus Ihren nunmehr zur Einsichtnahme hergereichten Original-Werken der Letztzeit hervor, dass Sie auch heute noch dem kulturellen Gedankengut des nationalsozialistischen Staates fernstehen.
Ich vermag Ihnen aufgrund dieser Tatsachen nicht die für die Mitgliedschaft bei meiner Kammer erforderliche Zuverlässigkeit zuzuerkennen. Aufgrund des §10 der Ersten Durchführungsverordnung zum Reichskulturkammergesetz vom 1.11.1933 (RGBl. I. S. 797) schließe ich Sie aus der Reichskammer der bildenden Künste aus und untersage Ihnen mit sofortiger Wirkung jede berufliche – auch nebenberufliche – Betätigung auf dem Gebiet der bildenden Künste.
Das auf Ihren Namen lautende Mitgliedsbuch M 756 meiner Kammer ist ungültig geworden; Sie wollen es umgehend an mich zurücksenden.

[Stempel]

gez. Ziegler

Beglaubigt:
gez. Unterschrift

2.10. Statistiken und Diagramme

Statistik bedeutet sowohl die Darstellung von Sachverhalten mit Zahlen und grafischen Mitteln, als auch die wissenschaftliche Disziplin, die sich mit der Erhebung von Werten, deren Auswertung und deren Präsentation und Veröffentlichung beschäftigt. Die Erhebung von Werten erfolgt entweder durch Meinungsumfragen (siehe Kapitel 2.12.) oder durch Auswertung von Quellen jeder Art, aber auch durch Messungen und Beobachtungen. Naturwissenschaftliche Methoden stehen gleichberechtigt neben z. B. historischen oder sprachwissenschaftlichen.

Statistische Tabellen, Säulen- und Kreisdiagramme

Bei statistischen Tabellen (M 1) gibt die Tabellenüberschrift einen inhaltlichen Überblick, während die Einzeldaten durch die Kopf- und Randleiste weiter inhaltlich untergliedert werden. Zusammen stellen sie die zum Verständnis der Tabelle notwendigen Informationen zur Verfügung. Während eine statistische Tabelle exakt ablesbare Zahlenwerte enthält, steht bei einem Diagramm (Schaubild) die Anschaulichkeit im Vordergrund.

M 1

Tabellenüberschrift mit Bezugsjahr

Daten zur Landwirtschaft ausgewählter MOE-Länder[1] (1996)

Randspalte · *Kopfzeile* · *Zeilen* · *(evtl.) Summenzeile*

Staaten	%-Anteil am BSP	%-Anteil an Beschäftigten	LNF in 1000 ha	Getreide in 1000 t[2]
Estland	8,0	9,2	1450	520
Polen	6,0	26,7	18474	25905
Slowenien	4,4	6,3	785	510
Tschechien	2,9	4,1	4279	6602
Ungarn	2,1	8,2	6184	10913
MOEL[3] (10)	7,0	22,5	60242	77043

[1] Mittel- und Osteuropäische Länder, [2] 1995, [3] Bulgarien, Estland, Lettland, Litauen, Polen, Rumänien, Slowakei, Slowenien, Tschechien und Ungarn

(Deutscher Bauernverband (Hg.): Argumente 1999, S. 160)

Anmerkungen, Erklärungen · *Quelle* · *Spalten*

Tabelle

Das Säulendiagramm (M 2) ist die gebräuchlichste und einfachste Form der Zahlenpräsentation. Die Länge der der Balken/Säulen entspricht dem Häufigkeitswert. Im Unterschied zum Kurvendiagramm, das Sie aus dem Mathematikunterricht kennen, werden die einzelnen Werte nicht miteinander verbunden.

Um Anteile an Gesamtmengen darzustellen sind Kreisdiagramme (M 3/M 4) besonders gut geeignet. Es ist jedoch nicht möglich, die Anteilsgrößen genau abzulesen. Deshalb müssen die absoluten Werte in oder neben die Segmente eingetragen werden. In M 4 sind zwei Kreisdiagramme miteinander kombiniert worden. Das ist sinnvoll, wenn zwischen beiden Diagrammen ein inhaltlicher Zusammenhang besteht (hier sind es die

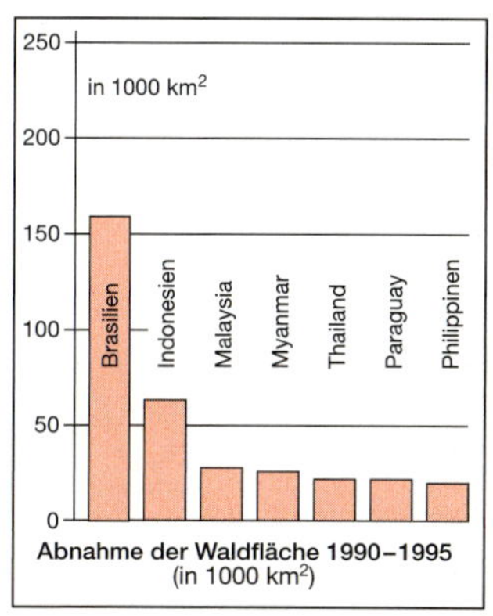

M 2 Säulendiagramm mit absoluten Zahlen

beiden Bestandteile des Handels: Import und Export). Ihre Herstellung erfolgt über die Umrechnung der Gesamtanteile auf das Winkelmaß des Kreises.

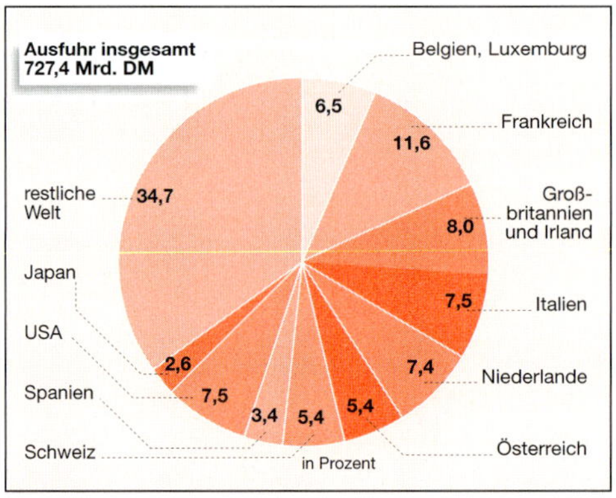

M 3 Ausfuhren Deutschlands 1995 nach Zielländern

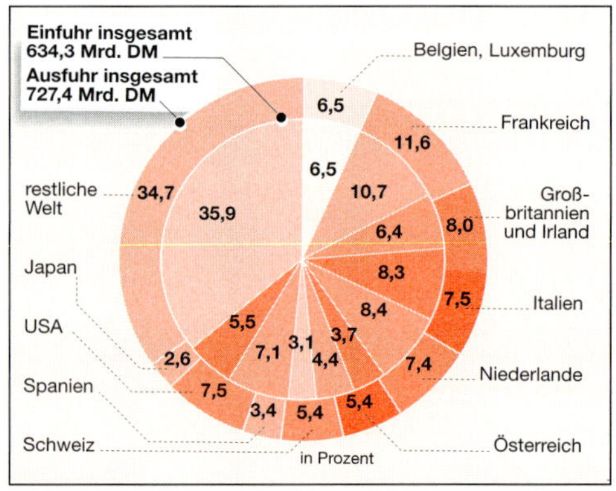

M 4 Ein- und Ausfuhren Deutschlands 1995

Das Zeichnen eines Kreisdiagramms erfordert folgende Arbeitsschritte (M 5):

- Zeichnen eines Kreises mit beliebigem Durchmesser; Eintragung der senkrechten Ausgangslinie.
- Umrechnung der Prozentzahlen in Winkelgerade. 100 % der darzustellenden Teilmenge (in %) mit 3,6 multipliziert ergibt den Winkel des Segments.
- der errechnete Winkel wird nun – beginnend an der Außenlinie – abgetragen.
- Eintragen der Legende (Prozentsatz in das Segment, weitere Informationen neben das Diagramm).

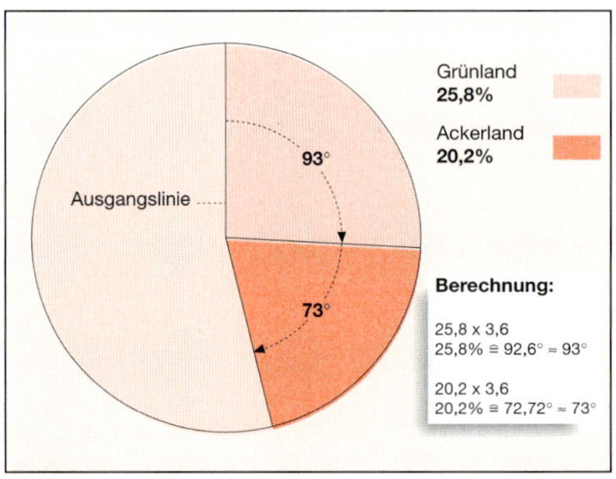

M 5 Anfertigen eines Kreisdiagramms (Beispiel)

1. Erstellen Sie ein Kreisdiagramm der Einfuhren Deutschlands 1995.
   Benutzen Sie hierzu die folgende Tabelle:

	B-Lux	F	GB	I	NL	AU	CH	ES	USA	J	Rest
%	6,5	10,7	6,4	8,3	8,4	3,7	4,4	3,1	7,1	5,5	35,9

2. Überprüfen Sie Ihre Berechnungen und Zeichnungen am Innenkreis von M 5.
3. Stellen Sie M 4 als Säulendiagramm dar.

Die Indexkurve

Oft gibt es bei Statistiken auch einen Indexwert, d.h. die Werte eines bestimmten, willkürlich festgelegten Jahres erhalten den Indexwert 100 (siehe M7; hier ist die Stahlproduktion jedes der vier Länder für 1973 gleich 100 % gesetzt worden). Die Werte aller Folgejahre und deren Veränderung werden dann im Verhältnis zu diesem Bezugspunkt gesehen, d. h. Indexkurven arbeiten mit relativen und nicht mit absoluten Zahlenwerten und sind besonders geeignet Entwicklungen zu pointieren.

Absolute und relative Werte

Nehmen wir beispielsweise die Entwicklung bestimmter Aktien an der Wertpapierbörse. Eine Aktie A ist eine Woche lang täglich gleichmäßig um € 1,50 gestiegen. Ihr Wert lag am Anfang bei € 75,00. Damit hat sie nach 5 Börsentagen €7,50 zugelegt, kostet jetzt also € 82,50. Dies ist ein absoluter Wert.
Die gleiche Aktie hat am 1. Tag 2,00 %, am 2. Tag 1,96 %, am 3. Tag 1,92 %, am 4. Tag 1,89 % und am 5. Tag 1,85 % hinzugewonnen. Auf 5 Börsentage bezogen, betrug die Zunahme oder Anstiegsquote 10 %. Dies ist der relative Wert.
Eine andere Aktie, B, steigt innerhalb einer Woche auch um € 7,50. Bei Aktie B ist der Ausgangswert aber € 100,00. Damit ist diese Aktie zwar um den gleichen absoluten Betrag gestiegen wie Aktie A, relativ aber nur um 7,5 %.
Gerade im Bereich von Aktien gibt es in der statistischen Wissenschaft die Unterdisziplin der Chartanalyse. Aus dem in Form eines Liniendiagramms dargestellten Kursverlauf einer Aktie wird versucht, unter Einbeziehung externer Faktoren, Regelmäßigkeiten und Tendenzen zu erkennen, um so eine Prognose für den weiteren Verlauf der Kursentwicklung zu machen.

	1973	1978	1980	1987
UdSSR	96 *100*	151 *157*	108 *112*	162 *168*
USA	92 *100*	124 *135*	39 *42*	88 *95*
Bundesrepublik Deutschland	37 *100*	41 *110*	28 *76*	38 *102*
DDR	2,2 *100*	7 *318*	2,1 *95*	8,2 *373*

M 6 Stahlerzeugung in absoluten Zahlen (obere Zeile Mio. t) und in Indexzahlen (untere Zeile)

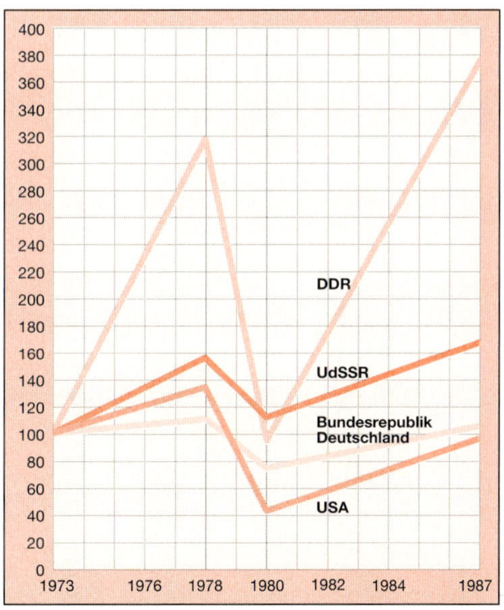

M 7 Veränderung der Stahlproduktion verschiedener Länder in Indexzahlen (1973=100)

1. Vergleichen Sie die Indexzahlen von M 7 und M 8 mit den tatsächlichen Produktionszahlen (Tabelle M 6). Was stellen Sie fest?
2. Bearbeiten Sie ein oder mehrere Statistiken als Lesebeispiel (z. B. M 1 – M 7) mithilfe der folgenden Checkliste.

Checkliste: Schritte zur Analyse von Statistiken und Diagrammen

1. Statistiken werden oft als Faktenmuninition für Auseinandersetzungen in Politik und Wirtschaft genutzt und besonders grafisch aufbereitete Daten sollen immer etwas „zeigen“. Nicht immer ist der erweckte Eindruck den tatsächlichen Verhältnissen angemessen und manchmal muss man selbst den Verdacht der Manipulation hegen. Es ist daher bei Statistiken zunächst wichtig zu wissen:
   - Wer ist der Auftraggeber für die jeweilige Erhebung?
   - Wer hat die Erhebung durchgeführt?
   - Wie wurden die Werte emittelt?
   - Von wem stammen die Werte? Ist die Erhebung repräsentativ? (siehe Seite 66 f.).

2. Versuchen Sie zunächst Klarheit über die Sache und damit auch über die Begriffe zu gewinnen, über die die Statistik Auskunft geben soll. Wie lautet das Thema, die Tabellenüber- oder unterschrift? Was wird miteinander in Beziehung gesetzt? Welche Kriterien werden dabei verwendet?

3. Überprüfen Sie den formalen Aufbau der Statistik:
   - Um welche Materialart handelt es sich (Säulendiagramm, Indexkurve ...).
   - Welche Zahlenarten werden verwendet (absolute, relative Zahlen), Prozentangaben oder Beziehungszahlen (t/ha) und/oder Indexzahlen?
   - Wie genau sind die Zahlenwerte (gerundet, geschätzt oder vorläufig; „k. A.“=Daten sind nicht verfügbar)
   - Ermitteln Sie den Bezugsraum und die zeitlichen Komponenten der Statistik; achten Sie auch auf die Zeit, in der die Statistik selbst erstellt wurde.
   - Prüfen Sie die Maßeinheiten der Achsen (gibt es Zeitsprünge oder Verzerrungen?)
   - Sind die verwendeten Begriffe und die Art der Gruppenbildung (z. B. MOE-Länder/siehe M 1, S. 55) eindeutig?

4. Analysieren Sie die Aussage der Statistik:
   - Benennen Sie Minimal- und Maximalwerte
   - Benennen Sie Häufigkeitsverteilungen
   - Beschreiben Sie zeitliche Entwicklungen (gleichmäßig, sprunghaft?) und unterschiedliche Verlaufsphasen (Zunahme, Abnahme, Stagnation?)
   - Prüfen Sie beim Vergleich von Zahlen, was verglichen wird. Es gibt Sachverhalte, die grundsätzlich oder zumindest mit bestimmten statistischen Methoden nicht vergleichbar sind.
   - Vergleichen Sie Daten untereinander und zeigen Sie Zusammenhänge auf; formu-

lieren und belegen Sie mögliche Tendenzen und Arbeitshypothesen.

5. Bewertung und Kritik
   - Ist die gewählte grafische Darstellung geeignet?
   - Sind bei relativen Zahlenangaben die Grund- bzw. Bezugswerte angegeben?
   - Sind die gewonnenen Aussagen aufgrund des Zeitraums, der Zeitpunkte, des Bezugsraumes oder der Aufarbeitung mit zusätzlichem Material vergleichbar?
   - Überlegen Sie stets, ob das das vorgelegte statistische Material dem Aussagewert entspricht, den man ihm unterstellt.

1. Prüfen Sie M 9. Welchen Eindruck wollen die Urheber mit der Abbildung erreichen? Wurde manipuliert?
2. a) Zeichnen Sie eine Indexdarstellung mit dem Ziel, die Veränderung der Stahlproduktion der ehemaligen DDR im Vergleich zur Bundesrepublik Deutschland noch günstiger wirken zu lassen. Welcher Zeitraum, welches Bezugsjahr bieten sich an? Oder:
   b) Zeichnen Sie eine Indexdarstellung mit dem Ziel, die Veränderung der Stahlproduktion der ehemaligen DDR im Vergleich zur Bundesrepublik Deutschland besonders ungünstig wirken zu lassen. Welcher Zeitraum, welches Bezugsjahr bieten sich an?
3. Werten Sie den Text (M 10) aus und verfassen Sie eine „Packungsbeilage", die Nutzen, Risiken und Nebenwirkungen von Statistiken genau beschreibt.

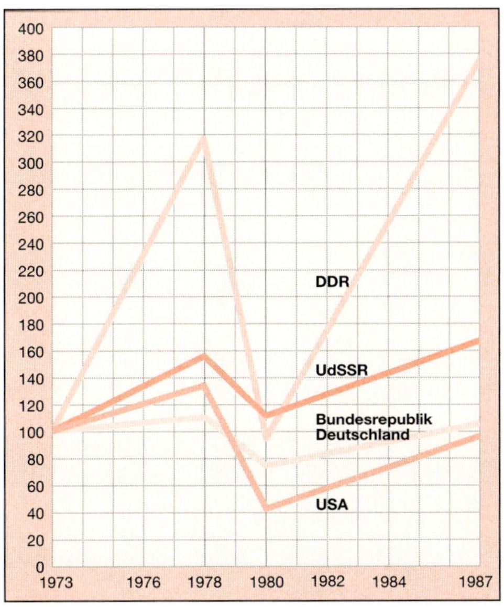

M 8 Veränderung der Stahlproduktion verschiedener Länder in Index-Zahlen (1973=100)

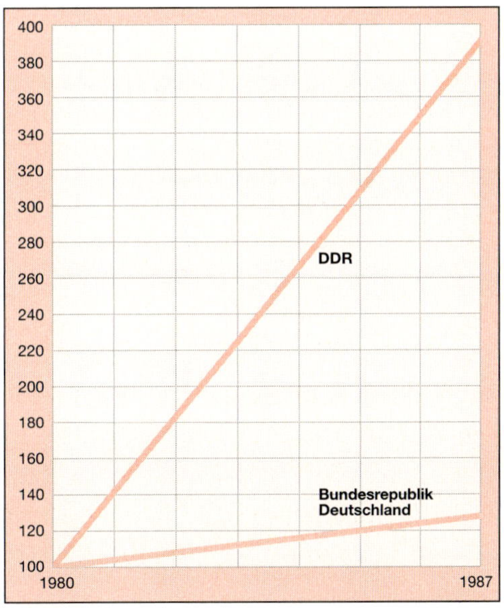

M 9 Veränderung der Stahlproduktion von Bundesrepublik Deutschland und DDR in Index-Zahlen (1980=100)

M 10 Auch Zahlen können lügen

Nichts überzeugt den Zweifler mehr als eine Zahl „Wie viele Menschen leben heute auf der Welt?“ Antwort „5 Milliarden, 292 Millionen, 178 Tausend und 327.“ Ende der Debatte. Was soll man da noch sagen? Der Frager schweigt beeindruckt, die Autorität der Zahl hat wieder mal gesiegt.

In Wahrheit ist diese Zahl natürlich falsch, wie fast alle solche Daten, und damit sind wir auch schon mitten im Thema: Welchen Zahlen darf man trauen, welchen nicht? Oder etwas konzilianter formuliert: Was verbirgt sich eigentlich hinter all den imposanten Statistiken, mit denen man uns täglich überschwemmt? Aus welchen geheimen Wurzeln wachsen all die Ziffern und Tabellen, die man von morgens bis abends in der Zeitung liest, im Fernsehen sieht und in den Radionachrichten hört? Und wie hängen diese Zahlen mit den Fakten zusammen, aus denen sie entstanden sind?

Sehen wir uns doch einmal einige der häufigsten Funkstörungen zwischen der wahren Welt auf der einen und ihrem statistischen Abbild auf der anderen Seite näher an (...):

Bei einer wegen etlicher skurriler Resultate berühmten Volkszählung in den USA stellte sich unter anderem heraus, dass es dort verblüffend viele verwitwete Teenager unter 14 Jahren gab – ein Übertragungsfehler auf den Lochkarten, wie sich später herausstellte.

Solche groben Fehler kommen heute kaum noch vor. Aber auf eine nicht mehr subtile Weise führen viele moderne Statistiken genauso in die Irre: Sie sind zu exakt. Laut deutscher Außenhandels-Statistik zum Beispiel hat die Bundesrepublik im Jahr 1986 exakt 187908 elektrische Bügeleisen aus Singapur, 3728384 Taschenschirme aus Hongkong, 408033 Mastgänse aus Ungarn und 895 gebrauchte Klaviere aus Großbritannien eingeführt – alles Zahlen, von denen eine so falsch ist wie die andere. Nicht weil unsere Amtsstatistik hier mit Absicht lügt, sondern weil diese Daten wegen der verschiedensten Messfehler (etwa Schmuggel, falsche Zollpapiere, Fehlklassifikationen) unmöglich so exakt sein können, wie man uns hier glauben macht.

Oft stehen hinter falschen Zahlen nicht die Datensammler, sondern die befragten Personen selbst, die je nach Art der Statistik oft wenig Interesse an einer Publikation der Wahrheit haben. Anfang dieses Jahrhunderts etwa hat man, wenn wir dem amerikanischen Statistiker Jerome Cohen glauben dürfen, in ein und derselben chinesischen Provinz kurz hintereinander einmal 28 Millionen Menschen und einmal 105 Millionen Menschen gezählt – kein Wunder, ist man hier versucht zu sagen, denn die erste Zählung fand zu Musterungs- und Steuerzwecken statt, die zweite zur besseren Verteilung von Geld und Brot nach einer Hungersnot.

Vollends dubios sind alle Zahlen, die von Meinungsforschern produziert, zu allen möglichen Themen in der Zeitung stehen. Wenn man solchen Umfragen glauben darf, lieben die Deutschen im Fernsehen vor allem die Tagesschau und das Kulturprogramm, lesen gern ein gutes Buch, halten Geld für nebensächlich und achten beim Autokauf in erster Linie auf die Sicherheit (53 Prozent der Befragten) und kaum auf PS (22 Prozent), Prestige (20 Prozent) und Geschwindigkeit (16 Prozent). Amen, kann man da nur sagen. Ganz offensichtlich lügen die Befragten wie gedruckt.

aus: Walter Krämer: Auch Zahlen können lügen. Bild der Wissenschaft, 4/1992, S. 90ff.

Wo finde ich Statistiken?

Statistisches Bundesamt

Die zentrale Stelle für viele Statistiken ist das Statistische Bundesamt, Gustav-Stresemann-Ring 11, 65189 Wiesbaden, mit Zweigstellen in Bonn und Berlin. Das Bundesamt ist zu Neutralität, Objektivität und wissenschaftlicher Unabhängigkeit verpflichtet. Aufgabenstellung und Arbeit werden durch das Bundesstatistikgesetz vom 22. Januar 1987 geregelt.

Das Bundesamt führt Erhebungen durch und erarbeitet und veröffentlicht statistische Informationen zu den Bereichen

- Bevölkerung und Erwerbstätigkeit
- Wohnungswesen und Bautätigkeit
- Bildung und Kultur
- Sozial- und Gesundheitswesen
- Preise und Verdienste
- Wirtschaftsentwicklung in der gesamten Volkswirtschaft und in den einzelnen Wirtschaftsbereichen
- Ein- und Ausfuhr
- Umweltschutz und Zustand der Umwelt
- Öffentliche Haushalte und Justiz

Datenbanken im Internet und als CD-ROM

Daten müssen gespeichert werden und heute nutzt man dazu Datenbanken, die oft auch über das Internet oder als CD-ROM zugänglich sind.

Besonders bequem ist es, alle Veröffentlichen über die Internetadresse des Bundesamtes abzurufen: **http://www.statistik-bund.de**. Ausgehend von dieser Homepage kann man durch zahlreiche Links zu den Statistischen Landesämtern aller Bundesländer, zu Universitäten, Verbänden etc. gelangen, aber ebenso zu internationalen Adressen in Europa, Amerika, Asien und Ozeanien. Stärker für interessierte Laien zugeschnitten sind die statistischen Datensammlungen, die man z. B. in Enzyklopädien oder in digitalisierten Atlanten antrifft. Hierzu gibt es in der Regel auch einfache Werkzeuge zur Auswertung und Aufbereitung der Daten.

Karikatur K. Liebermann, CCC/München

Werkzeuge zur Auswertung von Daten und zur Durchführung von Simulationen

Daten mit denen in der Schule umgegangen wird stammen z. B. aus Fragebogenprojekten, zu deren Durchführung und Auswertung sich die Nutzung einer entsprechenden Software anbietet (siehe hierzu die Hinweise zum Programm GrafStatWin auf Seite 69). In der Regel aber liegen im Unterricht fertige Tabellen oder Grafen auf Papier vor. Wer mehr möchte, z. B. Grafen nach eigener Wahl erstellen, der kann auf Tabellenkalkulationen zurückgreifen (WORD, WORKS, EXCEL, SPSS/PC, Harvard Graphics). Entsprechende Freeware finden Sie über das Internet unter **http/www.learn-line.nrw.de/angebote/neuemedien/gl.htm**. Einige Textverarbeitungsprogramme bieten ebenfalls Zusatzprogramme an, mit denen sich kleine Grafiken erstellen lassen, indem man lediglich die entsprechenden Messwerte eingibt. Sie können die gewünschte Darstel-

Tabellenkalkulationen siehe auch S. 178f.
Freeware

lungsform wählen und das Programm rechnet die eingegebenen Werte selbstständig in die entsprechende grafische Darstellung um. Durch Farbgebung oder Schraffierung kann man die grafische Darstellung verfeinern und übersichtlicher gestalten.

Tipps für grafische Darstellungen

Wenn Sie eine grafische Darstellung herstellen, sollten Sie folgende Tipps beachten:

- Die Grafik dient der schnellen und einprägsamen Information, d. h. es gilt die Übersichtlichkeitsregel und die Darstellungsform sollte dem Inhalt angemessen sein: Säulendiagramme werden z. B. gewählt, wenn man den Vergleich zwischen Einzelwerten ermöglichen will, Kurvendiagramme sind in der Regel bei Zeitreihen angebracht, seltener für die Darstellung von Befragungsergebnissen.
- Wenn Sie Schraffierungen oder Farbelemente nutzen, achten Sie darauf, dass diese klar zu identifizieren sind.
- Achten Sie darauf, dass folgende Angaben die grafische Darstellung ergänzen und erläutern: knappe Über- oder Unterschrift, genaue Angabe und Beschriftung der Ordinaten, Erklärung der Bedeutung der einzelnen Balken, Legende, die die Abkürzungen erläutert.

Modellbildung/Simulation

Datenbanken spiegeln vergangene und gegenwärtige Entwicklungen, lassen aber keinen Blick in die Zukunft zu. Wenn Sie z. B. wissen möchten, wie sich die Bevölkerung in der Bundesrepublik in den nächsten dreißig Jahren entwickeln wird, müssen Sie sich auf das Gebiet der Modellbildung und der Simulation begeben. Sinnvoll ist es für Anfänger mit schon erprobten Modellen zu beginnen und diese ggf. zu erweitern und zu verändern. Fertige Modelle und grafische Modellbildungswerkzeuge wie Dynasis, Power Sin, Modus oder Stella II finden Sie über das Internet z. B. unter **http/www.learn-line.nrw.de/angebote/neuemedien/gl.htm** im Arbeitsbereich Modellbildungssysteme.

1. Finden Sie mithilfe des Internet heraus, wie hoch die Gesamtbevölkerung in den Staaten der Europäischen Union und in den USA ist.
2. Besorgen Sie sich vom Ordnungsamt bzw. Einwohnermeldeamt Ihres Wohnortes die absoluten und relativen Zahlen zur Bevölkerungsentwicklung der letzten 10 Jahre. Vergleichen Sie, in wie weit sich Ihr Wohnort prozentual von der Bevölkerungsentwicklung Ihres Bundeslandes bzw. der gesamten Bundesrepublik unterscheidet.
3. a) Lösen Sie die im Aktualitätendienst Mathematik (http://www.cornelsen.de/) gestellten Aufgaben (Arbeitsblatt) zur Auslegung von Wahlergebnissen (Titel des Beitrages: „Wir sind die Gewinner, die anderen sind die Verlierer!“
   b) Hat die Aussage: „Ägypten hat 1. Mill. qkm Fläche und 30 Millionen Einwohner, also eine Bevölkerungsdichte von 30 Menschen je qkm“ einen Sinn? Lesen Sie die Anmerkungen dazu im „grünen“, internationalen Teil des Statistischen Jahrbuchs für die BRD.
   c) Man hat gelegentlich eine hohe Korrelation zwischen der Zahl der Störche und der Geburtenzahl festgestellt. Was war Ursache, was war Wirkung?
   d) Man hat häufig eine hohe Korrelation zwischen der Zahl der Arbeitslosen und den Stimmen für radikale politische Parteien festgestellt. Was war Ursache, was war Wirkung? Wie stellen Sie das fest?

2.11. Vorträge

Es kommt sicher selten vor, dass Schüler Vorträge im klassischen Sinn besuchen. Andererseits ist auch heute noch im Unterricht, vor allem in den sozialwissenschaftlichen Fächern, der Lehrervortrag eine oft anzutreffende Unterrichtsform.

Damit Sie aus solch einem Unterricht möglichst viel an Informationen mitnehmen, empfehlen wir Ihnen die Methode der Mitschrift (siehe Kapitel 3.5.). Das gilt ebenso für Vorlesungen.

Weniger praktisch ist es bei öffentlichen Vorträgen mitzuschreiben, weil die Zuhörer meist in engen Stuhlreihen sitzen und keine Schreibunterlage haben. Aus arbeitstechnischer Sicht gehören zu solchen Vorträgen auch

- Reden und Ansprachen, Fachvorträge, Predigten aber auch
- Podiumsdiskussionen, Parlamentsdebatten, Anhörungen (Hearings).

Wenn Sie die Möglichkeit haben, Vorträge auf Tonband oder Videoband aufzuzeichnen und hinterher ein wörtliches Protokoll anfertigen, so können Sie dieses methodisch wie eine Quelle behandeln.

Tief durchatmen!
Ein großes Problem ist es bei längeren Vorträgen als Zuhörer konzentriert zu bleiben. Wenn der Vortragende nicht über die Mittel verfügt, seinen Vortrag abwechslungsreich und interessant zu gestalten, müssen Sie selbst zu Maßnahmen greifen.

- Atmen Sie mehrfach tief durch.
- Verändern Sie Ihre Sitzposition.
- Vergleichen Sie das, was der Vortragende sagt, mit Ihrer eigenen Erfahrung und schreiben Sie diese Querverweise als Stichworte mit. Setzen Sie ein Zustimmungszeichen (!), einen Konfliktpfeil oder ein Zeichen für Unklarheiten (?).
- Stellen Sie eine sachangemessene Zwischenfrage.

Machen Sie sich nach einem Vortrag die Mühe, den Inhalt mit eigenen Worten wiederzugeben. Halten Sie auf der Grundlage Ihrer Mitschrift mit den Informationen des gehörten Vortrags Ihren eigenen Vortrag und nehmen Sie ihn mit einem Tonbandgerät vielleicht sogar mit einer Kamera auf. Wenn Sie dies nach verschiedenen Vorträgen immer wieder üben, steigern Sie nicht nur Ihre Konzentrationsfähigkeit, sondern auch Ihre eigene Vortragstechnik.

1. Überprüfen Sie, ob Sie aus Ihren Unterrichtsmitschriften den inhaltlichen Verlauf einer Unterrichtsstunde komplett rekonstruieren können. Wenn nicht, arbeiten Sie bitte das Kapitel 3.5. genau durch.
2. Gehen Sie zu einem öffentlichen Vortrag, schreiben Sie mit und geben Sie hinterher in einem eigenen ca. 5-minütigen Vortrag eine genaue Analyse des zuvor gehörten Vortrags.

2.12 Die Meinungsumfrage

2.12.1. Unsere Meinung ist gefragt

Wussten Sie, dass sich Männer heute doppelt so häufig waschen wie vor dreißig Jahren? Mehr noch: Ganze 70% der Männer kennen eine Frau (gemeint ist die Ehefrau), die schöner ist als Claudia Schiffer (sagt das Wickert Institut, publiziert die Bild-Zeitung). Und wenn wir weiteren Umfragen glauben dürfen, dann lieben die Deutschen im Fernsehen vor allem die Tagesschau, sie lesen gerne ein gutes Buch und sie halten Geld für nebensächlich.

Meinungsumfragen werden immer beliebter. „Spiegel", „Focus" und „Woche" überbieten sich mit Kurven, Fragen und Trends zu bunten Kästchen und Türmchen zu jedem, noch so komplexen Problem. Bis hinter das Komma genau indiziert das ZDF-Politbarometer die Liebes- und Hass-Indices der Politgarde und gar täglich, zur Hauptsendezeit, verkündet RTL die Stimmungslage der Nation. Ob per TED (Teledialog), im Internet, in der Fußgängerzone, per Telefon oder Hausbesuch: Unsere Meinung zu Produkten, zu alltäglichen und politischen Ereignissen wird erforscht durch Allensbach, Emnid, Infas oder Forsa, um nur einige der medienwirksamsten Firmen und Institute zu nennen, die im Auftrag der Wirtschaft, der Politik und der Wissenschaft arbeiten. Das dabei nicht nur Meinungen ermittelt, sondern auch gebildet werden zeigt das Beispiel der Wahlprognosen. Führt eine Partei, so kann sie darauf hoffen, das unentschlossene Wähler, die zu den Siegern gehören wollen, auf den „Tanzwagen" aufspringen („Band-Wagon-Effekt"); liegt eine Partei bei den Umfragen hoffnungslos zurück, so bleibt ihr die Hoffnung auf den „Underdog-Effekt", auf Mitleidsstimmen von Wählern, die die Niederlage der Partei in Grenzen halten wollen. In Frankreich oder Spanien sind Wahlprognosen auch deshalb verboten, während die Demoskopie in Deutschland ein hohes Ansehen genießt: 60% der Bürger glauben, dass die Ergebnisse von Meinungsumfragen stimmen.

Institute für Demoskopie

Verfassen Sie eine „Packungsbeilage, die „Nutzen, Risiken und Nebenwirkungen" von Meinungsumfragen genau beschreibt. Berücksichtigen Sie hierzu auch Ihre eigenen Erfahrungen mit Umfragen, den Text M 10 auf Seite 60 und die folgenden Texte (S. 65 f. Definition, M 1 und M 2).

2.12.2. Meinungsumfragen als sozialwissenschaftliche Methode

> Die **Demoskopie** (dt.: Meinungsforschung) ist ein Anwendungsbereich der empirischen Sozialforschung. Ihr Ziel ist es, Einstellungen und Meinungen in der Bevölkerung, oder Teilen der Bevölkerung, insbesondere zu politischen, ökonomischen und kulturellen Fragestellungen und Problemen, systematisch anhand von Untersuchungen kleiner, zumeist repräsentativer Stichproben zu ermitteln.

Reagenzgläser, Mikroskope und Fragebögen

M 1

... der weitaus größte Teil der Daten, die in der empirischen Sozialforschung erhoben werden, (wird) mithilfe von Umfragetechniken erhoben. Imogen Seger meint dazu: „Wie wir uns den Chemiker mit einem Reagenzröhrchen in der Hand vorstellen, den Biologen mit einem Mikroskop, so den Soziologen mit einem langen Fragebogen. (...)". ... Wenn nun auch die Befragung die inzwischen am weitesten und am systematischsten entwickelte sozialwissenschaftliche Forschungstechnik darstellt, die überdies sehr vielfältig einsetzbar ist, so ist gerade diese Methode auch einer wachsenden Kritik ausgesetzt. Als besonders diskussionswürdig erweisen sich hierbei folgende Argumente und Einwände:

- Durch Befragungen werden nur Aussagen, eventuell auch Einstellungen und Meinungen, nicht aber das tatsächliche Verhalten abgebildet. Es ist insofern schwierig, die Bedeutung von Aussagen, Meinungen oder Einstellungen für das tatsächliche Verhalten abzuschätzen.
- Das übliche Frage- und Antwortspiel von Interview bzw. Fragebogen – oft noch mit vorgegebenen Antworten zur „Auswahl" - kann niemals die ganze Komplexität der sozialen Wirklichkeit, wie sie der Befragte faktisch in seinem Kontext erlebt, erfassen.
- Die Messung von Einstellungen ist oft abhängig von der aktuellen sozialen Situation „Befragung" bzw. der konkreten Interviewpersönlichkeit (Alter, Geschlecht, Kleidung und Sprache, unbewusstes oder bewusstes Aussenden von „Signalen" oder „Hinweisen" usw.). Probleme oder Gültigkeit entstehen deshalb u. U. dann, wenn prestigegeladene Fragen gestellt werden, die oft keine sachliche, sondern eine sozial erwünschte Antwort finden. (...)

Trotz dieser und anderer Bedenken erweisen sich Befragungen als eine Möglichkeit, bestimmte Aspekte und Ausschnitte der komplexen sozialen Wirklichkeit zu untersuchen. Hinzu kommt, dass es in vielen Fällen – nicht zuletzt aus Kostengründen – keine methodische Alternative zur Befragung gibt. Ansonsten werden eigentlich die Schwierigkeiten der Planung und Durchführung von seriösen Befragungen eher unter-, die Aussagekraft der erhobenen Befragungsdaten dagegen eher überschätzt. Insbesondere bei der Interpretation von Befragungsergebnissen und den hierauf gründenden Schlussfolgerungen sind deshalb die vorgenannten einschränkenden Argumente sorgfältig zu berücksichtigen.

Hans Peter Henecka, Grundkurs Soziologie, Opladen 1997, S. 189ff

Auftragsforschung

M 2

Meinungsforschung beschränkt sich weitesgehend auf ein- und zweidimensionale Häufigkeitszählungen. Komplexere statistische Fragestellungen vermisst man beinahe gänzlich. (...). Die Ursachen für die methodische Selbstbeschränkung dürften zum einen in den immens hohen Kosten demoskopischer Untersuchungen liegen. Eine Befragung von rund 1000 zufällig ausgewählten Bundesbürgern von jeweils 45 Minuten Dauer einschließlich Auswertung kostet etwa 70000 bis 90000 DM. Zum anderen sind die Ursachen in der Schwierigkeit zu suchen, komplexere statistische Überlegungen dem Auftraggeber oder der Öffentlichkeit zu vermitteln. Das Kernproblem demoskopischer Forschung bleibt jedoch die Frage nach ihrer gesellschaftspolitischen Funktion. ... (Sie ist) zumeist Auftragforschung und bietet häufig nur eine Legitimation für längst gefällte Entscheidungen. ... Allein schon die Entscheidung, ob ein Ergebnis publiziert wird oder nicht, kann eine Manipulation der Öffentlichkeit darstellen.

Harald Kerber, Arnold Schmieder (Hg.), Handbuch Soziologie, Reinbek bei Hamburg, 1984, S. 75

2.12.3. Wie geht man bei einer Meinungsumfrage vor?

Die Phasen der Befragung

Ablauf einer Befragung

↓

Bestimmung des Befragungsthemas

↓

Festlegung des Personenkreises, der befragt werden soll

↓

Formulierung geeigneter Fragen

↓

Durchführung der Befragung

↓

Auswertung der Befragungsergebnisse

↓

Reflexion

Repräsentativumfrage

Da aus organisatorischen und finanziellen Gründen nicht alle Menschen in einem vergleichsweise kurzen Zeitraum befragt werden können, greift man zur Methode der Repräsentativumfrage. Repräsentativ bedeutet, dass nur eine überschaubare Anzahl von Leuten befragt wird, die aber im Kleinen ein möglichst genaues Abbild der relevanten Gesamtmasse darstellen. Die Auswahlkriterien für die zu Befragenden können Alter, Wohnort, Beruf, Geschlecht, Schulbildung oder Einkommen sein. Die Ergebnisse der Befragung werden dann oft auf die Gesamtmasse hochgerechnet, wobei die Fehlerquote geringer wird, je höher der Prozentanteil der ausgewählten Befragten von der Gesamtmasse ist.

Beispiel für eine Repräsentativumfrage

Wenn Sie beispielsweise wissen wollen, was die Schüler eines 1000 Schüler umfassenden Großstadtgymnasiums, davon 600 Mädchen, 80 türkische Schüler und 250 Schüler aus einem bürgerlichen Villenvorort von der Einführung eines neuen Faches, der Fremdsprache „Türkisch“ halten, würde ein repräsentativer Querschnitt vielleicht aus 100 Schülern bestehen, die sich über alle Jahrgangsstufen verteilen. Unter diesen 100 Schülern wären 60 Mädchen, 8 Türken und 25 Schüler aus dem Villenvorort. Das Ergebnis der Umfrage innerhalb dieser repräsentativen Gruppe wird wahrscheinlich ganz nah bei dem Ergebnis liegen, das man erzielen würde, wenn man alle 1000 Schüler befragen würde, ist aber mit erheblich weniger Aufwand verbunden.

Um aber bei der Präsentation der Umfrageergebnisse möglichst korrekt zu sein würde man nicht sagen: „35 % aller Schüler würden die Einführung des Faches Türkisch befürworten." sondern „35 % der befragten Schüler" oder „35 % der befragten Repräsentativgruppe würden die Einführung des Faches Türkisch befürworten."

Auswahl der Befragten nach dem Zufallsprinzip

Statt einer ausgewählten Repräsentativgruppe kann man auch Leute nach dem Zufallsprinzip befragen. Die Fehlerquote wird dabei in der Regel wesentlich höher sein.

Um mit dem Instrument der Meinungsumfrage zu arbeiten, muß ich mir zunächst über die Untersuchungsmasse und die Grundlagen der Stichprobenbildung klar werden. Als nächstes stellt sich die Frage der Erhebungsmethode (z. B. Fragebogen, Telefonumfrage, Zufallsbefragung), die den Anforderungen der Validität und der Reliabilität genügen muß. Und schließlich muß ich die Durchführung organisieren und mich mit statistischen Auswertungsverfahren zur Ergebnisanalyse beschäftigen.

Validität = Gültigkeit
Ein Befragungsresultat ist dann valide, wenn tatsächlich gemessen wird, was zu messen beabsichtigt wird. Die Fragen und mögliche Antwortvorgaben müssen daher so klar gestellt sein, dass eine Fehlinterpretation oder tendenziöse Wertung ausgeschlossen wird.
Reliabilität = Zuverlässigkeit
Das Ergebnis einer Meinungsumfrage ist dann zuverlässig, wenn die Fehlerquote aufgrund der Anzahl und Auswahl der Befragten wie auch der einheitlichen Fragestellung so gering wie möglich gehalten wird und die tatsächliche Meinung der Zielgruppe wiederspiegelt.

Befragungssituation

Befragungen können mündlich (Interviews, siehe Kapitel 2.13.) oder schriftlich (Fragebogen) erfolgen. Bei der schriftlichen Befragung dagegen füllen die Versuchspersonen selbstständig, d.h. ohne externe Vermittlungshilfe bzw. Rückfragemöglichkeiten, einen Fragebogen aus; dies setzt voraus, dass die gestellten Fragen präzise und verständlich formuliert sein müssen. Das mündliche Interview hat den Vorteil, dass bei bestimmten Antworten nochmals nachgefragt werden kann. So können Sie sofort überprüfen, ob der Befragte Sie so verstanden hat, wie Sie es gemeint hatten.

Standardisierungsgrad

Befragungen können auch mehr oder weniger standadisiert sein. Bei der standardisierten Befragung ist der Wortlaut und die Reihenfolge der Fragen eindeutig (und meist schriftlich) festgelegt; „Improvisationen" seitens des Interviewers sind nicht erlaubt. Zwar können die einzelnen Fragen prinzipiell „offen" (Antworten können frei formuliert werden) oder „geschlossen" (Antwortalternativen sind vorgegeben) sein, doch werden in der Regel bei standardisierten Befragungen aus Gründen der Auswertbarkeit „geschlossene" Fragen bevorzugt.

offene und geschlossene Fragen

Die nicht-standadisierte (auch „unstrukturiert" oder „ungelenkt" genannte) Befragung ist hingegen nur als „echtes" Interview praktikabel. Nur das allgemeine Erkenntnisziel der Befragung ist vorgegeben; der Interviewer kann also sensibel den Inhalt wie auch situativ den Verlauf der gesamten Befragung gestalten. Dies stellt indessen besondere Ansprüche an die Interviewer.

halbstandardisierte Befragung

Eine Mischform der beiden vorgenannten Typen stellt die halbstandardisierte Befragung dar, die im Wesentlichen mit einem so genannten Interviewleitfaden arbeitet, bei dem der Interviewer die Fragen situativ variiern und auch zusätzliche Sondierungsfragen einbringen kann.

Fragebogenkonstruktion

Bei der Entscheidung für ein standardisiertes Befragungsverfahren wird die Konstruktion eines Fragebogens notwendig. Hierbei sind generelle Grundsätze zu beachten:

- Die Fragen sollen möglichst einfach (kurzer, unkomplizierter Satzbau), klar und verständlich formuliert werden.
- Die Fragen sollen eindeutig sein und präzise das erfassen, was abgefragt bzw. gemessen werden soll. (Schlecht: Benutzen Sie Ihr Auto häufig? Besser: Wie oft benutzen Sie Ihr Auto im Durchschnitt? mit den entsprechenden Antwortmöglichkeiten: täglich, mehr als zweimal die Woche, einmal die Wuche usw.)
- Schließlich dürfen Fragen nicht suggestiv sein, d.h. sie sollen so neutral wie möglich abgefasst werden (Schlecht: Sind Sie nicht auch der Meinung …? Besser: Wie beurteilen Sie …?) Wenn Sie Meinungen und Urteile arfragen, sollten Sie die Möglichkeit für differenzierte Antworten geben (die Benennung konkreter Punkte oder zumindest Abstufungen zwischen Ja/Nein Antwortmöglichkeiten einbauen; hier kann die Skala z.B. von 1 = stimmt genau bis 6 = stimmt überhaupt nicht reichen).
- Bringen Sie die Fragen in eine logische Reihenfolge, d.h. stellen Sie erst allgemeine Fragen und dann Fragen zu den dazugehörigen Details.
- Professionelle Fragebögen arbeiten zudem mit Einleitungsfragen als „Eisbrecher“, Übergangsfragen zur Erleichterung eines Themenwechsels, oder der Kontrollfragen zur Aufdeckung von Widersprüchen bzw. zur Prüfung der Aufrichtigkeit der Antworten.
- Begrenzen Sie die Anzahl der Fragen auf eine überschaubare, für die Befragten zumutbare Anzahl.

Das Umfeld der Befragung klären

Bevor Sie nun Ihre Befragung durchführen, sollten Sie noch folgende Punkte klären:

- Wird von Ihnen berücksichtigt, dass die Befragung freiwillig ist und dass kein Proband gezwungenwerden darf, Fragen zu beantworten?
- Wird bei der Befragung, der Auswertung und der Ergebnisverwendung die Anonymität der Befragten gewahrt?
- Sind die möglichen Antworten auf die gestellten Fragen später auch auswertbar? Hier sollten Sie im Vorfeld überlegen, ob Sie eine Probebefragung in der Klasse durchführen um die entsprechenden Antworten probehalber auszuwerten.
- Haben Sie für Ihre Befragung die Zustimmung der Schulleitung eingeholt?

Auswertung und Präsentation

Wenn Sie Ihren Fragebogen überwiegend mit geschlossenen Fragen konstruieren, ist die Auswertung Ihrer Umfrage am leichtesten. Für die Präsentation können Sie neben den im Kapitel 4 genannten Möglichkeiten auch Tabellenkalkulationsprogramme wie MicrosoftExcel, StarCalc u.a. zur Verfügung.

Tabellenkalkulationen

Mit diesen Tabellenkalkulationen kann man mit geringstem Aufwand sehr ansehnliche Präsentationsgraphiken erstellen und beispielsweise seine Ergebnisdaten in Form von Säulen-, Balken-, Linien-, Punkt-, Kreis-, Flächen-, Netz-, oder Ringdiagrammen, zwei- oder dreidimensional, in allen wünschenswerten Farben und Größen auf Papier oder Transparentfolien ausdrucken (siehe auch die Hinweise S. 61 f. und 178 f.).

Da die Meinungsumfrage, wenn sie richtig durchgeführt wird, einen ungeheuren Aufwand verlangt, ist sie in der Regel für die Informationsbeschaffung für ein Referat in der Schule oder für eine Seminararbeit nicht unbedingt geeignet. Ist allerdings der Kreis der Befragten eher überschaubar, so kann eine solche Umfrage eine Arbeit sehr beleben. Auch als Einstieg für eine mündliche Präsentation ist sie sehr gut geeignet.

Eine gute Hilfe für die Durchführung von Fragebogenprojekten ist das speziell für Unterrichtsbedürfnisse entwickelte Programm *GrafStatWin*, mit dem Sie Fragebögen komfortabel erstellen können. Die gewonnenen Daten können arbeitsteilig an verschiedenen Arbeitsplätzen eingetippt, anschließend zusammengeführt und numerisch, aber vor allem auch grafisch ausgewertet werden. Mittlerweile ist es sogar möglich, auf dem nordrhein-westfälischen Bildungsserver learn:line Fragebögen als interaktives Formular zu veröffentlichen und die Ergebnisse mit GrafStatWin offline auszuwerten. GrafStatWin ist bei der Bundeszentrale für politische Bildung kostenlos erhältlich sowie unter **http/www.learn-line.nrw.de/angebote/neuemedien/gl.htm**.

2.12.4. Demoskopie im Internet

Weitaus bequemer ist es natürlich auf aktuelle Umfrageergebnisse zurückzugreifen, die entweder in den herkömmlichen Medien oder im Internet publiziert wurden und diese Informationen in seiner eigenen Arbeit zu verwerten. Unter den folgenden Internetadressen bekommt man Einblick in die Vielfalt der demoskopischen Arbeit:

www.emnid.tnsofres.com

Unter dieser Internetadresse des Emnid-Instituts erhält man Informationen über die unterschiedlichen Methoden und Instrumente, mit denen Demoskopie heute betrieben wird.

www.infas.de

Die Homepage des Instituts für Angewandte Sozialwissenschaften. Auch hier kann man sich zu genauen Beschreibungen der Erhebungsmethoden und deren jeweiligen Stärken und Schwächen durchklicken.

bine.fiz-karlsruhe.de/fiz/fizland/de-land/dewissoz.htm

Unter dieser Adresse findet man eine lange Liste von Marktforschungsinstituten.

www.social-science-gesis.de/uebersicht.htm#daten

Diese Adresse stellt soziale Daten für Sekundäranalysen bereit.

bell.bellnet.com/suchen/sonstige/umfragen.htm
Einblicke in Internetumfragen jeder Art.
www.polittrends.ch/abstimmungen/welcome.html
In der Schweiz sind Volksabstimmungen und Befragungen traditioneller Bestandteil des öffentlichen Lebens. Hier werden Einblicke in vergangene und aktuelle Abstimmungen der Schweizer Bevölkerung gewährt.

1. Führen Sie – ausgehend von Materialien aus der Shell-Studie – eine Umfrage durch, die sich mit dem Verhältnis der Jugendlichen zur Politik beschäftigt. Die entsprechenden Materialien finden Sie im Internet unter **http://www.cornelsen.de/co/politik/aktualitaetendienst/archiv** (Archiv Sekundarstufe II/Titel des Beitrages: Politik – was geht mich das an?)
2. Erarbeiten Sie einen Fragebogen, mit dem Sie herausfinden können, wie alle Schüler Ihrer Schule über das Verhältnis von Staat und privater Wirtschaft im Zeitalter globaler Vernetzungen denken.
3. Stellen Sie aufgrund der Ihnen von Ihrer Schulleitung zur Verfügung gestellten statistischen Daten Ihrer Schule eine Repräsentativgruppe von Schülerinnen und Schülern zusammen. Bitten Sie die Mitglieder dieser Gruppe, den Fragebogen der Übung 2 zu beantworten.
4. Werten Sie die Antworten aus und stellen Sie sie grafisch dar.
5. Der nachfolgende Text ist die verbale Präsentation von Umfrageergebnissen zur wirtschaftlichen Zusammenarbeit. Die Umfrage wurde in der Schweiz durchgeführt. Versuchen Sie aufgrund dieser Präsentation den Fragebogen zu rekonstruieren, mit dem die Befragung durchgeführt wurde.

Entwicklungszusammenarbeit im Spannungsfeld der Finanzierung

M 3

Hauptergebnisse des „Entwicklungshilfe-Monitor '99" des GfS-Forschungsinstituts

Dr. Jeannine Dumont, Psychologin, Projektleiterin GfS-Forschungsinstitut

Die Studie „Entwicklungshilfe-Monitor" hat das Ziel, das Verhältnis der stimmberechtigten Bevölkerung zur Entwicklungshilfe der Schweiz auszuleuchten. Dabei geht es um das Wissen und die Meinungen gegenüber zentralen Elementen der Tätigkeiten, die namentlich der Bund und die Hilfswerke erbringen.

Die Studie basiert zunächst auf einer Repräsentativ-Befragung, welche das GfS-Forschungsinstitut im Januar 1999 bei 1230 Personen der deutsch-, französisch- und italienischsprachigen Schweiz realisiert hat. Um die Trends ermitteln zu können, werden die aktuellen Ergebnisse mit jenen verglichen, die sich bei gleichen Fragestellungen in den letzten 15 Jahren ergeben hatten.

Assoziationen zum Begriff „Entwicklungsländer"

Der Begriff „Entwicklungsländer" wird spontan am häufigsten mit „Armut" (21%) in Verbindung gebracht, am zweithäufigsten wird dieser mit „Afrika" (12%), „Hunger" (8%) und „Dritte Welt" (11%) assoziiert. Der Vergleich zwischen den letzten zwei Erhebungen (1994 mit 1999) zeigt nur geringe Veränderungen.

Das Stichwort „Entwicklungsländer" wird am häufigsten mit der Vorstellung vom „Menschenrechtsmissbrauch" (60%) und „Diktaturen" (59%) gleichgesetzt. Der Vergleich mit der letzten Erhebung (1994 mit 1999) zeigt in dieser Frage eine Veränderung. Im Jahre 1994 wurden eher die sozialen Ungleichheiten wie Ausbeutung seitens der Industrieländer genannt und weniger der politische Aspekt, d.h. die Menschenrechte.

Wahrnehmung der Entwicklungshife-Problematik

Als die wichtigsten Konfliktquellen der Weltpolitik gelten der „Hunger" (65%), das „Bevölkerungswachstum" (53%) und die „Arbeitslosigkeit" (49%). Die Konfliktdefinition ist im Vergleich zur letzten Erhebung im wesentlichen stabil geblieben.

Wie stark sind die Stimmberechtigten der Meinung, dass sie die weltweiten Probleme beeinflussen können? Diese Frage zeigt, dass die Leute den Problemen wie Menschenrechtsverletzung, Armut und Hunger relativ machtlos gegenüber stehen. 41 Prozent der StimmbürgerInnen geben an, dass sie sich vollständig machtlos fühlen, und 51 Prozent sind der Meinung, dass sie einen geringen Einfluss haben. 7 Prozent glauben die weltweiten Probleme direkt beeinflussen zu können (1% keine Angabe). Vergleicht man die vorletzte mit der letzten Messung, wird ein leicht positiver Trend ersichtlich. Im Jahre 1994 waren 48 Prozent der Meinung, dass sie vollständig und 44 Prozent teilweise machtlos der weltweiten Problematik gegenüber stehen. Die Ohnmachtsgefühle haben damit ein wenig abgenommen.

Die Mehrheit der StimmbürgerInnen ist der Meinung, dass durch eine angepasste eigene Lebensweise (56%) und finanzielle Unterstützungen (52%) die Weltprobleme beeinflusst werden können. Ein Drittel der Bevölkerung ist der Meinung, dass Freiwilligenarbeit, Mitarbeit in den Gruppen und vermittelnde Gespräche zur Linderung der weltweiten Probleme beitragen können.

Der Vergleich zwischen den 1994 und 1999 zeigt, dass sich in den letzten fünf Jahren grosse Veränderungen in dieser Frage ergeben haben. Mehr StimmbürgerInnen als 1994 können sich vorstellen, persönlich etwas zur Lösung der Probleme beizutragen, und zwar durch die Veränderung der eigenen Lebensweise und/oder politischem Engagement. Die Leute denken zur Zeit ganzheitlicher und solidarischer. Zusammenhänge zwischen der Lebensweise in den Industrieländern und denjenigen in den Entwicklungsländern werden erkannt.

Wahrgenommene Veränderungen der Lage in den Entwicklungsländern

Die Frage, ob sich in den letzten 10, 20 Jahren die Lage der Entwicklungsländer verändert hat, zeigt, dass 35 Prozent aller Befragten der Meinung sind, die Lage in den Entwicklungsländern habe sich eindeutig (4%) bis etwas (31%) verbessert. Ein Drittel widerspricht dem, sind sie doch der Meinung, dass sich die Lage etwas (18 %) bis eindeutig (14%) verschlechtert habe.

Vergleicht man in dieser Frage die Ergebnisse mit den Ergebnissen aus dem Jahre 1994, zeigt sich eine positive Bilanz. Vor fünf Jahren waren lediglich 23 Prozent der StimmbürgerInnen der Meinung, dass sich Besserungen in diesem Bereich abgezeichnet haben.

Die konkrete Frage nach den Massnahmen, die zur Verbesserung der Lebensbedingungen in den Entwicklungsländern führen, zeigt wirtschaftliche Reformen im Süden (z.B. Agrarreform, Kampf der Korruption 44%) und neue weltwirtschaftliche Regeln (z.B. bessere Rohstoffpreise, 40%) an der Spitze. Seit 1994 zeichnet sich ein Wechsel zwischen den zwei Hauptgründen ab.

Nur 9 Prozent sind der Meinung, die Regierungen der Entwicklungsländer würden ernsthaft etwas zur Verbesserung der Lage beitragen. Die Mehrheit (66%) findet, die Regierungen seien nur manchmal aktiv, und 22 Prozent vertreten die Ansicht, diese seien nie aktiv tätig. In den letzten fünf Jahren hat sich in dieser Frage eine leichte Änderung in der Wahrnehmung der Leute ergeben, hat doch der Anteil der Leute zugenommen (+5%), für die die Regierungen manchmal aktiv sind.

Auf die zum ersten Mal gestellte Frage, wem die Globalisierung der Wirtschaft Vorteile bringt, geben 39 Prozent an, sie „nützt eher den Reichen und schadet eher den Armen aller Länder". Entsprechend glauben 33 Prozent, dass die Globalisierung eher den Industrieländern nützt. Nur 11 Prozent glauben, sie bringe allen Ländern Vorteile, und nur 6 Prozent denken, dass die Entwicklungsländer davon profitieren.

Motivationen für die Entwicklungszusammenarbeit

Die Frage nach den Motiven für die Entwicklungshilfe zeigt, dass primär der humanitäre und sekundär der ökologische Gedanke eine Rolle spielen. 37 Prozent der Stimmberechtigten sind der Meinung, dass die Solidarität mit den Mitmenschen Hauptmotiv der Entwicklungspolitik sei. 31 Prozent geben an, dass das Bremsen beim Raubbau an der Natur Hauptmotiv sein solle. Weitere Hauptmotive, die von rund einem Viertel genannt werden, sind die Förderung des Weltfriedens und die Milderung der Flüchtlingsprobleme.

Die Solidarität ist zeitlich gesehen unvermindert das Hauptmotiv für die Entwicklungshilfe. Steigend ist dagegen im Kontext der Entwicklungshilfe die Bedeutung, den Weltfrieden zu fördern.

Entwicklungshilfebudget des Bundes

Die Mehrheit von 56 Prozent ist der Meinung, das Bundesbudget für Entwicklungshilfe solle belassen werden. 20 Prozent möchten es erhöhen, 17 von Hundert reduzieren. Der zeitliche Trend verweist auf eine leichte Verschiebung, nimmt doch seit 1989 die Bereitschaft zum Abbau leicht zu, während die Unterstützung des Ausbaus rückläufig ist.

Die Ausgaben des Bundes für Entwicklungshilfe werden stark überschätzt, obwohl sie unter den OECD-Vorgaben liegen. 21 Prozent gehen vom richtigen Wert (rd. 1,2 Mia. CHF jährlich) aus. 35 Prozent der StimmbürgerInnen schätzen, dass der Staat jährlich über ein Budget von 2,2 Milliarden Franken in der Entwicklungshilfe verfügt, und 19 Prozent gehen sogar von 3,2 Mia. CHF aus. Ein Viertel hat keine Vorstellung von der Höhe der Entwicklungshilfe des Bundes. Zeitlich gesehen besteht kein Trend.

36 Prozent aller Befragten sind der Meinung, dass die Schweiz mehr Engagement als andere Länder in der Entwicklungspolitik leistet. 46 Prozent stufen das Engagement etwa ebenbürtig ein, und 8 Prozent sind der Ansicht, die Schweiz leiste weniger als andere Länder. Seit 15 Jahren nimmt die Ansicht zu, wonach die Schweiz ein erhöhtes Engagement gegenüber den anderen Industrieländern leiste. In Wirklichkeit bewegt sich der Einsatz im Mittelfeld der OECD-Staaten.

68 Prozent aller Befragten kennen keine Bundesstelle, die sich mit Entwicklungshilfe auseinandersetzt. Mit 20 Prozent Nennungen ist die DEZA in der Bevölkerung am bekanntesten, das BAWI ist bei 16 Prozent der StimmbürgerInnen bekannt. Die Bekanntheit der DEZA ist leicht zurückgegangen, die vom BAWI gleich geblieben.

Am wirksamsten wird die direkte Zusammenarbeit (63%) des Bundes mit den Entwicklungsländern eingestuft. Etwas mehr als die Hälfte (54%) beurteilt die Wirksamkeit der indirekten Zusammenarbeit zwischen dem Bund und der UNO als wirksam. Am geringsten wird die Wirksamkeit der Zusammenarbeit zwischen der Weltbank (37%) und dem Bund angesehen. Gegenüber 1994 wird die Zusammenarbeit mit UNO-Organisationen positiver (+5%), derjenigen mit der Weltbank negativer (−5%) beurteilt.

Die Frage, ob Entwicklungshilfe statt in der Dritten Welt in den Ländern des Ostens (z. B. Russland, Bosnien) betrieben werden solle, zeigt eine Hälfte dagegen (49%), 44 Prozent teilweise und 2 Prozent ganz dafür. Die Meinungen haben sich in dieser Frage seit 1994 nicht verändert.

79 Prozent aller Befragten sind der Meinung, dass das Geld der Entwicklungshilfe zum Teil (67%) oder vollständig (12%) an die Bedürftigen hier in der Schweiz gehen sollte. Der Vergleich zwischen den letzten zwei Erhebungen (1994 und 1999) zeigt, dass heute 9 Prozent mehr Gelder in der Schweiz eingesetzt haben möchten. Seit der ersten Messung sinkt der Anteil der Gegnerschaft gegenüber einer Umverteilung der Entwicklungshilfegelder zu Gunsten der bedürftigen in der Schweiz und dürfte nun bei der aktuellen Lage noch gewachsen sein.

Die beste Beurteilung der bundeseigenen Entwicklungshilfe gilt der Wirksamkeit und der Ganzheitlichkeit des Ansatzes. Die Professionalität wird als eher mittelmässig eingestuft, gleiches gilt für die gewählte Projektgrösse, die Sparsamkeit und die Schaffung von Unabhängigkeit. Nachteilig ist die Bewertung der Bundesarbeit hinsichtlich der Bürokratie.

Die Bundesprojekte werden zur Zeit als wirksamer und sparsamer eingestuft als vor 5 Jahren.

Entwicklungshilfe seitens privater Hilfswerke

82 Prozent nennen das „Rote Kreuz" und drei Viertel die „Caritas" spontan als bekannte private Hilfswerke. Es folgen „Terre des Hommes" (38%), danach „Médecins sans Frontières" (33 %), gefolgt von „HEKS" (28%) und „Brot für alle"(27%) mit deutlich weniger Nennungen. Der spontane Bekanntheitsgrad der Hilfswerke schwankt über die Jahre hinweg, je nachdem, welches gerade im öffentlichen Interesse steht oder sich spezifisch engagiert.

19 Prozent der Stimmberechtigten sind der Meinung, dass die durch private Hilfswerke geleistete Entwicklungshilfe grösser sei als jene des Bundes. 42 Prozent nehmen an, dass diese etwa gleich ist, und 20 Prozent schätzen das Engagement der Hilfswerke kleiner ein, als die Hilfe des Bundes ein.

Die Vergleiche über die Zeit hinweg zeigen praktisch unveränderte Werte. In Wirklichkeit verfügen die Hilfswerke über vier Mal weniger Mittel als der Bund.

Vergleicht man die Arbeit der privaten Hilfswerke mit der des Bundes, stellt man fest, dass diese besser benotet wird. Am besten werden deren Einsatz bezüglich der Hilfe an die Gemeinschaft, der Angepasstheit an lokale Umstände, der Wirksamkeit und der Unterstützung der Armen beurteilt. Identisch wie beim Bund ist die Beurteilung bei der Sparsamkeit und der Professionalität. Die Hilfswerke gelten aber als weniger bürokratisch.

Die Arbeit der Hilfswerke wird über die letzten 15 Jahre hinweg stabil beurteilt. Einzig im Bereich der Finanzkontrollen verschlechtert sich die Benotung.

Seit 1997 hat der Bund 11 Prozent seines Entwicklungsbudgets für die Unterstützung der privaten Schweizer Hilfswerke ausgegeben. 23 Prozent sind für eine Verstärkung dieser Leistungen. Die Mehrheit (56%) der StimmbürgerInnen ist der Meinung, der Bund soll dies gleich belassen, und nur 12 Prozent wollen eine Verminderung. Es ergibt sich kein Trend im Zeitvergleich.

Beziehung zwischen der schweizerischen Wirtschaft und den Entwicklungsländern

Die StimmbürgerInnen sind den Auswirkungen des Handels von schweizerischen Firmen in Entwicklungsländern gegenüber eher skeptisch eingestellt. Sie sind der Meinung, dass vorwiegend die Zentren begünstigt werden. Es wird vermutet, dass nur eine schmale Oberschicht davon profitieren kann, und sich die Verschuldung vergrössert. Das Wirken schweizerischer Firmen in Entwicklungsländern wird vorwiegend wirtschaftlich bewertet. An der Spitze genannt werden „Schaffen von Arbeitsplätzen" und „Erhöhen der produktiven Kraft". Es ergibt sich kein Trend im Zeitvergleich.

Entwicklungspolitische Stossrichtungen

Wie werden alternative Lösungsmöglichkeiten in der Entwicklungspolitik beurteilt? 64 Prozent sind der Meinung, dass ein bescheidener Lebensstil (z. B. weniger Öl verbrauchen, weniger Tropenhölzer importieren) und konstruktive Beiträge der Schweizer zur Veränderung der Wirtschaftsstrukturen (63%) wichtige Beiträge zur Lösung der Entwicklungsprobleme seien. 54 Prozent der StimmbürgerInnen denken zudem, dass die Entwicklungshilfe insgesamt verstärkt werden könnte. 49 Prozent sind der Meinung, mehr Handel mit den Entwicklungsländern könne Lösung im Entwicklungsproblem bieten, und nur 26 Prozent vertreten die Ansicht, man müsse die Entwicklungsländer in Ruhe lassen. Der Trend geht eindeutig in Richtung der Betonung des persönlichen Lebensstiles als Beitrag zur Verbesserung der Situation in den Entwicklungsländern.

82 Prozent sind der Meinung, das Waffenexportverbot könne zur Lösung von Problemen in der Entwicklungspolitik beitragen. Am zweithäufigsten werden die Importe von landwirtschaftlichen Produkten (69%) und am dritthäufigsten die Rechtshilfe/Fluchtgelder als Lösungsmöglichkeit gesehen. Am geringsten wird der Lösungsansatz in der Aufnahme von Asylbewerbern (13%) genannt. Es ergibt sich kein Trend im Zeitvergleich.

Mediennutzung

Die meisten Informationen zur Entwicklungszusammenarbeit beziehen die Leute aus dem Fernsehen (43%). Andere Kanäle wie die Presse, Publikationen von Hilfswerken, eigene Erfahrungen der Leute aus den Entwicklungsländer sowie das Radio gelten für rund je 10 Prozent der Bevölkerung als Informationsmit-tel. An Bedeutung verloren hat seit der ersten Messung vorwiegend das Radio, während die Printmedien und die Publikationen von Hilfs-werken und die eigenen Erfahrungen der Leute an Einfluss gewonnen haben.

45 Prozent der Bevölkerung verweisen auf eine Informationslücke, die Hälfte findet der bestehende Informationsfluss sei gerade richtig, und 3 Prozent sind der Meinung, dieser sei zu gross. Es ergibt sich kein Trend im Zeitvergleich.

45 Prozent geben an, dass der Bund noch nie über die Entwicklungshilfe informiert habe. 42 Prozent haben dagegen bereits Informationen des Bundes in diesem Bereich wahrgenommen.

„Entwicklungshilfe-Monitor" des GfS-Forschungsinstituts, erstellt im Auftrag der DEZA und der Arbeitsgemeinschaft der Hilfswerke

2.13. In elf Schritten zu einem Interview

Interviewszene

Ein **Interview** ist eine gezielte Befragung beliebiger oder ausgewählter Personen. Ziel ist es Informationen über diese Personen zu erhalten oder über Themenbereiche, in denen sie über Wissen verfügen.

Welche Arten von Befragungen und Interviews gibt es?

Einzelinterview	Einer oder mehrere Interviewer stellen Fragen, ein Befragter antwortet.
Mehrere Interviewpartner gleichzeitig	Einer oder mehrere Interviewer stellen Fragen, zwei oder mehrere Befragte antworten. Bei dieser Form des Interviews kann es dazu kommen, besonders bei Politikern unterschiedlicher Parteien, dass die Interviewten nicht nur auf Fragen der Interviewer antworten, sondern zunächst die Aussagen der Vorredner kommentieren oder aus ihrer Sicht korrigieren müssen. Interviewer werden dann oft zu bloßen Stichwortgebern degradiert oder müssen als Moderatoren ein solches Gespräch wieder in geordnete Bahnen lenken.

Mehrere Interviewpartner nacheinander	Dies ist das klassische Straßeninterview, bei dem zufällig ausgesuchte Passanten ohne erkennbaren Expertenstatus jeweils kurz zu einer Stellungnahme oder zur Beantwortung einer oder weniger Fragen aufgefordert werden.
Telefonumfrage	Die Telefonumfrage funktioniert genauso, nur dass mehrere zu Befragende nacheinander angerufen werden.
Schriftliches Interview	Der oder die Interviewte bekommt eine Liste mit Fragen und beantwortet jede Frage schriftlich. Diese Form wird häufig genutzt, um unterschiedlichen Personen exakt die gleichen Fragen vorzulegen.

Beispiel: Sie bearbeiten ein Referat oder eine Seminararbeit zu einem Aspekt des Themas „Globalisierung in Politik und Wirtschaft" und haben die Möglichkeit, eine Bundestagsabgeordnete, die Mitglied im Wirtschaftsausschuss ist, zu befragen. Wie gehen Sie vor?

Terminvereinbarung

1. Vereinbaren Sie möglichst langfristig einen Termin, den Sie sich einige Tage vorher nochmals telefonisch oder per Fax bestätigen lassen. Seien Sie dann möglichst 10 Minuten früher am vereinbarten Ort. Sie müssen wahrscheinlich ohnehin noch eine Viertelstunde warten, und wenn Sie Pech haben kommt die Abgeordnete überhaupt nicht selbst, sondern schickt einen persönlichen Referenten.

inhaltliche Vorbereitung

2. Bereiten Sie sich inhaltlich optimal auf das Interview vor. Sie sollten, wenn das Interview im Zusammenhang mit einer Seminararbeit oder einem Referat steht, bereits tief in die Materie eingearbeitet sein und Ihren Gesprächspartnern nicht die Zeit mit Fragen stehlen, die deren Expertenstatus unterfordern. Als Interviewer bestimmen Sie weitgehend den Gesprächsverlauf. Seien Sie daher vorbereitet, indem Sie sich Ihre 10 wichtigsten Fragen stichwortartig notieren und im richtigen Augenblick stellen. Seien Sie aber auch flexibel genug, um auf die Antworten Ihrer Interviewpartner einzugehen oder nachzufragen.

arbeitstechnische Vorbereitung

3. Bereiten Sie sich auch arbeitstechnisch vor. Die Bedienung Ihres Aufnahmegerätes, der Kassettenwechsel, etc. sollten wortlos nebenher laufen. Es gehört zu den Regeln der Höflichkeit, vorher zu fragen, ob man den Kassettenrecorder mitbringen darf. Schreibutensilien und Ersatz müssen natürlich auch vorbereitet sein. Falls Sie sich ganz auf die Interviewführung konzentrieren möchten und das Protokollieren bzw. die Aufnahme des Gesprächs einer zweiten Person überlassen möchten, sollte dies Ihrem Interviewpartner schon bei der Terminabsprache signalisiert werden.

Einstimmung des Interviewpartners

4. Erläutern Sie Ihrem Interviewpartner am Anfang kurz noch einmal, warum Sie das Gespräch führen möchten, wozu Sie die Antworten benötigen und wie Sie sie verwenden werden. Vielleicht wollte Ihr Gesprächspartner die wesentlichen Fragen bereits vorher schriftlich eingereicht bekommen. Erklären Sie sich evtl. auch dazu bereit, eine Mitschrift anzufertigen oder das Tonbandprotokoll abzutippen und erst dann zu verwenden, wenn die Genehmigung dazu erteilt wurde.

Interviewplan

Wer wird interviewt?		
Wann?	**Dauer?**	
Wo?		
☐ Kassettenrecorder funktionsfähig?	☐ Ersatzkassette?	☐ Neue Batterien?
☐ Schreibblock	☐ Kuli/Stift?	☐ Ersatzstift?
Einstieg		
Frage 1		
Frage 2		
Frage 3		
Frage 4		
Frage 5		
Frage 6		
Frage 7		
Frage 8		
Frage 9		
Frage 10		
Abschluss		
Niederschrift zur Autorisierung vorlegen?	☐ ja	☐ nein
Bemerkungen		

5. Der Ton macht die Musik. Verstimmen Sie Ihren Interviewpartner nicht dadurch, dass Sie die Antworten bewerten, dass Sie Ihre abweichende Meinung vortragen oder dass Sie emotional oder provozierend fragen oder reagieren. Nehmen Sie die Haltung des neutralen Informationssuchenden ein, der zwar kritisch und hart fragen darf, aber nicht das ganze Interview durch sein Verhalten zum Scheitern bringen sollte. *Atmosphäre*
6. Stellen Sie offene Fragen. Sie erhöhen damit die Wahrscheinlichkeit, dass Ihr Gesprächspartner nähere Angaben macht und weitere Details erwähnt. *offene Fragen*
7. Stellen Sie keine unnützen oder schädlichen Fragen. Warum-Fragen z. B. könnten Gesprächspartner in eine Abwehrhaltung bringen, um einem Rechtfertigungszwang zu entgehen. Suggestivfragen („Aus europäischer Sicht können Sie dieses Problem gar nicht anders bewerten, oder?") beinhalten die Antwort bereits und nehmen den Interviewten die Chance, eigene Antworten zu formulieren. Mehrfachfragen oder Kettenfragen („Waren Sie gestern in der Sitzung? Was wurde da besprochen? War Frau Dr. Weinert auch da? Welche Punkte enthält das Sitzungsprotokoll?") verwirren die Befragten und führen meist nur zu unzureichenden Antworten auf die jeweils letzte *unnütze Fragen* *Suggestiv- und Kettenfragen*

Geschlossene Fragen sind Fragen, die man mit „ja“, „nein“ oder mit kurzen faktischen Angaben beantwortet. Sie sind nur dann gut, wenn man Gesprächspartner, die zu langatmigen Antworten neigen, zwischendurch etwas bremsen möchte.

- War das Thema „Globalisierung“ schon einmal auf der Tagesordnung des Deutschen Bundestages?
- Wie viele Themenbereiche bearbeiten Sie in einer Ausschusssitzung?
- Wo findet der nächste internationale Wirtschaftsgipfel statt?
- Werden Sie dabei sein?

Offene Fragen sind so formuliert, dass der Gesprächspartner einfacher zu einer längeren und informativeren Antwort findet:

- Welche Aspekte der Globalisierung spielen in den Ausschusssitzungen eine besondere Rolle?
- Bitte erzählen Sie von Ihrer Reise in die afrikanischen Entwicklungsländer.
- Was interessiert Sie an diesem Thema besonders?

Offene Fragen können auch die Form von Aussagen haben:

- Das ist eine sehr theoretische Antwort.
- Globalisierung ist ein Thema mit sehr vielen Teilaspekten. Sie beschäftigen sich mit einigen wirtschaftlichen Schwerpunkten.

Rhetorische Fragen

provozierende Fragen

Teilfrage. Rhetorische Fragen („Wer hätte je gedacht, dass wir hier einmal zusammensitzen und über globale Probleme sprechen?“) sind evtl. für Vorträge gut, bringen ein Interview aber in der Regel nicht weiter. Fangfragen, deren Antwort gar nicht interessiert, aber Rückschlüsse zulässt, („Waren Sie eigentlich bei der Auslandsreise des Kanzlers dabei?“ Bei einem „Nein“ spricht man wohl doch nicht mit einem führenden Experten für Wirtschaftspolitik.) können die Gesprächsatmosphäre und das ganze Gesprächsergebnis beeinträchtigen. Auch provozierende Fragen („Was können Sie als saarländische Abgeordnete zu den Globalisierungsproblemen im deutsch-polnischen Grenzgebiet schon beitragen?“) sollten unterbleiben.

Nachhaken

8. Scheuen Sie sich nicht, bei unklaren oder ausweichenden Antworten eine Frage zur Präzisierung zu stellen, z. B.: „Sie sagen, die Folgen der Globalisierung seien zum gegenwärtigen Zeitpunkt noch nicht alle absehbar. Aber welche Folgen zeichnen sich denn jetzt bereits ab?“

innere Einstellung zum Gesprächspartner

9. Versuchen Sie während der Interviewführung nicht nur Ihre vorbereiteten Fragen abzuhaken, sondern hören Sie auch zu, wenn Ihr Interviewpartner etwas sagt. Dazu gehört auch eine positive innere Einstellung zum Gesprächspartner. Wenn Sie den deutschen Geschäftsführer einer internationalen Computerfirma zum Thema Globalisierung interviewen und von vornherein wissen, dass er für Sie ein „Bonze“ ist und Sie ihn daher nicht mögen, weil Sie genau wissen, was er sagen wird, und weil er Sie und Ihre Fragen ohnehin nicht ernst nehmen, sondern Sie einfach nur abfertigen wird, dann sind Sie vielleicht nicht der richtige Interviewer für einen solchen Mann. Zum Interviewen gehört auch die Kunst des aktiven Zuhörens.

Aktives Zuhören, wie geht das?

- Signalisieren Sie als Interviewer Ihrem Gesprächspartner durch Ihre Körpersprache, insbesondere Mimik, Gestik und Blickkontakt, dass Sie das, was er sagt, interessant finden.
- Bestätigen Sie gelegentlich durch Nicken oder kurze Einwürfe, dass Sie den Gedankengang nachvollziehen können.
- Fassen Sie schwierige Sachverhalte noch einmal kurz und vorläufig mit eigenen Worten zusammen und zeigen Sie dem Gesprächspartner somit, dass Sie ihn verstanden haben. Dies ermutigt ihn vielleicht, seine Gedanken weiter zu entwickeln oder zu ergänzen.

Diese Art des aktiven Zuhörens kann besonders in emotionsgeladenen Situationen, bei Konflikten und Unklarheiten oder Missverständnissen zur Klärung beitragen.

Abschluss

10. Zum Abschluss des Interviews fassen Sie den Verlauf und die Ergebnisse noch einmal kurz zusammen, danken Ihrem Interviewpartner und erläutern evtl. nochmals kurz, warum Sie dieses Interview benötigen, wie Sie es verwenden werden und warum es Ihnen bei Ihrer Arbeit weiterhilft. Sie können auch anbieten, wenn Ihre Seminararbeit fertig ist, eine Kopie zur Verfügung zu stellen. Vermeiden Sie negative Bewertungen wie „Es war ein nettes Gespräch, hat mir aber nicht wesentlich weitergeholfen." oder „Ich hätte eigentlich erwartet, dass Sie sich etwas substantieller äußern würden."

Nachbereitung

11. Die eigentliche Arbeit beginnt erst nach dem Interview. Sie müssen sich das Tonbandprotokoll mehrfach anhören oder die Aufzeichnungen durchlesen und evtl. eine Abschrift anfertigen. Die Inhalte des Interviews müssen so nach Oberbegriffen in einer Datenbank oder auf Karteikarten geordnet werden, dass sie jederzeit abgerufen und in eine Arbeits- oder Referatstruktur eingearbeitet werden können. Möglicherweise haben Sie durch die Führung des Interviews eine andere Sicht der Dinge bekommen und müssen Ihr bisheriges Konzept nochmals überdenken. Zur Nachbereitung des Interviews gehört auch, dass man Faktenaussagen nicht nur gläubig übernimmt, sondern sie überprüft. Sollte sich der Interviewpartner geirrt haben, so kann man diesen Teil des Gesprächs nicht für seine Arbeit nutzen, es sei denn man belegt den Irrtum mit einem Hinweis oder einer Fußnote.

Das professionelle Interview

- Erscheinen Sie pünktlich und in angemessener Kleidung bei Ihrem Interviewpartner. Sie werden dann ernster genommen.
- Falls Sie Ihren Interviewpartner zu sich oder in Ihre Schule einladen, stellen Sie sicher, dass das Gespräch ungestört und in angenehmer Atmosphäre verlaufen kann (bequeme Sitzgelegenheit, Getränke, etc.)
- Treten Sie höflich, selbstbewusst und interessiert auf. Dazu gehören auch Ihre Wortwahl und Ihre Körpersprache.
- Falls Ihr Interviewpartner Ihre Fragen ausweichend beantwortet, scheuen Sie sich nicht, noch einmal nachzufragen. Hören Sie aber damit auf, nachzuhaken, wenn es klar wird, dass er zu bestimmten Themen keine präzise Antwort geben möchte.
- Vermeiden Sie es, Ihrem Gesprächspartner ins Wort zu fallen.
- Warten Sie mit Ihrer nächsten Frage bei längeren Gesprächspausen, die dem Nachdenken dienen.
- Lassen Sie sich nicht durch Gegenfragen aus dem Konzept bringen. So wie es Hinweise und Tipps zur Durchführung eines Interviews gibt, so gibt es auch Taktiken, mit denen man als Interviewter spielen kann. Eine Gegenfrage verlagert das Gesprächszentrum schnell auf sichereres Terrain und kann für den Interviewten ein Befreiungsschlag aus einer misslichen Situation sein.
- Bereiten Sie sich optimal vor! Machen Sie sich einen Interviewplan. Trainieren Sie Interviews mit einem Freund oder einer Freundin.

1. Formulieren Sie die folgenden geschlossenen Fragen zu offenen Fragen um. (Beispiel: *Glauben Sie, dass Deutschland heute bereits in der Globalisierungsfalle sitzt? –> Wie wirkt sich Ihrer Meinung nach das Bild der Globalisierungsfalle auf Deutschland aus?)*
   a) Ist die Ausschusssitzung gut verlaufen?
   b) Sind Sie mit dem Ergebnis Ihrer Auslandsreise zufrieden?
   c) Wie viele Länder haben Sie besucht?
   d) Ist die Wirtschaftspolitik von globalen Entwicklungen abhängig?
   e) Gibt es einen Europakommissar, der für Wirtschaftsfragen zuständig ist?
   f) Halten Sie das Vorgehen der deutschen Unternehmer in Asien für sinnvoll?
   g) Waren Ihre Gespräche erfolgreich?
   h) Sind Frauen in Entwicklungsländern besondere Opfer der Globalisierung?
   i) Wie viele Mitarbeiter stehen Ihnen bei dem Entwicklungshilfeprojekt zur Seite?
   j) Ist die Projektfinanzierung gesichert?
2. Wenn Sie die Möglichkeit hätten, einen Staatssekretär im Auswärtigen Amt zum Thema „Der amerikanische Einfluss auf die europäische und deutsche Außenpolitik“ zu interviewen, wie würden Sie dabei vorgehen? Erarbeiten Sie eine Interviewplanung.
3. Machen Sie eine Videoaufzeichnung von einem Interview, das ein Journalist mit einem Politiker führt, und beantworten Sie die folgenden Fragen dazu.
   a) Wer steuert den Verlauf des Interviews, der Journalist oder der Politiker?
   b) Woran kann man evtl. erkennen, ob der Journalist Sympathien für die Partei des Politikers hegt oder eher eine Gegenmeinung vertritt?
   c) Ordnen Sie die Fragetypen zu, die im Interview vorkommen (offen, geschlossen, suggestiv, sondierend, mehrfach, präzisierend, etc.).
   d) Wie oft hat der Befragte nicht direkt die Frage beantwortet? Hat der Journalist nachgehakt oder insistiert? Mit welchem Ergebnis?
   e) Wie war die Gesprächsatmosphäre?
   f) Welche körpersprachlichen Signale sind von beiden Interviewpartnern ausgegangen?
   g) Hat das Interview zu neuen Erkenntnissen geführt oder diente es eher der Selbstdarstellung?
4. Führen Sie mit einem Freund oder einer Freundin ein 5-Minuten-Interview zu einem beliebigen Thema und trainieren Sie dabei offene Fragen und Präzisierungsfragen.
5. Geben Sie eine kritische Kommentierung zur Fragestellung des nachfolgend abgedruckten SPIEGEL-Gesprächs zum Thema „Ein Modellfall für Europa“ (M 1).

M 1

SPIEGEL-Gespräch: „Ein Modellfall für Europa"

Österreichs Populist Jörg Haider über die internationalen Proteste gegen die Regierungsbeteiligung seiner FPÖ, über Vergangenheitsbewältigung und Fremdenfeindlichkeit sowie seine politischen Ambitionen

Spiegel: Herr Haider, wie fühlten Sie sich vergangene Woche als Steinerner Gast bei der Holocaust-Konferenz im schwedischen Stockholm?

Haider: Ich bin nicht so sicher, ob ich dort wirklich als Steinerner Gast war. Dort waren überwiegend Sozialisten, und in dem Kreis gibt es keinen Grund, Kritik an unsere Adresse zu richten.

Spiegel: Nicht nur Sozialisten sehen in Ihnen den „Gegenpol der humanistischen Werte jeder demokratischen Gesellschaft"; auch der konservative französische Präsident Jacques Chirac ist über Ihren Aufstieg „besorgt".

Haider: Nur äußert der sich nicht mal öffentlich. Chirac ist so vorsichtig und ruft beim Bundespräsidenten an.

Spiegel: Die internationale Phalanx Ihrer Gegner ist schon gewaltig. Macht Sie das nicht betroffen?

Haider: Man kann nicht mit aller Welt in absoluter Harmonie leben. Da werden uns gegenüber Vorurteile kultiviert.

Spiegel: Wollen Sie demnächst nach Israel reisen, um solchen Vorurteilen zu begegnen?

Haider: Wir planen das seit geraumer Zeit. Ich glaube, dass es einfach notwendig ist, sich den besonderen Kritikern dort zu stellen. Sie kennen uns einfach nicht.

Spiegel: Auch der famose Herr Dr. Schüssel, der als ÖVP-Chef mit Ihrer Hilfe Kanzler werden will, hatte vor dem Europarat mit der Erklärung Mühe, er werde keine Allianz mit einem fremdenfeindlichen Partner eingehen.

Haider: Er hätte doch bloß sagen müssen, dass wir von der FPÖ auch als potentieller Vertragspartner zur Unterstützung einer sozialistischen Minderheitsregierung akzeptabel waren. Es ist doch ein offenes Geheimnis, dass die Sozialisten uns zu einer parlamentarischen Vereinbarung eingeladen hatten. Es ist einfach heuchlerisch, dass jetzt jene aufheulen, die vorher mit uns zusammenarbeiten wollten.

Spiegel: Schüssel versprach immerhin den Europäern, Österreich werde weiter auf pro-europäischem Kurs bleiben. Wie geht das mit Ihnen als erklärtem EU-Skeptiker zusammen?

Haider: Ich glaube, niemand wird dem SPIEGEL-Herausgeber Rudolf Augstein unterstellen, dass er ein Anti-Europäer ist, nur weil er in Wirklichkeit die gleichen Ideen hat wie der Jörg Haider.

Spiegel: Na, das sagen Sie.

Haider: Ja, Augstein träumt auch von einem Europa der Vaterländer, von einer Erhaltung der Kompetenz der Nationalstaaten, von einer EU-Osterweiterung, die auch die Risiken im Arbeitsmarkt sieht und nicht in Euphorie verfällt. Denn eine Politik, die die Risiken für das eigene Volk nicht abschätzen kann, ist eine Politik, die nichts wert ist.

Spiegel: Während die meisten Europäer sich über Sie empören, finden ein paar Freunde immerhin warme Worte für Sie. Frankreichs Rechtsaußen Le Pen und die Duce-Enkelin Alessandra Mussolini …

Haider: … es sind nicht die schlechtesten Früchte, an denen die Wespen nagen.

Spiegel: Sie erklären den Aufschrei der Empörung immer nur mit Missverständnissen, Verleumdung und Dämonisierung. Nimmt Ihnen das noch jemand ab?

Haider: Man hat uns jahrelang verteufelt und muss nun zur Kenntnis nehmen, dass der Wähler das anders sieht, weil wir eine konstruktive Kraft sind. Alle haben über mich so viel Schlimmes gesagt, aber ich bin trotzdem ganz oben gelandet. Der internationale Aufschrei war zu erwarten, aber der hat sich in ein paar Wochen gelegt.

Spiegel: Sehen Sie nicht die Gefahr, dass Österreich mit Ihnen als politischem Strippenzieher wieder der internationalen diplomatischen Quarantäne anheim fällt wie unter Präsident Waldheim?

Haider: Ich wüsste nicht, warum. Zwar versuchten zum Beispiel hohe Funktionäre der jüdischen Gemeinde in Wien, beim State Department in Washington gegen uns Stimmung zu machen. Wir haben uns aber dort der Diskussion gestellt, und die Ministerin Albright sieht die Dinge jetzt völlig anders. Wo wir unsere Argumente auf den Tisch legen, wo man uns kennen lernt, da bleibt in Wirklichkeit bei denen, die guten Willens sind, kein Vorurteil übrig.

Spiegel: Wenn Sie schon Regierungsverantwortung trügen, würden Sie sich solche Anwürfe als Einmischung in die inneren Angelegenheiten Ihres Landes vermutlich verbitten?

Haider: Das erledigen schon die Österreicher für mich. Aggressionsakte rhetorischer Natur verschaffen uns nur noch mehr Solidarität.

Spiegel: Den deutschen Kanzler Schröder stört offenbar, dass Sie sich nie eindeutig von Hitler distanziert haben.

Haider: Der Herr Schröder weiß überhaupt nicht, was ich sage; ich weiß ja auch nicht, was der Herr Schröder den lieben langen Tag alles daherredet.

Spiegel: Richtig bleibt gleichwohl, dass es immer wieder Äußerungen von Ihnen gab, die positive Aspekte der Nazi-Zeit herauszustellen suchten – etwa die „ordentliche Beschäftigungspolitik im Dritten Reich" oder den „anständigen Charakter" von Angehörigen der Waffen-SS.

Haider: In einer ziemlich unmissverständlichen Rede habe ich vor einigen Monaten klargemacht: Für den Fall, dass ich missverstanden worden bin, mache ich einen eindeutigen Trennungsstrich – hier gibt es für mich keine Sympathie, hier gibt es keine positive Besetzung ...

Spiegel: ... gemeint ist die NS-Zeit?

Haider: ... ich habe einen klaren Trennungsstrich vollzogen, und das muss eigentlich einmal zur Kenntnis genommen werden. Also, ich bin sicherlich nicht derjenige, der ein Leben lang im Büßerhemd durch die Welt geht. Ich bin Kind des Nachkriegsösterreich, bin in einer Demokratie aufgewachsen und habe nie etwas anderes getan, als in diesem demokratischen Staat mitzuarbeiten. Warum soll ich mich mit irgendwelchen Vergangenheitsproblemen belasten?

Spiegel: Dann befinden Sie sich offenkundig auf dem Weg der Läuterung wie andere Populisten; auch der Bayer Stoiber sprach einmal von einer „durchrassten" Gesellschaft, was ihm heute peinlich ist.

Haider: So einen Blödsinn habe ich eigentlich nie formuliert.

Spiegel: Hat der Populist Haider ein politisches Vorbild?

Haider: Ich bin fasziniert von der Person des Erzherzog Johann ...

Spiegel: ... da gehen Sie aber weit zurück bis zum Jahr 1848, zur Paulskirche und zur kleindeutschen Lösung.

Haider: Als Angehöriger des Herrscherhauses war Johann ein großer Sozialreformer, der erste Populist unter den Monarchen.

Spiegel: Wir dachten bei Ihren Vorbildern eher an den einstigen CSU-Chef Franz Josef Strauß.

Haider: Strauß hat mich immer fasziniert, auch Helmut Schmid hat mir gut gefallen.

Spiegel: Trifft das auch auf den New Yorker Bürgermeister und Saubermann Guiliani zu?

Haider: Nein, nicht jeder, der anständig ist, muss ein Vorbild sein. Besser man nimmt sich keine Vorbilder, denn die können einem schnell wieder abhanden kommen.

Spiegel: Könnte Ihnen der künftige Kanzler Schüssel, der nach Presseberichten in die deutsche Spendenaffäre verstrickt sein soll, womöglich auch bald abhanden kommen?

Haider: Das muss der Koalitionspartner selber beurteilen.

Spiegel: Haben Sie das nicht geprüft?

Haider: Ich gehe jetzt einmal davon aus, dass das eine sehr klare und problemlose Sache ist und dass Schüssel in keiner Weise involviert ist.

Spiegel: Andernfalls wäre das ein schlechter Start.

Haider: Dann müßte ich womöglich noch darüber nachdenken, dass ich wirklich Kanzler werden muss.

Spiegel: Was hat Österreich denn von einer durch Sie gesteuerten Wende zu erwarten?

Haider: Strukturelle Reformen etwa im Bereich Pensionen, Sozialversicherungen. Da kann es nicht so sein, dass man bei den Leistungen für den kleinen Mann ansetzt. Wir müssen außerdem in der Frage der Verwaltung einen schlanken Staat erreichen. Den erreichst du, indem du mit deinem Koalitionspartner festlegst: Wir werden in dieser Periode die Abgabenquote entsprechend senken, wir werden eine Steuerreform mit niedrigen einheitlichen Steuersätzen anstreben. Die Ausnahmebestimmungen müssen gekappt werden, damit es einen Zwang zum schlanken Staat gibt. Unsere Bürokratie wuchert ja noch heftiger als in Deutschland.

SPIEGEL: Und das wollen Sie ausgerechnet mit der Beamtenpartei ÖVP erreichen?

HAIDER: Gut, das ist das Problem der ÖVP. Es geht uns nicht um Beamtenhatz. Es gibt auch viele sehr gute Beamte. Aber der Staat kann nicht die Fürsorgeanstalt für alles sein. er muss sich zurücknehmen.

SPIEGEL: Sie haben in Ihrem Programm eine Art proletarische Komponente und sind sicherlich nicht ein Anhänger des Raubtier-Kapitalismus. Wie wollen Sie das in dieser Koalition einbringen?

HAIDER: Wir wollen in dieser Koalition die Funktion des sozialen Gewissens ausüben, gar keine Frage. Deswegen haben wir von Anfang an gesagt: Mit uns gibt es keine Steuererhöhung, die trifft nur die kleinen Leute. Das gibt es bei uns nicht, das können die sich gleich abschminken.

SPIEGEL: Herr Haider, was entgegnen Sie denen, die sagen, der Haider wird mit der Einbindung in die Regierungsverantwortung domestiziert? Und womöglich gar entzaubert?

HAIDER: Das ist eine Hoffnung, die manche haben. Lassen wir sie halt mal leben mit der Hoffnung.

SPIEGEL: Ist der Herr Schüssel ein Kanzler von Haiders Gnaden?

HAIDER: Eine solche Behauptung halte ich für eine rhetorische Spielerei. Wenn ich mit jemandem was vereinbare, dann sind wir gleichberechtigte Partner. Ich sitze ja nicht in der Regierung.

SPIEGEL: Aber Sie könnten jederzeit durch Obstruktionspolitik auf Neuwahlen zusteuern.

HAIDER: Da wäre ich sehr schlecht beraten. Die Freiheitlichen treten jetzt nach einer langen Phase der Opposition in eine Regierung ein und müssen dort beweisen, dass sie verlässlich sind und dauerhafte Leistungen erbringen können. Dieses Projekt nach ein, zwei Jahren abzubrechen und zu sagen: Es war sehr schön, es hat mich sehr gefreut, aber das ist zu mühsam – das würde doch unsere Arbeit diskreditieren. Dafür haben wir nicht 20 Jahre geschuftet.

SPIEGEL: Wie sind Sie überhaupt ins Koalitionsspiel gekommen?

HAIDER: Die SPÖ war zu langsam. Es gibt sehr viele Leute, die sagen, es ist unverständlich, dass unser Parteivorsitzender Klima das nicht verstanden hat. Ich bin überzeugt, dass der Schüssel eigentlich eine Neuauflage der großen Koalition wollte.

SPIEGEL: Sie sagen häufig, Sie seien Ihrer Zeit voraus. Woran ist das zu erkennen?

HAIDER: Es hat sich nun schon so oft ereignet, dass die Freiheitlichen etwas gesagt haben, was man nicht gleich verstanden hat. Und dann hat sich's doch herausgestellt, dass es richtig ist. Nicht nur in der Ausländerpolitik, wo wir geprügelt worden sind und wo man heute noch versucht, uns als besonders radikale Gruppe darzustellen. Aber wenn man dann mit einem Amerikaner redet oder mit einem Franzosen, dann sagen die: Warum regt man sich darüber überhaupt auf bei euch?

SPIEGEL: Sie wollen null Zuwanderung?

HAIDER: Null Zuwanderung, klar. Die Franzosen haben zweimal, sogar unter dem sozialistischen Staatspräsident Mitterand einen Einwanderungsstopp verhängt. Ich glaube andererseits, dass unsere Asylpolitik dazu geführt hat, dass das, was in Deutschland passiert ist, uns erspart geblieben ist. Bei uns hat nie ein Asylantenheim gebrannt. Bei uns hat's keine Todesopfer gegeben.

SPIEGEL: Ws ist Ihre Lehre aus der Nazi-Zeit?

HAIDER: Ich glaube, dass wir als Jüngere nichts anderes tun können, als zu sagen: Wir haben keine Kollektivschuld mehr zu tragen. Die lehne ich ab. Aber wir haben eine Gedächtnislast. Das heißt, dass wir uns klar darüber sein müssen, dass aus einer demokratischen Situation sehr schnell ein autoritäres und möglicherweise auch ein totalitäres Regime entstehen kann.

SPIEGEL: Entschädigungen für Zwangsarbeiter sind in Ihr Koalitionsprogramm aufgenommen worden. Gegen Ihren Willen?

Haider: Das sind Dinge, wo wir klarmachen, dass dieses strohdumme Herumgerede und Gesabbere über die FPÖ in Wirklichkeit nicht stimmt. Wir bekennen uns dazu, dass wir auch verschiedene Dinge in Ordnung zu bringen haben. Und wir werden das auch tun. Wie in Deutschland wird es bei uns einen Regierungsbeauftragten geben, der das zu koordinieren hat zwischen Privatwirtschaft und staatlichen Institutionen. Zusätzlich ist es mein Wunsch, dass wir auch mit jenen Ländern Gespräche und Verhandlungen aufnehmen, die noch nach Ende des Kriegs Österreicher in Kriegsgefangenschaft und Zwangsarbeit gehalten haben.

Spiegel: Für die wollen Sie Entschädigung fordern?

Haider: Ich sehe wirklich nicht ein, warum wir einerseits anerkennen, dass Zwangsarbeit entschädigt werden muss, aber andererseits nichts für unsere Österreicher tun sollen.

Spiegel: Hat das möglicherweise mit der Kriegsschuldfrage zu tun?

Haider: Das ist für mich keine Frage der Kriegsschuld, weil der Krieg damals bereits beendet war; schließlich gibt es ein internationales Recht.

Spiegel: Herr Haider, was passiert, wenn Ihr Koalitionspartner Schüssel sich als Kanzler nicht halten kann? Ertönt dann der Ruf nach dem Kanzler Haider?

Haider: Nein, ich glaube, dass diese Koalition, wenn sie zu Stande kommt, vier Jahre gut arbeiten wird.

Spiegel: Wie wird die Regierung aussehen?

Haider: Wir wollen das Finanzministerium für uns. Der Finanzminister ist das Gegengewicht zu einem Kanzler.

Spiegel: Was sagen Sie den Deutschen, die Angst vor einem Rechtsruck haben und in Ihnen den großen Verführer sehen?

Haider: Es wäre eigentlich tragisch, wenn eine Regierungsbeteiligung der Freiheitlichen nicht ein Rechtsprofil bedeuten würde. Für linke Politik in Österreich stehe ich ja nun wirklich nicht. Das vernünftige Profil einer Mitte-Rechts-Koalition könnte ein Modellfall für mehrere Länder in Europa werden. Das ist es ja, was die Linke in Wahrheit am meisten fürchtet – dass nämlich ein solches Modell funktioniert.

Spiegel: Herr Haider, wir danken Ihnen für dieses Gespräch.

Der SPIEGEL, Nr. 5/31.1.2000, S. 152ff.

2.14. Tipps zur Auswertung von Materialien

Bei der erfolgreichen Auswertung von Arbeitsmaterialien wie Texten, Diagrammen, Tabellen und Karten erscheint die Abfolge nachstehender Arbeitsschritte sinnvoll: Überprüfung der formalen Aspekte, Beschreibung und Begriffsklärung, Interpretation sowie Bewertung und Kritik. Dabei gilt grundsätzlich, dass Sie erst fundierte Aussagen entwickeln können, wenn Sie

- die Aufgabenstellung vollständig verstanden oder das Ziel Ihrer Bearbeitung klar formuliert haben (siehe Seite 112 f.)

Materialcheck

1. Überprüfung der formalen Aspekte
- Um welche Materialart handelt es sich (z. B. wissenschaftlicher Text, Diagramm, thematische Karte)?
- Wie lauten das Thema, die Überschrift und der Untertitel?
- Wer ist der Verfasser (Perspektive, ggf. Hinweis auf subjektive Sichtweise)?
- Aus welcher Quelle stammt das Material (Seriosität) und wann ist es erschienen?

2. Beschreibung und Begriffsklärung
- Klären Sie unbekannte Begriffe sowie Abkürzungen (Lexikon, Wörterbuch).
- Welche Verständnisschwierigkeiten treten auf, wie können Sie diese überwinden?
- Formulieren Sie die Hauptaussagen des Materials (Stimmen diese mit der Überschrift überein?) und belegen Sie diese durch genaue Materialangaben (z. B. Zeilenangabe).
- Welche Besonderheiten und Auffälligkeiten sind zu nennen?

3. Interpretation
- Aussagen des Materials werden mithilfe des Vorwissens und/oder zusätzlichen Materials im Gesamtzusammenhang bzw. der Aufgabenstellung eingeordnet und erklärt. Dabei werden stets konkrete Verweise auf die jeweilige Materialstelle (z. B. Zeilenangabe) gegeben.
- Welche möglichen Ursachen bzw. Folgen lassen sich aus den beschriebenen Aspekten ableiten?
- Versuchen Sie die Einzelaspekte grafisch darzustellen (vgl. Strukturdiagramm) um ihre Vernetzung untereinander zu klären.
- Welche neuen Erkenntnisse sind zu gewinnen?
- Sind die Aussagen durch weiteres Material überprüfbar?

4. Bewertung und Kritik
- Ist das Material logisch und widerspruchsfrei?
- Wird sachlich informiert oder versucht, den Leser zu beeinflussen?
- Wo liegen die Aussagegrenzen des Materials, sodass Sie nur begründete Vermutungen formulieren können?

- das Material genau erfasst haben (z. B. Überschrift, Signaturen, Begriffe oder Zahlenwerte). Die exakte Erarbeitung der formalen Aspekte und der Beschreibung genauso wichtig wie die Interpretation und Bewertung.

Materialspezifische Hinweise
Sie müssen beim Lesen längerer Sachtexte anders vorgehen als bei der Analyse von Statistiken oder Interviews. Beachten Sie die materialspezifischen Hinweise zur Auswertung von Materialien in diesem Buch, die die o. g. Profitipps (S. 86) ergänzen:
- zur Auswertung von Statistiken und Diagrammen (S. 55)
- zur Analyse von Archivmaterialien und Quellen (S. 26/S. 53)
- zur Auswertung von Interviews und Meinungsumfragen (S. 75/S. 64)
- zum Umgang mit TV und Radio (S. 42), Presse (S. 46) und Internet (S. 29).
- zur Analyse von Ganzschriften und längeren Sachtexten (S. 24).

S. 86 wurde dem folgenden Buch entnommen: Dr. W. Gerber u. a.: Mensch und Raum. Geographie 11. Gymnasium Oberstufe. Nordrhein-Westfalen. Cornelsen Verlag, Berlin 2000, S. 202.

3. Informationen managen – wie verwalte ich Informationen?

DATENBANK

EXZERPTE

MITSCHRIFTEN

PROTOKOLLE

PINWAND

ZETTELWIRTSCHAFT

3. Informationen managen – wie verwalte ich Informationen?

So wie es beim Erwerb von Informationen zahlreiche Möglichkeiten gibt, so bieten sich auch für die Fixierung/Konservierung/Speicherung und vor allem für die Verwaltung von Informationen mehrere brauchbare Möglichkeiten an. Immer wieder stellen sich daher die grundlegenden Fragen:

grundlegende Fragen

- Wozu werden die Informationen gebraucht? Warum werden sie gesammelt?
- Sollen die Informationen langfristig und dokumentarisch gespeichert werden?
- Werden die Informationen nur kurzfristig zum Anfertigen einer Arbeit oder eines Referates zwischengespeichert?
- Ist Datenpflege, also die regelmäßige Aktualisierung der Daten, notwendig?
- Werden die Informationen von einem oder mehreren Nutzern gebraucht?
- Werden die Informationen zunächst nur gesammelt und später geordnet, oder werden sie bereits im Hinblick auf bestimmte Ordnungskriterien gesammelt?

Jede Art der Datensammlung und Informationsverwaltung hat medienbezogene Vor- und Nachteile. Hier ein Überblick über einige Möglichkeiten, die unabhängig von der jeweiligen Fachdisziplin für nahezu alle Arbeitsgebiete anwendbar sind:

Medium	+	–
Karteikarten oder Zettelsammlung im Karteikasten	Leicht transportabel und überall einsetzbar wegen der geringen Größe. Die Anzahl der Karteikarten wächst mit der Größe des Daten- und Informationsbestandes mit. Sehr flexibel, da jederzeit eine Umsortierung nach anderen Ordnungskriterien möglich ist.	Längere Texte, Belegstellen, etc. passen nicht auf eine Karte
Karten oder Zettel auf Pinwand oder Korkwand	Sehr übersichtlich, vor allem dann, wenn Stoffsammlungen, Übersichten und Gliederungen erstellt werden. Karten oder Zettel können sofort sichtbar einem Oberbegriff zugeordnet werden.	Weniger geeignet für große Datenbestände, die den zur Verfügung stehenden Raum auf den Pinwänden überschreiten.
Ordner und Ringbücher	Sehr gut als Zwischenspeicher für Teilergebnisse geeignet.	Zu großformatig für viele Kurzinformationen. Mit Ordnern ist es schwieriger, den Gesamtüberblick zu behalten.
elektronische Datenbank	Sehr schneller und präziser Zugriff, vor allem auch bei sehr großen Datenbeständen; vielfältige und formal ansprechende Möglichkeiten der Datenpräsentation.	Hohe Anfangsinvestition für Computer, Datenbanksoftware und Einlernzeit bzw. Zeit für Programmierung einer anwenderspezifischen Datenbank.

3.1. Karteikarten

Der Karteikasten ist ein klassisches Medium für große und wachsende Datenbestände, die „per Hand“ verwaltet werden müssen. Auch moderne Computerprogramme benutzen für ihr Handling ein Bildschirmdesign, das dem klassischen Karteikartenindex nachempfunden ist.

Karteikarten sind einfach zu handhaben, sind nicht allzu teuer und in verschiedenen Farben und Größen erhältlich.

Karteikartenformate

Je nach Verwendungszweck sind manche Größen besonders geeignet. Für eine reine Lernwortschatzkartei genügt DIN A 8. Für eine Autorenkartei oder für die Registrierung von Büchern, CDs, Videos etc. reicht DIN A 7 aus. DIN A 5 ist besonders für die Stoffsammlung und Organisation von Seminararbeiten und Referaten geeignet. Größere Formate sind für diese Verwendungen nicht zu empfehlen. Karteikarten sind sehr gut für Exzerpte zu verwenden. Karteikartenformate:

DIN-Format	Breite in mm	Höhe in mm
A 5	210	148
A 6	148	105
A 7	105	74

Ordnungsprinzipien für Karteikarten

Ein unveränderliches Kennzeichen einer Karteikarte, das als Ordnungsprinzip genutzt werden kann, ist die handelsübliche Farbe: weiß, gelb, grün, blau, orange oder grau (Recyclingpapier). Wer mit mehreren Karteikartenanwendungen gleichzeitig arbeitet, kann bestimmte Farben bestimmten Themen/Fächern/Teilbereichen/Jahrgängen etc. zuordnen.

Farbe als Ordnungsprinzip

Weitere Ordnungsmerkmale muss man selbst anlegen. Ein einfaches Verfahren ist es, die Karteikarten nach dem folgenden Muster in 4 Bereiche einzuteilen:

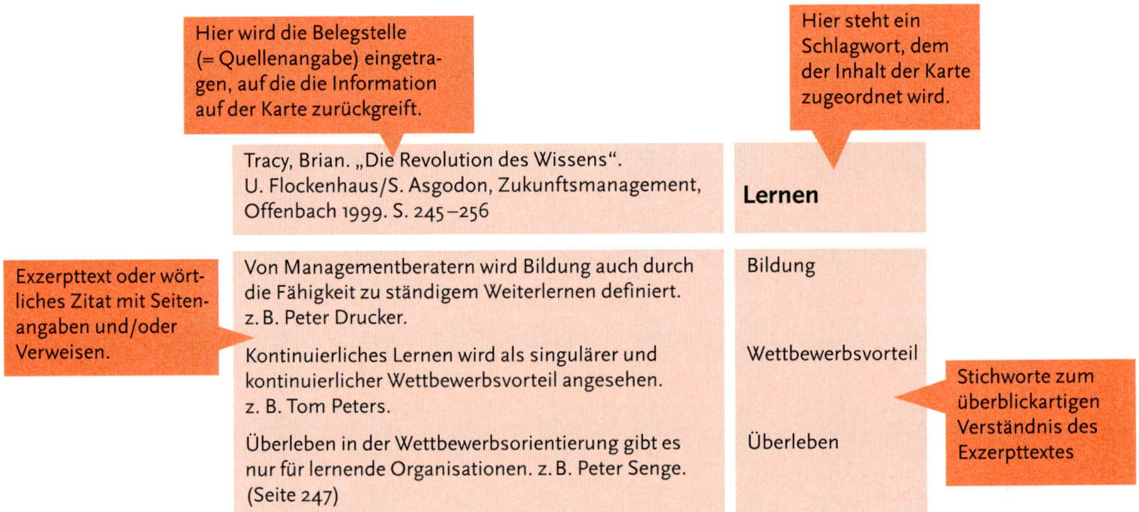

Alternativ gibt es die Möglichkeit, aufklemmbare Reiter zu verwenden. Dies ermöglicht, vor allem bei größeren Karteikarten und einer größeren Anzahl von Schlagworten, ein komfortableres Arbeiten.

Voraussetzung dafür ist, dass man sich vorher genau überlegt, welches die Sortierkriterien sind, und diese zur Erinnerung auf eine Systemkarteikarte überträgt. Die Einzelkarten werden dann, wie folgt, gestaltet:

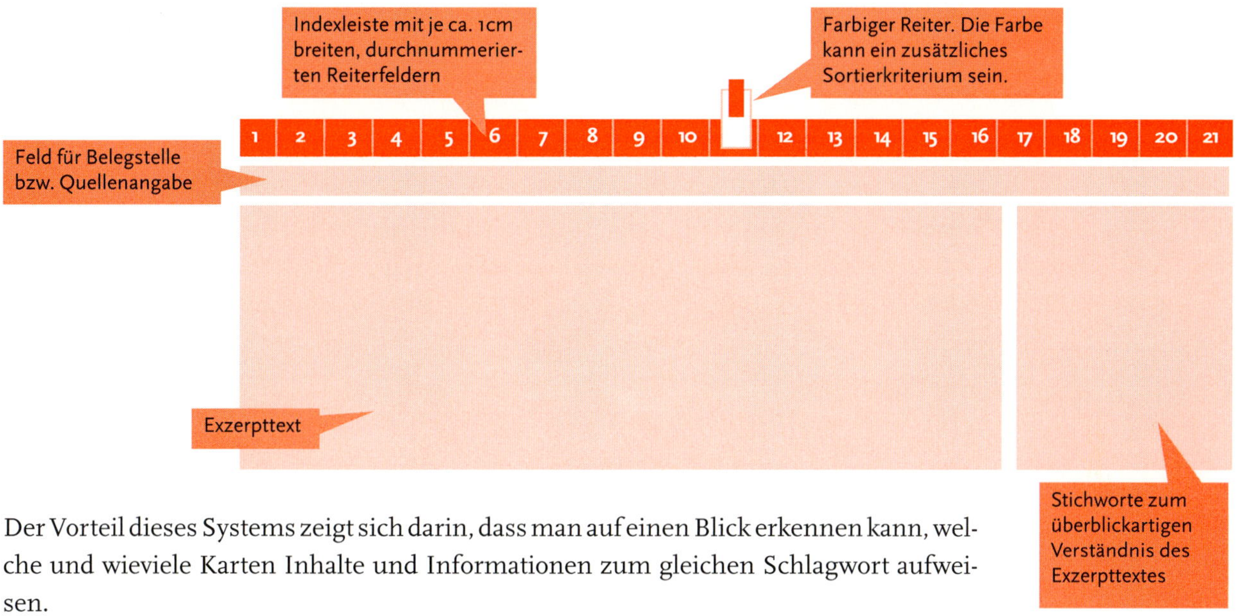

Der Vorteil dieses Systems zeigt sich darin, dass man auf einen Blick erkennen kann, welche und wieviele Karten Inhalte und Informationen zum gleichen Schlagwort aufweisen.

Wenn Sie beispielsweise das Thema „Zukunftsperspektiven der Europäischen Union“ bearbeiten, könnte Ihre Systemkarteikarte etwa so aussehen:

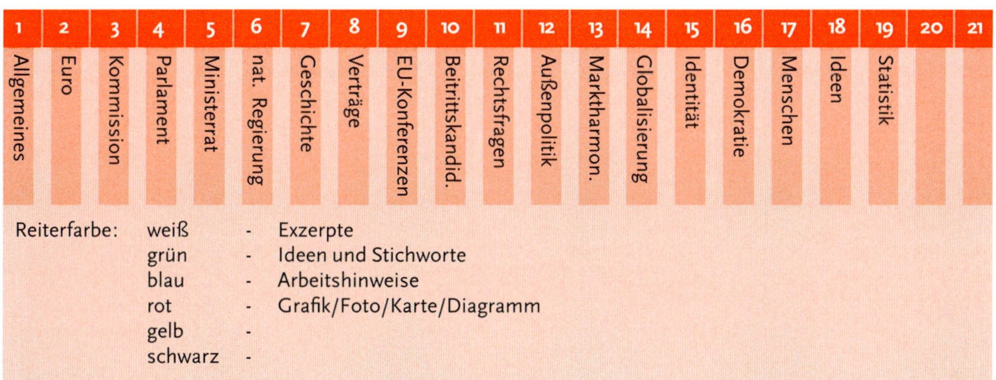

1. Überlegen Sie sich sinnvolle Kriterienlisten für Systemkarteikarten mit Reitern zu den folgenden Themen:
   a) Globalisierung in Politik und Wirtschaft
   b) Politische Meinungs- und Willensbildung
   c) Erscheinungsformen des Sprachwandels
   d) Evolutionstheorie
2. Überlegen Sie weitere Anwendungsmöglichkeiten für ein Karteikartensystem.

3.2. Texte erfassen: Lesen – Markieren – Exzerpieren

In der Lesephase, die einem Referat oder einer Hausarbeit vorangeht, empfiehlt es sich zur Texterschließung die folgenden Arbeitsschritte vorzunehmen (siehe hierzu auch ergänzend die Teilkapitel „Kurzcheck"/S. 22 und „Wie geht man bei der Arbeit mit einem Buch aus der Bibliothek vor"/S. 23):

1. Schritt: Einen Überblick gewinnen
Klären Sie für sich selbst in Frageform, worauf Sie von dem Text eine Antwort erwarten. Verschaffen Sie sich einen Überblick über den Text und prüfen Sie, ob er überhaupt oder in Teilen für Ihre Zwecke geeignet ist (zum Prüfverfahren und zur Technik des kursorischen Lesens siehe Seite 22). Falls Sie ihn für ein Referat oder eine Facharbeit verwerten wollen, tragen Sie Titel (ggf. Überschriften von Absätzen), Autor/in, Textart in ein Quellenprotokoll ein und fügen Sie sämtliche bibliografischen Angaben (siehe S. 22/23) hinzu.

Quellenprotokoll	
Quelle Nr.: …	
Art des Materials TEXT – BILD – MATERIAL – DOKUMENT – AUFZEICHNUNG – KOPIE (ggf. Signatur):	
Brauchbar für Punkt … und … (Gliederung) (Raum für Exzerpte, Konspekte, Zusammenfassungen, eigene Skizzen, Grafiken, Seitenangaben für wörtliche Zitate)	Verfasser: … Titel: … Zeitschrift/Lexikon/CD-ROM/WEB-Page Erscheinungsort/-jahr; Seite(n) Gibt Antwort auf die Fragestellung: … Lässt sich verknüpfen mit … Kommentare: …

2. Schritt: Markieren
Es ist ratsam, beim zweiten Lesen mit dem Stift die Textstellen zu markieren, die

- zentrale Begriffe und Gedanken zu Ihrer Fragestellung enthalten,
- Zusammenhänge aufweisen, Widerspruch provozieren oder auf andere Auffassungen (eigene oder fremde) verweisen,
- sprachlich auffällig sind.

Arbeiten Sie hierbei neben dem Unterstreichen im Text auch mit Symbolen und Abkürzungen am Textrand, z. B.:

wichtig: !	**nachschlagen:** Lex. →
unverständlich: ?	**wichtige Literaturangabe:** Lit.
fragwürdig: ??	**Verweis:** S. X

Knappe Bemerkungen zur Gedankenführung können spätere Exzerpte erleichtern (z. B. These, Folgerung, Beispiel, Antithese).

Markieren Sie sprachliche Auffälligkeiten im Text in einer anderen Farbe und bezeichnen Sie sie kurz am Rand (z. B. Metapher, Ironie).

3. Schritt: Exzerpieren

schriftlich festhalten

Exzerpieren heißt, wichtige Zitate, Argumente, Gedankengänge und Ideen eines Textes schriftlich exakt und übersichtlich festzuhalten und zu sammeln. Die so gesammelten Aufschriebe sind „Exzerpte".

Überblick

Man verschafft sich zunächst einen Überblick über den Text oder über den Absatz, die äußere Struktur und den inhaltlichen Zusammenhang.

Thema und Aussage zum Thema

Fragen Sie sich nach dem Thema des Absatzes und nach dem, was über das Thema ausgesagt wird. Die Antwort auf diese zweite Frage hält man als Paraphrase, oder, wenn nötig, als wörtliches Zitat in seinem Exzerpt fest.

erst lesen, dann exzerpieren

Um sich möglichst weit vom Originaltext zu lösen, sollten Sie erst nach dem Lesen eines Absatzes oder Kapitels mit dem Exzerpieren zu beginnen.

neue Karte für jeden neuen Aspekt

Je mehr Sie lesen, desto mehr neue Aspekte werden in Ihre Arbeit eingebracht. Karteikarten sind für Exzerpte besonders geeignet, da man für jeden neuen Aspekt, jede neue Idee, auch eine neue Karte benutzt, die man dann an geeigneter Stelle im Karteikasten systematisch einordnen kann.

Korrektheit überprüfen

- Wörtliche Zitate müssen unbedingt auf Inhalt, Orthografie und Interpunktion überprüft werden, da die Originalquelle später vielleicht nicht mehr zur Verfügung steht. Sie sollten durch Anführungszeichen gekennzeichnet sein, und die Quelle sollte genannt werden.

Zusammenhang

- Bei sinngemäßen Auszügen, bei denen nur der Sinn oder Inhalt einer Aussage knapp paraphrasiert wird, nicht aber die wörtliche Formulierung, gehört der Zusammenhang, in dem der Gedanke auftritt, zum Exzerpt. Auch hier ist die Quellenangabe zur späteren Verifiziereung, evtl. auch durch den Leser, notwendig.

Beispiel eines Stichwort-Exzerpts zu diesem Kapitel über texterschließende Arbeitstechniken (ein weiteres Beispiel finden Sie auf S. 90):

Erstes schnelles Lesen · Überblick Eignung? Fragen an den Text richten!

Markieren · Anmerken
- Unterstreichungen im Text
- Symbole, Abkürzungen, Anmerkungen am Textrand

↓

Hervorhebungen und Notate zur weiteren Verarbeitung der Textinformationen nutzen; unbekannte Wörter nachschlagen

Exzerpieren
(zu eigenen Fragen/zum Themenkontext)
- Stichwort-Exzerpt (bildet Textstruktur übersichtlich ab)
- ausgeführtes Exzerpt mit eigener sinngemäßer Textwiedergabe und wörtlich übernommenen Zitaten

↓

Quellenprotokoll/Arbeitsmappe

Kopieren oder Exerpieren?

Fotokopien ersetzen keine Exzerpte. Sie sind zwar hilfreich, wenn man den Buchtext oder Artikel anders nicht bekommen kann, aber exzerpieren bedeutet auch, sich mit dem Inhalt auseinanderzusetzen und wesentliche Aspekte schriftlich zu fixieren.

Fotokopien können komfortable Dienste leisten, wenn man es gewöhnt ist, Textstellen anzustreichen oder farbig hervorzuheben, was Sie aber bei Bibliotheksbüchern nicht tun sollten. Beim Kopieren ist zu beachten, dass auch hier unbedingt die Belege zur Kopie dazugehören.

Schreiben Sie sich auf die Rückseite jeder Kopie die bibliografischen Angaben des Originals, sodass Sie jederzeit die Herkunft von kopierten Textstellen überprüfen und nachvollziehen können.
Beachten Sie bitte, dass alle veröffentlichten Texte dem Copyright unterliegen und Sie nur im Rahmen der rechtlichen Regelungen, z. B. für wissenschaftliche Arbeiten, Textstellen unter Nennung der Quelle weiterverbreiten dürfen.

Fertigen Sie zum folgenden Text über Karoline von Günderode ein Exzerpt an, das nützlich wäre für die Bearbeitung der Fragestellung: „Lebensbedingungen von Autorinnen in der Romantik und Bedeutung der Briefkultur am Beispiel K. von Günderodes". Mit Markierungen und Randbemerkungen auf einer Kopie erleichtern Sie sich die Texterschließung, das Exzerpieren und Ihre themenorientierte Informationsverarbeitung.

M 1

Birgit Weißenborn

Einleitung zu den Briefen der Karoline von Günderode

Die Auswahl aus der mehr als vierhundert Briefe umfassenden Korrespondenz konzentrierte sich vor allem auf die Darstellung eines exemplarischen Frauenschicksals, einer ihre Grenzen sprengen wollenden, geistig und sozial auf Emanzipation zielenden Romantikerin um 1800. Sowohl aus den eigenen wie auch aus den Äußerungen ihrer Freundinnen und Vertrauten ergibt sich bezüglich der Handlungs- und Wirkungsbedingungen einer Frau in der damaligen Gesellschaft das Bild einer überaus bedrückenden und festgefahrenen Situation. Bis ins kleinste Detail lassen sich die Sorgen und Nöte, aber auch die gravierenden Existenzängste nachvollziehen, die mit aller Offenheit von den Freundinnen besprochen werden. Besonders schmerzlich tritt dabei der Unterschied zwischen dem Lebensspielraum der Männer einerseits und den überaus eingeengten Frauen andererseits zu Tage. Während die Brüder und männlichen Altersgenossen sich zu Bildungsreisen durch Europa aufmachten – den so genannten Kavalierstouren –, bereiteten sich die Mädchen und Frauen auf ihre zukünftige Rolle als Hausfrau und Mutter vor. [...] Doch selbst die Chancen sich zu vermählen waren keineswegs aussichtsreich. Der Konkurrenzkampf war Tagesordnung; für eine verarmte Adelige wie Karoline von Günderode keine allzu günstige Ausgangssituation.

Für den Fall des Scheiterns gab es Alternativen: Klöster, Orden, Stifte, die Großfamilie, mitunter Freunde und großzügige Bekannte. Ein sicheres „soziales Netz" war das nicht. An jede Heiratskandidatin konnten somit hohe Anforderungen gestellt werden: nicht zu dumm, nicht zu gebildet, eher attraktiv, gesellig, nicht schwatzhaft, anständig, tugendhaft, sparsam, fleißig. Ein Katalog, der bis heute nachwirkt. Da die soziale Realität auch nach der Heirat hart blieb, verwundert es nicht, wenn sich die Frauen schon bald in ihre Jungmädchenzeit zurücksehnten. Briefe waren oft das einzige Mittel, aus der Enge ihrer realen Welt auszubrechen, etwas von draußen zu erfahren, sich mit Gleichgesinnten, Leidensgenossinnen und Freundinnen von früher auszutauschen.

Obschon Karoline nicht heiratete, war sie voll und ganz in dieses soziale Umfeld integriert. Je mehr man durch ihre Briefe davon erfährt, desto deutlicher zeichnen sich nach und nach die Konturen ihres Lebensweges ab.

[Karoline] lernte bereits 1797 die Familie Brentano kennen, und zwar über Sophie von La Roche, die mit ihrem Roman „Die Geschichte des Fräulein von Sternheim" einen großen Erfolg erlangt hatte. Durch ihre weiteren Romane und ihre bemerkenswerte Kunst der Selbstdarstellung wurde sie zu einem wichtigen Vorbild für Karoline. Sie hatte Zugang zu ihrem Offenbacher Salon, wo sich berühmte Literaten der Zeit, Persönlichkeiten aus dem konservativeren Adel und besonders viele Exil-Franzosen trafen. [...] Man las und las. Reale Mobilität war – sicher auch wegen des Krieges – gefährlich und den Frauen ohnehin weitestgehend verschlossen. Bettina [Brentano] und Karoline vertrieben ihre Zeit damit, auf Landkarten fiktive Italien- und Indienreisen zu unternehmen. Während die Männer ihrer Umgebung durch Europa und die Welt reisten – Clemens Brentano, Achim von Arnim, Savigny, der Fürst Pückler, die Brüder Humboldt sind bekannte Beispiele dafür –, war für sie und die meisten Frauen die „Fantasie" das einzige Land, in dem sie verkehren durften. [...]

Ohne Zweifel war das Briefeschreiben für die meisten Frauen das wichtigste Ausdrucks- und Kommunikationsmittel. Nur so hielten sie Kontakt zur Außenwelt und teilten einander ihre jeweiligen Freuden und Nöte mit. Zum Teil waren Briefe nur einfache, kurze Notizen, zum Teil wurden sie aber auch mit viel Bedacht und Aufmerksamkeit verfasst. [...]

Ihre eigentliche Berufung empfindet Karoline jedoch als Schriftstellerin. Es genügt ihr nicht, ihre kreativ-künstlerische Kraft lediglich in Form von Briefen auszudrücken. Ist es da verwunderlich, wenn sie sich wünscht, ein Mann zu sein? [...] Sie will schreiben und veröffentlichen: Gedichte, Dramen, philosophische Abhandlungen, Dialoge, Prosa. Mit diesem Anspruch beginnt ihre persönliche Tragödie. Sie wählt männliche Pseudonyme: Tian und Ion. Aber die werden schnell durchschaut, und die Autorin wird den Stürmen der Kritik ausgesetzt.

M 1 und die Seiten 92–94 entstammen weitgehend dem Buch von: H. Biermann/B. Schurf, Texte, Themen und Strukturen, a.a.O., S.10

3.3. Zitieren

Wenn Originaltextstellen nicht nur exzerpiert, sondern wörtlich wiedergegeben und weiterverwendet werden, spricht man von Zitaten. Das Zitieren ist bei wissenschaftlichen Arbeiten unumgänglich. Alle Zitate müssen aber aus Gründen der Nachprüfbarkeit genau belegt werden. Dies gilt nicht nur für wörtliche, sondern auch für sinngemäße Zitate.

Zitieren ist nicht nur eine Arbeitsweise, die zum sauberen wissenschaftlichen Vorgehen gehört und daher gewissen Formvorgaben zu folgen hat, Zitieren hat auch einen rechtlichen Aspekt, da Sie sich des geistigen Eigentums anderer Personen bedienen und damit ihre Urheberrechte tangieren.

Urheberrechte

Im Paragraph 51 des deutschen Urheberschaftsgesetzes ist das Zitieren aus urheberrechtlich geschützten Werken auch ohne die Einwilligung des Urhebers möglich, wenn das zitierte Werk selbständig ist, eine eigene geistige Leistung aufweist, wenn das Zitat nur als Hilfsmittel und Beleg für eine andere Aussage fungieren soll, und wenn die Herkunft des Zitats durch eine eindeutige Quellenangabe überprüfbar ist.

formale Vorgaben

Welche formalen Vorgaben sind beim Zitieren zu beachten? Zunächst kommt es darauf an, ob man aus einem Printmedium zitiert, z. B. aus einem Buch, einer Zeitung oder Zeitschrift, einem Sammelband, einem Brief, aus Akten, Dokumenten, Gesetzestexten etc. oder aus einem elektronischen Medium, z. B. aus einer Datenbank, einer Homepage, einem Forum oder einer Online-Publikation. Entsprechend unterschiedlich sind auch die formalen Regeln, die dabei zu beachten sind.

1. Printmedien

Bücher

- Bei Büchern werden genannt: Nachname des Autors oder Herausgebers, Herausgeberhinweis, falls nötig, Buchtitel unterstrichen, Erscheinungsort, Erscheinungsjahr, Seite.
  Verena Dohrn, *Baltische Reise. Vielvölkerlandschaft des alten Europa.*
  Frankfurt am Main, 1994. Seite 101.

mehrere Autoren

- Bei mehreren Autoren werden alle genannt:
  Karl-Dieter Bünting/Axel Bitterlich/Ulrike Pospiech, *Schreiben im Studium. Ein Trainingsprogramm.* Berlin, 1999. Seite 92.

Autor/Herausgeber

- Sind Autor und Herausgeber unterschiedliche Personen, werden beide genannt:
  Konrad Lorenz, *Denkwege,* hg. Beatrice Lorenz, München, 1992.

mehrbändige Werke

- Bei mehrbändigen Werken wird die Bandnummer mit römischen Ziffern hinzugefügt:
  Gert Raeithel, *Geschichte der nordamerikanischen Kultur III. Vom New Deal bis zur Gegenwart. 1930–1995.* Frankfurt am Main, 1995.

Übersetzungen

- In Übersetzungen wird der Name des Übersetzers und, wenn möglich, der Originaltitel genannt:
  Mogens Kirckhoff, *Mind Mapping. Einführung in eine kreative Arbeitsmethode.* [Sådan bruger du mind-maps, deutsch] übers. Rainer Berg, Offenbach, 1995.

- Bei Beiträgen in Sammelwerken wird der Beitrag und der Sammelband so wie im folgenden Beispiel aufgeführt: Beiträge in Sammelwerken
  Sabine Asgodom, „Weiterbildung für Frauen – eine Herausforderung." *Zukunftsmanagement. Trainingsperspektiven für das 21. Jahrhundert.* Hrsg. Ute Flockenhaus/Sabine Asgodom, Offenbach, 1999. Seite 21.
- Bei Zeitschriftenartikeln oder Zeitungsartikeln wird das Erscheinungsdatum oder die laufende Nummer der Zeitschrift mit angegeben. Der Erscheinungsort darf fehlen: Zeitschriftenartikel
  Norbert F. Poetzl, „DDR-Bürger A 000 000 1", *Der Spiegel* Nr. 47, 22. November 1999, Seite 178.
- Zitiert man Wörterbücher, gibt man das Stichwort selbst an: Wörterbücher
  Stephen C. France/Philip Mann/Bernd Kolossa, *Thematischer Wirtschaftswortschatz Englisch,* Stuttgart, 1995, unter „blue chip".

2. Elektronische Medien

Wie zitiert man eine Information, einen Gedanken, die man sich vorübergehend auf den Bildschirm laden oder ausdrucken kann, die aber beim nächsten Aufruf ein paar Tage später bereits ergänzt, umformuliert, verändert oder gar nicht mehr vorhanden ist? Viele Autoren, vor allem an den Universitäten, haben darüber nachgedacht und ihre Ergebnisse im Internet veröffentlicht. (**http://www.uni-duesseldorf.de/WWW/ulb/intbib.html#zitier**; **http://www.uni-giessen.de/~gp100/zitat.htm**; **http://www.phil.uni-sb.de/FR/Infowiss/topics/zitieren.html**)

Im Folgenden sind einige Vorschläge der amerikanischen Modern Language Association wiedergegeben, die auch beim Zitieren von Printmedien einen Orientierungsstandard gesetzt hat.

- Datenbankartikel werden mit Stichwort, Titel der Datenbank, soweit möglich Versionsnummer, Datum, Referenzdatum und Adresse zitiert: Datenbankartikel
  „Das Europäische Parlament", *Europa,* 1995–1999. 5. Dez. 1999.
  http://europa.eu.int/inst-de.htm oder
  „Davis, Angela (Yvonne)", *The Encyclopedia Britannica Guide to Black History.* 5. Dez. 1999. **http://blackhistory.eb.com/micro/161/4.html**
- Bei Online-Zeitungsartikeln werden, wenn möglich, Autor, Titel, Titel der Homepage, Erscheinungsdatum, letztes Update, Referenzdatum und Adresse genannt. Online-Zeitungsartikel
  „Europawahl 1999", *SZ on net,* 15.6.1999. 5. Dez. 1999.
  http://www.sueddeutsche.de/politik/euwahl/Welcome.html
- Offizielle Homepages von Instituten, Ämtern, Verbänden, Firmen, etc. sollten den Titel des zitierten Artikels, Erscheinungsdatum, Homepagetitel, Referenzdatum und Adresse enthalten. Homepages
  „Eröffnungserklärung bei der Dritten Europa-Mittelmeerkonferenz des Außenministers", Stuttgart 15. April 1999. *Auswärtiges Amt,* 5. Dez. 1999.
  http://www.auswaertiges-amt.de/6_archiv/index.htm

Generell kann man feststellen, dass beim Belegen von Internetzitaten möglichst viele Einzelheiten genannt werden sollten. Vor allem ist auch das Referenzdatum des jeweiligen Internet-Recherchezugangs wichtig, weil sich bereits kurze Zeit später vieles schon wieder verändert haben kann.

3.4. Arbeitshefte, Ringbücher und Ordner

Arbeitshefte

Arbeitshefte nutzt man:

- als traditionelle Haushefte und Klassenarbeitshefte in der gymnasialen Unter- und Mittelstufe.
- für kontinuierlich aufeinanderfolgende Mitschriften und Protokolle
- für Tagebücher und Ideensammlungen

Hefte bieten keine Flexibilität und sind daher nicht besonders gut für kreative Arbeiten und für Arbeiten, bei denen es um Reihenfolgen- und Ordnungsanpassungen geht, geeignet. Sie sind aber sehr einfach zu führen und mitzuführen und werden deshalb hier auch erwähnt.

Ringbücher

Ringbücher finden Anwendung:

- zur Vorbereitung und Durchführung von Besprechungen (Notizen und Aufschriebe werden nach Tagesordnungspunkten geordnet eingeheftet. Folien und empfindliche Dokumente können problemlos in Klarsichthüllen mit eingeordnet werden.)
- bei Mitschriften im Unterricht, in Seminaren und bei Vorträgen. Unbequem ist, dass die Ringmechanik immer dann stört, wenn z. B. Rechtshänder die linke Seite und Linkshänder die rechte Seite beschreiben möchten. Bequem ist es hingegen, dass man nie viel Material mitführen muss, weil die gerade nicht gebrauchten Blätter in einem Ordner abgelegt werden können.
- bei Vorträgen und Führungen. Vor allem kleine Formate sind hier hilfreich. Man kann sie im Querformat nutzen, pro Seite ein Stichwort oder Gedanke, und sie nacheinander abarbeiten.

Ringbücher sind nicht unbedingt für Materialsammlungen geeignet, da sie, selbst wenn man jedes Blatt nur einseitig und schlagwortorientiert beschreibt, nicht sehr flexibel sind, und das Ordnen und Wiederauffinden von Informationen doch sehr mühselig ist.

Ordner

Ordner werden benutzt:

- für ungeordnete und umfangreiche Materialsammlungen, die noch bearbeitet werden müssen
- zum Sammeln und Archivieren fertig bearbeiteter Themen und Vorgänge.

Vom Handling her ist ein Ordner ähnlich flexibel wie ein Ringbuch, ist aber schon allein wegen seiner Größe und seines Gewichts für den ständigen und ausschließlichen Gebrauch wenig geeignet.

3.5. Pinwandtechnik

Die Arbeit mit einer Magnettafel, Korkwand oder jeder anderen Art von Pinwand zeichnet sich durch hohe Flexibilität und, je nach Größe der Pinwand, auch durch Übersichtlichkeit aus. Allerdings hat jede Wand auch ihre räumlichen Grenzen.

Wichtig ist, dass
- alle Karten/Zettel möglichst gleich groß sind,
- alle Karten über einen gut sichtbaren Ordnungsbegriff verfügen
- auf der Wand genügend Platz zum Verschieben und Arrangieren ist
- die Wand nicht für mehrere Zwecke oder Themen gleichzeitig benutzt wird.

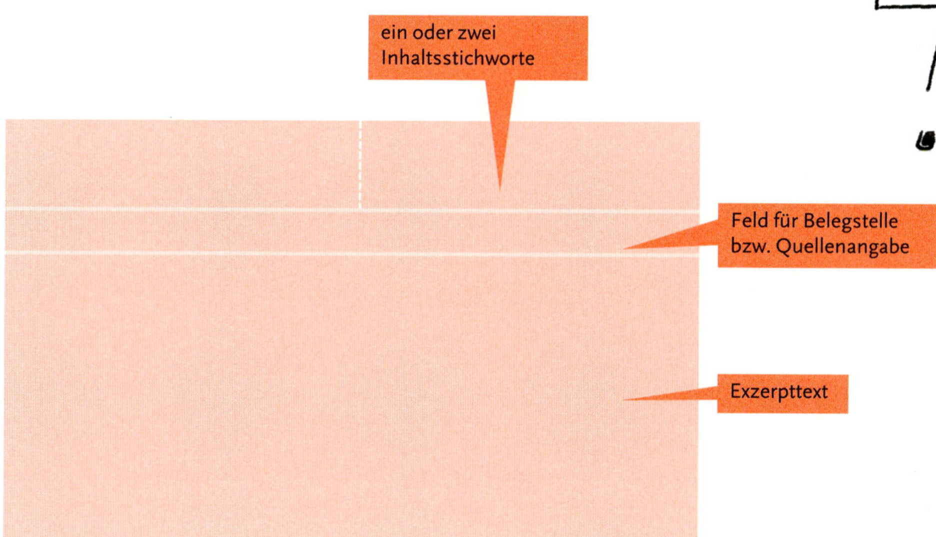

Wie arbeite ich mit der Pinwand?

1. Alle Karten werden zunächst wahllos angepinnt.
2. Es können jederzeit Karten hinzugefügt oder entfernt werden.
3. Sobald eine grobe Systematik erkennbar ist, werden alle Karten eng, auch leicht überlappend, zu einem Cluster zusammen gruppiert.

4. Zu jedem Cluster wird eine andersfarbige Karte mit einem zusammenfassenden Oberbegriff angebracht.
5. Die Cluster werden dann auf der Grundlage einer systematischen Gliederung durchnummeriert.
6. Anschließend werden die Cluster zu vertikalen Kartenreihen umgesteckt, der Oberbegriff oben, alle anderen als Reihe darunter. Man kann sehr viele Karten auch überlappend stecken, wenn jeweils in der Kopfzeile ein inhaltszusammenfassendes Stichwort steht. Dieses Stichwort bleibt frei. Alles darunter kann von der nächsten Karte abgedeckt werden.
7. Die Reihenfolge innerhalb der jeweiligen Kartenreihe kann nun verändert und angepasst werden.
8. Die Karten, die für eine Arbeit oder Referat abgearbeitet sind, werden von der Pinwand entfernt.

Diese Pinwandtechnik kann nicht nur für die Materialsammlung und Gliederung bei der Bearbeitung eines Referats oder einer Hausarbeit angewandt werden, sondern auch für:

- Brainstorming, Brainwriting, Ideensammlung (siehe Kapitel 7.4.1.)
- Projektplanung und Projektüberwachung (siehe Kapitel 6)
- Zeit- und Organisationsplanung (siehe Kapitel 8)
- zentrale Informationsanlaufstelle für Teammitglieder (siehe Kapitel 7).

3.6. Mitschrift und Protokoll

Ausführliche Mitschriften entstehen im Unterricht z. B. bei Referaten, oder wenn Sie die Aufgabe erhalten, ein Protokoll zu verfassen. Protokolle spielen in vielen Bereichen eine wichtige Rolle, z. B. bei beruflichen Besprechungen oder Gerichtsverhandlungen. Das Unterrichtsprotokoll hat den Zweck, den Gesprächsverlauf einer Stunde oder den Inhalt eines Vortrages so wiederzugeben, dass alle, auch abwesende Gruppenmitglieder, sich informieren können über

- einzelne Gesprächs- und Arbeitsphasen,
- zentrale Frage- oder Aufgabenstellungen,
- den Inhalt von Vorschlägen, Thesen und Diskussionsbeiträgen,
- wichtige Beschlüsse, Zwischen- und Endergebnisse.

Der geübte Hörer wird recht schnell einen individuellen Modus für seine Mitschriften finden. Dieses kann durchaus eine Mischform zwischen Mitschrift und Protokoll sein.

Da jede Art der Mitschrift zum Sammeln von Informationen gehört, sollte sie so übersichtlich und klar sein, dass man später, auch nach längerer Zeit, wieder darauf zurückgreifen kann.

Obwohl es vom Handling her einfacher ist, für Mitschriften einen Block oder ein Ringbuch zu benutzen, kann man hier natürlich auch Karteikarten verwenden. Letztere haben den Vorteil, dass Sie sie leicht ordnen, umordnen und ergänzen können. Dabei gilt auch hier wieder, dass für jeden neuen Gedanken, für jede neue Information, auch eine neue Karte verwendet wird.

Erst denken, dann schreiben!

- Hören Sie erst genau zu und schreiben Sie dann. Das Schreiben sollte Sie nicht bei Ihrem konzentrierten Zuhören einschränken.
- Unterscheiden Sie Wichtiges von Unwichtigem und reduzieren Sie Gehörtes auf Stichworte.
- Schreiben Sie so klar und mit eindeutig identifizierbaren Abkürzungen, Verweisen, etc., dass Sie mit Ihren Aufzeichnungen auch noch nach einem längeren Zeitraum etwas anfangen können.
- Wenn Sie etwas nicht verstanden haben, bitten Sie den Vortragenden um Wiederholung.
- Halten Sie Ihre Mitschriften und Protokolle möglichst knapp. Ein wörtliches Protokoll kann sehr umfangreich werden. Bei allen anderen Formen gilt, dass weniger mehr ist.
- Heften Sie, wenn möglich, Kopien der Dokumente an Ihr Protokoll, auf die Sie Bezug nehmen. Folien, Tafelanschriften u. Ä. sollten möglichst originalgetreu wiedergegeben werden.
- Legen Sie Protokolle möglichst chronologisch, Mitschriften themenbezogen ab.

	Mitschrift	Protokolle		
		Verlaufsprotokoll	Ergebnisprotokoll	wörtliches Protokoll
Charakter	eher privat	eher öffentlich		
Zweck	Erinnerung an das, was man selbst gehört hat und Grundlage für intensives Weiterarbeiten	schriftliches Fixieren mündlicher Beiträge zur Rekapitulation und Dokumentation sowie zur Information von Personen, die an der betreffenden Veranstaltung nicht teilgenommen haben		
Inhalt	Kopfzeile mit Titel der Veranstaltung, Datum und Themen; stichwortartige Zusammenfassung der Hauptgedanken, nicht wörtlich	Kopf mit Datum, Uhrzeit des Beginns und Endes, Ort, Teilnehmer, Leitung, Anlass oder Thema mit Tagesordnung		
		chronologisches Nachvollziehen der Veranstaltung in Stichworten Inhalt vonVorschlägen, Diskussionen, etc., evtl. auch mit Namensnennung Beschlüsse oder Ergebnisse wörtlich mit Abstimmungsergebnissen Unterschrift des Protokollanten und des Sitzungsleiters Anlagen	Wortlaut der Beschlüsse und Ergebnisse von Abstimmungen klar formulierte Ergebnisse, Teilergebnisse und Zwischenergebnisse der Sitzung Unterschriften des Protokollführers und des Sitzungsleiters Anlage (Dokumentkopien, Bemerkungen, Erläuterungen)	wortwörtliches Mitschreiben aller Diskussions- und Gesprächsbeiträge, evtl. auch nach Tonbandmitschnitt alle Ergebnisse wörtlich Unterschriften der Protokollanten und Sitzungsleiter Anlagen
Sprache	Verwendung von Abkürzungen, wo immer es möglich ist Genaue und vollständige Notierung von Namen, Fachbegriffen, Literaturhinweisen und Zitat-belegen	knapp und sachlich, ohne schmückende Adjektive und ohne persönliche Wertungen der Protokollanten. Tempus: Präsens Konjunktiv für zitierte Begründungen und Sachbeiträge Zusatzerklärungen in Klammern wörtliche Mitschrift		wörtliche Mitschrift
äußere Form	handschriftlich mit genügend Raum für nachträgliche Ergänzungen, Querverweise, Zusammenhangsbeziehungen	präsentationsfähige Reinschrift, möglichst mit Schreibmaschine oder Computer, soweit nicht ein handschriftliches Protokollbuch geführt wird		

Eine Mind-Map zu den Anforderungen an ein Protokoll finden Sie auf S. 119.

1. Fertigen Sie ein Verlaufsprotokoll von einer Nachrichtensendung im Fernsehen an. Aus dem Protokoll soll erkennbar sein, welche Nachrichten in welcher Reihenfolge gesendet weden, welche Bild- und Filmbeiträge die einzelnen Meldungen unterstützen und wie die gesamte Sendung strukturiert und gegliedert ist.
2. Schauen Sie sich Ihre alten Mitschriften aus dem Deutsch- oder Geschichtsunterricht an. Stellen Sie fest, ob Sie den Inhalt und den Verlauf der Stunde aufgrund Ihrer Aufschriebe noch genau rekonstruieren können. Wenn nicht, fertigen Sie eine Liste verbesserungswürdiger Punkte an.
3. Erproben Sie anhand einer Unterrichtsmitschrift auf Karteikarten verschiedene Möglichkeiten, die Ergebnisse sinnvoll zu ordnen und zu gliedern.
4. Besprechen Sie gemeinsam die Protokolle zu einer Unterrichtsreihe:
   - Ist die sprachliche Form angemessen?
   - Wurden Punkte zu ausführlich oder zu knapp dargestellt?
   - Enthält das Protokoll alle wichtigen Punkte?
5. Führen Sie ein Gruppenbrainwriting durch zu einem der nachfolgenden Themen:
   - Europäisch-amerikanische Beziehungen
   - Veränderungen der sozialen Verhältnisse in den nächsten 20 Jahren
   - Ist die Vergrößerung der EU eine wirtschaftliche Notwendigkeit, um dem Fusionsfieber in der Weltwirtschaft am Ende der 90er Jahre zu begegnen?
   - Wird durch kontinuierliches Lernen und Bildung ein Wettbewerbsvorteil gesichert?
6. Übertragen Sie die Ergebnisse des Brainwriting auf Karten.
7. Ordnen Sie die Karten an der Pinwand so, dass bereits die Grobstruktur eines Referates zum Thema erkennbar ist.
8. Verfeinern Sie die Struktur durch Umorganisation, Hinzufügen und Ergänzen von Karten.
9. Erläutern Sie in einem kurzen Vortrag Ihre Fragestellung, Arbeitsweise und bisheriges Ergebnis.

Obwohl es vom Handling her einfacher ist, für Mitschriften einen Block oder ein Ringbuch zu benutzen, kann man hier natürlich auch Karteikarten verwenden. Dabei gilt auch hier wieder, dass für jeden neuen Gedanken, für jede neue Information, auch eine neue Karte verwendet wird. Wenn man die Köpfe der Karten vorbereitet hat oder nachträglich beschriftet, lassen sich diese Karten getrennt in ein Materialsammlungssystem für eine Arbeit einordnen. Eine Rekonstruktion der Gesamtveranstaltung wird dann allerdings schwierig. Besser ist es daher, die Karteikarten erst nach der Mitschrift oder dem Protokoll anzufertigen.

Eine weitere Möglichkeit, den Inhalt eines Vortrages oder Referats festzuhalten, bietet die Technik des Mind-mapping, auf die im Kapitel 5 näher eingegangen wird.

3.7. Zettelwirtschaft?

„Zettelwirtschaft“ oder „kreatives Chaos“?

Kennen Sie Arbeitsplätze, an denen über den ganzen Schreibtisch verteilt Zettel liegen, die Pinwand ist voller Hinweise und Notizzettel, und am Computerbildschirm kleben die Haftnotizen schon dreifach übereinander?. Egal, ob Sie das als „kreatives Chaos“ feiern oder als „Zettelwirtschaft“ brandmarken: Wenn Sie die folgenden Hilfsmittel konsequent anwenden, sparen Sie Zeit und Ihnen gehen keine wichtigen Informationen verloren.

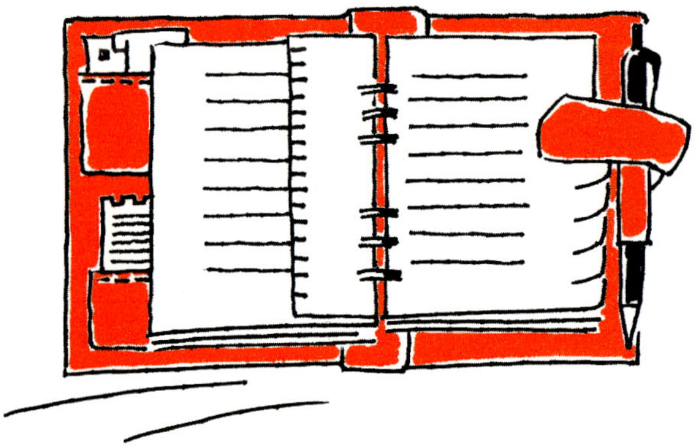

Terminbuch

Termine gehören in ein übersichtliches Terminbuch, besser noch in ein komplettes Zeitplanbuch oder einen Personal Organiser. Hier ist dann auch genügend Platz für Adressen, Telefon- und Faxnummern, e-mail-Adressen, Kontonummern, Prioritätenlisten, Notizen u.a. (siehe auch Kapitel 8 „Zeitplanung“).

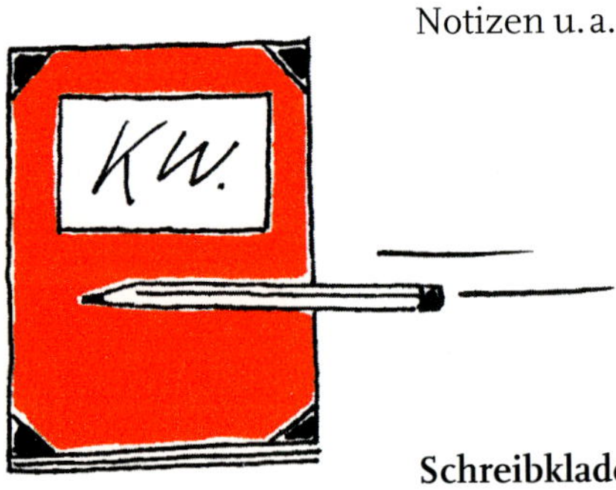

Schreibkladde

Dies ist ein dickes, gebundenes Buch im A4 Format, liniert, mit mindestens 100 Seiten. Alle wichtigen Dinge werden hier täglich eingetragen. Jeder Tag beginnt mit einer neuen Seite. In der Kopfzeile steht das Datum. Der Reihe nach werden hier nun die täglich anfallenden Informationen eingetragen: Telefonnotizen, Gesprächsinhalte, Gedächtnishilfen, kreative Ideen, was man täglich tut, bereits erledigt hat, oder noch tun muss. Jeder Eintrag, der auf eine zu erledigende Tätigkeit hinweist, wird diagonal durchgestrichen, wenn die Tätigkeit erledigt oder die Information nicht mehr relevant ist.

Komposthaufen

Ein Komposthaufen als Ablage ist so organisiert, dass die älteren Bestandteile unten liegen und die neueren immer oben darauf abgelegt werden. Alles, was nicht sofort bearbeitet werden kann, kommt oben auf den Haufen, der ab und zu „gelüftet" werden muss. Dies bedeutet, dass man alle Papiere dort schnell durchgeht, ohne sie jedoch nochmals genau zu lesen. Alles, was sich mittlerweile von selbst erledigt hat, wird entsorgt. Der Rest bleibt im Stapel und wird nach und nach bearbeitet. Aber Vorsicht: Komposthaufen dieser Art haben eine deutlich ausgeprägte Tendenz zum Wachsen, selten zum Abnehmen.

Hängemappen

Die thematische Ordnung mit Hängemappen ist eine weitere Ablagemöglichkeit. Für jedes Unterrichtsfach und für jedes Thema legen Sie sich eine Hängemappe an und versehen jedes neue Blatt mit einer Signatur (z. B. durchlaufende Ziffern). Der Vorteil dieses Systems ist die Flexibilität, d. h. die Themen können duch einfaches Umhängen der Mappen anders geordnet und nahezu grenzenlos ergänzt werden. Der Nachteil ist sicher (neben relativ hohen Einrichtungskosten), dass das System nur mit einer gewissen Selbstdisziplin funktioniert.

3.8. Exkurs: Elektronische Datenbanken

Universaldatenbank 3-in-1

Eine elektronische Datenbank kann dann ein nützliches Hilfsmittel sein, wenn man einen hohen Datenbestand zu verwalten hat und einzelne Einträge oder Gruppen von Einträgen möglichst schnell suchen möchte. Die nachfolgend vorgestellte „Universaldatenbank 3-in-1“ ist eine einfache Anwenderprogrammierung, die Sie sich selbst aus dem Internet herunterladen können. Die Adresse lautet: **http://www.cornelsen.de/co/politik/aktualitaetendienst** Als Voraussetzung benötigen Sie das Programm Microsoft Access 7.0 oder höher, ohne das diese Programmierung nicht funktioniert.

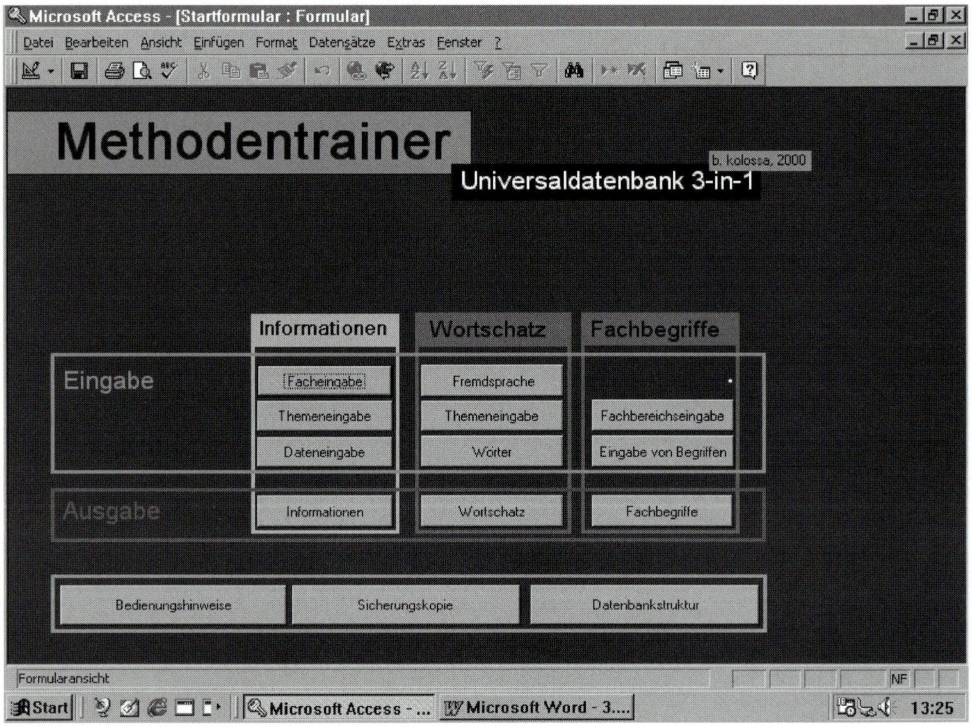

Es ist eine Universaldatenbank, d.h. ein Zusatzprogramm, das für nahezu alle Unterrichtsfächer und Disziplinen geeignet ist, die mit den üblichen Computerschriften und Zeichensätzen arbeiten. Falls Sie Grafikelemente, Bilder, Zeichnungen oder Klänge verwalten möchten, müssen Sie diese Programmierung selbst entsprechend erweitern. Sie können hiermit einfach Sammel-, Ordnungs- und Präsentationsfunktionen recht komfortabel durchführen. Für speziellere Anwendungen, Abänderungen oder Aktualisierungen arbeiten Sie bitte mit Ihrem Microsoft Access Handbuch oder der Online-Hilfe von Access.

Die Grundbestandteile einer Datenbank sind:

- Tabellen
- Formulare
- Abfragen
- Berichte

Darüberhinaus gibt es noch Makros und Module, die aber im vorliegenden Beispiel für den Anwender keine Rolle spielen. Sichtbar sind hier nur Formulare und Berichte.

Formulare und Berichte

Tabellen: Alle Einträge einer Datenbank werden in Tabellen gesammelt. Jede Zeile einer Tabelle markiert einen ganzen Datensatz, jede Spalte ein vordefiniertes Eingabefeld. Man kann Daten direkt in die Tabelle eingeben, komfortabler geht es aber über ein Eingabeformular.

Formulare: Formulare sind Eingabemasken oder Ausgabemasken mit vordefinierten Feldern. In die Felder kann man entweder Daten frei eingeben oder aus einer vorgegebenen Auswahl pro Feld etwas Zutreffendes per Mausklick aussuchen.

Abfragen: Abfragen sind Such- und Ordnungsfunktionen, die alle vorhandenen Datensätze nach zuvor festgelegten Kriterien durchsuchen. Bei den Abfragen gibt es unterschiedliche Kombinationen. So kann man mit einer Löschabfrage z. B. alle Datensätze, die ein bestimmtes Kriterium erfüllen, löschen, oder man kann Datensätze mit gleichem Inhalt suchen, Datensätze alphabetisch nach Stichwörtern ordnen etc.

Berichte: Berichte sind Ausgabeformate, d.h. es sind Bildschirmanzeigen und/oder Ausdrucke, die das Ergebnis einer Abfrage oder den Gesamtinhalt der Datenbank in einer zuvor festgelegten Weise und Formatierung ausgeben.

Die hier vorgestellte „Universaldatenbank 3-in-1" besteht eigentlich aus drei Datenbanken, die nur in ein zentrales Ausgangsformular integriert sind:

drei Datenbanken

- eine Datenbank zum Sammeln und Ordnen von Informationen jeder Art
- eine Wortschatzdatenbank
- eine Fachwörter-Datenbank

Sie können damit für mehrere Fächer und Themen gleichzeitig

- Referate, Vorträge, Präsentationen erarbeiten
- eine Stoffsammlung für eine oder mehrere Seminararbeiten organisieren
- Ihr Wissen für eine Klassenarbeit oder Klausur aufbereiten
- Unterrichtsmitschriften strukturiert ablegen
- Ihr gesamtes Abiturwissen für die schriftliche und mündliche Prüfung sammeln und für die Vorbereitung nutzen.
- Ihren Wortschatz für alle Fremdsprachen organisieren, die mit einem üblichen Zeichensatz erfasst werden können
- Wortschatz- und Übersetzungsübungen machen
- Fachbegriffe sammeln, organisieren und lernen

All das können Sie gleichzeitig in dieser einen Datenbank zusammenfassen, sofern Ihr Computersystem über genügend Speicherplatz verfügt.

Und so ist die „Universaldatenbank 3-in-1" strukturiert:

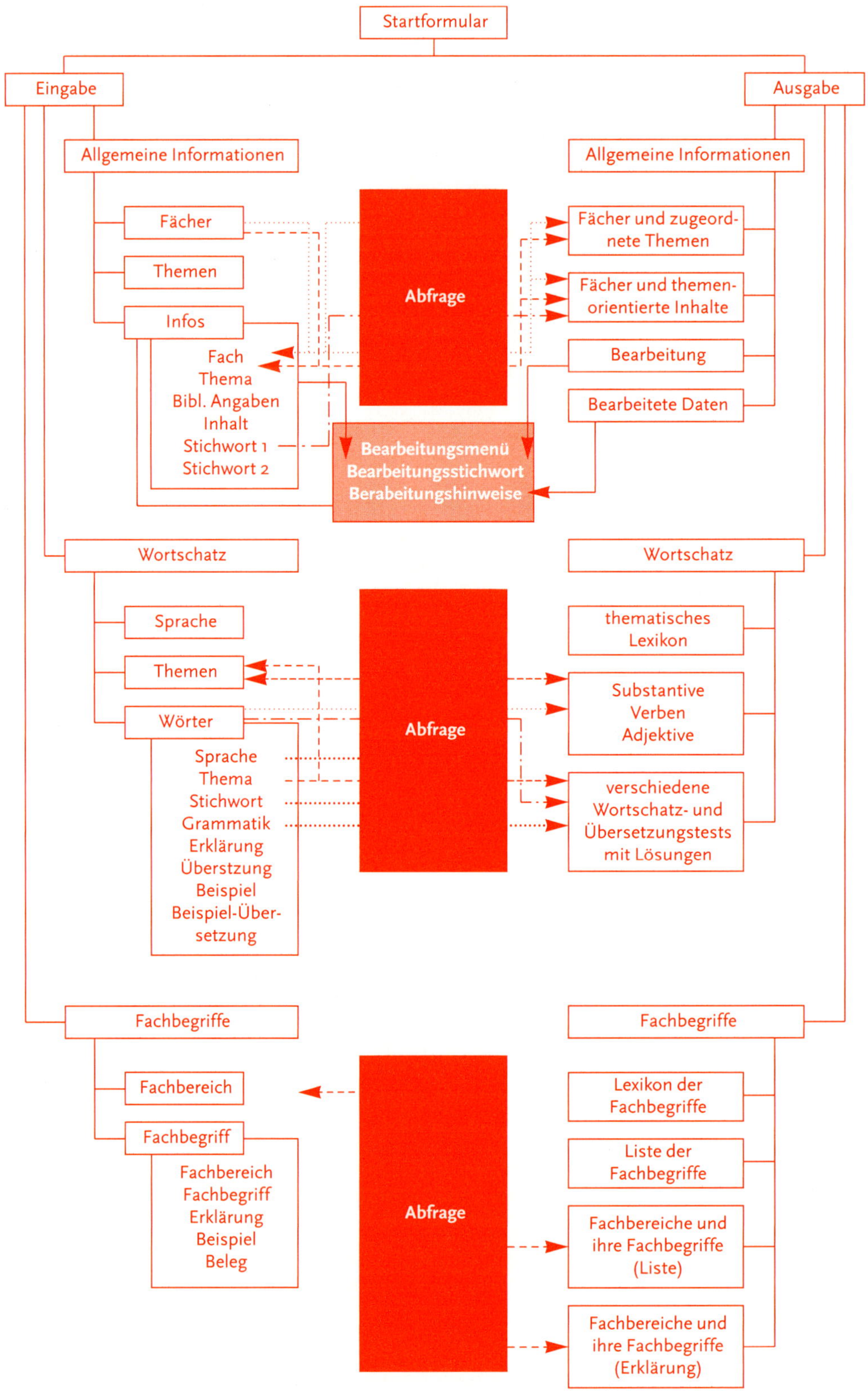
Startformular
Eingabe
Ausgabe
Allgemeine Informationen
Fächer
Themen
Infos
Fach
Thema
Bibl. Angaben
Inhalt
Stichwort 1
Stichwort 2
Abfrage
Allgemeine Informationen
Fächer und zugeordnete Themen
Fächer und themenorientierte Inhalte
Bearbeitung
Bearbeitete Daten
Bearbeitungsmenü
Bearbeitungsstichwort
Berabeitungshinweise
Wortschatz
Sprache
Themen
Wörter
Sprache
Thema
Stichwort
Grammatik
Erklärung
Überstzung
Beispiel
Beispiel-Übersetzung
Abfrage
Wortschatz
thematisches Lexikon
Substantive
Verben
Adjektive
verschiedene Wortschatz- und Übersetzungstests mit Lösungen
Fachbegriffe
Fachbereich
Fachbegriff
Fachbereich
Fachbegriff
Erklärung
Beispiel
Beleg
Abfrage
Fachbegriffe
Lexikon der Fachbegriffe
Liste der Fachbegriffe
Fachbereiche und ihre Fachbegriffe (Liste)
Fachbereiche und ihre Fachbegriffe (Erklärung)

Eine Datenbank programmieren und pflegen

- Wenn Sie selbst eine Datenbankanwendung programmieren (es ist wesentlich einfacher als es vielleicht den Anschein hat) überlegen Sie vorher genau:
  - Was soll die Datenbank leisten?
  - Wie und wofür soll sie benutzt werden?
  - An welchen Stellen muss sie ausbaufähig bleiben?
- Bevor Sie mit der Anwenderprogrammierung beginnen, machen Sie sich auf jeden Fall handschriftlich eine Strukturskizze dessen, was Sie als Endergebnis erreichen wollen.
- Und noch ein Tipp, wenn Ihre Datenbank steht: Geben Sie alle relevanten handschriftlichen Notizen, Hinweise, Mitschriften und sonstige Informationen baldmöglichst ein. Je mehr wichtige Informationen Sie auf der Festplatte haben, desto mehr können Sie bei den Abfragen aus dem Vollen schöpfen.
- Und noch ein letzter Tipp: Fast alle Informationen haben auch eine Verfallszeit. Gehen Sie ab und zu Ihre gesamte Datenbank durch und löschen Sie alles, was sich im Lauf der Zeit angesammelt hat, inzwischen aber vielleicht nicht mehr relevant ist.

4. Informationen strukturieren

FLOW-CHART
BAUMSTRUKTUR
GLIEDERUNG
MIND-MAP
SPIN-WEB
NETZSTRUKTUR

4.1. Vom Chaos zur Übersicht

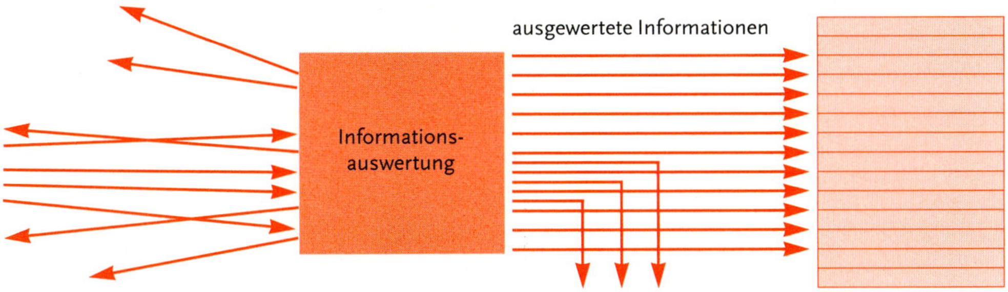

Überblick verloren?

Wenn Sie für ein Referat oder eine Seminararbeit recherchieren, besteht immer die Gefahr, dass Sie zu einem bestimmten Zeitpunkt Ihrer Arbeit den Überblick verlieren. Sie stehen vor einem Berg von Materialien und Informationen, der kaum noch zu überschauen ist und es kostet Sie wertvolle Zeit, bis Sie wieder durchblicken und gezielt nach weiteren, evtl. noch fehlenden Informationen suchen können. Diese Situation kann z. B. aus folgenden Fehlerquellen resultieren:

Fehlerquellen

- Sie haben erst einmal Material gesammelt und die Auswertung des Materials auf einen späteren Zeitpunkt verschoben.
- Sie können nicht gezielt auf einzelne Materialien und Informationen zugreifen, weil Sie diese nicht in eine gegliederte und strukturierte Form gebracht haben.
- Sie haben die Einzelinformationen nicht zu deutlich erkennbaren Einheiten zusammengefasst und auch keine Beziehung zwischen den einzelnen Informationen hergestellt.

Keine Leitfrage?
Keine Gliederung?

Auch die sorgfältige Analyse einzelner Materialien (siehe Kapitel 2.3) und das perfekteste Ordnungssystem (siehe Kapitel 3) gewährleisten nicht, dass Sie inhaltlich den Überblick behalten, wenn Sie es versäumt haben eine klare Leitfrage für Ihre Arbeit zu formulieren, und wenn Sie nicht zu Beginn der Recherche Ihr Thema eingegrenzt und in Haupt- und Teilaspekte gegliedert haben.

Erst wenn Sie diese Anforderungen erfüllt haben, können Sie:

- ihre Arbeit planen, z. B. sinnvoll auf die Mitglieder einer Arbeitsgruppe verteilen oder einen Zeit- und Arbeitsplan für eine Facharbeit aufstellen und kontrollieren
- eine Suchstrategie entwickeln, Wichtiges von Unwichtigem unterscheiden, irrelevante Informationen aussortieren und erkennen, was Ihnen noch an Informationen fehlt
- Informationen auswerten, Verbindungen zwischen Informationen erkennen und relevante Informationen für Ihre Arbeit nutzen, d. h. in neue, auf Ihre Leitfrage und Ihre Themenstellung zugeschnittene Strukturen einbinden.

4.2. Vom Thema zur Gliederung

Thema erkunden

Wenn Sie nichts oder nur wenig über Ihr Thema wissen, müssen Sie sich zunächst einen groben Überblick verschaffen. Sie können hierzu

- Ihren Lehrer oder Lernpartner befragen
- in Konversations- und Speziallexika recherchieren
- allgemeine Überblicksliteratur in der Stadtbücherei sichten
- im Internet zu Ihrem Themenstichwort recherchieren (auch um herauszufinden, mit welchen Nachbar- und Nebengebieten Ihr Thema verknüpft ist)
- ein Brainstorming durchführen

Tragen Sie alles zusammen, was Sie erkundet haben und übertragen Sie es auf ein Schaubild (ein Netzdiagramm, eine Mind-Map, siehe S. 117 ff.).

Thema eingrenzen

Viele Themen für Seminararbeiten oder Referate sind zu weit gesteckt. Sie sollten den Mut haben, ihr Thema so eng zu begrenzen, dass Sie es auch mit wirklich guten Ergebnissen bewältigen können. Suchen Sie sich – ausgehend von Ihrem Schaubild – einen Themenaspekt aus, der Sie interessiert, den Sie für geeignet halten und von dem Sie glauben, dass er sich im Rahmen Ihrer Arbeit bewältigen lässt (ein begrenzter Themenbereich, ein bestimmtes Problem, der spezifische Zusammenhang von bestimmten Problemen oder Phänomenen).

Oft ergibt sich auch eine Eingrenzung des Themas, wenn Sie sich

- auf bestimmte Personengruppen konzentrieren
- auf einen Zeitraum, einen Ort oder ein Medium beschränken.

Präzisierungen des Themas ergeben sich auch durch formale Aspekte oder Vorgaben, die mit der Präsentationsform Ihrer Arbeit verbunden sind (Seitenumfang Ihrer Seminararbeit, Länge eines Vortrages, Arbeitsanweisungen für eine Klausur ...).

Wichtig: Berücksichtigen Sie die Themeneingrenzung bei der Themenformulierung, z. B. indem Sie einen Zusatz zum Thema formulieren (etwa: „eine Untersuchung am Beispiel ...“ oder „unter Berücksichtigung von ...“.)

Fragestellung/Zielsetzung formulieren

Wenn Sie das Thema eingegrenzt haben, müssen Sie festlegen, was Sie bei Ihren Nachforschungen herausfinden oder bei Ihrem Referat problematisieren wollen. Eine gute Frage gibt Ihren Recherchen eine Richtung, bildet den roten Faden für die Informationsauswertung und macht Ihre Arbeit interessant und sinnvoll.

Hier sind einige Tipps für Fragewörter:

- *Wer, was, wann, wo, wohin, untersuche, finde heraus* führen oft zu einfachen Fragen. *Wie* und *Warum* führen normalerweise zu besseren Fragen.
- Suchen Sie nach *Wörtern, die Ihrer Frage eine Richtung geben*, wie z. B. *Veränderungen, Merkmale, Struktur, Zweck, Rollen, Stellenwert, Arbeitsweise, Beziehungen, Lebensstil, Anpassungen, Bedingungen ...*

- Arbeiten Sie mit *Wörtern, die Beziehungen verdeutlichen,* wie z. B. *vergleichen, gegenüberstellen, verursachen, bewirken, ableiten, beinhalten, analysieren, Wert, Bedeutung, Folgen …*

Bevor Sie eine Aufgabe oder Fragestellung bearbeiten, müssen Sie diese vollständig verstanden haben Es ist ein großer Unterschied, ob Sie etwas darstellen, vergleichen oder überprüfen. Operatoren wie z. B. „vergleichen" oder „analysieren", die Sie aus Arbeitsanweisungen für Klausuren kennen, bestimmen den Erwartungshorizont, das Anspruchsniveau, die Quantität und die Qualität einer Aufgabe bzw. Fragestellung.

Die folgende Übersicht soll Ihnen helfen, Arbeitsaufträge/selbstgestellte Aufgaben exakter zu verstehen/zu formuliern.

benennen	Informationen bzw. Sachverhalte ohne Erläuterung aufzählen
wiedergeben	Informationen bzw. Sachverhalte aus einem Material oder aus dem Vorwissen stichwortartig wiederholen oder zusammenfassend aufzählen
darstellen	Informationen bzw. Sachverhalte mit Text, Tabelle und/oder Skizze eingehend wiedergeben
beschreiben	eine geordnete, fachspezifisch angemessene, genaue Darstellung eines Sachverhaltes aus dem vorgegebenen Material in seinen Einzelheiten mit dem Zweck, eine klare Vorstellung des Dargestellten zu vermitteln
charakterisieren	Sachverhalte unter einem zentralen Aspekt bzw. einer Fragestellung beschreiben
skizzieren	komplexe Sachverhalte in ihren Kernaussagen kurz beschreibend darstellen
gliedern/abgrenzen	Aussagen nach Ordnungsmerkmalen differenzieren, gruppieren oder in eine logische Reihenfolge bringen
gegenüberstellen	Informationen, Sachverhalte oder Argumente beschreibend gegenüberstellen, ohne eine Ergebnisformulierung
vergleichen	Informationen, Sachverhalte oder Argumente beschreibend gegenüberstellen, mit dem Ziel eine tiefere Einsicht in den Untersuchungsgegenstand zu erlangen (mit einer Ergebnisformulierung)
erläutern/erklären	einen Sachverhalt zunächst benennen (s. o.) um diesen dann durch vergleichbare Begriffe, Beispiele bzw. durch Vorwissen zu verdeutlichen, sodass der Inhalt und die Zusammenhänge verständlich werden
untersuchen	an einen Sachverhalt gezielte Fragen stellen und deren Ergebnis aufzeigen
analysieren	ein Sachverhalt wird in seine Einzelaspekte zerlegt und untersucht mit der Absicht kausale Beziehungen aufzuzeigen
interpretieren	ein Sachverhalt wird nach allen Aspekten und Methoden, die gemäß der Themenstellung wichtig sind, analysiert um ein tieferes Verstehen der Beziehungsgefüges sowie eine kritische Reflexion zu erreichen
auswerten	ein Sachverhalt wird zunächst in seine Einzelaspekte zerlegt und auf seine Wechselwirkungen hin untersucht (analysiert). Mit der Erkenntnis neuer kausaler Beziehungen werden die Einzelelemente zu einer neuen Einheit zusammengefasst, sodass neue Aussagen ersichtlich werden, die zunächst nicht offensichtlich erscheinen.

(über)prüfen	(Inhalt) eine Vermutung bzw. Hypothese durch zusätzliche Materialien oder aufgrund ihrer inneren Logik messen (Methoden) die angewendeten Methoden werden auf ihre Leistungsfähigkeit und Aussagegrenzen hin untersucht und bewertet
beurteilen	Aussagen über Richtigkeit, Wahrscheinlichkeit, Angemessenheit, Anwendbarkeit eines Sachverhaltes oder einer Behauptung machen
bewerten	zu einem Sachverhalt oder einer Behauptung persönlich Stellung nehmen. Dabei wird eine begründete und differenzierte persönliche Meinung mit Bezug auf eine Wertung entwickelt und darlegt.
Lösungsvorschläge	erarbeitete Ergebnisse bzw. Vorschläge zu einem strittigen Sachverhalt werden begründet weitergedacht bzw. unter der Berücksichtigung möglichst aller Perspektiven wird ein begründeter eigenständiger Entwurf vorgelegt

aus: Dr. W. Gerber u.a.: Mensch und Raum, a.a.O., S. 206

Die Gliederung erstellen

Eine **Gliederung** erstellen bedeutet, Ordnungsmerkmale zu entwickeln, nach denen Informationen differenziert, gruppiert und in eine logische Reihenfolge gebracht werden (chronologisch, systematisch ...). Nach welchen formalen Prinzipien Sie Ihre Gliederung strukturieren, hängt von ihrem konkreten Vorhaben ab: Ein Vortrag wird anders strukturiert als eine Seminararbeit, ein Datenbestand im Fach Geschichte wird anders gegliedert als naturwissenschaftliche Informationen. Entsprechende Hinweise finden Sie in Kapitel 5.2.

Kapitel 5.2.

Wenn Sie eine Leitfrage festgelegt haben, können Sie Ihre Unterthemen abstecken, d.h. Sie müssen Ihr Schwerpunktthema in kleinere Arbeitsgebiete aufteilen. Natürlich müssen Sie Ihre Gliederung und die Kriterien nach denen Sie Informationen sammeln im Laufe der Arbeit immer wieder überprüfen, ggf. ihre Leitfrage aktualisieren, einzelne Unterthemen verändern, streichen oder ergänzen. Hier heißt es flexibel sein: Das Ziel ist es nicht, eine erste Gliederung zu entwerfen, um dann starr an ihr festzuhalten, ggf. kann es Ihnen sogar passieren, dass Sie im Verlauf der Recherche Ihre erste Gliederung komplett umwerfen. Doch zur Erinnerung: Ohne eine frühe Gliederung und eine präzise Leitfrage bleibt jede Chance auf Erkenntnis im Wust der Fakten stecken.

Exkurs: Einen vorhandenen Datenbestand ordnen

Wenn Sie von einem vorhandenen Datenbestand ausgehend eine Gliederung entwickeln, helfen zwei Fragen in jedem Fall weiter:

- Welches sind die Hauptaspekte des Themas?

Ordnen nach thematischen Hauptaspekten

Legen Sie je nach Umfang der zu erwartenden Arbeit am Thema etwa fünf Hauptaspekte fest. Je nachdem, wie Sie arbeiten, ordnen Sie jede Einzelinformation auf einer Karteikarte oder jeden Datensatz einer Datenbank einem dieser Hauptaspekte zu. Wenn eine Information zu mehreren Aspekten passt, legen Sie Doubletten an und vermerken Sie darauf „siehe auch …“.

Bei der Arbeit mit Karteikarten schreiben Sie für jeden Hauptaspekt eine Indexkarte, hinter der Sie alle zugehörigen Karten einordnen. Bei der Datenbank benutzen Sie oder eröffnen Sie für jeden Datensatz ein Feld „Stichwort 1“, in das Sie jedesmal das Stichwort für den jeweiligen Hauptaspekt eingeben.

- Welches sind die Teilaspekte des Themas?

  Hier gehen Sie genauso vor wie bei den Hauptaspekten.

weitere Ordnung nach untergeordneten Teilaspekten

Karteikarten: Nehmen Sie sich alle Karteikarten jedes Hauptaspekts nochmals vor. Formulieren Sie für jeden Hauptaspekt eine angemessene Zahl von Teilaspekten. Schreiben Sie andersfarbige Indexkarten und ordnen Sie die Karteikarten den jeweiligen Teilaspekten zu.

Datenbank: Lassen Sie sich durch einen Filter oder durch eine Abfrage über das „Stichwort 1“ alle Hauptaspekte mit den zugehörigen Datensätzen herausfiltern und geben Sie in jeden Datensatz unter „Stichwort 2“ die Stichwörter für die jeweiligen Teilaspekte ein.

Mit dieser Vorgehensweise haben Sie für alle zu einem Thema gehörenden und einzeln aufgeführten Informationen eine Grobgliederung erstellt. Ihr Datenbestand ist jetzt vorstrukturiert und kann, wenn Sie an der Gliederung für Ihre Arbeit oder Präsentation arbeiten, nochmals den aktuellen Gegebenheiten angepasst werden.

- Wenn Sie Ihren Datenbestand nun gegliedert haben, werden Sie feststellen, dass Sie zu bestimmten Teilaspekten viel Material haben, zu anderen eher zu wenig. Sie sehen also sehr schnell, in welchen Bereichen und in welcher Richtung Sie noch weiter recherchieren müssen.
- Sie werden ebenso feststellen, dass Sie eine ganze Anzahl von Karteikarten oder Datensätzen haben, die überhaupt nicht in Ihr Grobraster passen. Legen Sie diese irgendwo unter dem Stichwort „Diverses“ ab, oder wenn Sie besonders selbstbewußt und mutig sind, entsorgen Sie diese Informationen gleich komplett.

1. Erstellen Sie für die nachfolgenden neun Kurzinformationen zum Thema „Deutschland und die UNO“ eine Liste von drei oder vier Hauptaspekten.
   a) An der Spitze der umfangreichen und verzweigten UNO-Bürokratie steht der Generalsekretär.
   b) Die Vereinigten Staaten von Amerika verbinden die Erfüllung Ihrer finanziellen Verbindlichkeiten mit der Forderung nach einer strukturellen Reform der UNO.
   c) Art. 41 (UN-Charter): Der Sicherheitsrat kann beschließen, welche Maßnahmen – unter Ausschluss von Waffengewalt – zu ergreifen sind, um seinen Beschlüssen Wirksamkeit zu verleihen.
   d) Gegenüber der Generalversammlung aller Mitgliedsländer, deren Beschlüsse keinen bindenden, sondern nur empfehlenden Charakter haben, hat der Sicherheitsrat die deutlich bevorrechtigte Stellung, da er mit seinen Be-schlüssen letztlich über die Politik der UNO entscheidet.
   e) Im September 1973 wurden die Bundesrepublik Deutschland und die DDR in die Vereinten Nationen aufgenommen.
   f) Insbesondere unter dem Minister Klaus Kinkel war es ein erklärtes Ziel der deutschen Außenpolitik, einen ständigen Sitz im Sicherheitsrat zu erhalten.
   g) Seit der Regierung Schröder beteiligt sich die Bundesrepublik Deutschland an der Aufstellung internationaler Friedenstruppen mit UN-Mandat.
   h) In der Generalversammlung haben Länder der Dritten Welt eine klare Mehrheit.
   i) Schon vor 1973 hat die Bundesrepublik Deutschland mit zahlreichen UNO-Organisationen zusammengearbeitet.
2. Nehmen Sie sich bitte ein Oberstufenlehrbuch zur modernen Geschichte vor und suchen Sie alle Stellen zum Thema „Ost-West-Gegensatz“ heraus, in denen die UNO erwähnt wird und erstellen Sie eine Grobgliederung der dort gegebenen Informationen. Vergleichen und diskutieren Sie Ihre Entwürfe im Kurs.

4.3. Strukturiertes Denken

Neben den klassischen Strukturierungsprinzipien wie der Gliederung oder der Tabelle gibt es zahlreiche weitere Methoden und Techniken, mit deren Hilfe Sie Daten nicht nur ordnen und zusammenfassen können. Durch Strukturierungshilfen wie Mind-Map (Gedächtnislandkarten), Netz- oder Flussdiagramme können Sie

- relevante Informationen und Begriffe plausibel verketten
- Probleme analysieren, Verbindungen herstellen und Zusammenhänge erkennen
- Präsentationen interessant gestalten.

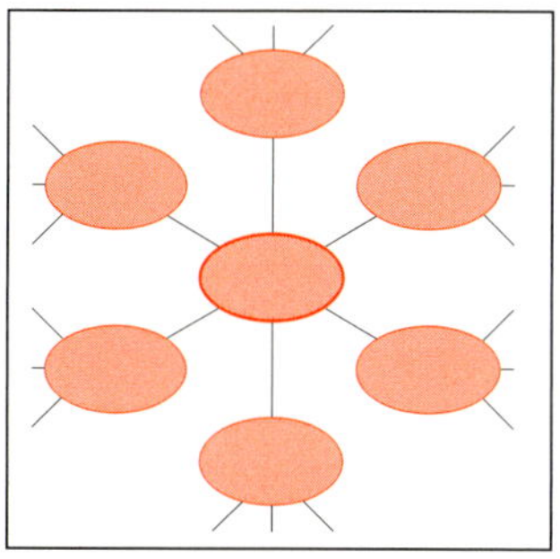

Netzdiagramm

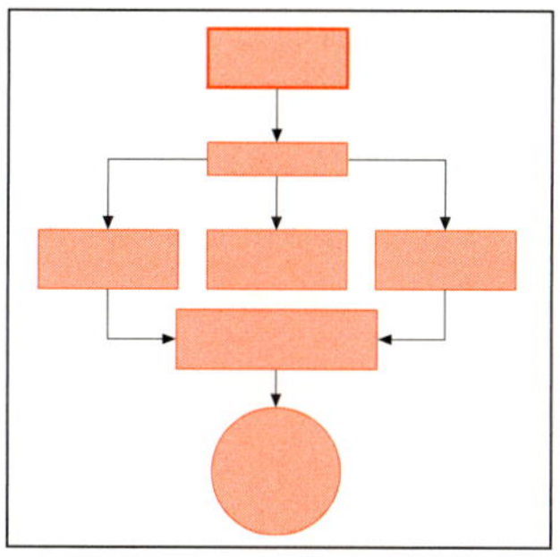

Flussdiagramm

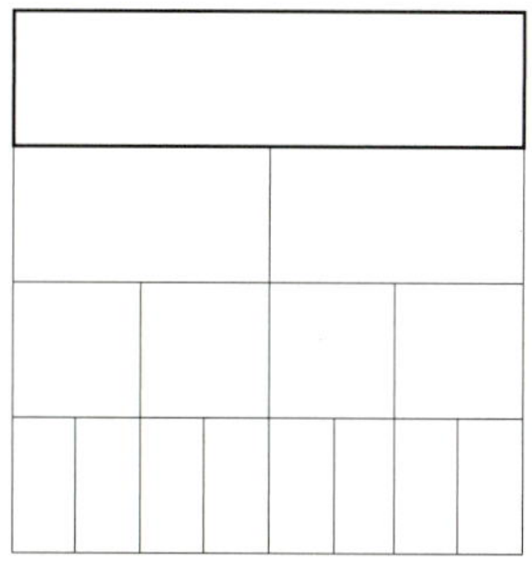

Baumdiagramm

lineare Verfahren

Schlüsselbegriffe

Assoziationsnetzwerke

Netzwerke wie das Mind-Map-Verfahren haben gegenüber linearen Verfahren zudem den Vorteil, dass Sie der Funktionsweise unseres Gehirns besser entsprechen, da dieses Informationen nicht linear, sondern strukturell verarbeitet. Dazu ein Beispiel: Wenn jemand ein Buch beschreibt, das er gelesen hat, liest er nicht aus dem Gedächtnis ab, er referiert also keine lineare Mitschrift, sondern gibt vielmehr nach Schlüsselbegriffen eine Übersicht, indem er Hauptpersonen charakterisiert, über Umstände und Ereignisse berichtet und Detailbeschreibungen einfügt. In entspechender Weise bringt das Schlüsselwort oder die Schlüsselphrase ganze Erfahrungs- oder Erfindungsreihen zurück (denken Sie z. B. an die Vorstellungsreihen, die ausgelöst werden, wenn Sie das Wort „Schule" oder „Kind" lesen). Das heißt: Wenn Sie selbst Informationen durch Netzwerke und Schlüsselbegriffe komprimieren, reduzieren Sie nicht nur den Lernstoff (mithin entlasten Sie Ihr Kurzzeitgedächtnis, das nur über eine begrenzte Speicherkapazität verfügt); durch Ihre Assoziationsnetzwerke und Schlüsselbegriffe behalten Sie zugleich den Zugang zu den dahinterliegenden, „verdrängten" Informationen und können diese je nach Bedarf abrufen.

4.4. Mind-Map

Mind-Maps …
… sind, wie der englische Begriff schon ausdrückt, Gedankenlandkarten.
… sind nicht aufwendig. Alles, was man benötigt, ist ein DIN A4-Blatt und etwas zum Schreiben.
… sprechen sowohl die analytisch-sprachliche Gehirnhälfte an wie auch die kreativ und bildhaft denkende.
… sind jederzeit und überall anwendbar und schaffen Überblick bei gleichzeitig großer Zeitersparnis.
… sind vielseitig und nahezu unbegrenzt erweiterbar.

Ein Mind-Map ist eine Skizze, die an die stilisierte Silhouette eines Baumes aus der Sicht eines darüberfliegenden Vogels erinnert. Es gibt einen Stamm, Äste und Zweige.

Wie wird ein Mind-map angelegt?

- Zeichnen Sie zunächst den Baumstamm, einen Kreis oder ein Oval in die Mitte Ihres A4-Blattes und schreiben Sie das Thema in wenigen Stichworten hinein.
- Zeichnen Sie dann die Äste, die für die Hauptaspekte Ihres Themas stehen. Beschriften Sie die Äste in Stichworten mit diesen Hauptaspekten.
- Nun kommen die Nebenaspekte oder Zweige dran, die Sie wieder alle mit Stichworten beschriften, pro Zweig ein Stichwort.

individuelle Gestaltung von Mind-Maps

Benutzen Sie bei allen Beschriftungen nur Großbuchstaben. Das fertige Mind-Map ist dann einfacher zu lesen. Sie können bei Mind-Maps, die nur für Sie selbst bestimmt sind, auch Abkürzungen, Symbole und besondere Zeichen verwenden. In Mind-Maps, die Sie z. B. auf Folien oder Flip-Charts für Präsentationen einsetzen, sind unterschiedliche Farben oft ein gutes Mittel zur Verdeutlichung oder Hervorhebung.

Wenn Ihnen während der Arbeit an den Teilaspekten und Unteraspekten noch ein weiterer wichtiger Hauptaspekt einfällt, können Sie ihn jederzeit als neuen Ast irgendwo zwischen den bereits vorhandenen Hauptästen entstehen lassen.

Einsatzmöglichkeiten von Mind-Maps

Mind-maps sind so vielseitig, dass sie sich für unzählig viele Anwendungen sinnvoll einsetzen lassen. Hier nur einige Möglichkeiten:

- Ordnen, Auswerten und Gliedern von Informationen
- kreatives Sammeln von Ideen
- strukturierendes Mitschreiben bei Vorträgen, Referaten, Vorlesungen, Präsentationen, Seminaren, Unterricht, Gesprächen, Besprechungen
- Bearbeiten fremdsprachiger Wortschatzeinheiten
- Vorbereiten von Vorträgen und Referaten
- Mitschreiben von Telefonnotizen
- Protokollieren von Vorgängen
- Planen für den nächsten Tag, nächste Woche, Urlaub, Reise
- Planen für Einkäufe
- Planen für Projekte

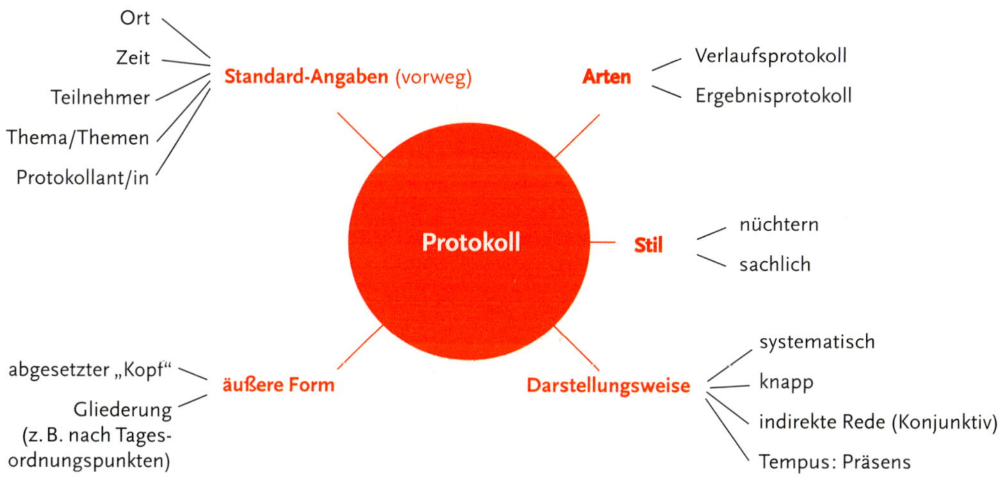

Beispiel für eine Mind-Map zum Thema „Protokoll/protokollieren"

Mind-Maps im Internet

Gerade Mind-Maps kommen immer mehr in Mode, und so gibt es auch im Internet viele Fundstellen zu diesem Thema. „Die deutsche Mind-Mapping Seite" (**www.mind-map.de/mindmaps.htm**) zeigt z. B. eine umfassende Sammlung diverser Mind-Maps, andere Anbieter führen direkt in die Arbeitstechnik ein, oder verweisen auf weiterführende Literatur und Seminare. Daneben wird Software zum Download angeboten, mit der Sie elektronische Mind-Maps erstellen können (z. T. als Freeware, z. T. kostenpflichtig).

Zwei geeignete Programme sind das in Firmen und Verwaltungen recht weit verbreitete Programm „Visio 2000 Standard", das Mindmapping im Menüpunkt *Flussdiagramme* integriert hat (Informationen unter **http://www.visio.com/de**) und das Spezialprogramm „Mindmanager" (Infos unter **http://www.mindmanager.de**).

Mind-Maps sind so einfach zu erstellen, dass man nicht viel Zeit auf intensives Training verwenden muss. Aber ein wenig Übung verhilft auch hier näher zur Perfektion. Nehmen Sie sich vor, einen Tag lang alles, was Sie mitschreiben, aufzeichnen oder schriftlich planen müssen, nur mit Mind-Maps zu machen. Sie werden zwar nicht gerade süchtig werden, Sie werden aber feststellen, dass Sie mit dieser Technik hervorragend klarkommen.

1. Sie sollen im Rahmen eines fächerübergreifenden Projektes zum Thema „Japan“ einen Kurzvortrag zu einem Thema Ihrer Wahl halten. Grenzen Sie mithilfe einer Mind-Map Ihr Thema ein.
2. Fassen Sie in einer Mind-Map zusammen, was eine Facharbeit ausmacht und welche Anforderungen mit ihr verbunden sind (zur Facharbeit siehe Kapitel 5.4. in diesem Buch).
3. Erarbeiten Sie die Handlungsstruktur eines literarischen Werkes, das Sie gerade in Deutsch oder einer modernen Fremdsprache gelesen haben mithilfe einer Mind-Map.
4. Schauen Sie sich eine Sondersendung im Fernsehen zu einem aktuellen Thema an, z. B. ein „ZDF-special“ oder einen „ARD-Brennpunkt“. Strukturieren Sie die Informationen aus dieser Sendung in einer Mind-Map.
5. Wenn Sie ein Referat zu einem der folgenden Themen halten müssten, wie würden Sie es mit einer Mind-Map strukturieren?
   - Der Versailler Vertrag
   - Das deutsch-französische Verhältnis zwischen den beiden Weltkriegen
   - Die Rolle des Reichspräsidenten in der Weimarer Verfassung
   - War Hitlers Machtergreifung durch die Weimarer Verfassung gedeckt?
6. Wenn Sie demnächst wieder zwei Referate hören, schreiben Sie eins bitte so mit, wie Sie es bisher getan haben. Den Inhalt des anderen notieren Sie bitte als Mind-Map. Beantworten Sie hinterher diese Fragen:
   - Bei welcher Art des Mitschreibens haben Sie sich genauer auf das Referat konzentriert?
   - Welche Aufzeichnungen helfen Ihnen, die Strukturierung des Referates besser zu erkennen?
   - Welches Referat könnten Sie aufgrund Ihrer Aufzeichnungen spontan besser wiedergeben?

4.5. Baumstruktur

Das folgende Beispiel zeigt eine Baumstruktur, die sich mit formalen Aspekten eines Referats beschäftigt:

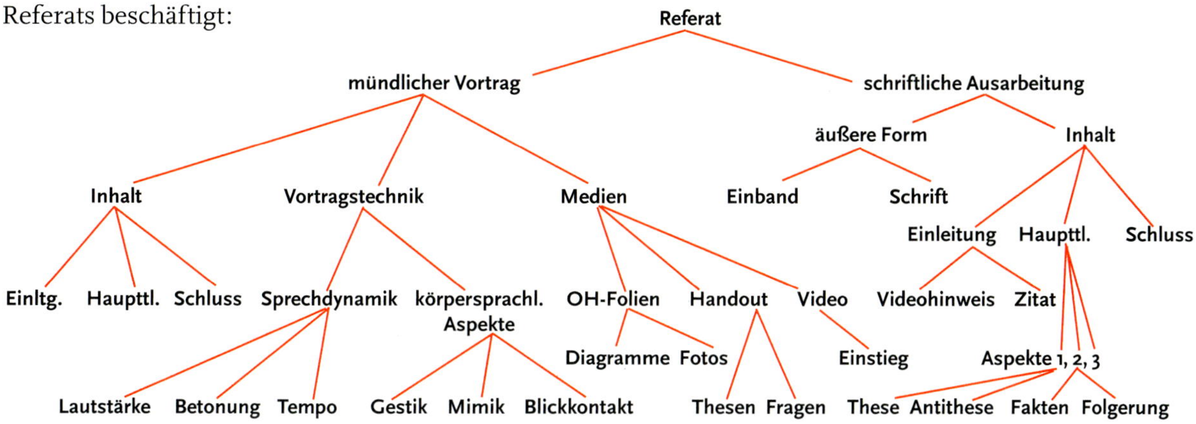

hierarchische Ordnung

Hier handelt es sich um eine typische, von oben nach unten verlaufende Baumstruktur. Die verwendeten Begriffe und Aspekte sind hierarchisch geordnet (von Ober- zu Unterbegriffen, bzw. -themen). Deutlich ist die Dreiecksform zu erkennen, deren Basis sich mit jedem weiteren Schritt verbreitert. Eine etwas freiere Variante sehen Sie in Kapitel 2.8., S. 46.

Ein gutes Beispiel für einen umgekehrten Verlauf ist der Familienstammbaum, bei der die Person, deren Stammbaum gezeichnet wird, allein oder evtl. mit Geschwistern, unten steht. Darüber kommt die Elterngeneration mit zwei Personen. Bei den Großeltern sind es schon 4 Personen und so weiter. Auf jeder höheren Stufe verdoppelt sich die Zahl der Einträge.

Organigramme, Baumdiagramme

Weitere Beispiele für Baumstrukturen sind Baumdiagramme und Organigramme, mit denen oft Verwaltungshierarchien in Ämtern oder Firmen dargestellt werden. Hier ein Beispiel:

Organigramm: Das ehemalige Bundesministerium für innerdeutsche Beziehungen

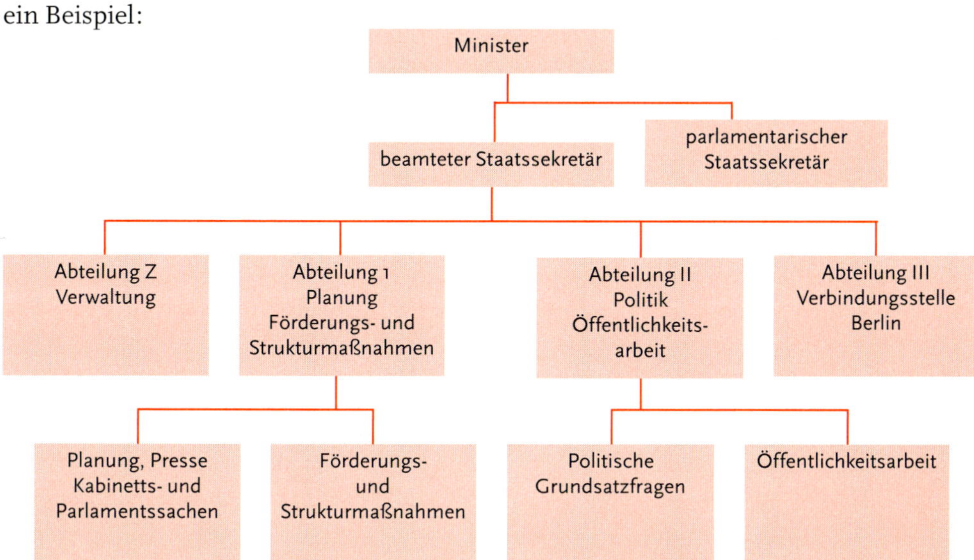

Organigramme sind rechtwinklig angelegt und zeigen die hierarchischen Ebenen genau. Die rechtwinkligen Verbindungslinien sind allerdings ein optischer Umweg und bedürfen im Gegensatz zum zuvor abgebildeten Baumdiagramm, das als Beziehungslinie den direkten Weg geht, einer „inneren Interpretation".

Tannenbaumtechnik

Eine weitere Möglichkeit, Daten auswertend zu strukturieren und optisch aufzubereiten, ist die Tannenbaumtechnik. Nehmen wir zum Beispiel das Thema „Geldanlagen". Dieses Thema bildet den Stamm unseres Tannenbaums. Nun kommen die Äste: „Lebensversicherungen", „Sachversicherungen", „Wertpapiere", „Kapitalanlagen", „Immobilien", „Bausparen". Nun kommen an jeden Ast Zweige, bzw. Nadeln. An den „Lebensversicherungs"-Ast kommen z. B. „Risiko-LV", „Ausbildungs-LV", „Betriebliche Altersversorgung", „Todes- und Erlebensfall" etc. Auf diese Weise kann man das ganze Bild mit Inhalt füllen und bekommt eine geordnete Struktur.

Baumstrukturen müssen nicht immer in vertikaler Richtung verlaufen, auch ein links beginnendes und nach rechts verlaufendes Modell ist möglich. Sie stoßen aber in der grafischen Darstellung insbesondere bei höherer Ebenenzahl bald an ihre Grenzen. Mit jeder weiteren Eben wächst die Krone weiter an und ein normales Blatt Papier ist auf der einen Hälfte nahezu leer, auf der anderen Seite reicht der Platz nicht aus.

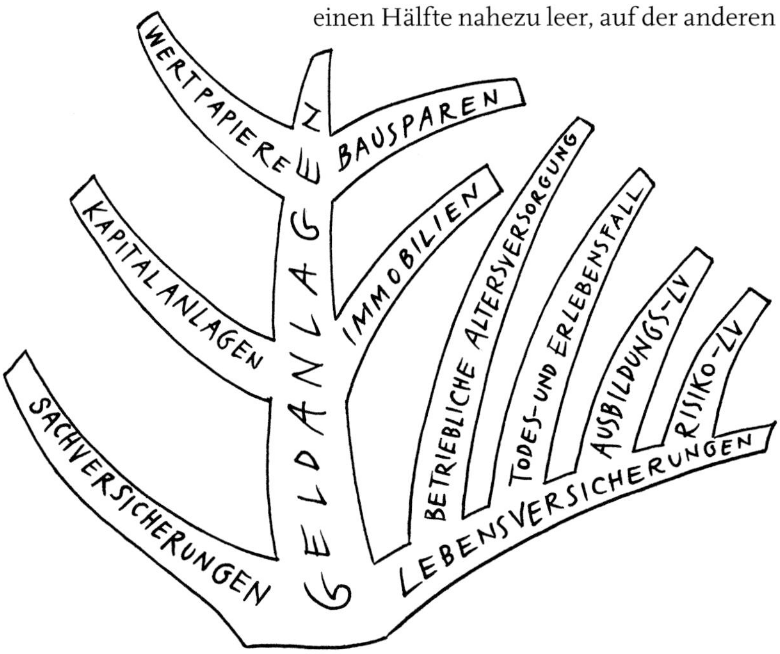

4.6. Netzstruktur

Wenn wir uns eine Autobahnkarte eines Landes, die Eisenbahnverbindungen, das Londoner U-Bahn-System oder die Streckenverbindungen einer Fluggesellschaft ansehen, so blicken wir auf eine Netzstruktur, bei der zahlreiche Punkte auf einer Verbindungslinie liegen und die Verbindungslinien sich in Knotenpunkten treffen. Diese Verkehrsinfrastruktur findet sich in der Kommunikation wieder, vom einfachen Telefonnetz innerhalb eines Hauses bis zum weltumspannenden Internet.

Knotenpunkte und Verbindungslinien

Netze lassen sich aber auch auf Informationen übertragen. Sie können komplexe Zusammenhänge klar machen und eine Vielfalt von Beziehungen verdeutlichen. Abhängigkeiten werden ebenso sichtbar wie fehlende Beziehungen.

Bei der grafischen Gestaltung eines Netzwerkes geht man von den Knotenpunkten aus. Diese stehen für Ereignisse, Maßnahmen, Probleme, Ergebnisse oder auch Personen und Orte. Die Verbindungslinien stehen für Einflüsse, Abhängigkeiten, Beziehungen, Bewegungen etc. Diese Verbindungslinien können durch Dicke, Farbe, Pfeile, Unterbrechungen etc. gewichtet und zugeordnet werden. Eine Gewichtung der Knotenpunkte erreicht man durch deren Größe.

Netzwerkgrafiken können z. B. eingesetzt werden

Einsatzmöglichkeiten

- bei der Textarbeit (Aufsatzplanung, Textstrukturen erfassen, Romanhandlungen planen)
- um Anweisungen aufzulisten oder Arbeitspläne zu entwerfen
- um den Ablauf von Vorgängen und Entwicklungen zu analysieren
- zur Problemanalyse
- um Beziehungen von Personen untereinander zu verdeutlichen
- in der Wortschatzarbeit
- für Präsentationen.

Zur Erhaltung der optischen Klarheit insbesondere bei der visuellen Unterstützung von Referaten und Präsentationen sollte ein Netzwerk nicht mehr als 10 Knotenpunkte enthalten. Auch sollten nur die wichtigsten Verbindungen eingetragen werden. Von der Anordnung her sollten die Knotenpunkte so gelegt werden, dass sich die Verbindungslinien möglichst wenig überschneiden.

Hier ein Beispiel eines Beziehungsnetzes:

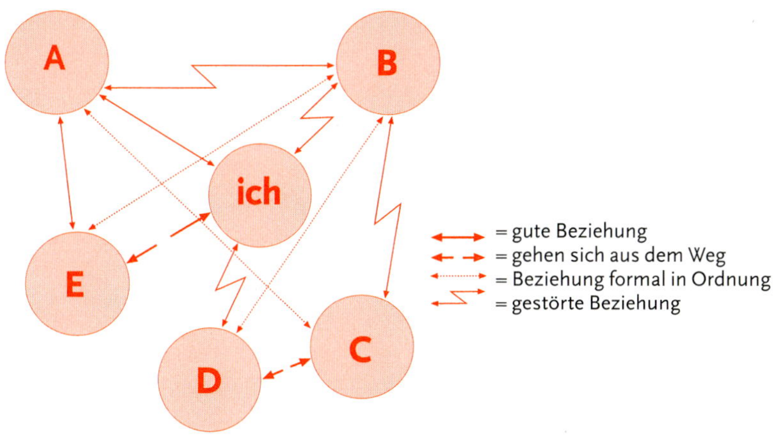

Flow-Chart

Eine ganz besondere Form der Netzstruktur ist ein Flow-Chart oder Flussdiagramm. Hier geht es darum, bestimmte Abläufe und Entwicklungen sowie deren Alternativen deutlich zu machen. Hier ein Beispiel aus dem juristischen Bereich: Ein Ermittlungsverfahren:

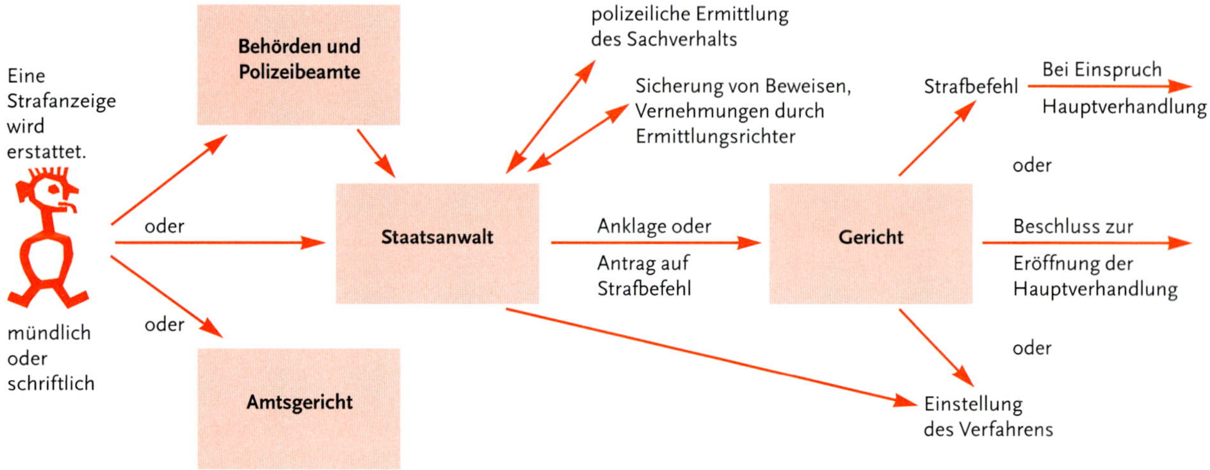

4.7. Texte mit Diagrammen strukturieren

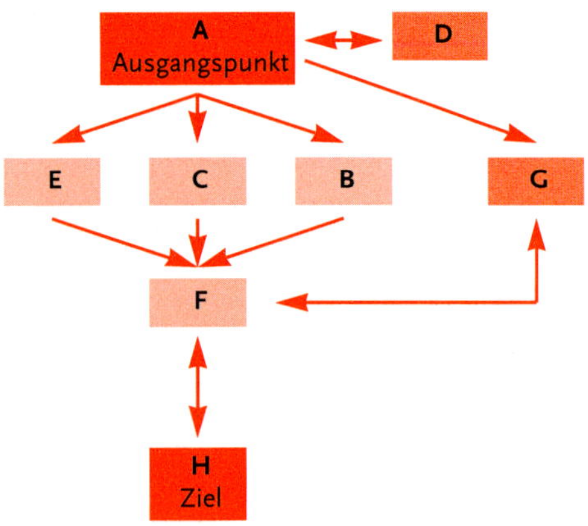

Beispiel eines Strukturdiagramms

Strukturdiagramme dienen dazu, zentrale Aspekte eines Sachverhaltes in ihrer Verflechtung untereinander anschaulich darzustellen. Häufig eignen sich dazu Texte. Zunächst sollten Sie den Text aufmerksam lesen, zentrale Aspekte markieren und durch übergeordnete Begriffe zusammenfassen. Diese Begriffsfelder werden schließlich in einer logischen Beziehung zueinander angeordnet. Meist gibt Ihnen die Aufgabenstellung schon Hinweise auf den „Ausgangspunkt“ und das „Ziel“ des zu erarbeitenden Strukturdiagramms. Pfeile verdeutlichen die Qualität der Vernetzung zwischen Ursachen, Folgen und Ergebnissen („A – B“ bedeutet: A steht in Wechselbeziehung zu B, „A –> B“ bedeutet: Aus A folgt B; „A <–> B“ bedeutet: Sowohl A kann aus B als auch B aus A folgen). Durch unterschiedliche Pfeile sowie durch kurze Erläuterungen an den Pfeilen, können die wichtigsten Verbindungen gekennzeichnet werden. Bei umfangreicheren Strukturdiagrammen sollten Sie zunächst Teilaspekte soweit wie möglich zusammenfassen und danach eine sinnvolle Anordnung auf einem Denkzettel skizzieren. Erst in einem nächsten Schritt, um Überschneidungen von Pfeilen zu minimieren, sollten Sie Ihre Skizze in Ihre Unterlagen übertragen.

aus: Dr. W. Gerber u.a.: Mensch und Raum. a.a.O., S. 203

4.8. Probleme erforschen: die Spinnwebanalyse

Eine einfache Methode zur Analyse von Problemen (insbes. geeignet für die Arbeit in Kleingruppen, ist die Spinnwebanalyse. Dabei gehen Sie folgendermaßen vor:

1. Ein Problem oder ein Sachverhalt wird benannt und in die Mitte eines großen Blattes Papier geschrieben. Sammeln Sie dann die direkten Ursachen oder Folgen des Problems und halten Sie diese in Kreisen rund um das Problem fest (Ursachen erster Ordnung).
2. Nun werden die direkten Ursachen und Folgen der eben gefundenen Ursachen ausgemacht und wiederum festgemacht (Ursachen 2. Ordnung).
3. Diese Ursachen werden wiederum auf Ihre Entstehungsbedingungen zurückverfolgt (Ursachen dritter Ordnung).

Das Ergebnis ist ein anschauliches Ursachengeflecht, das Problemursachen aufzeigt und in ihrer Bedeung hierarchisiert (Weitere Informationen zur Spinnwebanalyse finden Sie in dem folgenden Buch, dem auch die obige Anleitung entnommen wurde: Günther Gugel: Praxis politischer Bildungsarbeit. Methoden und Arbeitshilfen, Tübingen 1973).

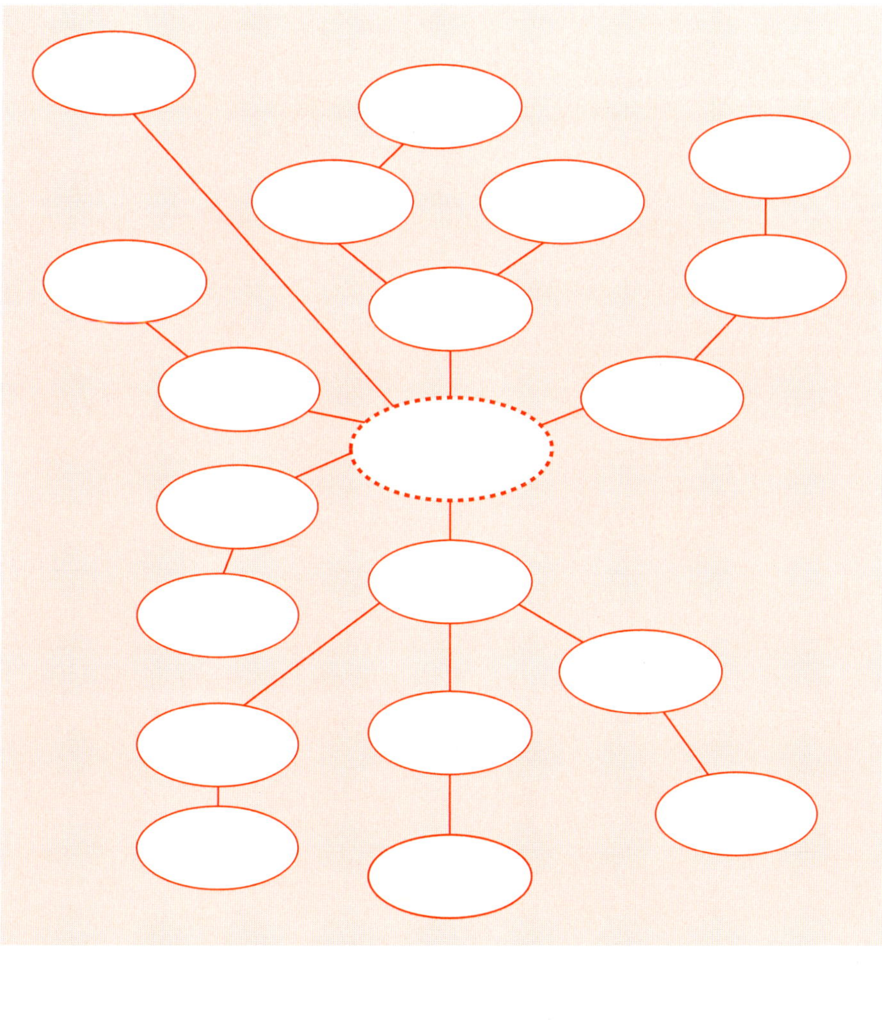

1. Wie würden Sie die folgenden Informationen strukturieren und grafisch darstellen? Wählen Sie eine der in Kapitel 4 beschriebenen Darstellungsformen.
   a) den organisatorischen Aufbau Ihrer Schule
   b) den Weg der Entstehung eines Gesetzes, von der Gesetzesinitiative bis zur Verkündung
   c) das Verhältnis einer bestimmten Romanfigur zu den anderen Hauptcharakteren dieses Romans
   d) die Ergebnisse der Bismarck'schen Außenpolitik
   e) eine Grobgliederung eines Referates zum Thema „Bundeshauptstadt Berlin"
   f) eine Ideensammlung für Fragen an einen ehemaligen Volkskammerabgeordneten der DDR
   g) die wichtigsten Bestimmungen der Maastrichter Verträge
   h) einen Überblick über die Vereinten Nationen und ihre Arbeitsbereiche
   i) das Verfahren zur Wahl des amerikanischen Präsidenten.
2. Erstellen Sie ein Flow-Chart, aus dem hervorgeht, welche Möglichkeiten und Alternativen Sie haben, um mit einem Textverarbeitungsprogramm eine Overhead-Folie zu gestalten (siehe S. XX).
3. Zeigen Sie mittels einer Baumstruktur, welche Wege zur allgemeinen Hochschulreife führen.
4. Erarbeiten Sie eine Begriffsdefinition „vernetztes Denken" und präsentieren Sie diese mithilfe einer grafischen Unterstützung.
5. Untersuchen Sie mithilfe einer Spinnwebanalyse folgende Probleme (alternativ):
   a) Ursachen und Folgen des Waldsterbens
   b) Ursachen und Folgen der Politikverdrossenheit Jugendlicher.
6. Erstellen Sie ausgehend von M 1 ein visuelles Modell, das zeigt, wie Geld über Märkte zwischen Haushalten und Unternehmen fließt. Diskutieren Sie anschließend, mögliche Vorteile und Nachteile dieser modellhaften Darstellungen.

M 1 Wie ist die Volkswirtschaft organisiert?

Die Volkswirtschaft besteht aus Millionen von Menschen, die sich in vielerlei ökonomischen Aktivitäten engagieren – Kaufen, Verkaufen, Arbeiten, Leute einstellen, Produzieren und so weiter. Um verstehen zu können, wie die Volkswirtschaft funktioniert, müssen wir einen Weg zur Vereinfachung des Nachdenkens über diese Aktivitäten finden. Mit anderen Worten brauchen wir ein Modell, das in allgemeinen Begriffen erklärt, wie die Volkswirtschaft organisiert ist.

In diesem Modell hat die Volkswirtschaft zweierlei Entscheidungsträger – Haushalte und Unternehmungen. Unternehmungen erzeugen Güter (Waren und Dienstleistungen), wobei sie verschiedene Inputs verwenden, wie z. B. Arbeit, Boden und Kapital (Realkapital wie Gebäude und Maschinen). Diese Inputs nennt man Produktionsfaktoren. Die Haushalte sind Eigentümer der Produktionsfaktoren, und sie verbrauchen alle von den Unternehmungen hergestellten Güter.

Haushalte und Unternehmungen interagieren auf zweierlei Märkten. Auf den Gütermärkten sind die Haushalte Käufer und die Unternehmungen Verkäufer: Genauer gesagt kaufen die Haushalte den von den Unternehmungen produzierten Output an Gütern. Auf den Faktormärkten sind die Haushalte Verkäufer und die Unternehmungen Käufer. Auf diesen Märkten stellen die Haushalte den Unternehmungen die zur Produktion der Güter notwendigen Inputs bereit. Das Modell bietet ein einfaches Verfahren, um all die zwischen den Haushalten und den Unternehmungen der Volkswirtschaft ablaufenden ökonomischen Transaktionen anzuordnen. Dazu gehören die Güterströme zwischen Haushalten und Unternehmungen. Die Haushalte „verkaufen“ auf den Faktormärkten den Gebrauch ihrer Arbeitskraft, ihrer Grundstücke und Gebäude sowie ihres Realkapitals an die Unternehmungen. Die Unternehmungen verwenden diese Produktionsfaktoren bei der Herstellung von Gütern, die auf den Gütermärkten wiederum an die Haushalte verkauft werden. So fließen die Produktionsfaktoren von den Haushalten zu den Unternehmungen und die Güter von den Unternehmungen zu den Haushalten.

Zum anderen gibt es Güterströme, die den Geldströmen entsprechenden. Die Haushalte geben Geld aus für den Kauf von Waren und Dienstleistungen von den Unternehmungen. Die Unternehmungen verwenden diese Einnahmen aus den Güterverkäufen teilweise dazu, um die Produktionsfaktoren zu entlohnen (z. B. Löhne und Gehälter für Ihre Arbeitskräfte). Was übrig bleibt, ist der Gewinn des Unternehmers, der selbst auch zum Haushaltssektor gehört. Somit fließen Ausgaben für Güter von den Haushalten zu den Unternehmungen und Einkommen in Form von Löhnen, Mieten und Pacht sowie Gewinn von den Unternehmungen zu den Haushalten.

Text leicht verändert aus: N. Gregory Mankiw: Grundzüge der Volkswirtschaftslehre. Stuttgart: Schäffer-Poeschel, 1999, S. 25f.

5. Die Präsentation – Informationen weitergeben und benutzen

REFERATE

FACHARBEITEN

DOKUMENTATIONEN

AUSSTELLUNG

OHP

HOMEPAGE

POWERPOINT

5.1. Inhalt und Formen der Präsentation

Eine **Präsentation** ist eine vom Ablauf und der Organisation her gründlich vorbereitete, themen- und zielgruppenbezogene Vorstellung von Informationen und Inhalten jeder Art. Die vorgestellten Informationen oder Inhalte sind das Resultat intensiver thematischer Vorarbeiten. Eine Präsentation verfolgt die Absicht, die Zielgruppe zu informieren, zu überzeugen oder zu motivieren. Präsentationen können mündlich, schriftlich, visuell, interaktiv oder als Mischung mehrerer dieser Formen erfolgen.

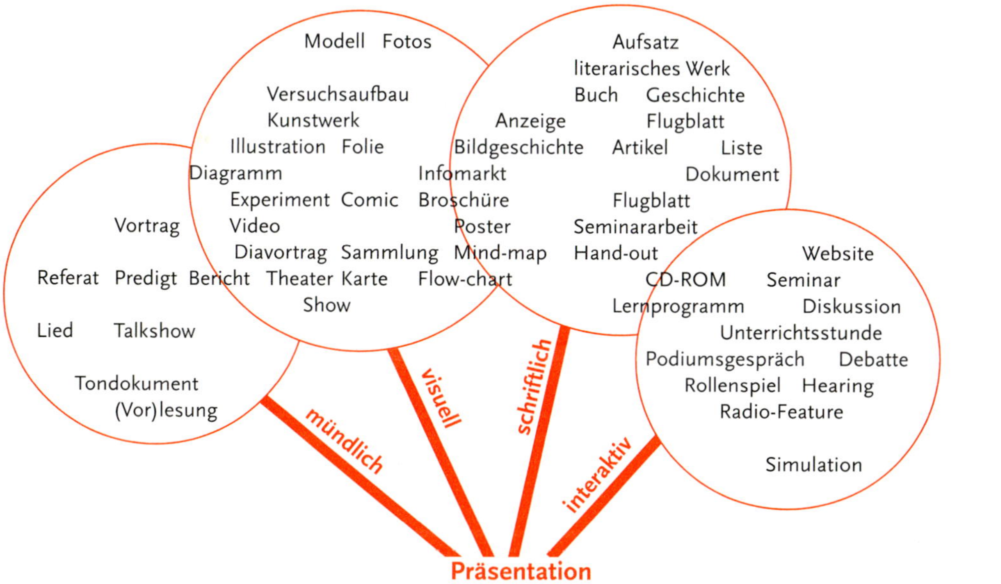

Vorbereitung

mündlich

- wirkungsvoller Einstieg und Schluss
- Stichwortkarten vorbereiten
- Vortrag vor Spiegel oder Kamera üben
- Vortragszeit ermitteln

visuell

- Informationen ordnen
- Material ordnen
- dynamische Einleitung
- augenfreundliche Anordnung
- Grafik und Farbcodes überlegen

schriftlich

- erkennbare Gliederung
- eigener Absatz für jedes Unterthema
- guter Einstieg und Schluss
- Visualisierungsmöglichkeiten überlegen

interaktiv

- dynamische Ablaufplanung
- überlegter Medieneinsatz
- Ausrüstung vorher testen
- auf Unvorhergesehenes vorbereitet sein
- Übersicht behalten

5.2. Die mündliche Präsentation – Reden halten, Referate vortragen

Bitte lesen Sie diese Geschichte von einem Vortrag, der zwar frei erfunden ist, sich aber tagtäglich überall so abspielen könnte. Was wird hier alles falsch gemacht? Wie könnte man es verbessern?
Formulieren Sie ausgehend von diesem Text 10 Regeln, die ein guter Redner beachten sollte.

M 1

„Eins, zwei, geht's jetzt?"

Herr K., ein Mitarbeiter der Berufsberatung, soll am Dienstag um 10.00 Uhr vor 150 Abiturienten zweier benachbarter Schulen einen 30minütigen Vortrag mit anschließender Diskussion über „Berufliche Perspektiven in den Zukunftstechnologien" halten.

Um 10.10 Uhr betritt Herr K. den Vortragssaal, die Abiturienten sind nahezu vollständig da. Als Herr K. ans Rednerpult tritt, wird es im Saal relativ schnell ruhig und Herr K. beginnt: „Liebe Abiturienten, …" Aber man hört ihn kaum. Er klopft an das Mikrophon, bläst hinein, aber man hört immer noch nichts. Der Oberstufenberater, ein Lehrer der gastgebenden Schule, und drei Abiturienten machen sich hilfreich an der Verstärkerelektronik zu schaffen und überprüfen die Verkabelungen und die Aussteuerung. Herr K. sagt dauernd : „Eins, zwei, hört man mich?", „Eins, zwei, geht's jetzt?", „Eins zwei? Eins, zwei?"

Der Oberstufenberater tritt ohne Mikrophon vor die Abiturienten und sagt: „Solange hier noch an den technischen Problemen gearbeitet wird, kann ich Ihnen ja Herrn K. erst einmal vorstellen …" – „… eins, zwei. Wie isses jetzt?" – „… Herr K. kommt aus der Berufsberatung und ist Spezialist für …" Über die Lautsprecher kommt ein ohrenbetäubendes Pfeifen. Einige Abiturienten halten sich kreischend die Ohren zu. „… ist Spezialist für High-Tech-Berufe …" – „Eins, zwei! Ich glaub, so geht's jetzt!"- „… und wird Sie heute über Berufsaussichten in diesem Bereich informieren."

„Ja, danke schön, Herr Direktor," sagt Herr K., jetzt laut und deutlich zu verstehen, „also, Sie können mich jetzt gut hören, ja? Gut. Zuerst muss ich mich einmal für meine Verspätung entschuldigen, aber es war natürlich kein Parkplatz frei hier. Ich halte ja viele Vorträge und komme ziemlich rum, nicht nur an Schulen, aber so ein Theater wie hier ist mir noch nirgends begegnet. Aber was soll's! Also vielleicht erst mal 'was zu meiner Person: Bevor ich in die Berufsberatung gegangen bin, war ich EDV-Fachmann bei der Firma Chipland GmbH. Die sind dann von der TechnoLog AG aufgekauft worden, und da bin ich dann gegangen, weil die Arbeitsbedingungen und die Bezahlung nicht stimmten. Gut! Haben Sie bisher schon eine Frage? Also, wenn Sie Fragen haben, fragen Sie nur! Das ist mir lieber, als wenn ich Ihnen hier nur 'was vortrage, weil ich sowieso nicht weiß, was Sie eigentlich interessiert.

Also vielleicht gleich mal zu diesen Berufen. Da habe ich Ihnen eine Folie mitgebracht, was es so gibt."

Herr K. sucht in seinem Aktenkoffer und findet einen Ordner, entnimmt ihm eine Folie, hält sie prüfend hoch und legt sie dann resignierend auf den OH-Projektor. Nachdem er den Schalter für das Gerät gefunden hat, die Stromverbindung besteht bereits, schaltet er ein. An der Wand erscheinen verschwommene Farbtupfen. „Wo stellt man denn das scharf?" fragt er. „Die Geräte sind ja alle anders. Das neueste Modell ist das hier wohl auch nicht gerade." Trotz seiner Bemühungen schafft er es nicht, die ganze Folie, die vom Geräteventilator leicht in ständiger Vibration gehalten wird, scharf zu stellen. Entweder der obere oder der untere Teil bleibt unscharf. Die Folie ist überschrieben mit „Verdienstmöglichkeiten in High-Tech-Berufen".

Herr K. sagt, „Das wollte ich Ihnen zwar erst

zum Schluss zeigen, weil es das ist, was Sie wohl am meisten interessiert. Aber Sie können es sich genauso gut gleich am Anfang ansehen."

Einige Schüler fangen an, miteinander zu sprechen. Im Saal herrscht ein gewisser Grundgeräuschpegel. Herr K. tritt näher an die Projektionswand und liest die Folie vor, wobei er etwas an der Seite steht, so dass jeder gut sehen kann. Allerdings kann man ihn nicht verstehen, weil er nicht über das Mikrophon spricht.

Schließlich geht er wieder an das Rednerpult und sagt: „Also, wie ich gerade gesagt habe, die hellblauen Zahlen sind die durchschnittlichen Anfangsgehälter, die gelben sind die Spitzenverdienste, die vor ein paar Jahren in diesen Bereichen gezahlt wurden."

Die Sonne kommt hinter einer Wolke hervor und strahlt durch das Fenster auf die Projektionsfläche. Alle Farben verblassen, das Gelb verschwindet ganz. Zwischenfrage eines Schülers: „Von wann sind denn diese Zahlen?" Herr K. antwortet: „Gerade mal ein paar Jahre. Das genaue Datum habe ich in meiner anderen Mappe noch im Auto. Aber wegen der Hektik mit dem Parkplatz, Sie verstehen ..." Ein anderer Schüler weist darauf hin, dass er die gelben Zahlen nicht erkennen kann. Herr K.: „Ich habe sie doch eben vorgelesen, aber das ist jetzt nicht so wichtig, weil Sie ja sowieso erst mit dem Anfangsgehalt anfangen, vorausgesetzt ..." sagt er witzig, „... vorausgesetzt Sie schaffen Ihr Abitur."

Der Vortrag von Herrn K. endet nach 45 Minuten unter höflichem Beifall einiger Abiturienten. Es besteht kein Diskussionsbedarf. Herr K. ruft den Schülern, die den Raum bereits verlassen, noch seine Telefonnummer und seine Sprechzeiten nach, für den Fall, dass sich noch Fragen ergeben sollten.

5.2.1. Vorbereitung des Vortrags

„Aller Anfang ist schwer" heißt es und das gilt natürlich auch für einen Vortrag. Allerdings kann man sich auch einen Vortrag etwas leichter machen, indem man ihn vorbereitet und den Ablauf Punkt für Punkt durchplant. Eine gelungene Rede ist meist das Ergebnis einer gründlichen und systematischen Vorbereitung. Welche Arbeitsschritte im Vorfeld und bei der Durchführung eines Vortrages zu beachten sind, zeigt die Übersicht auf S. 130.

Zunächst müssen Sie sich die Faktoren klarmachen, die an Ihrer Redesituation Anteil haben:

die Redesituation klären

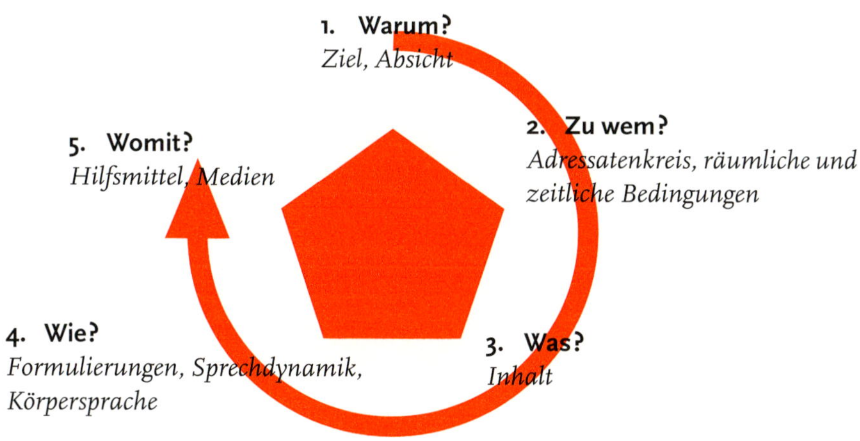

1. **Warum?** Im schulischen Rahmen gibt es unterschiedliche Gelegenheiten für Schülerreden oder Vorträge:

- Referate zu einem fachlich abgegrenzten Thema
- ein Einführungsvortrag zur Präsentation von Projektergebnissen
- eine Abiturrede oder eine Abschiedsrede für den pensionierten Direktor
- ein begründeter Antrag eines Schülervertreters auf der Schulkonferenz z. B. zur Einrichtung eines Internet-Cafés.

Je nach Redesituation unterscheiden sich die Ziele und die Absichten, die Sie mit einer Rede verfolgen (Belehren? Gewinnen? Bewegen?)

2. **Zu wem** sprechen Sie? Welche Erwartungen, Kenntnisse oder Wünsche, Vorurteile bringt das Publikum mit? Wie ist ihr Adressatenkreis zusammengesetzt (homogen oder unterschiedlich?) Wieviel Zeit haben Sie für Ihren Vortrag und wo werden Sie ihn präsentieren?

3. **Was** ist der Anlass und der Inhalt der Rede? Gegen welche anderen Themen müssen Sie sich abgrenzen?

4. **Wie** erreichen Sie die vom Publikum und von Ihnen gewünschte Wirkung (Glaubwürdigkeit, Überzeugungskraft, Unterhaltsamkeit ...)? Welche sprachlichen Mittel (Wortwahl, Satzbau) sind angemessen, welche Sprechdynamik (Tempo, Tonlage und Lautstärke), welche Gestik und Mimik?

5. **Womit** können Sie Ihren Vortrag unterstützen (Hilfsmittel, Medien)?

Konkretisieren Sie die im Schema genannten Faktoren für die unter 1. genannten unterschiedlichen Redeanlässe.

Das heißt, bevor Sie den eigentlichen Vortrag vorbereiten, müssen Sie Ihr Thema abgrenzen, recherchieren und Informationen verarbeiten (siehe die ersten drei Arbeitsschritte in der Übersicht auf S. 133).

Organisatorische Planung

Um sicherzustellen, dass Sie keine unangenehmen Überraschungen während Ihres Vortrages erleben, sollten Sie sich eine Checkliste anlegen, mit der Sie die äußeren Gegebenheiten für Ihren Vortrag überprüfen können. Die Liste hilft Ihnen sowohl bei der Vorbereitung als auch unmittelbar vor Beginn Ihres Vortrages und kann die folgenden Punkte enthalten (je nach Redesituation variierend):

Checkliste: Organisation

- Wie groß ist der Raum?
- Wie viele Zuhörer werden erwartet?
- Gibt es ein Rednerpult? Ist es auf die richtige Höhe eingestellt?
- Gibt es eine Mikrofonanlage? Funktioniert sie? Ist sie getestet?
- Stimmt die Beleuchtung? Lässt sie sich für Projektionen leicht dimmen?
- Welche audiovisuellen Geräte werden benötigt? Sind sie angeschlossen, ausgerichtet, scharf eingestellt? Stehen Gegenstände, Pflanzen etc. im Projektionsbereich, die evtl. Schatten werfen? *(Fortsetzung, siehe S.134)*

Übersicht zur Anfertigung und Präsentation eines Referats

Recherchieren
(Informationen sammeln)

- Lexika
- Expertengespräch
- Bibliothek — Stichwortkatalog; Autorenkatalog; Inhaltsverzeichnisse und Indizes von Büchern
- Internet — Suchprogramme (yahoo etc.)

Kopieren –> nicht zu viele Kopien anfertigen
Exzerpieren –> stichpunktartig; für jede wichtige Information eine eigene Karteikarte anfertigen
Zitieren –> nur ganz zentrale Aussagen wortwörtlich übernehmen!

Informationen verarbeiten

- Das Material gliedern (Karteikarten können sortiert, zu Teilbereichen gruppiert werden)
- Das Material visuell gestützt gedanklich verarbeiten
  –> Stichwortbilder
  –> Tabellen
  –> Diagramme
- Die Gliederung fixieren (die sortierten Karteikarten mit „Kapitelüberschriften“ versehen)

Vortrag vorbereiten

- Visuelle Unterstützung des Vortrags überlegen (z. B. schriftliche Gliederung an der Tafel, Folien oder Lernplakate zu Stichwortbildern, Diagrammen etc.)
- Schwer merkbare Fakten (z. B. schwierige Namen, Jahreszahlen) auf den Karteikarten farbig markieren
- Sich gedankliche Zusammenhänge für einen freien Vortrag einprägen, z. B. anhand von Symbolen

Vortrag halten

- Gegliederter Vortrag: neue Teilbereiche jeweils erst benennen, dann in Einzelheiten gehen
- Blickkontakt mit den Zuhörer/innen halten (frei sprechen)
- Pausen machen, Redetempo und Lautstärke variieren
- Gestik und Mimik bewusst verwenden
- Auf Reaktionen der Zuhörer/innen achten und den Gedankengang evtl. noch einmal präzisieren oder veranschaulichen

Vortrag auswerten

- Die Zuhörer/innen um Auskunft bitten, ob die unter „Vortrag halten“ genannten Punkte eingehalten wurden

aus: H. Biermann/B. Schurf: Texte, Themen und Strukturen, a.a.O., S. 120

Checkliste: Organisation *(Fortsetzung)*

- Gibt es eine Tafel, Flipchart, Moderationswände, Pinwand, Whiteboard, eine Karte, Posters etc. für Visualisierungen, sowie die entsprechenden Stifte, Nadeln, Magnete, Karten, Zubehörteile, etc.?
- Sind alle Materialien, Folien, Karteikarten, Unterlagen etc. in der richtigen Reihenfolge vorgeordnet?

Das Redekonzept

klassische Dreiteilung

Mit der klassischen Dreiteilung Ihres Vortrages in *Einleitung – Hauptteil – Schluss* und der entsprechenden Gewichtung (kurz – ausführlicher – kurz) liegen Sie immer richtig. Für eine über die Dreiteilung hinausgehende Gliederung bieten sich – je nach Thema und Zielsetzung – unterschiedliche Kriterien an: Argumentationskette, Ursache-Wirkung-Prinzip, Chronologie, Leitmotiv … Bei aller gebotenen Kürze sollten Sie aber nicht auf einen publikumswirksamen Einstieg verzichten und einen gelungenen Abschluss einplanen.

frei sprechen

Ablaufplan

Ziel jedes Redners/jeder Rednerin ist es, möglichst frei zu sprechen. Nur so können Sie den Kontakt zum Publikum herstellen und flexibel auf die Zuhörer reagieren. Für den Vortrag selbst ist es daher hilfreich, wenn Sie einen Ablaufplan entwickeln, aus dem Sie die Zeitstruktur, die Gliederung, den Medieneinsatz und sonstige, präsentationsrelevante Hinweise ersehen können. Das ausgearbeitete Redekonzept sollten Sie zudem in mehreren Arbeitsgängen entwickeln:

a) Überwältigen Sie die Zuhörer nicht mit Ihrem geballten Fachwissen. Wählen Sie nur die Inhalte aus, die tatsächlich in Frage kommen (siehe S. 112 „Thema eingrenzen“).
b) Reduzieren Sie die ausgewählten Inhalte auf das wesentliche und bringen Sie diese in eine sprachliche Form, die auch Zuhörer anspricht.
c) Lesen Sie nicht vom Blatt ab, d.h. notieren Sie nur Stichworte und kurze Hinweise zu deren Zusammenhängen auf einem Spickzettel oder auf Karteikarten. Für Ihren Vortrag verwenden Sie nur dieses „Minimalpapier“, alles andere sollten Sie sich einprägen, d.h. in Ihrem Gedächtnis unterbringen.

Die Anrede – Der Einstieg

Eine knappe Anrede der Anwesenden ist meist besser, als sofort mit der Tür ins Haus zu fallen und sofort mit inhaltlichen Dingen zu beginnen. Es ist nicht nötig, alle anwesenden Gruppen einzeln zu begrüßen, außer vielleicht bei einer Festrede, z.B. bei einer offiziellen Abiturabschlussfeier.

Aufmerksamkeit und Konzentration sollten während des gesamten Vortrags erhalten bleiben. Ein gelungener Einstieg ist daher nach der Anrede das beste Mittel, um die Zuhörer erstmals für den Vortrag zu gewinnen.

aktuell

- Aktuelle Meldungen aus Bereichen, die für die Zuhörer relevant sind und deren Zusammenhänge sie aus den Medien kennen. Sobald die Zuhörer erkennen, dass die Meldung wichtig ist, steigt die Aufmerksamkeit. Einen aktuellen Einstieg können Sie auch aus der Tageszeitung, der kompletten Zeitung, nicht nur einem kleinen herausgeschnittenen Artikel, vorlesen. Aber bitte keine langen Texte, eher nur einen prägnanten Satz.

Welche Einstiegsmöglichkeit gibt es?	Welche Wirkung hat sie?
aktuell	findet in der Regel uneingeschränkte Aufmerksamkeit
klassisch	stärkt die Glaubwürdigkeit der eigenen Person
fragend	regt die Zuhörer zum Mitdenken an
provozierend	trägt zur Steigerung der Spannung bei
überraschend	begünstigt gewollte Fragen und Zwischenrufe
ernst	kommt schnell zum Ergebnis und zu den Inhalten
heiter	als icebreaker und zur Entspannung der Atmosphäre
persönlich	untermauert die Glaubwürdigkeit der Argumentation
anerkennend	schafft harmonische Atmosphäre
vergleichend	weckt Interesse der Zuhörer
spontan	kann entspannen und erheitern
demonstrierend	bleibt am besten im Gedächtnis haften

- Viele Vortragende beginnen mit einem Zitat von einer bekannten Persönlichkeit. Das Zitat muss zum Thema in enger Beziehung stehen. Während des Vortrages kann auch auf das Zitat Bezug genommen werden. klassisch
- Fragen („Wissen Sie/Wisst ihr eigentlich warum ...?" oder „Haben Sie/Habt ihr eine Vorstellung wie häufig ...?") regen die Zuhörer zum Mitdenken an. Das können direkte Fragen sein, es können aber auch rhetorische Fragen sein, auf die keine Zuhörerantwort erwartet wird. Mit der Beantwortung einer solchen Frage durch den Vortragenden selbst, ist der Einstieg in das Thema erfolgt. fragend
- Wenn Sie mit mit einer provozierenden Aussage beginnen und diese kurz auf die Zuhörer wirken lassen, steigt die Spannung. Danach kann durch eine Abschwächung der Provokation zum Thema übergeleitet werden. Die Zuhörer werden sicher sehr aufmerksam zuhören, solange sie nicht persönlich provoziert oder attackiert werden und solange nicht abwesende Dritte angegriffen werden. provozierend
- Wenn Sie die Zuhörer in Erstaunen versetzen möchten, vertreten Sie beim Einstieg eine Haltung, die so nicht vom Redner erwartet worden wäre. Auch eine bewusste Falschmeldung hat diese Wirkung. Vielleicht fühlen sich Zuhörer auch zu Zwischenrufen veranlasst, um die Sachlage richtigzustellen. Dies tut der Vortragende auch und leitet damit zum Thema über. überraschend
- Wer relativ kurz vorträgt, um schnell zu Ergebnissen zu kommen, kann auch sofort im Einstieg schon das eigentliche Thema ansprechen. Dies wird in der Regel bei Vorlesungen an den Universitäten so gehalten. ernst
- Nichts ist schädlicher für den Einstieg, als einen plumpen Witz zu machen, der vielleicht sogar noch die Zuhörer aufs Korn nimmt. Eine humorvolle Bemerkung hingegen, die die Zuhörer zum Schmunzeln bringt, entspannt die Atmosphäre. heiter

anerkennend
- Wenn Sie mit einem persönlichen Erlebnis einsteigen, das im Zusammenhang mit dem Thema steht, erhöhen Sie Ihre Akzeptanz und Glaubwürdigkeit bei den Zuhörern.

persönlich
- Ein Referent erhöht seine Akzeptanz auch dadurch, dass er seinen Zuhörern als Einstieg seine ernstgemeinte Anerkennung für einen konkreten Anlass ausspricht. Die Atmosphäre wird harmonisch und entspannt und die Zuhörer sind aufmerksam.

vergleichend
- Wenn man die Zuhörer mit einem Beispiel, einem Vergleich oder einer anschaulichen Umschreibung an das Thema heranführt, bleibt Wesentliches länger im Gedächtnis haften, die Zuhörer sind interessiert und denken mit.

spontan
- Heiterkeit und Entspannung wird erzeugt, wenn spontan auf Dinge eingegangen wird, die kurz zuvor passiert sind. Schlagfertigkeit und Professionalität des Redners werden dabei unter Beweis gestellt, die Zuhörer sind zunächst überrascht und dann amüsiert, erleichtert, entspannt.

demonstrierend
- Besonders aufmerksam sind die Zuhörer, wenn Sie ihnen zum Einstieg einen kurzen Film, eine Folie, ein Dia oder ein Objekt präsentieren, die dann zum eigentlichen Thema hinführt. Auch hier ist die Behaltensquote sehr hoch.

Überlegen Sie sich für das nächste Referat, das Sie halten werden, fünf mögliche Einstiege. Entscheiden Sie sich dann für einen und begründen Sie, warum dieser eine für Sie und Ihr Referat der beste ist. Üben Sie alle Einstiege vor dem Spiegel oder mit Hilfe einer Videokamera.

Der Hauptteil

Visualisierung
Akzentuierung

Wenn der Einstieg erfolgt ist, müssen Sie das Thema und die eigene Gliederung kurz vorstellen („Mein folgendes Referat hat drei Teile: 1. ..., 2. ..., 3. ...“). Eine vorbereitete Flipchart mit den Gliederungspunkten kann während des ganzen Vortrags sichtbar sein, wobei man jeweils den Punkt (z. B. mit einem roten Pfeil) markiert, den man gerade abarbeitet. In ähnlicher Weise können Sie mit einem Overheadprojektor verfahren und jeweils den aktuellen Gliederungspunkt auf der Folie aufdecken. So wissen die Zuhörer, worum es geht und können alles einordnen, was sie hören. Durch entsprechende Formulierung sollten Sie den Beginn eines neuen Abschnitts und seinen Zusammenhang mit dem Abschnitt davor akzentuieren („Einleitend will ich ...“, „Daraus folgt ...“, „Als nächstes möchte ich ...“).

Ein gelungener Hauptteil ist das wichtigste Element in der Gesamtpräsentation. Dazu folgende Planungshinweise:

- Geben Sie dem Hauptteil eine klare, für die Zuhörer jederzeit nachvollziehbare Gliederung.
- Planen Sie nur das, was Sie auch tatsächlich in der zur Verfügung stehenden Zeit erreichen können.
- Planen Sie eine Zeitstruktur, sodass Sie wissen, wie lange Sie für jeden Punkt benötigen und wie lange die gesamte Präsentation etwa dauert.

- Planen Sie nicht die Lösung von Problemen, sondern das Erreichen von Ergebnissen.
- Überlegen Sie sich, an welcher Stelle Sie zur Unterstützung Ihrer Aussagen Medien einsetzen können und wie Sie diese gebrauchen.

Der Abschluss

Rahmen vollenden

Die meisten Möglichkeiten, die für den Einstieg erwähnt wurden, können ebenso für den Abschluss genutzt werden. Besonders geschickt ist es auch, einen Rahmen, der evtl. durch den Einstieg geöffnet wurde, jetzt zu schließen, indem der anfängliche Gedanke nochmals aufgegriffen wird, indem eine offene Frage mit Bezug zum Thema nun geschlossen wird, oder indem eine provozierende Einleitung nun, nachdem man mehr über die Hintergründe erfahren hat, wieder aufgegriffen und geprüft wird.

Der Abschluss
- Fassen Sie kurz die wesentlichen Aspekte Ihres Vortrags zusammen. Besonders wirksam geschieht dies mit einer vorbereiteten Overhead-Folie.
- Vermeiden Sie es, mit ungeschickten Formulierungen darauf hinzuweisen, dass Sie „jetzt am Ende seien", „... alles Wesentliche gesagt haben", „... nun zum Schluss kommen möchten."
- Wenn es – je nach Thema – sinnvoll ist, appellieren Sie an die Zuhörer, das, was sie von Ihnen gehört haben, nun in die Praxis umzusetzen und bieten Sie Ihre Hilfe dabei an. Oder fordern Sie die Zuhörer auf, sich selbst, nach der Einführung durch Sie, mit dem Thema weiter zu beschäftigen.
- Formulieren Sie abschließend einen persönlichen Dank an die Zuhörer für die Aufmerksamkeit.
- Falls eine anschließende Diskussion vorgesehen ist, leiten Sie nun dazu über.

Aufgaben des Diskussionsleiters:
- der Diskussion ein Ziel geben
- eine klare zeitliche Begrenzung setzen
- Diskussionsbeiträge sammeln, Wortmeldungen koordinieren, eine Reihenfolge festlegen und konsequent durchhalten
- auch zurückhaltende Teilnehmer zur Beteiligung auffordern und ihnen eine Chance geben
- Missverständnisse ausräumen
- die Diskussion auf einer sachlichen Ebene halten
- Ergebnisse zusammenfassen
- die Diskussion zum Abschluss bringen.

5.2.2. Gesprochene Sprache und Körpersprache

Sprachliche Mittel

Den richtigen Ausdruck zu finden für die zurechtgelegten Gedanken ist ein besonders wichtiger Schritt auf dem Weg zu einer gelungenen Rede. Dazu gehört eine dem Anlass angemessene Stillage, eine passende Wortwahl, ein übersichtlicher Satzbau und der sorgfältig bedachte Einsatz rhetorischer Mittel.

Gesprochene Sprache

- Sprechen Sie nicht wie man schreibt, sondern so, dass Ihnen die Zuhörer problemlos folgen können.
- Formulieren Sie nicht zu kompliziert. Vermeiden Sie unbedingt lange, verschachtelte Sätze mit Einschüben und Nebensätzen. Pro Satz sollte nur ein Gedanke oder eine wichtige Information transportiert werden.
- Verzichten Sie auf Fachbegriffe und Fremdwörter, wenn Sie wissen, dass die Zuhörer damit nichts anfangen können. Oder erklären Sie sie gleichzeitig.
- Sprechen Sie Ihr Publikum persönlich an. Benutzen Sie Wörter wie „Sie“ und „Wir“ statt „man“ und anderer unverbindlicher Formulierungen.
- Binden Sie Ihr Publikum in den Vortrag ein, z. B. indem Sie Fragen an die Zuhörer richten (Haben Sie/Habt ihr eine Vorstellung, wie viele …?).
- Verwenden Sie bei Verben Aktivformen statt Passivformen.
- Nutzen Sie Wiederholungen, um Ihre wichtigsten Aspekte nochmals zu betonen.
- Nutzen Sie rhetorische Mittel und Stilfiguren, wenn Sie die besondere Aufmerksamkeit der Zuhörer haben oder Sie Ihren Vortrag auflockern wollen: Variation, Wiederholung, Rückblick, Ausblick, Inversion, Ankündigung, Geheimnis, Gegenwartsbezug, Parabel, Aufzählung, Syllogismus, Ironie, Klimax, Antiklimax, Antithese, Parallele, Umformulierung, Übertreibung, Untertreibung, Rhetorische Frage, Provokation.

Sprechdynamik

Ein Sprecher spricht nicht nur, er wirkt auch auf uns durch seine Stimme, durch sein Sprechtempo, durch Variationen in Tonlage und Lautstärke, durch wirkungsvolle Beschleunigung und Pausen, die seine Aussageabsicht unterstreichen sollen. Diese Sprechdynamik setzt sich aus einer Reihe von Elementen zusammen, die bewusst vom Sprecher kontrolliert und eingesetzt werden können, um damit seine Rede plastischer zu gestalten, um Emotionen zu transportieren, oder um seine Haltung und seine Absichten klar zu machen. Zur Sprechdynamik gehören:

Lautstärke
- Lautstärke reicht von kaum wahrnehmbaren Flüstern zu lautem Schreien. Mit der Veränderung der Lautstärke kann man die Zuhörer disziplinieren, man kann Spannung und Dramatik erzeugen, man kann Ärger und Wut ausdrücken.

Sprechgeschwindigkeit
- Je schneller ein Sprecher spricht, desto aufgeregter ist er. Langsames Sprechen signalisiert Ruhe, Gelassenheit und Konzentration.

Akzentuierung

- Durch die Akzentuierung werden einzelne Silben oder Wörter besonders betont. Es macht zum Beispiel einen Bedeutungsunterschied, ob ich in dem Satz „Der Präsident wird im November gewählt." das Wort „Präsident", „November" oder „gewählt" akzentuiere.

Tonhöhe

- Jeder Sprecher verfügt über eine bestimmte Grundtonhöhe, die individuelle Interferenzlage, die weitgehend durch physische Gegebenheiten definiert wird. Die Tonhöhe ist aber veränderbar und kann dann unterschiedliche Signale transportieren. Eine tiefere Stimme strahlt meist eine höhere Souveränität aus, hinter einer hohen Stimme wird eher Naivität und Unsicherheit vermutet.

Intonation

- Die Intonation, das bewusste Verändern der Tonhöhe in zusammenhängenden Äußerungen, wird angewandt, um Gefühle zu transportieren, um Sprechabsichten zu vermitteln und um wichtige Wörter oder Phrasen hervorzuheben.

Rhythmus

- Rhythmus ist ein wiederholtes Auftreten einer schnell-langsam-Sequenz, einer wiederholt parallel verlaufenden Intonation oder eines wiederkehrenden Lautstärkemusters. Beim Zuhörer wird damit ein Wiedererkennungseffekt und eine Vertrautheit erzeugt. Wiederkehrender Rhythmus birgt keine Überraschungen.

Pausen

- Sprechpausen, an der richtigen Stelle gesetzt, erhöhen die Spannung, können aber ebenso Nachdenklichkeit und Ruhe suggerieren. Fehlende Pausen, dort, wo man sie erwartet hätte, stehen für Geschwindigkeit und Dramatik.

Die Stimme

- Sprechen Sie laut und deutlich.
- Sprechen Sie dynamisch, d. h. inhaltsangemessen betont, laut-leise, schnell-langsam, emphatisch und mit Pausen an den richtigen Stellen.
- Atmen Sie richtig, sodass Sie nicht mitten im Satz keine Luft mehr haben.
- Sprechen Sie lauter, wenn Sie merken dass Ihre Stimme zu zittern anfängt, oder Sie unsicher werden.

Körpersprache

Für dieses Experiment benötigen Sie mindestens zwei weitere Partner, am besten jedoch eine größere Gruppe:

1. Setzen Sie sich bitte so hin, dass Sie Ihre Partner nicht sehen können – also Rücken gegen Rücken mit dem Blick zur Wand.
2. Beginnen Sie nun ein Gespräch über ein beliebiges Thema z. B. den letzten Fußballbundesligaspieltag oder ein geplantes Schulfest.
3. Achten Sie auf die Veränderungen in der Kommunikationsstruktur. Was ist anders als „normal"?
4. Tauschen Sie Ihre Erfahrungen aus.

Körpersprache und gesprochene Sprache

Heruntergezogene Mundwinkel, gerümpfte Nasen oder vor der Brust verschränkte Arme sagen oft mehr über unsere Empfindungen und Gedanken aus als unsere Worte. Der Großteil der Mitteilungen an unsere Mitmenschen geht von unserem Körper aus und Elemente der Körpersprache wie z. B. Haltung, Blickkontakt, Mimik und Gestik, müssen Sie auch bei einem Vortrag beachten und einsetzen können.

Stehen Sie vor Ihren Zuhörern oder sitzen Sie? Befindet sich zwischen Ihnen und den Zuhörern ein „Sicherheitselement“, also ein Rednerpult, ein Tisch oder gar ein Overheadprojektor? Sprechen Sie frei oder lesen Sie ab? Welche Haltung ist wann angemessen?

sitzen/stehen

- Bei mehr als 15 Zuhörern ist es besser, zu stehen, um von allen gesehen zu werden. Man kann stehend freier sprechen, weil man unverkrampfter atmen kann. Dadurch wird die Stimme fester und trägt weiter. Wenn man seinen Vortrag nicht frei hält, sondern sich auf Notizen stützt, am besten auf Karteikarten, leistet auch ein Rednerpult gute Dienste, weil man seine Unterlagen darauf ablegen kann und die Hände frei hat, um seine Ausführungen durch Gesten zu unterstützen.

Bewegung

- Bringen Sie Ruhe in ihr Auftreten. Sie können durchaus nah an das Publikum herantreten, aber laufen Sie nicht hektisch auf und ab. Bei kurzen Referaten bis zu ca. 15 Minuten sollte man Bewegung aber auf ein Mindestmaß beschränken z. B. um etwas an einer Projektionsfläche oder Tafel zu zeigen.

Blickkontakt

- Blickkontakt zwischen Rednern und Zuhörern intensiviert die Kommunikation und zeigt sofortige Reaktionen. Über den Blickkontakt erfahren Sie als Redner ein Feedback und können z. B. einen Gedankengang noch einmal präzisieren oder veranschaulichen. Die Zuhörer lernen aus dem Blickkontakt vieles über die Glaubwürdigkeit und Seriosität, sowie Sicherheit oder Unsicherheit des Sprechers.

  Bei dieser Methode können Sie Blockkontakt mit Ihren Zuhörern halten und Sie kön-

Was sagen die Augen des Gesprächspartners aus?

seitlicher Blick von unten nach oben	→	freundliche Sympathie und Zuneigung
Blick von oben herab	→	überhebliche Haltung
langer und nachdenklicher Blick	→	Wunsch nach mehr Information
fehlender Blickkontakt	→	Unsicherheit
umherirrender Blick	→	Furcht, Angst
durchdringender und stechender Blick	→	klarer, gefestigter Standpunkt
Blick nach oben zur Decke	→	Desinteresse
kurze Blicke, schnelles Ausweichen	→	Unsicherheit
sich verengender Blick	→	Detailkonzentration
nachdenklichen Blick nach oben links	→	Erinnerung
nachdenklicher Blick nach oben rechts	→	Kreativität
nachdenklicher Blick nach unten	→	innerer Dialog
frontaler und direkter Blick	→	Aufforderung zur Stellungnahme
Hochziehen beider Augenbrauen	→	Aufmerksamkeit und spontanes Interesse
Hochziehen einer Augenbraue	→	Skepsis

nen weitersprechen, während Sie etwas an der Tafel oder an der Moderationswand zeigen.

Frei sprechen oder ablesen?

Es ist sicher wesentlich anspruchsvoller, einen gut strukturierten Vortrag frei zu halten als ihn manuskriptgestützt vorzutragen. Das geht aber nur, wenn man seinen Stoff hervorragend beherrscht und einzelne Gliederungspunkte und Aussagen nicht durcheinanderbringt. Komplettes Auswendiglernen ist ebenso abzulehnen wie das wortgetreue Vorlesen eines ausformulierten Manuskripts. Die ideale Vortragsweise liegt in der Mitte: Stichworte und Schlüsselbegriffe werden in der richtigen Reihenfolge schriftlich auf den Vortragsnotizen festgehalten. Auf dieser Grundlage entsteht Satz für Satz die freie Formulierung.

Was sagt die Mimik des Gesprächspartners aus?

Stirnfalten senkrecht	→	hohe Konzentration auf Details
Stirnfalten waagerecht	→	hohe Aufmerksamkeit; sind dabei die Augen leicht zugekniffen, gibt es evtl. Verständnisschwierigkeiten.
große Augen, offener Mund	→	(freudiges) Erstaunen
kleine Augen, offener Mund	→	Entsetzen
zusammengekniffene Lippen	→	Verärgerung, Unwillen, Verweigerung
sich auf die Unterlippe beißen	→	Bedauern oder Reue über die soeben gemachte Aussage
Zusammenbeißen der Zähne	→	Beschäftigung mit einem schwierigen Problem, hohe Nachdenklichkeit
Herunterziehen beider Mundwinkel	→	Skepsis, Geringschätzung, Missgunst
zuckende Mundwinkel	→	Unsicherheit, Nervosität
Herunterziehen eines Mundwinkels	→	Verachtung, Spott
sich an die Nase fassen	→	momentane Verunsicherung
sich ans Ohrläppchen fassen	→	Unsicherheit, Unschlüssigkeit
leicht nach oben gezogene (gerümpfte) Nase	→	Abneigung, Unlust, Widerwillen
geweitete Nasenflügel	→	Erregung, Erwartung, momentane Spannung

Was sagt das Lächeln des Gesprächspartners aus?

lockeres spannungsarmes Lächeln mit Bewegungsrichtung der Mundwinkel nach außen, Lippen geöffnet	→	Ausdruck echter Freude und vorbehaltloser Anerkennung
gewolltes, gemachtes Lächeln mit meist geradlinig auseinandergezogenen Mundwinkeln, eher starr	→	relativ geringer Gefühlsgehalt, heuchlerisch, oft auch verlegenheitslächeln, z. B. auch bei gestellten Fotos, bei der Begrüßung eines unsympathischen Gastes, etc.
süßliches Lächeln mit geringfügig stärkerer Lippendehnung	→	wirkt leicht unecht und übersteigert
Schmunzeln (Lächeln, bei dem die gespannten Lippen geschlossen bleiben)	→	Verschmitztheit; Aufmerksamkeit; zurückhaltender Ausdruck einer eigenen Meinung oder Erfahrung
schiefes Lächeln mit einseitigem nach oben oder unten ziehen eines Mundwinkels	→	innerer Zwiespalt, Verbergen einer wahren Meinung; Lächeln oder Lachen aus Höflichkeit, oft gequält

Mimik

Wie bei allen Aspekten der Körpersprache geht es auch bei der Mimik nicht darum, andere zu manipulieren, sondern sich der empfangenen und ausgesandten Signale bewusst zu werden. Auf diese Weise können Sie einige Gefühle und Regungen des Gesprächspartners erkennen und damit

- die Kommunikation verbessern,
- Konflikte vermeiden,
- Harmonie erzeugen.

Da die gesamte Körpersprache eine Einheit bildet, kann das Lächeln (siehe S. 141) nicht für sich allein interpretiert werden, sondern steht im direkten Zusammenhang mit der Mimik und in engem Zusammenhang mit der Kopf- und Körperhaltung und der Gestik.

Setzen Sie sich zu zweit gegenüber. Stecken Sie Ihre Hände in die Taschen oder halten Sie sie hinter dem Rücken verschränkt. Versuchen Sie allein durch Ihre Mimik und Ihren Blick die folgenden Empfindungen auszudrücken, die Ihr Gegenüber dann benennen muss:

Skepsis	Unsicherheit, Verlegenheit
Furcht, Angst	Hohn, Spott
Langeweile	Neugier
Freude	Stolz
Heiterkeit	Geringschätzung
Entsetzen	Besorgnis
Liebe	Hass
Ungeduld	Konzentration
Ärger	Unverständnis

Gestik

Die Gestik ist zur Unterstützung des gesprochenen Wortes durchaus kontrolliert einsetzbar und muss mit der Mimik übereinstimmen, da sonst verwirrende Signale ausgesandt werden. Eine zurückweisende Handbewegung passt nicht zu einem gewinnenden Lächeln. Dies kann die Zuhörer verunsichern. Das gilt auch für Übersprungshandlungen. Dies sind nervöse Ausweichshandlungen, die bei Frustration und innerem Konflikt ausgeführt werden und scheinbar nicht zur Situation passen. Beispielsweise, wenn sich Leute häufig die Haare aus dem Gesicht streichen, selbst wenn es nicht nötig ist, wenn man häufig auf die Uhr schaut, ohne danach eigentlich zu wissen, wie spät es ist, oder wenn man seine wohlgeordneten Vortragsunterlagen immer wieder anfasst, ordnet, aufstößt, etc.

Übersprungshandlungen

Manierismen

Auch Manierismen, etwas sonderbare, posenhafte Sprech- oder Bewegungsgewohnheiten können auf Zuhörer gelegentlich störend wirken.

Bei den für eine Präsentation relevanten Gesten unterscheiden wir zwischen

- Zeigegesten
- Betonungsgesten
- Demonstrationsgesten.

Diese können unwillkürlich oder willkürlich verwendet werden.

Zeigegesten

- Zeigegesten sind Gesten, die auf besondere Dinge oder Personen aufmerksam machen wollen. Je nachdem, worum es sich handelt, zeigt man mit dem ausgestreckten Zeigefinger, der auch eine Dominanzgeste sein kann, oder mit der ganzen Hand.

Betonungsgesten

- Betonungsgesten verstärken verbale Aussagen. Zeigt dabei die Handfläche nach oben, soll etwas angehoben oder aufgewertet werden. Eine senkrecht stehende Handfläche ist wertneutral, also weder positiv noch negativ. Zeigt die Handfläche nach unten, soll etwas eher abgewertet werden. Gesten mit der geballten Faust sind besonders nachdrücklich, und Fingergesten fordern besondere Aufmerksamkeit.

Demonstrationsgesten

- Mit Demonstrationsgesten werden Sachverhalte wie Formen, Größen, Gewichte oder Greifhaltungen verdeutlicht.

Nicht nur die Art der Geste, auch der Ort an dem sie ausgeführt wird, beeinflusst ihre Bedeutung.

- Bewegungen der Arme und Gesten oberhalb der Gürtellinie befinden sich im positiven Bereich und transportieren positive Botschaften. Je nach Anzahl der Zuhörer und Größe des Raumes müssen diese Gesten bezüglich ihrer Größe und weite angemessen sein. Die Gesten oberhalb der Gürtellinie haben eine stärkere Überzeugungskraft, verstärken die Glaubwürdigkeit und beleben eine Präsentation.

Gürtellinie

- Bewegungen der Arme und Gesten in Höhe der Gürtellinie befinden sich im neutralen Bereich und strahlen Sachlichkeit und Verbindlichkeit aus. Die damit verbundenen Botschaften sind wertfrei.
- Unterhalb der Gürtellinie sind Bewegungen und Gesten für eine Präsentation nicht hilfreich, da sie eine eher negative Botschaft signalisieren und der Sprecher unbeweglich und unsicher erscheint.

Bitte beachten Sie bei einem Vortrag oder einem Referat, dass die Geste, die das Wort unterstützen soll, nicht gleichzeitig mit dem Wort eingesetzt wird, sondern schon ein wenig vorher, sodass der Zuhörer bereits optisch auf das vorbereitet wird, was er unmittelbar danach hört. Dadurch wird die Aufmerksamkeit erhalten und verstärkt.

Körpersprache

- Halten Sie Blickkontakt mit Ihren Zuhörern (frei sprechen) und achten Sie auf deren Reaktionen.
- Versuchen Sie, Ihre Aussagen durch möglichst natürliche Mimik und Gestik zu verstärken.
- Intensivieren Sie Ihre Gestik, wenn die Aufmerksamkeit nachlässt.
- Versuchen Sie, Ihre Übersprungshandlungen und Manierismen unter Kontrolle zu bekommen.
- Spielen Sie nicht mit Zeigestöcken, Laserpointern, Schreibgeräten etc. Diese Dinge nehmen Sie nur in die Hand, wenn Sie sie wirklich brauchen.
- Zeigen Sie Dinge an FlipChart und Moderationswand mit der Hand, nicht mit Gegenständen. Dazu stellen Sie sich neben die Wand, Ihre Front zeigt zum Auditorium.
- Einzelheiten auf Folien zeigen Sie mit einem spitzen Gegenstand auf dem Projektor, nicht an der Projektionswand.

- Achten Sie darauf, dass Sie nicht zu hektisch wirken, wenn Sie während Ihres Vortrags mehrfach aufstehen müssen, um an Ihre Projektionsgeräte und visuellen Hilfsmittel zu gelangen.
- Bringen Sie Ruhe in Ihr Auftreten. Sie können durchaus nah an das Publikum herangehen, aber laufen Sie nicht hektisch auf und ab.
- Wenn Sie als Referent an einem Tisch vor Ihren Zuhörern sitzen, überlegen Sie sich genau, welches Bild Sie abgeben. Es kann sein, dass Sie oberhalb der Tischplatte ganz elegant und professionell aussehen, dass aber dieser positive Eindruck unterhalb der Tischplatte wieder aufgehoben wird.

Bei der folgenden Übung können Sie allein (z. B. zu Hause vor dem Spiegel) oder mit einem Partner/einer Partnerin durchführen.

1. Lesen Sie sich die nachfolgenden Sätze, die alle aus dem Zusammenhang gerissen sind, zunächst genau durch. Dann stellen Sie sich bitte vor, Sie sprechen diese Sätze als wichtigen Bestandteil eines Referates vor ca. 20 Zuhörern. Lesen Sie nun jeden Satz einzeln noch einmal so oft durch, bis Sie ihn ohne Blick auf das Blatt frei wiederholen können.
2. Tragen Sie einen Satz nach dem anderen frei stehend vor. Achten Sie dabei darauf, dass Ihre Lautstärke, Betonung, Intonation und Sprechgeschwindigkeit angemessen ist, dass Ihre Mimik und Ihre Gestik den Inhalt des gesprochenen Wortes unterstützt, und dass nichts übertrieben oder gekünstelt wirkt, sondern ganz natürlich bei Ihrem Gesprächspartner ankommt.

1. Langsam entfaltete die zarte Blüte ihr blasses Rosa.
2. Von Norden nach Süden erstrecken sich gewaltige Wolkenfelder.
3. Einerseits konnte man zustimmen, andererseits gab es Bedenken.
4. Plötzlich erschütterte eine gewaltige Explosion das Gebäude.
5. Man kann es ihm nur immer und immer wieder einhämmern.
6. Ich frage mich, Sie fragen sich, wir fragen uns alle, wie das weitergehen soll.
7. Immer mit der Ruhe. Nur keine Aufregung.
8. Irgendwie dreht sich unsere Argumentation immer im Kreis.
9. Mir wird himmelangst, wenn ich sehe, wie er den Baum hochklettert.
10. Ich möchte es noch einmal ganz klar und deutlich sagen: dieses Vorgehen ist illegal.
11. Ich weiß es doch nicht. Mich hat niemand informiert.
12. Wir haben es hier mit einem eher globalen Problem zu tun.
13. Gehen Sie bitte vor bis zum Bahnhof, dann durch die Seitenstraße links und vor der Ampel scharf rechts.
14. Sie können komplizierte Dinge klar darstellen. Ich bewundere Sie.
15. Das Fleisch hatte einen unangenehmen säuerlichen Nachgeschmack.
16. Ich habe schon ganz viereckige Augen von den vielen Stunden am Bildschirm.
17. Er fuhr in Schlangenlinien vor mir her und stürzte dann die Böschung hinunter.

18. Wie oft soll ich Ihnen noch sagen, dass dieser Ordner hier in diesen Schrank gehört!
19. Er stand auf dem Hügel ganz weit da hinten und winkte mir zu.
20. Unsere Devise lautet: erstens: Sparen; zweitens: Sparen; drittens: Sparen.
21. Muss ich über die Brücke fahren oder kann ich auch unter der Brücke durch fahren?
22. In Frankfurt müssen Flugzeuge steiler starten als in Stuttgart.
23. In der Form ähnelt die Skulptur einer Cola-Flasche.
24. Die Londoner Taxis sind so hoch, damit ein Gentleman mit Hut bequem darin sitzen kann.
25. Es war ein ständiges Auf und Ab.
26. Ich möchte dies mit allem Nachdruck sagen.
27. Seine Ausdrucksweise war langsam und schwerfällig.
28. Die Weite des Landes ist unübersehbar.
29. Mit der Tiefe ihrer Verbeugung bringen Japaner unterschiedliche Grade der Ehrerbietung zum Ausdruck.
30. Sein tänzerischer Gang brachte ihm viel Ablehnung entgegen.
31. Herzlich Willkommen. Wie schön, dass Sie endlich da sind.
32. Bitte belästigen Sie mich nicht mit so etwas.
33. Guten Tag. Bitte nehmen Sie Platz.
34. Ich mache mit, aber nur bis zu diesem Punkt und nicht weiter.
35. Ich weiß auch nicht, aber was soll ich denn machen?
36. Sie sahen sich lange an, lächelten und fielen einander in die Arme.
37. Die UNO, meine Damen und Herren, ist nicht mit dem Völkerbund zu vergleichen.
38. Also hier ist der Mond, und der dreht sich um die Erde, und beide drehen sich um die Sonne.
39. Mit der linken Hand halten Sie das Lenkrad und mit der rechten die Handbremse, oder umgekehrt bei einem britischen Auto.
40. Vor uns lag der Abgrund beleuchtet durch den riesigen knallroten Feuerball der Sonne.
41. Ihre Gefühle fuhren Achterbahn mit ihr.
42. Ein Baby hat ja noch so süße, winzig kleine Finger.
43. Schon bei dem Gedanken an die Fischmehlfabrik dreht sich mir der Magen um.
44. In der Autowaschanlage fährt man mitten zwischen diese beiden schnell rotierenden Bürsten.
45. Der Konzertsaal ist ein großer Rundbau mit einer Orgelempore und steil ansteigenden Zuhörerreihen
46. Er wiegte sein Haupt bedächtig hin und her.
47. Die Leute laufen immer von der einen Seite auf die andere und zurück. Dadurch schwankt das Boot.
48. Kommen Sie bitte her. Hier vorn sind noch Plätze frei.
49. Die Flügeltüren öffneten sich, und herein kam die junge Herzogin, eine Schönheit wie aus einem Märchen.
50. Seine fahrigen Bewegungen und sein unruhiger Blick verraten große Unsicherheit.

Auch wenn es etwas Überwindung kostet: Zu einer guten Vorbereitung für einen Vortrag gehört es auf jeden Fall, dass Sie diesen vorab üben.

1. Üben Sie den Vortrag zu Hause vor einem Spiegel oder mit einem Kassettenrekorder.
2. Tragen Sie die Rede einer Person Ihres Vertrauens vor, besprechen Sie mit dieser mögliche Mängel Ihres Vortrages und üben Sie die entsprechenden Stellen noch einmal.
3. Halten Sie in Ihrem Kurs Kurzreferate zu aktuellen Themen, die Sie mithilfe eines Auswertungsbogens begutachten (siehe auch die Checkliste S. 149 als Anregung).

5.2.3. Einen Vortrag halten

Hier werden Ihnen eine Reihe von Tipps für den eigentlichen Vortrag, das Referat oder die Präsentation vorgestellt. Mithilfe dieser „Dos and Don'ts" werden Sie Ihre Aufgabe optimal meistern.

Vor Beginn des Vortrags

- Sie haben Ihren Vortrag optimal vorbereitet, das Manuskript steht. Vielleicht haben Sie Ihre wichtigsten Stichworte und Ideen auf Karteikarten festgehalten. Damit nichts durcheinanderkommt, falls die Karteikarten einmal herunterfallen sollten, haben Sie sie alle nummeriert und oben links einmal gelocht und mit einem Bändchen oder Schlüsselring verbunden.
- Bevor Sie Ihren Vortrag halten überprüfen Sie die Räumlichkeiten, die Tafeln und Stifte, die Projektoren, und alle anderen Medien. Falls Ihnen ein Assistent behilflich ist, ist er eingewiesen und weiß, was er wann zu tun hat.
- Stimmen Sie sich positiv ein, indem Sie an etwas Angenehmes denken, vielleicht ein früheres Erfolgserlebnis.

Beginn des Vortrags

- Beginnen Sie pünktlich. Wenn Ihr Vortrag für 10.00 Uhr angesetzt ist, sollten Sie auch um 10.00 Uhr beginnen und nicht zehn Minuten später. Zuspätkommer wird es immer geben und es lohnt sich nicht, auf diese zu warten, wenn es nicht gerade die Ehrengäste sind.
- Wenn Sie nervös sind oder Lampenfieber haben, atmen Sie mehrfach tief durch. Fangen Sie nicht sofort an. Nehmen Sie Blickkontakt mit den Zuhörern auf, lächeln Sie und warten Sie einige Sekunden.
- Natürlich sollten Sie frei sprechen, aber den ersten Satz können Sie auswendig lernen und gekonnt aufsagen. Damit haben Sie Ihren persönlichen Einstieg in den Vortrag gefunden und werden sehr schnell ruhiger und freier werden.
- Sagen Sie den Zuhörern, worum es in Ihrem Vortrag geht, und wie Sie vorgehen wollen. Nehmen Sie aber keine Ergebnisse vorweg.

Motivation zum Zuhören

- Nach der ersten Minute haben Sie die volle Aufmerksamkeit durch einen gelungenen Einstieg.
- Zeigen Sie nach ca. 5 Minuten zum ersten Mal ein Dia oder eine Folie, denn „ein Bild sagt mehr als tausend Worte". Sie können so die leicht sinkende Aufmerksamkeit durch visuelle Hilfsmittel wieder stabilisieren.
- Spätestens nach der 15. Minute sinkt die Aufmerksamkeit der Zuhörer wieder ab. Sie können jetzt nochmals durch den Einsatz visueller Medien stabilisieren, oder Ihren Vortrag für ein paar Minuten unterbrechen, um Zwischenfragen zu beantworten. (Kurze Fragen, kurze Antworten)
- Nach der 30. Minute erreicht die Konzentration ihren Tiefpunkt. Sie können jetzt das nahe Ende Ihrer Präsentation oder eine kurz bevorstehende Pause ankündigen.
- Nach der 40. Minute sollten Sie das Ergebnis Ihres Vortrags ganz klar und punktuell zusammenfassen und evtl. auf einer Folie visuell präsentieren.
- Spätestens nach 45 Minuten müssen Sie Ihren Vortrag beendet haben oder eine 15minütige Pause einlegen.

Ich werde mich kurz fassen …

Sempé, Zeichnung aus „Der Lebenskünstler"

Probleme und Störungen während des Vortrags

- Was tun Sie, wenn Ihr Vortrag durch Zuspätkommer gestört wird? Ignorieren Sie sie. Machen Sie auf keinen Fall anzügliche Bemerkungen. Unterbrechen Sie bei sehr starker Störung lieber, bis diese Leute Platz genommen haben, dann machen Sie weiter.
- Was tun Sie, wenn Sie plötzlich einen Blackout haben und nicht mehr weiter wissen? Bleiben Sie ganz ruhig und schauen Sie in Ihren Unterlagen nach, was Sie als nächstes sagen wollten. Dann wiederholen Sie den letzten Satz und fahren ab da fort. Sie können den Zuhörern auch ehrlich sagen, dass Sie den Faden verloren haben und sich kurz neu an Ihren Aufschrieben orientieren. Oder Sie können das nächste Bild, die nächste Folie zeigen, das bisher Gesagte zusammenfassen, oder mit einem neuen inhaltlichen Aspekt weitermachen.
- Was tun Sie, wenn Sie sich versprechen? Sie korrigieren sich einfach ohne sich aufwendig zu entschuldigen und machen weiter.
- Was tun Sie bei technischen Pannen, Stromausfall, unzuverlässiger Funktionsweise von Projektoren etc.? Wenn es irgendwie möglich ist, verzichten Sie auf das entsprechende Medium. Andernfalls unterbrechen Sie Ihren Vortrag und beheben dieses Problem, evtl. mit sachkundiger Hilfe Anwesender.
- Was tun Sie, wenn Zuhörer Zwischenfragen stellen? Solange solche Fragen dem Verständnis dienen, beantworten Sie sie kurz und knapp. Lassen Sie sich aber nicht auf längere Diskussionen ein. Stellen Sie die Fragen, die nicht zum Thema gehören höflich und freundlich, aber bestimmt, zurück. Sie können möglicherweise in einer Diskussion am Ende Ihres Vortrags noch einmal aufgeworfen werden, sollten Sie aber während des Vortrags nicht am Fortfahren hindern.
- Was tun Sie, wenn Sie feststellen, dass Sie Zeitprobleme bekommen? Wenn Sie merken, Sie sind zu schnell, können Sie einzelne Aspekte nochmals vertiefen oder auf eine Folie zurückgreifen oder den Zuhörern Fragen stellen und Diskussionsstoff liefern. Wenn Sie zu lange brauchen, zählen Sie noch offene Aspekte nur auf und sagen mit wenigen Sätzen, worum es geht, ohne in die Tiefe zu gehen.

Nach der Präsentation

Benutzen Sie die nachfolgende oder eine ähnliche Checkliste, um sich selbst ein Feedback Ihres Vortrags zu geben:

	– –	–	o	+	++
1. Sind die Ziele des Vortrags erreicht worden?					
2. Ist der Einstieg und die Anfangsphase gelungen?					
3. Hatten Sie Lampenfieber?					
4. War die Präsentation gut strukturiert?					
5. Gab es einen sich durchziehenden „roten Faden"?					
6. Haben Sie frei gesprochen oder abgelesen?					
7. War der Blickkontakt zum Publikum gut?					
8. Haben Sie dynamisch gesprochen?					
9. Waren die Formulierungen und die Länge der Sätze angemessen?					
10. Haben Sie angemessene Mimik und Gestik verwendet?					
11. Haben Sie deutlich gesprochen?					
12. Sind Sie mit der Zeit klargekommen?					
13. Wie sind Sie mit aufmerksamkeiterhaltenden Stimuli umgegangen?					
14. War der Medieneinsatz erfolgreich?					
15. Waren Sie thematisch gut vorbereitet oder haben Sie an einzelnen Stellen Unsicherheiten gezeigt?					
16. Waren die Teilnehmer interessiert?					
17. Waren die Teilnehmer zufrieden?					
18. Gab es Punkte, die Sie anders und besser hätten präsentieren können?					
19. Wie waren Sie mit dem Abschluss zufrieden?					
20. Sind Sie mit dem Gesamtvortrag zufrieden?					
21. Hat Ihnen der Vortrag Spaß gemacht oder war es eher eine lästige Pflicht?					

5.3. Schriftliche Präsentation I: Referate, Fach- und Seminararbeiten

Grundformen des Schreibens

Durch die Themenstellung eines Referates, einer Fach- oder Seminararbeit ist die erwartete Arbeitsweise und damit die Grundform des Schreibens bereits vorgegeben. Ordnen Sie die folgenden Themen jeweils einer Grundform des Schreibens – Dokumentation, Analyse, Argumentation, Interpretation, Systematisierung, Evaluation, Kompilation, Systematisierung, Kontrastierung – zu. Als Hilfestellung können Sie die Tabelle „Grundformen des Schreibens“ und die entsprechenden Defintionen heranziehen (siehe S. 151).

Nummerierung	Thema	Ihre Zuordnung
1	Die Ereignisse des 20. Juli 1944.	
2	Führt die Abschaltung der deutschen Kernkraftwerke zu einer Energieversorgungsabhängigkeit vom Ausland?	
3	Hätte Sigmund Freud Hamlet helfen können?	
4	Faschistische Entwicklungen in der deutschen Innenpolitik 1933–1939.	
5	Beobachtung von Verhaltensauffälligkeiten bei Zootieren.	
6	Andy Warhols „Gold Marylin Monroe“ (1962) und James Rosenquists „Marylin Monroe, I“ (1962).	
7	Die Veränderung des deutsch-polnischen Grenzverkehrs seit 1995.	
8	Die Bodenkollision der beiden Boing 747 von Teneriffa 1978. Wie konnte es zur bisher größten Flugzeugkatastrophe kommen?	
9	Warum jüngere Menschen zur Wahl gehen sollten.	
10	Landschaftsmalerei im 19. Jahrhundert.	
11	Kann Osteuropa die Vorraussetzung für einen EU-Beitritt erfüllen?	
12	Sozialer Wohnungsbau in Deutschland. Unterschiedliche Ansätze in den 50er Jahren und heute.	
13	Franz Kafka: Die Verwandlung. Klarere Warnehmung durch andere Perspektive?	
14	Fitzgeralds Sicht der Zwanziger Jahre in „Der große Gatsby“.	
15	Die gesundheitspolitischen Vorstellungen von Regierung und Opposition.	
16	Wer hat Angst vor Virginia Woolf? Der geplatzte amerikanische Traum.	

Das Erarbeiten von Referaten und Seminararbeiten ist eine Form des wissenschaftlichen Schreibens, selbst wenn das Etikett „wissenschaftlich“ in der Sekundarstufe II noch nicht die Bedeutung haben kann wie später an der Universität. Diese Art des Schreibens teilt sich in acht Grundformen auf:

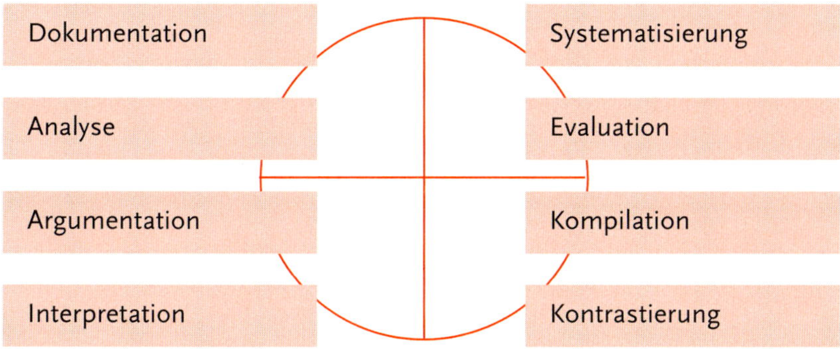

Grundformen des Schreibens

- Die Dokumentation versucht, eine Theorie oder ein wissenschaftliches Phänomen, eine historische Folge von Ereignissen, einen Prozessablauf etc. möglichst umfassend, genau und realitätsbezogen zu beschreiben. Eine eigene Meinung oder Kommentierung durch den Autor gehört nicht hierher. Der Stil ist deskriptiv. Dokumentation
- Die Analyse versucht, aufgrund einer Reihe von Gesichtspunkten und Kriterien einen Gegenstand abstrahierend zu beschreiben. Ein Beispiel ist die häufig vorkommende Textanalyse in der Literaturkritik. Analyse
- Die Systematisierung kann sich mit den gleichen Untersuchungsgegenständen wie die Dokumentation beschäftigen. Hier wird aber jeder Einzelschritt einer Theorie, eines Prozesses, einer Ereignisfolge analysiert. Ziel der Systematisierung ist es, einen größeren Zusammenhang durch Ordnen darzustellen und in seiner Struktur zu erfassen. Systematisierung
- Die Evaluation geht genauso vor wie die Systematisierung, hat aber als Ergebnis nicht die systematisierte Ordnung, sondern die Bewertung. Typische Beispiele für evaluierende Texte sind Gutachten oder auch Vergleiche, wie sie in den Sozialwissenschaften häufig vorkommen. Evaluation
- Die Argumentation setzt sich mit Gründen und Gegengründen einer Sache auseinander. Der argumentative Stil benutzt unterschiedliche Argumentationsketten, um aus der subjektiven Sicht des Autors eine Entscheidung oder Stellungnahme für oder gegen eine Seite einzunehmen. Argumentation
- Die Interpretation ist eine ebenfalls im argumentativen Stil gehaltene Auseinandersetzung mit einer Sache, mit dem Ziel, eine durch die Persönlichkeit des Autors geprägte und gefärbe Sichtweise nachvollziehbar zu formulieren und dem Leser darzulegen. Interpretation
- Eine Kompilation ist eine Zusammenfassung von Daten und Fakten, die durch systematisches Vorgehen bei Recherche und Versuchen erworben wurden und die erfasst und ausgewertet werden. Der Autor hält sich mit seiner persönlichen Perspektive zurück. Kompilation
- Eine Kontrastierung ist eine Gegenüberstellung, ein Vergleich mehrerer Aussagen, Modelle oder Theorien. Die Voraussetzung dafür ist wie bei der Kompilation ein systematisches Vorgehen. Die eigene Sichtweise des Autors wird zugunsten eines deskriptiven Stils zurückgedrängt. Kontrastierung

Textsorten

Von diesen Grundformen lassen sich die Textsorten der schriftlichen Präsentationen ableiten, wobei wir uns auf Anwendungen beschränken, die für den Schulbereich relevant sind:

- die Versuchsbeschreibung
- die Textzusammenfassung
- die Mitschrift und das Protokoll
- das Referat
- die Seminar- oder Facharbeit

Die Versuchsbeschreibung kommt vorwiegend in den naturwissenschaftlichen Fächern vor, kann aber auch für Untersuchungsmethoden in den Sozialwissenschaften oder sogar für die Literaturkritik angewandt werden. Alle anderen sind eher fächerübergreifend. Dies gilt besonders für Referate, die auch mündlich präsentiert werden können, und Seminar- und Facharbeiten.

Referat Referate beziehen sich in der Schule meist auf wenige Aspekte eines Themas. Die Aufgabe des Autors besteht dann darin, diese Aspekte so darzustellen, dass möglichst alle Mitschüler die themenrelevanten Informationen, die durch das Referat gesammelt wurden, verständlich präsentiert bekommen.

Seminararbeit/Facharbeit Die Seminararbeit ist nicht notwendigerweise direkter Bestandteil des Klassen- oder Kursunterrichts. In einer Seminararbeit beschäftigt sich ein Schüler oder eine Gruppe von Schülern, normalerweise Teilnehmer eines thematisch definierten Seminars,

Arbeitsschritte bei der Facharbeit im Überblick

1. Frage- und Problemstellung (mit Beratung) ausdifferenzieren (siehe Kapitel 4.1.).
   Arbeitsplan erstellen.
2. Recherche (siehe Kapitel 2 und 3)
3. Informationen auswerten (siehe Seite 86 f. sowie Kapitel 4)
4. Argumentation ausarbeiten
   Materialien und eigene Gedanken einordnen, Visualisierungsmöglichkeiten prüfen
   ausführliche Gliederung erstellen
5. Texteinleitung schreiben, ggf. am Schluss überarbeiten
   Text für den Hauptteil konzipieren, schreiben und überarbeiten
   Schlussteil als Ergebniszusammenfassung schreiben
6. Dokumente in den Text eingliedern oder für den Anhang aufbereiten
7. Rohentwurf überarbeiten: Bestehende Lücken füllen, Wiederholungen streichen.
8. Fertigstellung (am besten am PC):
   Layout für den Gesamttext entwerfen
   Deckblatt
   Inhaltsverzeichnis mit Seitenangaben
   Bibliografie
   Endkorrektur: Seitenverweise, Belege und Zitatangaben, Grammatik, Orthografie und Interpunktion prüfen.

intensiv mit einem Thema und präsentiert in dieser Arbeit die mit den jeweils angemessenen (wissenschaftlichen) Methoden erworbenen und bearbeiteten Erkenntnisse. Während das Referat in der schulischen Tradition mehr der Information anderer dient, weist ein Schüler in der Seminararbeit seine Fähigkeit zur selbstständigen, qualifizierten und fachangemessenen Arbeit nach.

Der Aufbau einer Facharbeit/eines Referats

Beim Aufbau einer Seminararbeit oder eines Referats muss man zwischen dem äußeren und inneren, d.h. dem formalen und dem inhaltlichen Aufbau unterscheiden. Grafisch dargestellt nähert man sich als Leser eines Referats oder einer Seminararbeit dem thematischen Inhalt von außen nach innen:

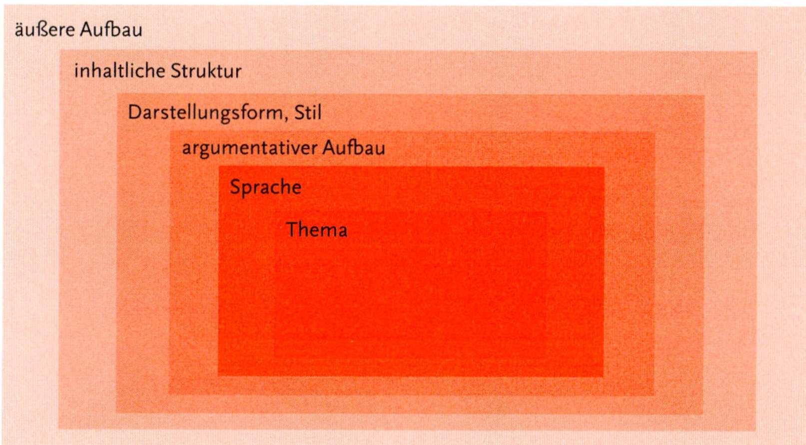

- Der äußere Aufbau folgt meist international standardisierten Regeln für wissenschaftliches Schriftgut: (äußerer Aufbau)
  Titelblatt
  Inhaltsverzeichnis
  Text
  Literaturverzeichnis
  Selbstständigkeitserklärung (bei Prüfungsarbeiten)
- Die inhaltliche Struktur liegt bereits an der Grenze zwischen formalem und inhaltlichen Aufbau. Hier wird unterteilt in (inhaltliche Struktur)
  Einleitung
  Hauptteil
  Schluss
  Dabei wird vor allem innerhalb des Hauptteils noch stärker untergliedert, meist nach inhaltlich-thematischen Gesichtspunkten.
- Bei der Darstellung, die im Verlauf einer Arbeit auch wechseln kann, geht es um Stilebenen. Handelt es sich um einen narrativen Text, der eher in der Primärliteratur vorkommt, um einen deskriptiven Text (Versuchsbeschreibung, Theorie, Darstellung eines Prozessablaufs etc.), oder um einen argumentativen Text? (Darstellungsformen, Stil)

argumentativer Aufbau

- Der argumentative Aufbau einer Arbeit bezieht sich auf die Klarheit und Folgerichtigkeit der Argumente. Hier gibt es mehrere Modelle:
  1. These –› Begründung für These –› Antithese –› Begründung für Antithese –› Vergleich These/Antithese –› Ergebnis: Synthese (dialektische Vorgehensweise.)
  2. These –› pro These –› contra These –› Schlussfolgerung
  3. Hypothese A –› Begründung für Hypothese A –› Hypothese B –› Begründung für Hypothese B –› Aufdeckung der evtl. Unzulänglichkeiten von Hypothese A und Hypothese B –› Folgerung: Aussage C
  4. Hypothese –› Begründung 1 –› Begründung 2 –› Begründung 3 –› Folgerung

These Eine These ist eine Behauptung, die als Grundannahme am Anfang einer Untersuchung steht und am Ende dieser Untersuchung bewiesen werden muss.

Antithese Eine Antithese ist eine ebenfalls zunächst noch unbewiesene Behauptung, die bewusst als Gegenstück zur These formuliert wird, um damit die dialektische Argumentation (s. o. Modell 1) zu fördern.

Synthese In der dialektischen Argumentation ist die Synthese das Ergebnis der Gegenüberstellung von These und Antithese und enthält Elemente aus beiden.

Hypothese In der allgemeinen Wissenschaftstheorie ist eine Hypothese eine Aussage, die als zutreffend angenommen wird. Daraus können theoretische Folgerungen abgeleitet werden.
Ebenso kann eine Hypothese eine Grundannahme sein, von der logisch richtige und nachvollziehbare Folgerungen abgeleitet werden.
In den Naturwissenschaften ist eine Hypothese eine experimentell noch nicht gesicherte Theorie, oder auch das Bemühen darum, einen beobachteten, aber noch nicht verstandenen Vorgang mit Hilfe eines begründeten Denkmodells zu erklären.

Sprache

- Im Bereich der Sprache lässt sich der Aufbau von Formulierungen ebenfalls nachvollziehen und systematisch analysieren. Es können verwendet werden:
  unterschiedliche Wortarten und wortartübergreifende Wortbildungen
  – Komposita und Umschreibungen
  – Individualismen und Verallgemeinerungen
  – Oberbegriffe und Unterbegriffe
  – allgemeiner Wortschatz und Fachbegriffe
  – rhetorische und stilistische Figuren

Wählen Sie eines der o. g. Aufbau-Schemata und schreiben Sie einen kurzen, argumentativen Text zu einem selbstgewählten Thema (z. B. „Tierschutz und Grundgesetz“, „Wahlpflicht bei Bundestagswahlen“).

Gliederung und Inhaltsverzeichnis

Das Inhaltsverzeichnis sollte in übersichtlicher Form einen Überblick über die einzelnen Aspekte der Arbeit gestatten und das Leseinteresse wecken. Zu diesem Zweck werden die einzelnen Punkte mit den Seitenzahlen des jeweiligen Kapitel- bzw. Unterkapitelbeginns verbunden.

Die Formulierungen sind kurz und übersichtlich, Stichworte reichen durchaus aus. Handlungsorientierte Formulierungen sind eher verbal dominiert („Wie arbeite ich kreativ?"), begriffsorientierte Formulierungen eher nominal („Kreative Arbeitstechniken"). Mischformen sind möglich.

handlungsorientiert
begriffsorientiert

Im Inhaltsverzeichnis werden auch die Seitenzahlen für das Literaturverzeichnis und, soweit vorhanden, für ein Register bzw. einen Stichwortindex und für diverse Appendices (Anhänge) angegeben.

Gliederungsprinzipien

Für Gliederungen und Inhaltsverzeichnisse lassen sich zahlreiche Kriterien verwenden: Gesetzestexte und Verträge werden formal nach Paragraphen, Absätzen und Sätzen gegliedert. Werke der dramatischen Literatur sind in Akte aufgeteilt, diese wieder in Szenen. Dieses Buch z. B. ist nach Ziffern gegliedert, wobei die erste Ziffer für ein Kapitel und die folgenden für Unterkapitel stehen.

All dies sind noch weitgehend *formale* Aspekte einer Gliederung.

Die *inhaltliche* Gliederung unterteilt eine Arbeit in eine Einleitung, einen Hauptteil, der in sich wieder stark untergliedert sein kann, und einen Schlussteil.

Bei sprachwissenschaftlichen Themen bietet sich oft eine *grammatikalische* Gliederung an.

Die *logische* Gliederung versucht das folgerichtige Vorgehen in einer Argumentationskette, z. B. These –› Antithese –› Synthese, zum Gliederungsprinzip zu erheben.

In der *lexikalischen* Gliederung wird ausgehend von übergeordneten Begriffen ein hierarchischer Abstieg verfolgt (siehe untenstehendes Beispiel.)

- Legislative
  - Parlament
    - Bundestag und Bundesrat
    - House of Commons und House of Lords
    - Kongress
      - Repräsentantenhaus und Senat
- Judikative
  - ...

1. Gehen Sie in eine Universitätsbibliothek und bestellen Sie sich 5 beliebige Dissertationen (Doktorarbeiten) in den Lesesaal. Nehmen Sie eine medizinische, eine juristische, eine historische, eine mathematisch-naturwissenschaftliche und eine aus dem Fachbereich Architektur. Vergleichen Sie diese Arbeiten nach den Kriterien Umfang, formale Aspekte, Gliederungsprinzipien und weiteren Kriterien, die Ihnen spontan auffallen. Fertigen Sie eine Vergleichstabelle an.
2. Wie könnte eine lexikalische Gliederung zu einem der folgenden Themen aussehen?
   a) Bildungssysteme im internationalen Vergleich
   b) Globale Herausforderungen am Beginn des 21. Jahrhunderts
   c) Gesellschaftliche Folgen des technischen Fortschritts

Allen Gliederungen gemeinsam sind die je nach Thema anzuwendenden additiven, korrelativen oder konsekutiven Vorgehensweisen.
Beim *additiven* Prinzip werden ausgehend von einer grundlegenden Information oder These immer weitere Punkte und Argumente hinzugefügt. Das additive Prinzip ist am ehesten mit der Baumstruktur vergleichbar.
Das *korrelative* Prinzip entspricht eher der Netzstruktur. Ale Aussagen und Informationen stehen miteinander in Verbindung bzw. sind sogar voneinander abhängig.
Bei einer *konsekutiven* Struktur steht am Anfang die These, die nach und nach durch Argumente gestützt und verifiziert wird. Das Ergebnis der Arbeit ist daher nicht die in der These enthaltene Aussage, sondern die Erkenntnis, dass die These richtig ist. Eine Falsifizierung der These scheidet hier insofern aus, als man die Absicht eine These zu widerlegen, in der konsekutiven Struktur an den Anfang stellen würde. Die Widerlegung wäre dann im Sinne der Arbeit ein positives Ergebnis.

Die klassische Gliederung: Einleitung, Mittelteil, Schlussteil

Die klassische Gliederung einer Arbeit ist die Dreigliederung nach Einleitung, Mittelteil und Schlussteil.

Einleitung

Die Einleitung ist vergleichbar mit dem Einstieg in die mündliche Präsentation. Sie soll das Interesse des Lesers wecken und sie soll zum Thema hinführen, d.h. hier erläutern Sie Ihre Zielsetzungen und Arbeitshypothesen, nach welchen Kriterien Sie Ihr Material ausgewählt und welche Methoden Sie angewandt haben.

Hauptteil

Der Hauptteil behandelt Punkt für Punkt die inhaltliche Darlegung und Argumentation, die Auseinandersetzung mit Materialien oder Texten, wobei bestimmte Argumentationsstrategien verfolgt werden können.

Argumentationsstrategien für den Hauptteil

Argumentation	Gegenargumentation
Berufung auf Autoritäten, Zitieren von Autoritäten, Hinweise auf Kernaussagen aus den Werken von Autoritäten	Mangelnde Anerkennung von Autoritäten für das zu behandelnde Thema. Hinweis auf andere Autoritäten als Gegenargumentlieferanten
Bezug auf Tatsachen, Daten, Fakten, Statistiken	Widerlegung von Tatsachen und Fakten, Kontern mit anderen Daten, andere Interpretation von Statistiken
Hinweis auf Ziele (Handlungsziele oder Erkenntnisziele)	Hinterfragen von Zielen, nur teilweise Zustimmung, Favorisieren anderer Ziele
Berufung auf Erfahrungen	Anführen anderer gegenteiliger Erfahrungen als Vergleich
Berufung auf allgemeine Werte, anerkannte Normen und Regeln, feststehende Gesetze, Naturgesetze, Sprichwörter, Redensarten, Volksweisheiten	Infrage stellen von Werten, Normen, Regeln. etc., Hinweis auf Irrelevanz für den aktuellen Fall

Schlussteil

Im Schlussteil einer Arbeit runden Sie das Gesamtbild ab, indem Sie
- bei längeren Arbeiten eine Zusammenfassung der wesentlichen Positionen liefern
- einen Ausblick auf künftige Entwicklungen geben

- die Leser zu eigener Weiterarbeit, zum Handeln, auffordern
- einen Appell formulieren
- eine Schlussfolgerung ziehen
- eine Bewertung formulieren

Hinweise zur Formulierung:

- Vermeiden Sie anonyme Aussagen („Es wird behauptet ...", „Gelegentlich hört man ..."). Formulieren Sie statt dessen verbindlich. Stellen Sie Ihren eigenen Standpunkt klar.
- Erhöhen Sie die Plausibilität Ihrer Argumentation, indem Sie Ihre Aussage klar treffen und nicht abschwächen.
- Formulieren Sie alles Wesentliche konzentriert und kompakt. Vermeiden Sie unerheblichen Wortmüll und Füllwörter, für deren Verwendung es keinen logischen Grund gibt (irgendwie, gewissermaßen, natürlich, echt).
- Bevorzugen Sie positive Formulierungen. Seien Sie konstruktiv.
- Verwenden Sie aktive Sätze. Sie wirken überzeugender als passive.
- Bleiben Sie konsequent auf der Sachebene. Falls Sie Dinge ansprechen müssen, die nur indirekt zum Thema gehören, können Sie dafür einen Exkurs wählen.
- Vermeiden Sie die Aneinanderreihung von Nomen (Nominalstil), indem Sie häufiger Verben verwenden. So vermeiden Sie Stilungeheuer, wie wir sie aus der Verwaltungssprache kennen.

Fußnoten

Fußnoten und Endnoten sind Anmerkungen, die dazu dienen

- zusätzliche, über den Haupttext hinausgehende Beispiele und Erklärungen zu geben
- auf andere Teile der Arbeit zu verweisen
- Quellen oder andere benutzte Literatur anzugeben oder zu zitieren.

Von Fußnoten spricht man, wenn sie sich am unteren Ende der Seite, auf die sie sich beziehen, befinden. Stehen sie am Ende eines Kapitels, spricht man von Endnoten. Sowohl am Seitenende wie auch am Kapitelende werden derartige Anmerkungen oft durch eine kurze oder über die ganze Seite gezogene, horizontale Linie vom Haupttext abgesetzt und oft auch mit kleinerer Schrifttype geschrieben.

Nummerierung

Moderne Textverarbeitungssysteme verfügen über eine leistungsfähige Fußnotenverwaltung, die sicherstellt, dass die Durchnummerierung und Zählung korrekt erfolgt und dass alle zu einer Seite gehörenden Fußnoten auch komplett auf der jeweiligen Seite erscheinen.

Fußnoten können bei kürzeren Arbeiten (bis ca. 20 Seiten) durchlaufend nummeriert werden. Bei umfangreicheren Arbeiten kann die Nummerierung bei jedem Kapitel neu beginnen.

Zitate und Quellenangaben

Funktionen von Zitaten

Der Autor einer Arbeit dokumentiert durch das Einfügen von Zitaten seine fachliche Belesenheit und Kompetenz. Er zeigt, dass er seine eigenen Gedanken mit denen anderer Autoren verbinden kann, um so eine fachliche Auseinandersetzung weiterzuführen. Zitate können daher als Ausgangspunkt einer Behauptung oder These, als Beleg, als Stütze, aber auch als Grundlage für Kritik und die Absicht zur Widerlegung dienen.

Die Hauptaufgabe eines Zitats in einem Referat oder einer Hausarbeit ist es aber, die eigene Aussage durch den Vergleich mit anderen Autoren abzusichern.

kurze Zitate

Ein kurzes, wörtliches Zitat wird in den Text integriert, dennoch aber durch Anführungszeichen als Zitat gekennzeichnet und mit einer laufenden Anmerkungsnummer, z. B. mit Klammer (2) oder nur als hochgestellte Zahl [2], versehen. Diese Nummer bezieht sich auf die Fußnote, in der das Zitat im Sinne einer Quellenangabe belegt wird. (Zu Quellenangaben siehe Kapitel 3.2.2.)

Ein direkter Einbau in die eigene Satzstruktur ist bei kürzeren Zitaten möglich. Bei

fremdsprachige Zitate

fremdsprachigen Zitaten sollten jedoch eigene deutsche Formulierungen und fremdsprachige Textstellen nicht in einem Satz gemischt werden.

Fremdsprachige Zitate in einer Sprache, die dem potentiellen Leser voraussichtlich nicht verständlich ist, sollten trotzdem immer in der Originalsprache eingefügt werden. Die Übersetzung kann aber als Anmerkung in einer Fußnote erfolgen. Sollte die Übersetzung nicht selbst verfasst sondern ebenfalls zitiert worden sein, gehört in die Fußnote nicht nur die Quellenangabe für das fremdsprachige Zitat, sondern auch die für die Übersetzung.

längere Zitate

Längere Zitate (ab ca. 3 Zeilen) werden nicht direkt in den Text eingefügt, sondern etwas abgesetzt und eingerückt gedruckt. Sie werden oft, ebenso wie die indirekte Rede, durch Verben des Sagens und Meinens eingeleitet:

längere Zitate werden durch Verben des Sagens und Meinens eingeleitet

Verben des Sagens und Meinens:

androhen, anfragen, anheben, anklagen, ankündigen, antworten, ansagen, anweisen, auffordern, aussagen, bedauern, befehlen, behaupten, bekräftigen, belegen, berichten, bestreiten, bitten, brüllen, dazwischenrufen, donnern, drohen, eingestehen, einfügen, einräumen, einwerfen, entgegnen, erwidern, erzählen, flüstern, fortfahren, fragen, grölen, hauchen, hinzufügen informieren, klagen, kommentieren, lügen, meinen, meckern, mitteilen, nachweisen, nörgeln, nuscheln, paraphieren, predigen, quengeln, rufen, sagen, schreiben, schreien, schwören, sich beschweren, sich versprechen, sprechen, stammeln, stottern, streiten, unterbrechen, unterstreichen, unterschreiben, verbieten, verlauten lassen, versichern, versprechen, von sich geben, vortragen, warnen, weinen, wissen wollen, zugeben, zürnen, zurückweisen, zurufen, zusagen, …

Konjunktiv und Indikativ

Neben den wörtlichen Zitaten gibt es bei Referaten und Seminararbeiten auch die Technik des Zusammenfassens dessen, was andere veröffentlicht haben. Für die Zusammenfassung eines solchen Textes muss in der deutschen Sprache die indirekte Rede und damit der Konjunktiv benutzt werden. Handelt es sich um die Darstellung eher allgemeiner Positionen, die sich nicht auf einen bestimmten Text beziehen, kann der Indikativ verwendet werden.

Das Literaturverzeichnis

Alle Werke der Primär- und Sekundärliteratur, die Sie zur Anfertigung einer Seminararbeit oder eines Referates benutzen, werden am Schluss der Arbeit nochmals auf einer oder zwei Seiten in einem Literaturverzeichnis geordnet aufgeführt, selbst wenn die Autoren und Titel zum Belegen von Zitaten bereits mehrfach in den Fußnoten genannt wurden.

Primärliteratur

Zunächst werden Werke der Primärliteratur genannt. Dies ist besonders bei literaturkritisch orientierten Arbeiten relevant. Selbst wenn es im Schulbereich noch nicht so streng wissenschaftlich zugeht, sei darauf hingewiesen, dass es von den Werken der meisten Autoren sorgfältig herausgegebene und bearbeitete Standardausgaben gibt, die zitierfähig sind.

Sekundärwerke

Dann folgen bei literaturkritischen Arbeiten, ebenfalls in alphabetischer Reihenfolge der Autoren oder Herausgeber, alle verwendeten Werke der Sekundärliteratur bzw. bei nicht-literaturkritischen Arbeiten alle Bücher, die als Hilfsmittel für die Arbeit verwendet wurden.

bibliografische Angaben

Die Bücher werden mit Autor(en) bzw. Herausgeber, Titel, Erscheinungsort und Erscheinungsjahr genannt. Die Nennung des Verlages und der ISBN kann hilfreich sein, ist aber nicht notwendig. Auch die Seitenzahlen der Zitate, die in den Fußnoten unbedingt dazugehören, erscheinen im Literaturverzeichnis nicht.

Artikel, Homepages

Es folgen, wieder in alphabetischer Reihenfolge der Autoren, alle Zeitschriftenaufsätze, Artikel aus Sammelbänden, enzyklopädische Einträge und Internetadressen. Die genaue Zitierweise ist im Kapitel 3.2.2. beschrieben.

Leseempfehlungen

Alle Werke und Artikel, die zwar im Zusammenhang mit der Arbeit vom Autor gelesen oder eingesehen wurden, die aber keinerlei Niederschlag in der Arbeit gefunden haben, bleiben unerwähnt. Wenn Sie sie absolut nennen möchten, können Sie noch eine Seite mit Leseempfehlungen anfügen. Diese Seite muss vom Verzeichnis der verwendeten Literatur klar getrennt sein.

Materialanhang
Dokumentation

Der Materialanhang gehört nicht zum eigenen Textteil der Arbeit und beeinhaltet ggf. Umfrageergebnisse, Protokolle oder Versuchsergebnisse, mit denen Sie den Verlauf und die Ergebnisse Ihrer Arbeit dokumentieren und für andere nachvollziehbar protokollieren. Deshalb müssen Sie sich zunächst fragen: Gibt es Dokumente und wenn ja, welche, die notwendig sind, damit die Ergebnisse meiner Arbeit nachvollzogen und beurteilt werden können? Dazu kann es auch gehören, dass die im Verlauf der Arbeit verfolgten Ansätze, die sich als unergiebig oder als ergiebig herausgestellt haben, aufgeführt werden. Aber Achtung: Wählen Sie sorgfältig aus und beschränken Sie sich auf wirklich relevante Dokumente.

Wenn Sie Material in Ihrem Anhang dokumentieren, so müssen Sie sicherstellen, dass der Leser/die Leserin der Facharbeit im fortlaufenden Text einen eindeutigen Hinweis darauf erhält. Hierzu bietet es sich an, mit Verweiszeichen oder Kürzeln zu arbeiten (siehe hierzu die nachfolgenden Abbildungen, entnommen aus: H. Biermann und B. Schurf: Texte, Themen und Strukturen. Deutschbuch für die Oberstufe. Cornelsen Verlag, Berlin 1999, S. 112 f.).

Bei Hausarbeiten und Examensarbeiten, die Prüfungscharakter haben und die zur

Selbstständigkeitserklärung

Benotung eingereicht werden, wird üblicherweise als erste Seite, noch vor dem Inhaltsverzeichnis, eine persönlich unterschriebene und datierte Selbstständigkeitserklärung des Autors eingefügt, in der er versichert, dass die Arbeit mit keinen anderen Hilfsmitteln als den im Literaturverzeichnis aufgeführten angefertigt wurde.

Machen Sie sich anhand der folgenden Materialien klar, welche Art von Dokumenten für Facharbeiten infrage kommen und wie man Sie deklariert.

In einer Facharbeit zum Thema „Leben und Schreiben in der Fremde, dargestellt am Beispiel türkisch-sprachiger Autoren/Autorinnen im Ruhrgebiet“ könnte man folgende Dokumente finden:

Dokument 1
Titel einer thematisch ausgerichteten Literatur dokumentaion einer Initiative/Stadtbücherei

Städtisches Aufbaugymnasium
für Jungen und Mädchen
Sekundarstufe I und II
Essen
Steinmetzstraße 9

Deutsche, Ausländer, Staatsbürgerschaft und kulturelle Identität

Einige Anmerkungen zur Kurzsichtigkeit

Zafer Şenocak liest und diskutiert

mit Schülerinnen und Schülern des Aufbaugymnasiums

zu Fragen eines Lebens
zwischen kultureller Identität und multikutureller Realität

am 15.2.1995

von 10.00 - 11.40 Uhr

in der Aula

Dokument 2
Deckblatt eines Veranstaltungsleporellos

Dokument 3
Titel einer Veröffentlichung des Kultursekretariats Nordrhein-Westfalen

Dokument 4
Buchtitel

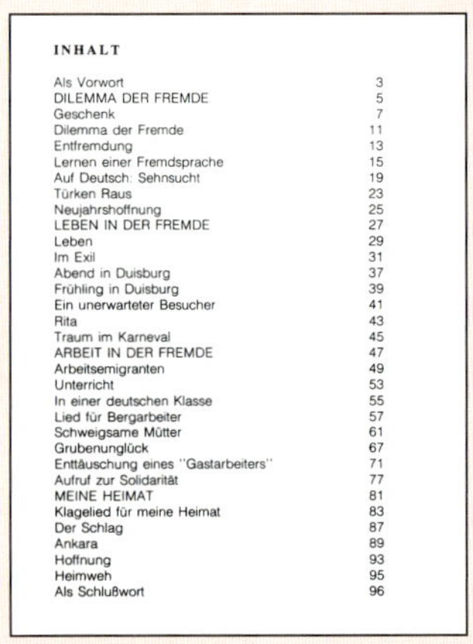

INHALT

Dokument 5
Inhaltsverzeichnis zu *Dilemma in der Fremde*

Tipps zur Ausarbeitung

- Lassen Sie sich helfen, z. B. von Mitschülern/Mitschülerinnen, Eltern, Lehrerinnen und Lehrern. Nur so können Sie Betriebsblindheit vermeiden.
- Sie stehen vor einem Berg von Material und haben den Überblick verloren? Lesen Sie Kapitel 4.1.
- Sie müssen beim Schreiben Ihrer Facharbeit nicht mit der ersten Seite beginnen und mit der letzten Seite aufhören.
- Sie haben eine erste Kapitelfassung erstellt? Checken Sie gleich folgende Punkte:
  Ist alles dargestellt, was zum Thema gehört?
  Stimmt der Zusammenhang zwischen der Kapitelüberschrift und dem Text?
  Gehören alle Kapitelteile in diesen Abschnitt? Wo fehlt etwas? Wo können Sie Überflüssiges streichen?
  Sind die Kapitelteile logisch angeordnet? Geben Sie gleichgewichtig die einzelnen Teilaspekte des Kapitelthemas wieder?
  Gibt es Lücken in der Argumentation? Gibt es vermeidbare Wiederholungen?
  Stimmen die Übergänge zwischen den einzelnen Kapitelteilen?
  Haben Sie die nötigen Fachbegriffe richtig verwendet, oder überhaupt verwendet?
  Ist der Text leserfreundlich geschrieben? Sind Wortschatz und Satzbau abwechslungsreich?
- Wiederholen Sie diesen Kurzcheck, wenn Sie die Rohfassung des gesamten Textes erstellt haben.
- Planen Sie so, dass Sie am Schluss noch genügend Zeit haben, um den gesamten Text gründlich Korrektur zu lesen.

5.4. Schriftliche Präsentationen II: Handouts, Thesenpapiere und Klausuren

Neben den bisher angesprochenen Formen der schriftlichen Präsentation gibt es weitere Formen, die zum Beispiel als Diskussionsgrundlage, als Unterstützung einer mündlichen Präsentation oder als Darstellung eines Arbeits- oder Beobachtungsprozesses Verwendung finden.

5.4.1. Handouts und Thesenpapiere

Kopf des Thesenpapiers: Kurs, Lehrer(in), Referent(in), Datum und Thema des Referates, z. B.:

GK-Erdk. 11.11 — Werl, den 28.01.2000

Referenten: Sylvia P. und Ulrich P. — Lehrer: Herr K.

Thema: Der Wasserkreislauf

Gliederung mit den wichtigsten Definitionen und Abbildungen (mit Quellenangaben), z. B.:

1. **Definitionen:** – Wasserkreislauf: ... (vgl. Q1)
   – Niederschlag: ... (vgl. Q2)
2. **Wasserkreislauf** (Allgemein, Verdunstung, Wolkenbildung)
3. **Auswirkungen von Niederschlägen**

Quellenangabe, z. B.:

Q1: Jätzold, R. u. a.: Pysische Geographie, 12. Auflage, München 1990

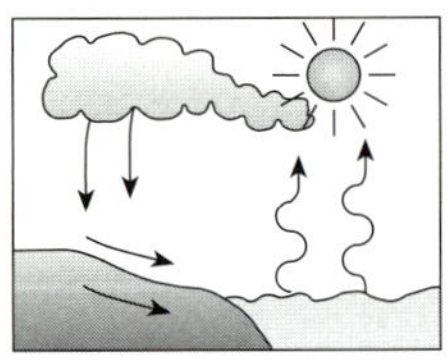

M1: Wasserkreislauf

Handouts sind eine Serviceleistung für die Zuhörer bei einer mündlichen Präsentation. Da sie oft keinerlei Notizen machen, sondern versuchen, sich auf das gesprochene Wort zu konzentrieren und die Fakten in sich aufzunehmen, hilft es weiter, wenn man wesentliche Punkte noch einmal nachlesen kann, oder wenn der Vortragende die Zuhörer dadurch entlastet, dass bestimmte Dinge in schriftlicher Form bekommen.

Was spricht für die Verteilung von Handouts bei einer mündlichen Präsentation?

- Der Vortrag wird lockerer, wenn man z. B. Zahlen und Fakten nicht anschreiben oder projizieren muss, sondern wenn man nur auf ein Handout mit allen relevanten Zusatzinformationen verweisen kann.
- Die Konzentrationsfähigkeit der Zuhörer wird entlastet, wenn Informationen auch visuell dargereicht werden, wenn z. B. die Gliederung eines Vortrags auf einem Handout übermittelt wird.
- Handouts setzen Akzente insofern, als z. B. Kernaussagen einer Präsentation schriftlich festgehalten und an die Zuhörer weitergegeben werden.
- Handouts sind eine dauerhafte Erinnerung an die Inhalte der Präsentation.

- Die Geschwindigkeit der Informationsaufnahme kann vom Zuhörer selbst bestimmt werden, wenn er wichtige Punkte nochmals in einem Handout nachliest. Gleichzeitig ist die Behaltensquote höher, wenn man etwas gehört und gelesen hat.

Worin liegen die Probleme von Handouts?
- Handouts können während des Vortrags stören. Papierrascheln, Unruhe beim Austeilen und Lesen während des Vortrags können Unaufmerksamkeit hervorrufen.
- Handouts sind mit zusätzlichem Aufwand und Kosten verbunden.

Wann ist der geeignete Zeitpunkt zum Austeilen von Handouts?
- Verteilt man das Handout erst unmittelbar vor dem Vortrag, sollte den Mitschülern ausreichend Zeit zum Lesen und zum Klären von Verständnisfragen gegeben werden.
- Wenn während eines Vortrags die ungeteilte Aufmerksamkeit der Zuhörer gefordert wird, vor allem auch bei Präsentationen mit starker audiovisueller Medienunterstützung, ist es sinnvoll Handouts erst am Ende auszugeben, sodass die Zuhörer später nochmals nachlesen können, worum es in der Präsentation ging.
- Wenn während eines Vortrags konkrete Zahlen, Schaubilder oder Texte angesprochen werden, kann ein Handout auch während des Vortrags verteilt werden. Da dies immer mit Unruhe verbunden ist, wird ein guter Präsentator während der Zeit des Austeilens nicht weitersprechen. Auch wird er, wenn es nötig ist, eine kurze Sprechpause einlegen, um den Zuhörern Gelegenheit zum Lesen der gerade relevanten Stellen zu geben.

Wie kann ein Handout aussehen?
- Wenn Ihr Handout nur aus einem Blatt besteht, gibt es kaum ein Problem der Übersichtlichkeit. Denken Sie daran, bei mehreren Blättern die Seiten durchzunummerieren und zusammenzuheften.
- Die einfachste Form ist der Abdruck der während der Präsentation von Ihnen verwendeten Overheadfolien. Nehmen Sie ein Deckblatt mit Titel, Datum der Präsentation und Ihrem Namen dazu, und fertig ist Ihr Handout.
- Weniger gut ist der komplette wortwörtliche Abdruck Ihres Vortrags mit allen Folien und Materialien. Dann hätte man sich ja die ganze Präsentation sparen und einfach das Handout verschicken können.
- Geben Sie Ihrem Handout eine übersichtliche Gliederung, wählen Sie eine einheitliche Schrifttype, die Sie für Überschriften und Hervorhebungen in Größe und Textattribut (Fettdruck, Kursivdruck, Unterstreichung, Farbe) variieren können und halten Sie es sprachlich einfach, sodass es auch während des Vortrags schnell gelesen und verstanden werden kann.
- Prüfen Sie Ihr Handout durch zwei Fragen:
  1. Ist das Papier verständlich und logisch gegliedert?
  2. Stellt das Papier eine informative Hilfestellung dar?

Thesenpapiere

Thesenpapiere sind vergleichsweise kurze, referatbegleitende Handouts, auf denen die wichtigsten Aussagen des Referenten in Form übersichtlicher Thesen (auch Gegenthesen) dargestellt werden. Im Gegensatz zum oben beschriebenen Handout dient das Thesenpapier primär als Grundlage einer sich an das Referat anschließenden Diskussion.

In ein Thesenpapier gehören:

- eine Einleitung, in der das zur Diskussion stehende Problem und seine Relevanz kurz umrissen wird. Auch eine eigene Bewertung ist möglich.
- einen Hauptteil in der die Kernthesen, die man selbst unterstützt, genannt werden. Diese Thesen sollten durch einige Argumente gestützt werden. Gleichzeitig können mögliche Gegenargumente bereits vorbeugend entkräftet werden. Provozierende oder polarisierende Formulierungen sind in einem Thesenpapier durchaus gestattet.
- einen Schluss, der z. B. auf die Auswirkungen der eigenen Thesen hinweist.

5.4.2. Klausuren: Bearbeitungsstrategien und praktische Hinweise

Was sind Klausuren?

Auch Klausuren sind eine Form der schriftlich Präsentation. Sie sollen den Lehrenden und den Schülern schriftlich Aufschluss darüber geben, inwieweit Lernergebnisse in einem Kursabschnitt erreicht wurden. Hierbei sollen die Kompetenzen in der selbstständigen, problemgerechten Materialauswertung, der stringenten Gedankenführung, der fach- und sachgerechten schriftlichen Darstellung und der Bewältigung einer Aufgabenstellung in vorgegebener Zeiteinheit überprüft werden.

Was wird verlangt?

Grundsätzlich wird ein klarer und verständlicher Aufbau, eine inhaltlich richtige und in sich logische Darstellung („roter Faden“) mit einem stetigen Materialbezug sowie einer sprachlich einwandfreie Formulierung im Sinne der vorgegebenen Aufgabenstellung erwartet.

Da Klausuren aus dem Unterricht hervorgehen sollen, ist Ihre persönliche Unterrichtsmitschrift, die in komprimierter Form wiedergibt, was in der Klausur vorausgesetzt wird (neben Schulbuch und Arbeitblättern) zur Vorbereitung besonders wichtig.

Bearbeitungsstrategie

Aufgrund der vielfältigen Anlage von Klausuren, wird im Folgenden schwerpunktmäßig eine mögliche Bearbeitungsstrategie für eine „dreischrittige“ Klausur (Feststellen, Begründen und Beurteilen/Bewerten) aufgezeigt.

Vorarbeit

Aufgaben verstehen

Themen- und Aufgabenstellung sollten genau gelesen werden (ggf. Verständnisfragen stellen), da diese die „Bearbeitungsrichtung“ für die Materialien angeben (siehe S. 113). Das Thema der Klausur bzw. die Aufgabenstellungen sollten konsequent im Auge behalten werden. Mehrgliederige Aufgabenstellungen geben zugleich eine erste Strukturierungshilfe bzw. erleichtern den logischen Aufbau der Arbeit.

Denkzettel

Eine erste Erarbeitung der Materialien dient dem Überblick. Dabei sollte auf einem „Denkzettel“ eine Gliederung entwickelt und den einzelnen Aufgaben Inhalte, Materialien sowie Schlüsselbegriffe und Fachausdrücke stichwortartig zugeordnet werden. Durch die Gliederung können leichter ein „roter Faden“ entwickelt sowie Auslassungen und Wiederholungen vermieden werden.

Nachdem Sie einen groben Überblick erhalten haben, erfolgt nun die detaillierte Auswertung der Arbeitsmaterialien zur ersten Aufgabenstellung. Es bietet sich an, Kernaussagen am Material zu notieren bzw. Tendenzen im Material farbig zu markieren. Zugleich ist es wichtig, Aussagen aus unterschiedlichen Materialien miteinander zu verknüpfen.

Ausarbeitung

Die schriftliche Ausarbeitung muss klar inhaltlich und formal gegliedert sein. Formale Gliederungshilfe sind u.a. Absätze, Unterstreichungen und Zwischenüberschriften. Häufig ist es sinnvoll, jede Aufgabe mit einer neuen Spalte zu beginnen (ggf. auch für spätere Ergänzungen). Gliederung

Bei der schriftlichen Ausformulierung sollte zunächst eine kurze Einleitung erfolgen, bei der ins Thema eingeführt wird. Bei Beschreibungen erscheint in der Regel zuerst eine überblicksartige Grobgliederung zum besseren Verständnis sinnvoll. Dem folgt eine exakte Beschreibung der themenrelevanten Aspekte. Um inhaltliche Ungenauigkeiten zu vermeiden, bietet sich häufig die Integration von Zahlenmaterial an. Stellen Sie die zentralen Kernaussagen in einem abschließenden Fazit akzentuiert heraus. Einleitung themenrelevante Aspekte

Es ist nicht nur auf sachliche und fachliche exakte Formulierungen (Fachausdrücke sind wie Vokabeln zu lernen) zu achten, sondern auch auf Rechtschreibung, Zeichensetzung und Grammatik. Ungebräuchliche Abkürzungen sind zu vermeiden. Zahlen von null bis zehn werden ausgeschrieben. Wörtliche Übernahmen von Textpassagen sind auf die zentrale Aussage zu reduzieren und als Zitat zu kennzeichnen (z. B.: „...“, M1, Z. 10 bis 13). Formulierungen

Aussagen bzw. Darlegungen sind stets eindeutig durch Materialangaben zu belegen bzw. abzusichern (Materialanbindung). Vermutungen sind sprachlich als solche kenntlich zu machen (z. B. aufgrund von M1 ist zu vermuten, dass ...). Absolute Aussagen führen in der Regel zu fachlich falschen Aussagen, da zahlreiche andere Faktoren nicht berücksichtigt wurden. Vermeiden Sie pauschale Aussagen und inhaltslose Ausschmückungen. Materialangaben absolute Aussagen?

Steht Ihnen nach der schriftlichen Ausarbeitung noch Zeit zur Verfügung, sollte diese zur ersten Kontrolle genutzt werden. Zu frühes Abgeben ist verschenkte Zeit, denn noch können Sie Fehler ausmerzen und Ergänzungen einfügen. Kontrolle

Grundsätzlich ist zu kontrollieren, ob die jeweilige Aufgabenstellung genau erfüllt, alle Materialien genutzt, Aussagen vernetzt und aufeinander bezogen wurden. Neben den obigen Aspekten sollte insbesondere die stetige Materialanbindung überprüft werden.

Aus Klausuren lernen

Nach der Rückgabe der Klausur sollten sie die Randbemerkungen und den Schlusskommentar aufmerksam durchlesen (ggf. durch Rückfragen klären), ihre wichtigsten Fehler in einer Checkliste notieren und die Fehler durch zusätzliche Übungen beseitigen.

5.5. Interaktive Präsentationen: Ausstellungen, Podiumsgespräch, Internet

5.5.1. Podiumsgespräch

In einem Saal, in dem Zuhörerreihen für das Publikum aufgebaut sind, gibt es eine Bühne oder einen erhöhten Teil, das Podium. Hier stehen noch einmal Tische, an denen mit Blickrichtung zum Publikum, eine Reihe von Experten sitzen – Leute, die aufgrund ihrer Kenntnisse, ihrer Stellung oder ihrer Einflussmöglichkeiten etwas zu sagen haben. In der Mitte sitzt der Moderator, dessen Aufgabe sich darauf beschränkt, das Gespräch an- und abzumoderieren, die Gesprächsbeiträge zu koordinieren, die Gesprächsdisziplin zu wahren, die vorgegebene Zeit einzuhalten und evtl. die Diskussion mit dem Publikum zu leiten.

Die auf dem Podium versammelten Gesprächsteilnehmer sprechen aufgrund ihrer Erfahrung und ihrer Sachkenntnis zu einem Thema.

Hilfe zur Meinungsbildung

Ziel des Podiumsgespräches ist es nicht, andere Teilnehmer von der eigenen Meinung zu überzeugen, dies wird wohl von vornherein zum Scheitern verurteilt sein, sondern dem anwesenden Publikum eine Hilfe zur eigenen Meinungsbildung zu geben, indem eine Meinungsvielfalt präsentiert wird.

Beantwortung von Zwischenfragen, Gespräch mit Publikum

Gesprächspartner sind hauptsächlich die Teilnehmer auf dem Podium. Zwischenfragen aus dem Publikum, die der Klärung eines Sachverhaltes dienen, sind möglich. Nachdem auf dem Podium ein bestimmter Punkt erreicht ist, kann das Gespräch auch zwischen Podium und Publikum geführt werden.

In der Regel verzichten die auf dem Podium sitzenden Teilnehmer auf audiovisuelle Unterstützung ihrer Ausführungen.

Podiumsdiskussion, Talkshow

Mit dem Podiumsgespräch eng verwandt ist die Podiumsdiskussion, aber auch eine seriöse und gut geleitete Talkshow mit einem oder zwei Moderatoren und mehreren Teilnehmern, die nicht über sich selbst, sondern über ein Thema sprechen, kann mit einem Podiumsgespräch verglichen werden.

5.5.2. Ausstellung

Eine Präsentation eines Themas kann schriftlich oder mündlich erfolgen. Auch die interaktive Präsentation, zu der die Ausstellung gehört, ist möglich. Die Besucher einer Ausstellung haben die Möglichkeit, Exponate unmittelbar zu erfahren, mit den evtl. anwesenden Ausstellungsmachern zu kommunizieren und untereinander ihre Ansichten auszutauschen.

Moderne Ausstellungen, vor allem auch in führenden Museen, folgen heute mehr und mehr dem interaktiven Ansatz. Man zeigt nicht nur, dass man mit Erfolg gesammelt hat, sondern man lässt die Besucher an einem Thema teilhaben. Dies erreicht man durch

- die Anordnung der Exponate und den Weg, den die Besucher gehen müssen, um alles zu sehen
- Fragestellungen statt vorgegebenen Antworten

- rezeptive und besucheraktive Ausstellungsgestaltung
- Objekte, die nicht nur visuell wirken, sondern mehrere Rezeptoren stimulieren

Eine Ausstellung, die als Ergebnis einer Projektarbeit oder eines abgeschlossenen Kurses, einer Studienreise oder einer Arbeitsgemeinschaft in der Schule organisiert wird, wird nicht nur mit Objekten allein arbeiten. Auch eine Vielzahl von Fotos, Texten und Grafiken können dem Besucher einen Sachverhalt vermitteln und ihn zur aktiven Aufnahme bewegen.

Die folgenden Punkte sollten dabei besondere Beachtung finden:
- Beschriften Sie alle ausgestellten Gegenstände, Bilder, Fotos etc. klar und deutlich, sodass sie gut in den Gesamtzusammenhang des Themas eingeordnet werden können
- Ordnen Sie die Ausstellungsstücke und die damit vermittelten Informationen so an, dass sie einem Höhepunkt zusteuern. Der Stein von Rossette oder der Parthenon-Fries im Britischen Museum und die Mona Lisa im Louvre stehen auch nicht gleich in der Eingangshalle.
- Wenn Fotos und erläuternde Texte zu klein sind, werden die Besucher schnell ermüden und die Ausstellung vorzeitig verlassen
- Dort, wo besonders provozierende Exponate stehen, sollte auch für die Besucher so viel Raum sein, dass sie Diskussionsgruppen bilden können, ohne anderen Besuchern den Blick auf diese Gegenstände/Bilder/Texte/Modelle zu verstellen.
- Wenn Sie mit audiovisuellen Geräten arbeiten, die evtl. elektronisch gesteuert sind, achten Sie besonders darauf, dass eine zu hohe Lautstärke nicht störend wirkt.
- Mischen Sie unter ihre Exponate vielleicht auch ein paar weniger wertvolle Dinge, die die Besucher anfassen dürfen. Wenn überall „Bitte nicht berühren"-Schilder stehen, fühlen sich viele, vor allem auch junge Besucher in ihrem Entdeckungsdrang gehindert.
- Mischen Sie sich als Macher der Ausstellung unter das Publikum und erläutern Sie ihr Konzept oder ihre Exponate immer wieder. Sie werden feststellen, dass sich Ihnen mehr und mehr Besucher anschließen. Dadurch haben Sie die Möglichkeit, Ihr Anliegen auch verbal vorzutragen und die Aussage der Ausstellung zu unterstützen.

Erarbeiten Sie ein Konzept für eine Ausstellung zum Thema eines Ihrer letzten Referate.
- An wen wendet sich die Ausstellung?
- Was werden Sie ausstellen?
- Woher bekommen Sie die Exponate?
- Wie wird die Ausstellung gegliedert?
- Welche Räumlichkeiten stehen Ihnen zur Verfügung?
- Auf welche Hilfsmittel können Sie zurückgreifen (Pinwände, Rahmen, Projektoren, AV-Geräte, etc.)
- Wie können Sie die Besucher aktivieren?

- Was sollen die Besucher in Ihrer Ausstellung erfahren?
- Erstellen Sie einen Organisationsplan, der minutiös alle Einzelheiten und Zuständigkeiten für die Planung, Finanzierung und technische Durchführung Ihrer Ausstellung auflistet.

Wenn Sie so weit gekommen sind, ist es nur noch ein kleiner Schritt, die Ausstellung selbst zu machen. Was hindert Sie daran?

5.5.3. Infomarkt

Je größer eine Gruppe ist, desto schwieriger ist es auch, mit dieser Gruppe zu kommunizieren, vor allem, wenn man das System der Einbahnstraßenkommunikation überwinden möchte.

Das Konzept, mit dem man auch Gruppen über 100 Teilnehmer aktiv an der Arbeit an einem Thema beteiligen kann, heißt Infomarkt und besteht wie auf einem Wochenmarkt aus mehreren Marktständen, auf denen unterschiedliche Produkte zur Prüfung und zum „Verkauf" angeboten werden.

Anti-Gewalt-Tag

Verdeutlichen wir das System an einem Beispiel: Sie organisieren an Ihrer Schule einen Anti-Gewalt-Tag für die Oberstufe. Etwa 120 Schüler nehmen daran teil. Es werden 6 Marktstände, z. B. zu diesen Themen, vorbereitet (es gibt auch weitere Stände mit Snacks und Getränken):

- Mobbing
- Verbale Gewalt
- Gewalt gegenüber Frauen
- Jugendgewalt
- Möglichkeiten der Gewaltvermeidung
- Juristische und strafrechtliche Aspekte

Alle Marktstände befinden sich in einem großen Raum, z. B. der Turnhalle oder dem Eingangsbereich. Oder im Freien. Weniger günstig ist es, wenn die Marktstände auf verschiedene Klassenräume verteilt werden, weil sich dann das richtige Marktfeeling nicht einstellt.

Weitere Anwendungsmöglichkeiten für den Infomarkt:

- Tag der offenen Tür an der Schule zur Information von neuen Fünftklässlern und deren Eltern
- Informationsabend für Elftklässler und Eltern über die Wahlmöglichkeiten der Oberstufe
- Projektpräsentationen
- Pädagogische Tage
- Berufsberatung und Information
- Präsentation selbstständiger Themenerarbeitungen
- Werkstattunterricht
- Stationsunterricht

Wie sehen die einzelnen Marktstände aus?

Jeder Stand benötigt etwa 50 m^2 Fläche. Das Thema des Standes wird durch ein großes Plakat deutlich gemacht. Auf dem Stand befinden sich Tafeln, Pinwände, Moderationswände, Büchertische, Audiovisuelle Medien, ca. 20 Stühle, etc. Jeder Stand wird von einer Vorbereitungsgruppe so gestaltet, dass Besucher sich zunächst über das Thema des Standes informieren können. Dabei muss berücksichtigt werden, dass sie sich schnell informieren wollen und noch nicht sehr in die Tiefe gehen.

Lieber Schlagzeilen als ganze Artikel. Lieber provozierende oder informative Fotos als lange Texte. Lieber Gegenstände, die für sich selbst sprechen als wortreiche Erklärungen.

Zu jedem Thema wird an einer Pinwand eine Reihe von Fragen visualisiert. An jedem Stand befinden sich ein oder zwei Mitglieder der Vorbereitungsgruppe, um den Besuchern behilflich zu sein.

Wie gestaltet sich das Marktgeschehen?

Wenn der Markt, z. B. um 10.^{00} Uhr eröffnet wird, haben alle Besucher zunächst zwei Stunden Zeit, um sich an allen Marktständen einen allgemeinen Überblick über alle Teilthemen zu verschaffen und sich zu überlegen, an welchem Teilthema sie ihre Kenntnisse vertiefen bzw. ihre Erfahrungen einbringen möchten.

Nach einer einstündigen Mittagspause finden sich die Besucher an dem Marktstand ihrer Wahl ein. Hier kann das Standthema vertiefend bearbeitet werden, z. B. durch

- einen Vortrag (eines eingeladenen Experten) mit anschließender Diskussion
- eine Multimediapräsentation mit Diskussion
- einen Film oder eine Video zum Thema, die dann kritisch besprochen werden
- ein Pro und Contra Streitgespräch
- eine Gesprächsrunde (Podiumsgespräch oder Talkshow mit Einbeziehung der Besucher)
- eine Moderation

- Planen Sie einen Infomarkt zu einem der nachfolgenden Themen.
  – Frauen und Führungspositionen
  – Lifestyle 2000
  – Werte im Wandel
  Planen Sie für 100 bis 120 Besucher, also ca. 6 Marktstände.
- Fertigen Sie eine genaue Zeichnung von einem der Marktstände Ihres gewählten Themas an.
- Planen Sie ein Tagesprogramm für diesen Marktstand.
- Beziehen Sie in alle Ihre Aktivitäten die Methoden des Projektmanagement (siehe Kapitel 6) mit ein.

Der besondere interaktive Ansatz der Marktstände liegt darin, dass die Besucher zu aktiven Teilnehmern werden und sich mehrfach entweder durch Wortbeiträge oder Visualisierungselemente (Kartenabfragen, Meinungsbilder und -Abstimmungen) zum Thema äußern.

Die dafür anzusetzende Zeit liegt, je nach Thema, bei zwei bis drei Stunden. Das Ende des Marktes erfolgt durch einen unterhaltsamen Schlusspunkt, etwa ein kurzes Straßentheaterstück, eine pantomimische Szene, Live-Musik, eine Verlosung oder eine „Denkmalenthüllung“ mit Themenbezug auf dem Forum, einer freigehaltenen Zone zwischen den Marktständen.

5.5.4. Internetpräsentation – eine Homepage gestalten

Internet als Forum

Die Möglichkeit, ein Referat, einen Vortrag, aber auch eigene literarische Bemühungen einem größeren Publikum zugänglich zu machen, wird durch das Internet geboten und auch zunehmend genutzt. Zur Zeit gibt es etwa 40 Adressen von Websites, die zu allen möglichen Fächern und Themen Referate und Hausaufgaben sammeln und für jeden Internet-Nutzer verfügbar machen. Die wachsende Verbreitung dieses Kommunikationsmediums und die preiswerte oder gar kostenlose Bereitstellung von Speicherplatz für private Homepages begünstigt die Möglichkeit, seine eigenen Arbeiten zu veröffentlichen. Meist liefern die jeweiligen Provider die zur Gestaltung einer Homepage nötige Software gleich mit oder halten sie online verfügbar. Für aufwendigere Gestaltungen kann man auch entsprechende Web-Publishing Software unterschiedlicher Systemanbieter erweben.

Inhaltliche Struktur und grafische Gestaltung

Welche Elemente gehören auf eine Homepage?

- Name der Homepage
- Übersicht über die zur Verfügung stehenden Informationen
- Hinweis auf Kontaktmöglichkeiten
- Schaltelemente zur Websitenavigation
- letztes Aktualisierungsdatum

Leider ist auf vielen privaten Websites auffällige und damit oft störende Bannerwerbung zu sehen, die vom Provider eingespielt wird und auf die der Domaineigentümer keinen Einfluss hat. Aber diese Werbung trägt andererseits auch zur Finanzierung des Angebots bei.

Alle hier genannten Elemente können mit einer Vielzahl von Schrifttypen, Farben, Bildern, Geräuschen und Animationen dargestellt werden. Man sollte hier nicht seinem Spieltrieb folgen und alle Möglichkeiten der jeweiligen Software ausreizen, weil es für den Nutzer zu nervig ist, wenn sich ständig Farben verändern, sich überall etwas bewegt, wackelt, blinkt und die Seite wegen vieler Fotos und aufwendiger grafischer Gestaltung sehr lange benötigt, um sich aufzubauen.

frames

Als recht übersichtlich hat sich die Gestaltung mit „frames“ (siehe 2.6., Internet-Glossar) erwiesen, Rahmen, die die verschiedenen Möglichkeiten der Homepage übersichtlich zusammenfassen. Der Nachteil dieser Technik ist, dass man auf den Homepages oft zu viele frames sieht, die dann recht klein ausfallen. Die Inhalte beanspruchen mehr Platz als der Rahmen zur Verfügung stellt, man kann dann aber in allen Richtungen scrollen. Die Scrollbalken, die dazu gebraucht werden, verkleinern den Rahmen und die Übersichtlichkeit nochmals. Scrollbalken

Mit einer solchen Aufteilung kann man recht gut arbeiten:

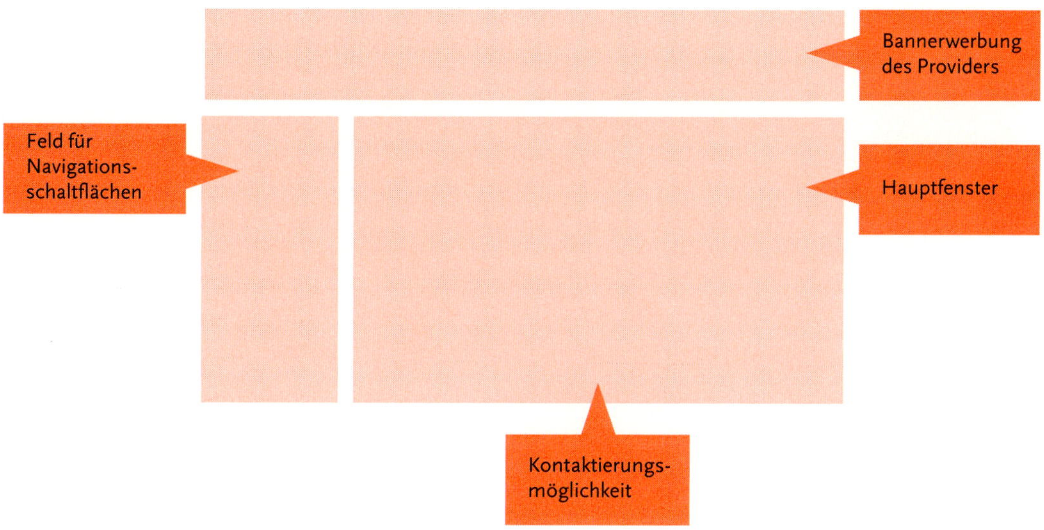

Während man im Hauptfenster der Startseite zunächst den Namen der Homepage angibt und evtl. grafisch bearbeitet, sollte die nächste aufrufbare Seite einen Überblick über die gesamte Website liefern. Die einzelnen Teilthemen bleiben auch bei sich ändernden Hauptfensterinhalten ständig im Feld für die Navigationsschaltflächen präsent, sodass man jederzeit durch einfachen Mausklick zu einem anderen Teil der Site kommt. Hauptfenster

Alle in Kapitel 4 angesprochenen Gliederungs- und Strukturierungsmöglichkeiten eignen sich prinzipiell auch für eine Website. Dem Charakter des Mediums entsprechend wäre eigentlich eine Netzwerkstruktur ideal. Wenn man aber z. B. eine Arbeit oder ein Referat auf der privaten Homepage publiziert, wäre ein Netz nicht angemessen. Hier empiehlt sich eher die Baumstruktur (siehe Kapitel 4.5). Jeder Ast entspricht einem Kapitel, was sich auch grafisch sehr gut darstellen lässt. Referate im Netz

Damit der Nutzer, wenn er sich auf der Homepage orientiert, das Referat schnell findet und anlesen kann, gehört in das Navigationsframe eine Schaltfläche, die direkt zu dem Referat führt. Auf der entsprechenden Seite genügen dann Links (siehe 2.6., Internet Glossar) zu den jeweiligen Gliederungspunkten des Referats, sodass man linear durch Anklicken der Überschrift zu jedem Kapitel vor- und zurückspringen kann. Grafik und Illustrationen sind bei Referaten nur sinnvoll, wenn sie zum Thema gehören. Jedweder gestalterischer Schnickschnack, der die Konzentration auf das Wesentliche erschwert, sollte vermieden werden.

- Obwohl viele Firmen, Verlage und Provider immer wieder die ihrer Meinung nach besten Homepages prämieren, sollte die Gestaltung in erster Linie dem Leser verpflichtet sein. Sie sind daran interessiert, dass möglichst viele Internet-Nutzer immer wieder Ihre Homepage anwählen und Ihre Informationen abrufen. Stellen Sie sich darauf ein und kommen Sie Ihren Nutzern entgegen.
- Kriterien für eine gute Homepage sind:
  Anwenderfreundlichkeit
  Übersichtlichkeit
  Schnelligkeit
  Nutzen für den Besucher
- Achten Sie besonders bei längeren Texten wie z. B. bei Referaten auf leserfreundliche Farben, die ein ermüdungsfreies Dauerlesen begünstigen. Ein mehrseitiges Referat in kleiner, dunkelblauer Schrift vor schwarzem Hintergrund wird wohl niemand lesen.

Links und Kontaktmöglichkeiten

Referate, die auf eine Vielzahl von Internetquellen zurückgreifen bzw. sich darauf beziehen, kann man sehr bequem durch Links mit diesen Websites verbinden. Die relevanten Begriffe oder Textstellen werden als Links definiert und mit der automatischen Anwahl einer Adresse verbunden. Sobald der Leser die im Text unterstrichen dargestellten Begriffe anklickt, wird er mit der jeweiligen Adresse verbunden und kann den Bezug selbst überprüfen.

Wenn Sie am Schluss Ihres Internetreferats nochmals alle Links mit den dazugehörigen Adressen anführen, ist dies ein besonderer Service für die Leser, die sich Ihren Text herunterladen und ausdrucken. Wer nur Ihren Text ausdruckt, sieht zwar die Links, aber es fehlen die dazugehörigen Adressen. Damit sind auch die Links wertlos.

Auch das Literaturverzeichnis am Ende des Referats kann mit Links versehen werden.

Damit Ihre Leser mit Ihnen Kontakt aufnehmen können und evtl. sogar über Ihr Thema diskutieren, können Sie entweder über eine Schaltfläche im Navigationsfenster oder über ein eigenes Kontaktfenster einen E-Mail-Zugang anbieten, wo jeder Ihnen problemlos seine Meinung zu Ihrem Text oder Fragen dazu mailen kann.

Wer stellt Referate oder andere Texte ins Internet?

- Mitglieder von Arbeitsgruppen, die sich nicht ständig treffen können
- Lehrer/Lehrerinnen für ihre Schüler und Studenten
- Schulen und Institute, die einen Einblick in die Qualität ihrer Arbeit geben möchten.
- Autoren von literarischen Texten oder Sachtexten, die nicht mit einem Verlag zusammenarbeiten
- grundsätzlich jeder, der bestimmte Informationen weitergeben möchte

5.6. Visualisieren mit Präsentationsmedien

Wir müssen uns bei Präsentationen, egal vor welchem Publikum, darauf einstellen, dass das Wort allein nicht mehr ausreicht, sondern visuell unterstützt werden muss. Je nach Ausstattung und Fertigkeiten im Umgang mit den Präsentationsmedien kann man von dem biederen Tafelbild bis hin zum verblüffenden Multimedia-Feuerwerk eine große Bandbreite zum Teil recht spektakulärer Effekte einsetzen, die meist bestimmte Hardwarevoraussetzungen und bestimmte Softwarekomponenten, immer aber ein ausreichendes Maß an Kreativität, Fantasie und Kompetenz seitens des Präsentators erfordern.

Welches sind nun die Präsentationsmedien und wie geht man damit um? Wir beschränken uns hier auf die technischen Medien. Auf andere Hilfsmittel für Präsentationen, also Tafel, Whiteboard, Magnettafel, Pinwand, Hafttafel, Moderationswand, Flipchart und Klemmleisten wird in Kapitel 8.3. eingegangen.

5.6.1. Overheadprojektor

Der Overheadprojektor, auch Tageslichtprojektor, ist inzwischen zu einem Standardinstrument jeder Präsentation geworden.

Raumverdunklung

Alle Overheadprojektoren können bei Tageslicht ohne Raumverdunklung benutzt werden. Dennoch wird die Projektionsqualität spürbar besser, je dunkler der Raum ist.

Endlosfolien

Für stationäre OH-Projektoren gibt es Endlosfolien, die auf der einen Geräteseite aufgerollt und auf der anderen abgerollt werden. Sie eigenen sich für Aufschriebe und Skizzen, die während der Präsentation per Hand angefertigt werden. Dafür gibt es entsprechende Stifte in allen Farben und Strichbreiten, die entweder permanent oder wasserlöslich sind. Wasserlösliche Stifte sind insofern flexibler, als man die Folienaufschriebe während der Präsentation wieder wegwischen oder verändern kann.

Stifte

A 4-Folien

Wenn Sie DIN A 4-Folien verwenden und diese selbst beschriften, achten Sie darauf, dass Sie die geeigneten Folien kaufen. Bei ungeeigneten Folien riskieren Sie evtl. sogar hohe Gerätereparaturkosten. Es gibt im Fachhandel Folien für die Bearbeitung mit

- farbigen Overheadstiften
- Tintenstrahldruckern
- Laserdruckern und Kopiergeräten

Präsentationshüllen

Wenn Sie wertvolle Schaubilder auf Folien erstellt haben, können Sie diese mit Präsentationshüllen schützen. Präsentationshüllen nehmen die Folien auf, die während der Projektion nicht entnommen werden müssen. Die Hüllen haben auf jeder Seite einen ausklappbaren weißen Rand für Notizen. Nach der Projektion können die Folien mitsamt den Hüllen bis zum nächsten Einsatz in einem Ringordner abgelegt werden.

5.6.2. Diaprojektor

Wenn man in einem großen Saal für seine vorbereiteten Overheadfolien nur einen wenig leistungsfähigen OH-Projektor zur Verfügung hat, kann es besser sein, die Folien zu

- Schalten Sie das Gerät erst ein, wenn Sie es brauchen, und sofort aus, wenn Sie es nicht mehr benötigen.
- Stehen Sie nicht zwischen Projektor und Leinwand. Sie werfen sonst einen störenden Schatten.
- Zeigen Sie (immer) auf der Folie, nicht auf der Projektionswand.
- Zeigen Sie mit einem spitzen Gegenstand oder einem speziellen Overhead-Zeiger, nicht mit dem Finger.
- Lassen Sie den Stift oder Zeiger liegen, während Sie über den entsprechenden Punkt sprechen.
- Sie können auch mit einem Laserpointer zeigen, einem kugelschreibergroßen Gerät, das einen leuchtenden roten Punkt auf die Projektionsfläche wirft.
- Stellen Sie sicher, dass das Kabel keine Stolpergefahr darstellt.
- Überprüfen Sie vor der Präsentation Projektionsabstand, Winkel und Scharfeinstellung.
- Nehmen Sie für diese Einstellungen, besonders dann, wenn schon Zuhörer im Raum sind, nicht die Folie, die den Höhepunkt Ihrer Präsentation darstellt, sondern eine völlig andere Folie. Es gibt gerade für solche Einstellungen auch spezielle Rasterfolien.

Dias umarbeiten zu lassen und über einen Diaprojektor zu projizieren. Für Fotos ist dieses Gerät ohnehin besser geeignet.

technische Ausstattung

Die Qualität eines Diaprojektors hängt insbesondere von der Qualität des Objektivs und der gleichmäßig hellen Ausleuchtung des Dias ab. Viele Projektoren bieten darüber hinaus noch zahlreiche technische Tricks wie z. B. Endlosprojektion mit Rundmagazinen, automatische Bildwechsel, Autofocus, Überblendungen, Einzelbildprojektionen etc.

Leinwand

Dias können sehr brilliant und gestochen scharf projiziert werden, wenn neben einem guten Projektor auch noch eine gut reflektierende Bildleinwand für die Vorführung benutzt wird und der Raum möglichst weit abgedunkelt ist.

Beim Einsatz der Dias kommt es darauf an, ob Sie einen Diavortrag halten, z. B. wenn Sie einen Reisebericht geben, oder ob die Dias nicht im Zentrum stehen, sondern Ihren Vortrag nur unterstützen. Entsprechend sollte die Auswahl der Bilder erfolgen.

Diavorträge neigen dazu, beim Zuhörer eine träge Konsumentenhaltung zu fördern. Beachten Sie daher die folgenden Hinweise:

- Schalten Sie das Gerät erst ein, wenn Sie es brauchen, und sofort aus, wenn Sie es nicht mehr benötigen.
- Wenn Sie ein Dia als Einstieg verwenden, zeigen Sie es nur kurz und schalten Sie den Projektor dann wieder dunkel oder aus.
- Wählen Sie die Fotos für Ihren Vortrag sorgfältig aus. Für einen 45-minütigen Vortrag sollten Sie maximal 80 Dias auswählen.
- Sagen Sie nicht zu jedem Bild gleich etwas. Geben Sie dem Betrachter zunächst die Gelegenheit, sich seine eigene Vorstellung zu machen.
- Geben Sie in Ihrem Vortrag keine Bildbeschreibung. Wenn das Bild nicht für sich selbst spricht, ist es schlecht. Geben Sie statt dessen lieber Hintergrundinformationen.
- Bringen Sie Dynamik in den Vortrag, indem Sie die Betrachtungszeiten variieren. Es können auch einmal 3–5 Dias sehr schnell hintereinander gezeigt werden, die alle ein ähnliches Motiv oder das gleiche aus unterschiedlichen Blickwinkeln haben. Dadurch kommt Bewegung in den Vortrag.
- Sparen Sie sich Hinweise auf Filmqualität, Belichtungszeit, Blende und weitere technische Details des Fotos. Die meisten Zuhörer interessiert so etwas nicht.
- Für Sie als Vortragenden sind die Zuhörer wichtig. Lassen Sie sich daher nicht von der Bewunderung für Ihre eigenen Fotos überwältigen.
- Stellen Sie sich möglichst nicht in den Strahlengang der Projektion. Wenn Sie auf einem Bild etwas zeigen wollen, benutzen Sie einen Laserpointer.
- Planen Sie Ihren Diavortrag mit einem genauen Ablaufplan und üben Sie ihn vorher, evtl. mit einer Stoppuhr. Halten Sie sich dann an diesen Plan.
- Bitten Sie einen Freund oder eine Bekannte, sich um die Bedienung des Projektors zu kümmern. Sie können Sich dann ganz auf den mündlichen Teil Ihrer Präsentation konzentrieren.

Überblendeffekte

Spektakuläre Effekte lassen sich auch mithilfe von Überblendprojektoren erzielen, oder wenn Sie mit mehreren Projektoren geichzeitig arbeiten. Zu viel technische Spielerei lenkt aber von Ihrem Vortrag ab. Insofern sind derartige Installationen eher für automatisch gesteuerte Projektionen ohne Vortrag geeignet, also z. B. bei Produktpräsentationen auf Messen, für Infomärkte oder Unterhaltungsveranstaltungen.

Murphys Gesetz

Denken Sie daran, dass bei der Verwendung aufwendiger Technik Murphy immer seine Hand im Spiel hat. Murphys Gesetz besagt, dass alles, was überhaupt irgendwie schief gehen kann, dann auch tatsächlich schief geht. Seien Sie also immer auf alles vorbereitet (Lampe kaputt, Kabel zu kurz, Raumverdunklung funktioniert nicht, Dia verklemmt sich im Gerät, Schmutz und Staub in der Optik, Batterie der Fernbedienung leer, Gerät reagiert nicht wunschgemäß etc.). Dies gilt grundsätzlich für alle technischen Geräte, nicht nur für Diaprojektoren.

5.6.3. Video

Für den Videoeinsatz benötigen Sie einen komplizierteren Aufbau, eine Kombination mehrerer Geräte:

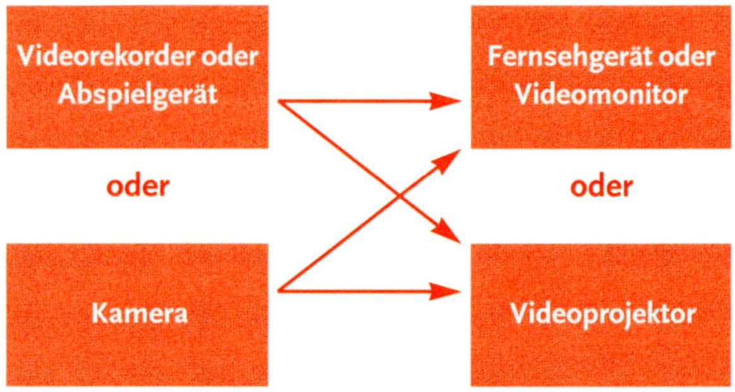

Der Aufbau wird dadurch kompliziert, dass alle Geräte meist ihre eigene Stromversorgung haben, so dass man Mehrfachsteckdosen benötigt. Zudem sind die Geräte mit Spezialkabeln untereinander verbunden und funktionieren nur, wenn beim Monitor oder Videoprojektor der Eingangskanal mit dem Ausgang von Rekorder oder Videokamera (auch eine digitale Fotokamera ist direkt anschließbar) übereinstimmen. Meist arbeiten alle auch noch mit voneinander unabhängigen Fernbedienungen, sodass jeder Vortragende gut beraten ist, wenn er vorher die Betriebsanleitungen aller Geräte liest (und versteht), das Videoband an der richtigen Stelle einspult, den gesamten Aufbau genau überprüft und einen Probedurchlauf macht.

Testen der Gerätekombination

Es kommt häufig vor, dass bestimmte Film oder Dokumentarszenen auf Video festgehalten werden, um dann im Rahmen einer Präsentation vom Abspielgerät auf den Monitor übertragen zu werden. Wohl alle Schulen verfügen über die notwendige Ausstattung. Statt des Monitors kann man aber auch einen Videoprojektor (auch Videobeamer) nehmen und dann in einem abgedunkelten Raum das Video auf eine größere Leinwand projizieren. Diese Geräte gehören zwar inzwischen zur Standardausstattung der Konferenztechnik, sind aber wegen der hohen Anschaffungskosten in Schulen noch eher selten anzutreffen, und wenn, dann wegen Größe, Gewicht und Verkabelung eher als stationäre Geräte in bestimmten Fachräumen. Das kleinste zur Zeit auf dem Markt erhältliche Gerät wiegt knapp unter 2 kg und ist nur 20 x 23 x 8 cm groß und damit gut transportierbar.

Videoprojektor

Kamera

Eine Live-Kamera, die direkt an einen Monitor oder Videoprojektor angeschlossen wird, wird wohl eher bei naturwissenschaftlichen Präsentationen eingesetzt. Kameras sind inzwischen so klein, dass man bereits vom Lipstick-Format spricht. Eine solche Kamera, an einem flexiblen Stativ befestigt, oder auch eine größere Kamera, kann problemlos medizinische, technische, biologische, chemische und physikalische Experimente, auch aus einem anderen Raum, über einen Monitor oder Projektor einem größeren Auditorium sichtbar machen, während gleichzeitig erläuternde Ausführungen vorgetragen werden. Die Versuchsanordnungen sind meist so vorbereitet, dass hier der Hinweis auf sorgfältige Planung überflüssig ist.

Überlegen Sie sich konkrete Einsatzmöglichkeiten für eine Präsentation mit einer Live-Kamera. Welche Einsatzmöglichkeiten fallen Ihnen außerhalb der Naturwissenschaften ein?

5.6.4. Datenprojektion

Datenprojektor

Einen handelsüblichen Videoprojektor kann man problemlos mit einem Spezialkabel an einen Computer anschließen, natürlich auch an Laptops, und kann dann den ganzen Computerbildschirm als Großprojektion auf die Leinwand bringen. In diesem Fall wird der Videoprojektor als Datenprojektor genutzt. Es gibt auch reine Datenprojektoren, die keine Videos abspielen können.

Auflagedisplay

Eine weitere technische Möglichkeit, Computerdaten auf die Leinwand zu projizieren besteht darin, den Computer über ein Kabel mit einem Auflagedisplay, einem Rahmen mit durchsichtigem Bildschirm, zu verbinden. Dieses Auflagedisplay wird auf den Overheadprojektor gelegt und auf diese Weise auf den Bildschirm projiziert. Diese Technik sei nur am Rande erwähnt, da sie kompliziert und teuer ist. Da Datenprojektoren immer leistungsfähiger, leichter und preiswerter werden, ist hier ein klarer Trend erkennbar.

Computerbildschirm

Daten im Rahmen einer Präsentation den Zuhörern direkt am Computerbildschirm zugängig zu machen, ist nur praktikabel, wenn für maximal drei Zuhörer ein Bildschirm zur Verfügung steht. Andernfalls ist das Risiko groß, dass die Teilnehmer nichts sehen und damit einen wesentlichen Teil der Präsentation nicht mitbekommen.

5.6.5. Software

Wenn Sie mit einem Computer arbeiten, um Bildschirminhalte zu projizieren, um Folien herzustellen oder Fotos zu bearbeiten, benötigen Sie Software. Um mit der Software umgehen zu können, benötigen Sie wieder gewisse Kenntnisse und Fertigkeiten, die bei nahezu jedem Programm anders, wenn auch ähnlich, sind. Es ist davon auszugehen, dass wegen der besonders auch an Schulen weit verbreiteten Microsoft-Office-Programme die Kenntnisse im Umgang damit auch eher vorhanden sind als bei anderen.

Zum Microsoft-Office Programmumfang gehören das Textverarbeitungsprogramm „Word", die Tabellenkalkulation „Excel", das Präsentationsprogramm „Powerpoint" und die Datenbank „Access". Es gehören noch weitere Komponenten dazu, die aber hier nicht relevant sind. Auch „Access" sollte nur noch einmal genannt werden, nachdem dieses Programm schon in Kapitel 3.7. behandelt wurde.

Was nützt eine Textverarbeitung bei Präsentationen?

Das Textverarbeitungsprogramm verfügt über zahlreiche Schriftarten, die in Größe, Farbe und Textattributen (fett, kursiv, unterstrichen, etc.) variiert werden können. Textstellen können farbig unterlegt werden, es können Rahmen erzeugt werden, die Einbindung von Grafik, Fotos und Tabellen ist möglich, und das Programm verfügt über einige Grafikfunktionen (Linien, Standardformen, Pfeile, Flussdiagramme, Sterne und Banner sowie Legenden). Damit ist eine Vielzahl von Möglichkeiten zur Erstellung wirkungsvoller Folien gegeben, die am Bildschirm bearbeitet und über einen Farbdrucker auf eine geeignete Leerfolie übertragen werden.

Für die Bildschirmprojektion über einen Datenprojektor verfügt „Word“ noch über weitere Möglichkeiten, z. B. Animationen.

Die Textverarbeitung ist das grundlegende Programm zur Herstellung von Präsentationsunterlagen.

Welche Möglichkeiten bietet die Tabellenkalkulation?

Zusätzlich zur Textverarbeitung können Sie mit einer Tabellenkalkulation (siehe S. 69) arbeiten, um z. B. wenig spektakuläre Zahlenreihen aus einer Werteliste in aussagekräftige Diagramme umzuwandeln. Diese Diagramme können entweder eigenständig über Excel ausgedruckt werden oder von „Word“ oder „Powerpoint“ importiert werden, um dort in einen Text oder eine Präsentation integriert zu werden.

Diagramme sind standardisierte Darstellungsformen für bestimmte Sachverhalte. Beispiele hierfür sind:

- Listen und Tabellen
- Kurvendiagramme
- Säulendiagramme
- Kreis- oder Tortendiagramme
- Aufbaudiagramme / Organigramme
- Ablaufdiagramme / Netzpläne

Diagramme dienen, je nach Darstellungsform, der Gegenüberstellung von z. B. absoluten Zahlen, Entwicklungsabläufen oder Größenverhältnissen, sowie der Veranschaulichung von Bestandsgrößen, Abläufen und Strukturen.

	Art des Diagramms								
Art der darzustellenden Informationen	Liste	Tabelle	Kurven	Säulen	Balken	Kreise	Organigramm	Aufbau	Ablauf
Aufzählung	•								
Datenzuordnung		•							
Absolute Werte	•			•	•				
Anteile eines Ganzen						•			
Organisationsstrukturen							•	•	
Aufbau, Zusammensetzung							•	•	
Entwicklungsverläufe			•						•
Gegenüberstellung				•	•				
Abläufe			•						•

Was leistet ein Präsentationsprogramm?

Powerpoint

Mit dem Präsentationsprogramm „Powerpoint" kann man Folien, Notizblätter (die obere Hälfte zeigt eine Folie oder einen Bildschirm, die untere Hälfte ist frei für Vortragsnotizen) und Dias erstellen. All diese lassen sich über entsprechende Materialien ausdrucken und mit den geeigneten Geräten projizieren.

Darüber hinaus kann man mit „Powerpoint" eine Bildschirmpräsentation herstellen, bei der die Reihenfolge der einzelnen Bildschirminhalte, die Animationsart des Bildübergangs, das Einblenden neuer Bildelemente und unterstützende Geräusche sowie eingegebene mündliche Erläuterungen halbautomatisch (jeweils neues Bild beim Drücken der Enter-Taste) oder vollautomatisch nach einem vorgegebenen oder aufgezeichneten Zeitplan ablaufen. Auch gibt es eine große Anzahl bereits fertig designter Folienhintergründe, bei denen nur noch Texte einzufügen sind.

Besonders eindrucksvoll wird es, wenn man z. B. eine Gesamtpräsentation aus 15–20 Bildern erarbeitet hat, und diese über einen angeschlossenen Datenprojektor auf eine große Leinwand projiziert. Auch hier gibt es die Möglichleit der Endlosprojektion.

5.6.6. Folien

Vielseitigkeit von OHP-Folien

Wer einen Computer, ein Office-Programm und einen Farbdrucker hat, kann mit geringem zeitlichen und finanziellen Aufwand sehr wirkungsvolle Folien selbst erstellen. Folien sind aufgrund ihrer Wiederverwendbarkeit sehr wirtschaftlich. Außerdem sind sie in Handhabung und Aufbewahrung sehr einfach. Man kann sie auf unterschiedliche Weise einsetzen. Beispielsweise kann man die ganze Folie auf den Projektor legen, man kann einzelne Informationen abdecken und Stück für Stück, so wie sie gerade gebraucht werden, aufdecken. Auch die Technik des präzisen Überlagerns ist sehr einfach, bei der ein Ganzes dadurch entsteht, dass nach und nach Folien mit den Einzelelementen darauf aufeinandergelegt werden. Wenn man über eine gewisse Anzahl Folien zum Thema verfügt, kann man diese immer wieder neu ordnen, die Reihenfolge ändern oder einzelne sogar ganz auslassen. Overheadfolien dienen der Anschaulichkeit und machen Informationen durch die großformatige Darstellung einprägsam. Außerdem sind sie fotokopierbar und können schnell auf Papier oder anderen Folien vervielfältigt werden.

Was muss man beim Erstellen von Overhead-Folien beachten?

- Denken Sie daran, dass weniger mehr ist. Folien sollten nicht überladen werden. Wenn Sie viele Informationen unterbringen wollen, überlegen Sie sich, wo Sie trennen und statt einer Folie mit einem langen Text lieber mehrere mit weniger Text bedrucken. Wenn Sie eine Folie übersichtlich gestalten wollen, verwenden Sie maximal ein grafisches Element und zusätzlich maximal 20 Wörter als Stichwörter. Sie haben es nicht nötig, zu zeigen, wie gut Sie mit Ihrem Computer umgehen können, aber jeder Präsentator hat es nötig, die Aufmerksamkeit der Zuhörer an sich zu binden.
- Besonders die Darstellung von Zahlen kann Zuhörer ermüden. Verwenden Sie für

umfangreiche Zahlendarstellungen stets grafische Hilfsmittel, die Ihnen jedes Tabellenkalkulationsprogramm zur Verfügung stellt. Der Betrachter kann dann mit einem Blick Trends, Entwicklungen, Vergleiche und Größenordnungen erfassen und verstehen.

- Wenn Sie mit „Word" arbeiten ist meist das A 4-Hochformat voreingestellt, bei „Powerpoint" das Querformat. Beide lassen sich sehr schnell auf das jeweils andere Format umstellen. Das Querformat hat bei Folien aber den großen Vorteil, dass auch längere Wörter oder Texte einzeilig dargestellt werden können. Bei Projektionen in niedrigeren Zimmern passt im Querformat meist die ganze Folie auf die Wand, ohne dass der Titel irgendwo an der Decke abknickt und nicht mehr entzifferbar ist. Wechseln Sie bei einer Foliensequenz das Format möglichst nicht.
- Schreiben Sie die Titelzeile zentriert oder linksbündig in einer Schriftgröße zwischen 50 und 60 Punkt. Stichwörter bzw. Texte sollten mit 30 bis 40 Punkt geschrieben werden, wobei der Zeilenabstand etwa 20 Punkt betragen sollte. Je klarer sie schreiben, desto einfacher haben es die Betrachter. Verwenden Sie möglichst einheitliche Schrifttypen ohne zu starken Designcharakter. Vermeiden Sie eine Schriftführung, die zu stark von der Waagerechten abweicht. Beschreiben Sie die Folie nicht komplett, sondern lassen Sie auf jeder Seite einen Rand von mindestens 1,5 cm. Vermeiden Sie bei mehrzeiligen Texten den Blocksatz.
- Beginnen Sie jede Folie mit einer knappen Titelzeile, die aber so aussagekräftig ist, dass der Betrachter sofort weiß, worum es in der Folie geht.
- Verwenden Sie bei aufeinanderfolgenden Folien möglichst nicht zu starke Farbkontraste. Ein einfarbiger Hintergrund, evtl. mit einem Farbverlauf kann Ihre Texte optisch aufwerten. Achten Sie darauf, dass der Hintergrund eher ruhig ist. Dunkle Schrift auf hellem Hintergrund ist lesefreundlicher als umgekehrt.
- Wenn Sie sich während Ihres Vortrages einmal versprechen, so ist das kein Beinbruch. Sie können sich korrigieren und fortfahren. Wenn Ihnen auf einer Folie ein Druckfehler unterläuft, so ist dies eine Peinlichkeit. Selbst wohlwollende Zuhörer konzentrieren sich mehr auf diese Auffälligkeit als auf die eigentliche Aussage Ihrer Folie.
- Beschränken Sie die Anzahl Ihrer Folien pro Vortrag. Lieber wenige, dafür aber aussagekräftige Folien, die die Höhepunkte Ihres Vortrags markieren, als ein nicht enden wollendes Folienfeuerwerk.
- Erstellen Sie auch zwischendurch einmal eine handschriftliche Folie, evtl. im interaktiven Dialog mit den Zuhörern. Solche Folien können bereits grafisch vorbereitet sein. Nur die Beschriftung erfolgt während des Vortrages. Um die vorbereiteten Folien wiederverwenden zu können benutzen Sie wasserlösliche Stifte oder legen eine andere Folie über die vorbereitete.

Sie haben sich nun durch das umfangreiche Kapitel mit dem Thema „Präsentation“ durchgearbeitet. Beantworten Sie bitte die nachfolgenden Fragen, möglichst ohne nochmals zurückzublättern und nachzulesen:

1. Zu welchen Ästen des Präsentationsbaumes gehören die Präsentationsformen Diagramm, Collage, Referat, Simulation, Website und Handout?
2. Welche äußeren Rahmenbedingungen sollten rechtzeitig vor dem Beginn eines Vortrages überprüft werden?
3. Geben Sie ein Beispiel für einen aktuellen Einstieg.
4. Warum ist die Planung einer Zeitstruktur wichtig für eine Präsentation?
5. Welche Aufgaben hat ein Diskussionsleiter?
6. Welche Elemente gehören zum dynamischen Sprechen?
7. Warum hat Kleidung etwas mit Körpersprache zu tun?
8. Was sind Übersprungshandlungen?
9. Beschreiben Sie einige Betonungsgesten.
10. Welche Bedeutung hat die Gürtellinie für die Gestik?
11. Wie beginnen Sie einen Vortrag?
12. Welches sind die wichtigsten Fragen für Ihr eigenes Feedback nach einer Präsentation?
13. Welches sind die wesentlichen Elemente einer Homepage?
14. Nennen Sie einige Formen der schriftlichen Präsentation.
15. Was ist eine Hypothese?
16. Wie sieht eine lexikalische Gliederung aus? Geben Sie ein Beispiel.
17. Warum arbeitet man beim wissenschaftlichen Schreiben mit Zitaten?
18. Was ist Primärliteratur, was Sekundärliteratur?
19. Warum kann ein Handout bei einer Präsentation hilfreich sein?
20. Wie wird ein Infomarkt organisiert?
21. Worauf müssen Sie beim Kauf von Overheadfolien achten?
22. Wo befinden Sie sich als Präsentator, wenn Sie auf Einzelheiten einer Overheadfolie zeigen möchten?
23. Warum ist Murphys Gesetz nicht auf die leichte Schulter zu nehmen?
24. Was ist ein Datenprojektor?
25. Welche Arten von Diagrammen bietet Ihnen ein Tabellenkalkulationsprogramm?
26. Was ist eine Bildschirmpräsentation?
27. Warum ist eine Folie, auf die Sie eine Textseite aus einem Buch kopiert haben, nicht gerade gut?
28. Was sollten Sie bei der Erstellung von Folien beachten?

6. Planung und Durchführung eines Seminarprojekts

PROJEKTZYKLUS

TEAMARBEIT

FEEDBACK

GRUPPENKONFLIKTE

6.1. Was ist ein Projekt?

Defintion: Die Projektmethode ist eine offene Lernform, die sich u. A. durch folgende Merkmale auszeichnet:

- Orientierung an den Interessen der Beteiligten, z. B. bei der Themenfindung
- Eigenverantwortlichkeit und Selbstorganisation der Beteiligten, so nehmen z. B. Lehrkräfte in Projekten nur eine Beratungsfunktion wahr
- fächerübergreifendes Arbeiten, d.h. die Themen berühren in der Regel mehrere Bereiche und betreffen mehrere Fächer
- Produktorientierung, d.h. am Ende des Projektes steht als Ertrag ein Referat, ein Theaterstück, eine Ausstellung, ein Radio-Feature, eine Dokumentation o. Ä., den die Projektgruppe in eigener Verantwortung erstellt hat und der Öffentlichkeit präsentiert (Kurs, Schule, außerschulische Öffentlichkeit)
- soziales Lernen, d.h. das Geheimnis der Projektarbeit liegt in der Arbeitsweise der Gruppen, die Teamfähigkeit, Durchhaltevermögen und Phantasie entwickeln müssen.

  Der Arbeits- und Lernprozess, der durch Projekte ausgelöst und organisiert wird, ist dabei ebenso wichtig wie das Produkt, das am Ende des Projektes stehen soll.

6.2. Die Projektebenen

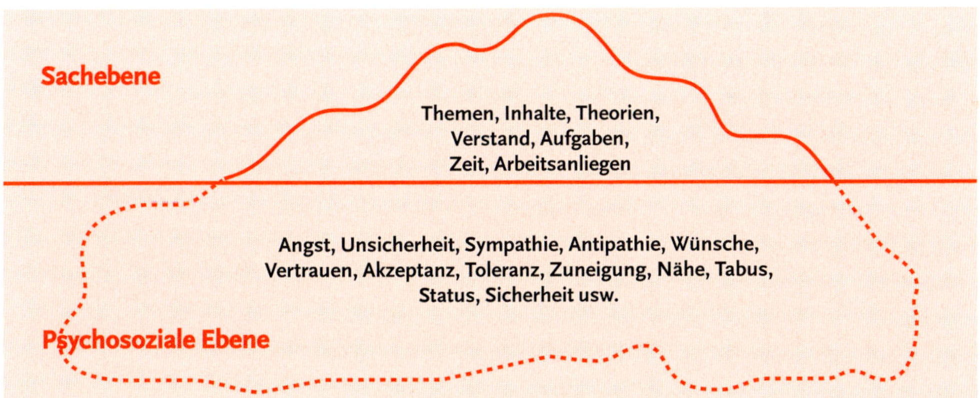

nach: B. Langmack/M. Braune-Krickau: Wie die Gruppe laufen lernt, München 1989, S. 67

Ein Projekt besteht aus zwei eng miteinander in Verbindung stehenden Ebenen: Die sachliche Ebene umfasst die zu leistende Aufgabe, die Strukturierung des Projekts, die Systematisierung des Vorgehens und die sachangemessenen anzuwendenden Methoden. Da ein Projekt keine Einzelarbeit ist, sondern in einem Team bearbeitet wird, müssen Sie neben der Sach- oder Inhaltsebene auch die Beziehungsebene berücksichtigen, d.h. psychologisch-soziale Aspekte wie beispielsweise die Kooperation, Kommunikation und Konfliktbewältigung innerhalb Ihres Projektteams, aber auch Schnittstellen zu teamexternen Mitarbeitern, Informanten und entscheidungsbefugten Hierarchien. Erst wenn Sie beide Ebenen beachten, können Sie erfolgreich und im Sinne eines ganzheitlichen Projektmanagements arbeiten.

ganzheitliches Projektmanagement	Sachebene			
	Projektaufgabe	Strukturierung	Systematisierung	methodisches Vorgehen
	psychologisch soziale Ebene			
	Kooperation	Kommunikation	Konfliktbewältigung	Schnittstellen

1. Worin besteht die Sachebene bei den folgenden Projekten?
- Planung einer Studienfahrt für 20 Schüler nach zu den Institutionen der EU nach Brüssel und Straßburg
- Erarbeitung einer interaktiven Präsentation zum Thema „Die gegenseitigen Abhängigkeiten führender Weltwährungen"
- Erarbeitung eines Leitfadens für die örtlichen Möglichkeiten kulturverbindender Freizeitgestaltung für Jugendliche
- Planung einer Informationsveranstaltung für Schüler über die im heutigen Berufsleben geforderten Schlüsselqualifikationen

2. Vergegenwärtigen Sie sich die folgenden Projektsituationen. Notieren Sie in Stichworten
   a) wie es zu der zu der jeweiligen Situation gekommen ist
   b) welche Maßnahmen Sie für geeignet halten um hier Abhilfe zu schaffen. Unterscheiden Sie bei Ihren Überlegungen jeweils zwischen der Sach- und der psychologisch-sozialen Ebene.
   c) Vergleichen Sie anschließend Ihre Lösungsvorschläge mit denen des Autors (siehe Anhang).
   1. Die Arbeitssitzungen einer Gruppe werden dadurch lästig, dass sich zwei Mitglieder regelmäßig wegen inhaltlicher Kleinigkeiten in die Haare geraten. Die anderen wissen meist nicht, worum es bei diesen Auseinandersetzungen eigentlich geht.
   2. Obwohl die Arbeit im Team allen Beteiligten Spaß macht und gut vorankommt, fühlen sich einige Teammitglieder daurch gestört, dass eine Schülerin und ein Schüler ständig Händchen halten, miteinander flirten und sehr viel Arbeitszeit in inniger Umarmung verbringen.
   3. Einige Teammitglieder stellen sich großzügig für die Erledigung besonders schwieriger und zeitaufwendiger Arbeiten zur Verfügung. Die anderen wissen, dass diese "Freiwilligen" nicht dafür geeignet sind, trauen sich aber nicht, etwas zu sagen.
   4. Sie haben den Eindruck, dass Sie zu wenig Zeit für die Durchführung Ihres Projektes haben.
   5. Ein Teil des Teams scheint kein Interesse am Thema und an der Arbeitsweise zu haben.
   6. Ihre Gruppe ist zu groß.
   7. Einige Teammitglieder sind frustriert, weil sie einen Großteil der Arbeit erledigen,

andere aber durch ihre geschickte Selbstdarstellung bei der Präsentation von Zwischenergebnissen für ihre Erfolge gefeiert werden. Die Weiterarbeit ist gefährdet.

8. Die Mitglieder einer Projektgruppe sind ständig damit beschäftigt, den aktuellen Bearbeitungsstatus bei allen anderen Mitgliedern telefonisch abzuklären. Dadurch entstehen Zeitverluste und Missverständnisse.
9. Keiner organisiert die Arbeit und es gibt keine klaren Absprachen innerhalb der Gruppe.
10. Sie erkennen im Verlauf der Arbeit, dass Ihr Thema zu umfangreich ist.
11. Sie haben den Eindruck, dass einzelne Gruppenmitglieder die Arbeit ständig vor sich herschieben.
12. Ihr erster Versuch, Experten für eine Podiumsdiskussion zu gewinnen schlägt fehl.
13. Einzelne Gruppenmitglieder erweisen sich als unzuverlässig.
14. Ein teamexterner Informant mit hohem Informationswert nimmt häufig an Teamsitzungen teil und dominiert die Arbeit aufgrund seines Fachwissens. Die Teammitglider haben das Gefühl, nur noch als Werkzeuge gebraucht zu werden.
15. Ein Teilnehmer eines Projektteams bringt ständig Vorschläge, die der Sache nicht dienlich sind und ist beleidigt, wenn die Vorschläge ohne lange Diskussion abgelehnt werden.
16. Gegen Ende des Termins ist das Projekt noch hinter der Planung zurück.

6.3. Der Projektzyklus

Jede Projektarbeit unterliegt einem aus vier Phasen bestehenden Zyklus: Definition, Planung, Realisierung und Projektabschluss.

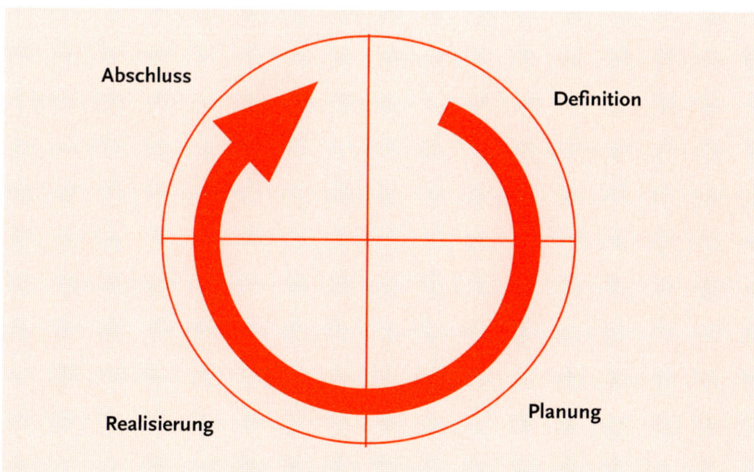

1. Definition
   Situationsanalyse: Problematisierung der Aufgabenstellung und Analyse des zu bearbeitenden Problems; Klärung des zur Verfügung stehenden Zeitrahmens und der

zur Verfügung stehenden Ressourcen (Projektmitarbeiter, sachliche Ressourcen)
Zielfindung: Ziel der Arbeit festlegen, genaue Aufgabenstellungen und angestrebtes Produkt bestimmen.

2. Planung
   Entscheidung über methodische Verfahren und Arbeitsteilung, Planungskonzeptentwickeln (Termine, Produktabstimmungen)
3. Durchführung
   Erledigung der jeweiligen Arbeitsaufträge, Verfolgung und Steuerung des Projektverlaufs, Aktualisierung der Planung, Regelmäßige Kommunikation der Projektbeteiligten beim Erreichen der Zwischenziele
4. Abschluss
   Darstellung und Präsentation von Lösungsergebnissen, Reflexion des Projektverlaufs.

6.3.1. Das Projekt definieren

Am Beginn Ihrer Projektarbeit sollten Sie für sich und in Ihrer Projektgruppe eine Situationsanalyse durchführen. Die für die Analyse relevanten Fragen lauten:

Fragen zur Situationsanalyse

- Wie lautet der (selbstgestellte) Projektauftrag?
- Wie soll die Projektarbeit strukturiert werden?
- Wie kann eine systematische Projektarbeit erreicht werden?
- Welche Methoden sind grundsätzlich für die zur Diskussion stehende Projektarbeit geeignet?
- Wer sind mögliche Projektmitarbeiter und wie kann die Zusammenarbeit organisiert werden?
- Welche Ressourcen wären wünschenswert und wie können Sie genutzt werden?
- Wie kann der Kontakt zwischen den Projektmitarbeitern und die gegenseitige Information sichergestellt werden?
- Lassen sich bereits im Vorfeld mögliche Probleme persönlicher oder sachlicher Natur zwischen den Projektmitarbeitern abwenden?
- Welche teamexternen Kontakte müssen hergestellt werden und wie werden sie in die Projektarbeit einbezogen?

Zielsetzung

Die meisten Projekte entstehen aus einer vagen Idee heraus, aus einer Anregung oder aus dem Wunsch oder der äusseren Notwendigkeit, eine Sache etwas genauer zu bearbeiten. Sehr oft hat man dabei schon eine grobe Vorstellung vom Endprodukt, manchmal weiß man, in welche Richtung man gehen muss, um das Ziel zu erreichen, selbst wenn man noch nicht weiß, wie das Ziel aussehen soll.

Präsentation oder Aktivität

In einem Seminarprojekt kann es nur darum gehen, eine besondere Arbeit oder Aktivität im Rahmen des Seminarthemas zu leisten. Insofern ist das Projektziel in der Regel die Erstellung einer schriftlichen, mündlichen oder interaktiven Präsentation, der sehr viel Arbeits- und Nachforschungsaufwand vorausgeht.

Die Zielfindung kann mithilfe angemessener Methoden und Arbeitstechniken (Brainstorming, Brainwriting, Moderation, Recherche, Mindmapping, Visualisierung, etc.) erleichtert werden. Wenn das Projektziel allmählich klare Vorstellungen annimmt, werden diese schriftlich festgehalten. Wichtig ist, dass die übergeordneten Ziele, wie auch die zu erreichenden Zwischenziele so konkret und widerspruchsfrei wie möglich formuliert werden. Leitfragen, die dazu verhelfen können, lauten:

Zielformulierung

- Was soll erreicht werden?
- Wie genau soll es erreicht werden?
- Wann soll ein Ergebnis vorliegen?
- Wie kann das Ergebnis überprüft werden?

Um die Zielsetzung realistisch zu gestalten, müssen aber auch diese Fragen berücksichtigt werden:

- Welche Ressourcen stehen problemlos zur Verfügung, auf welche könnte ein Zugriff schwierig werden?
- Wer oder was könnte beim Erreichen des Ziels noch behilflich sein?
- Wie könnte das Erreichen des Ziels behindert oder gar verhindert werden?
- Was kann passieren, wenn das Ziel nicht in der vorgesehenen oder vorgegebenen Zeit erreicht wird?

In jeder Gruppe gibt es zu Beginn einer Projektarbeit unterschiedliche Vorstellungen oder Erwartungen hinsichtlich der Themenstellung und der Zielsetzung. Es kann auch sein, dass Sie gerade zu Beginn der Arbeit den Überblick verlieren angesichts einer Vielfalt von Ideen und Aspekten, die Sie mit dem Projektthema verbinden. In beiden Fällen helfen die folgenden Verfahren weiter:

Brainwriting

Jeder schrteibt auf eine Karteikarte

- seine Meinung zum Thema
- was er/sie wissen möchte
- was er/sie weiß.

Heften Sie die Karten an die Wand und ordnen Sie diese nach Themenkomplexen.

Blitzlicht

In einer Reihumfrage äußert jeder aus der Gruppe spontan seine persönliche Meinung zum Thema und / oder seine Erwartung.
Niemand nimmt dabei Bezug auf den/die Vorrednerin.

Themenstern

Schreiben Sie die infrage kommenden Teilthemen auf Karten und ordnen Sie diese als Ideenstern an der Wand. Jede/r wählt nun in Ruhe aus, was ihn/sie interessiert, und sucht dabei ggf. Arbeitspartner.
Weitere Arbeitstechniken, die bei der Zielfindung helfen sind z. B. Brainstorming, Moderation, Visualisierung oder Mind-Mapping (siehe die entsprechenden Kapitel in diesem Buch).

Hier ein Vorschlag für ein Formblatt zur Zielformulierung:

Bezeichnung des Projekts:	
Zielsetzung:	
Projektbeginn:	Projektende:
Was soll im Einzelnen getan werden?	
Welche Ergebnisse sollen am Projektende vorliegen?	
Welche Ressourcen stehen zur Verfügung?	
Welche besonderen Bedingungen müssen beachtet werden?	
Zwischentermine und Zwischenziele?	
Koordination:	Datum:
Verteiler:	

Füllen Sie das Formblatt zur Zielformulierung aus. Verwenden Sie als Grundlage hierfür (alternativ)

- ein Projekt, an dem Sie zur Zeit arbeiten
- eines der in der letzten Übung genannten Projekte
- eines der folgenden Projekte

1. Literarische Spuren vor Ort: Clemens Brentano und Dülmen.
2. Immer mehr Reiche, immer mehr Arme? Einkommens- und Vermögensverteilung in unserer Stadt.
3. Die Cholera-Epidemie 1892 in Hamburg.
4. Hunger und Kälte. Wie meine Großmutter die Nachkriegsjahre überlebte.
5. Der Prozess der lokalen Agenda 21 in unserer Stadt (Gemeinde).
6. „Geliebtes Auto"? Über die ökologischen Gefahren des Massenverkehrs.
7. Wie kann die Verbraucherposition verbessert werden? Ziele, Schwerpunkte und Arbeitsbedingungen der Verbraucherzentrale in unserer Stadt.
8. Leben und Schreiben in der Fremde, dargestellt am Beispiel türkischsprachiger Autoren im Ruhrgebiet.

6.3.2. Planung

Zur Planung gehören:

- Definition von Arbeitsabläufen
- Feinplanung der Koordination
- Klärung von Zuständigkeiten und Verantwortlichkeiten
- Analyse eventueller Risiken
- Definition der Schnittstellen

Planen bedeutet in diesem Zusammenhang, das projektbezogene Handeln genau zu durchdenken, den Weg zum Ziel in möglichst vielen Einzelheiten klar zu beschreiben, und schließlich zu klären, wie das Ziel mit den zur Verfügung stehenden Mitteln zu erreichen ist.

Die Planung muss systematisch und zielorientiert sein und bereits die Realisierungsphase berücksichtigen. Dabei muss sie lange genug flexibel bleiben, um alle neu auftretenden Erkenntnisse angemessen mit einbeziehen zu können.

systematisch, zielorientiert, flexibel

Bringen Sie bitte die folgende Zusammenstellung von Einzelschritten, bei der es um die Erarbeitung eines umfangreichen Gruppenreferats zu einem beliebigen Thema, das mündlich und als Seminararbeit präsentiert werden soll, geht, in eine logische Ablaufreihenfolge. Sie können weitere Schritte ergänzen, einzelne Schritte wiederholt aufführen oder von den hier vorformulierten Schritten ganz abweichen:

- Festlegen des Referat-, Präsentations- oder Einreichungstermins
- Zusammenstellen eines Arbeitsteams
- Anlegen einer Materialsammlung
- Allgemeines Einarbeiten in das Gebiet
- Formulieren eines Arbeitsthemas
- Teaminterne Absprache und Verteilung individueller Zuständigkeiten
- Ordnen des Materials (Karteikarten, Datenbank, Ordner, Zettelkasten, Magnettafel, etc.)
- Themabewertung im Hinblick auf das Gesamtgebiet
- Themabewertung im Hinblick auf unveränderliche äußere Rahmenbedingungen
- Endgültige Themenformulierung
- Erstellen eines Zeitplans
- Erstellen einer Gliederung
- Spezielle Recherchearbeit in Bibliotheken, Internet, etc.
- Erstellen von Grafiken
- Überlegungen zur äußeren Gestaltung der Arbeit
- Überlegungen zur Präsentationsgestaltung
- Überlegungen zur Erwartungshaltung der Adressaten
- Erarbeitung von Präsentationsmaterialien
- Überlegungen zum Medieneinsatz bei der Präsentation

- Allgemeine Recherchearbeit in Bibliotheken, Internet, etc.
- Sammeln von themenrelevantem Bildmaterial
- Arbeitszeitplanung
- Erstellung eines Stichwortregisters
- Formulierung einer Einleitung und/oder eines Vorworts
- Erstellung von Handouts für die Zuhörer
- Diskussion und Reflektion mit Dritten
- Anschaffung von Papier, Karteikarten, Disketten
- Anlegen eines persönlichen Apparates in der Bibliothek
- Kostenberechnung für Materialien, Kopien, Drucke, Videos, Fotoarbeiten, etc.
- Ausformulierung
- Korrekturlesen
- Trainieren des Vortrages
- Tipparbeiten am Computer
- Informationen über Öffnungszeiten der Bibliotheken einholen
- Buchung von Internet-Nutzungszeiten bei öffentlich genutzten Geräten
- Erstellen eines Literaturverzeichnisses
- Arbeitsprotokoll (Dokumentation)
- Zielgerichtetes Einarbeiten in das Spezialgebiet
- Tonbandprotokolle von Informationen, Fakten, Ideen, Tätigkeiten
- Anlegen von Checklisten
- Status- und Teambesprechung
- Koordinieren von Einzelinformationen
- Strukturierung in Teilaufgaben
- Überprüfung der Projektfortschritte
- Bestimmung/Wahl eines Projektleiters
- Systematische Ergebnisdokumentation
- Festlegung von Zwischenzielen (Meilensteine)
- Einigung über Teamarbeitsmodalitäten (persönlicher Einsatz, Verhalten bei Konflikten, unvorhergesehene Probleme, Flexibilität, Kreativität, Arbeitsmethoden, etc.)
- Planungen zur Projektabschlussfeier
- Überlegungen zur Nachprojektphase
- Maßnahmen zur Qualitätssicherung
- Überprüfung und evtl. Korrektur der Arbeitsweise

Welches sind die einzelnen Planungsschritte?

1. Erstellen eines Projektplans

- Welches sind die wesentlichen Aspekte des Projekts?
- Wie sind sie miteinander verbunden? Baumstruktur, Netzplan, etc.?
- Welche Abhängigkeiten gibt es?

- Welche Hauptaufgaben müssen erledigt werden?
- Welche Teilaufgaben müssen erledigt werden?

2. Erarbeiten eines Ablaufplans
- In welcher Reihenfolge sind die einzelnen Tätigkeiten durchzuführen?
- Wie lange dauern die einzelnen Tätigkeiten?
- Können bestimmte Arbeiten parallel durchgeführt werden?
- Wie aufwendig sind die Tätigkeiten?
- Wer ist an welcher Tätigkeit beteiligt oder auf andere angewiesen?

3. Aufstellen einer Terminplanung
- Wer macht was und ist dafür verantwortlich?
- Wer macht dabei mit?
- Wann wird der jeweilige Beginn angesetzt und wann das Ende?
- Welche Kontrollkriterien zum Nachweis der Aufgabenerfüllung werden definiert?

Balkendiagramm

Ein Balkendiagramm zeigt Anfang, Dauer und Ende einer Tätigkeit durch unterschiedlich lange Balken in einem Zeitsystem an:

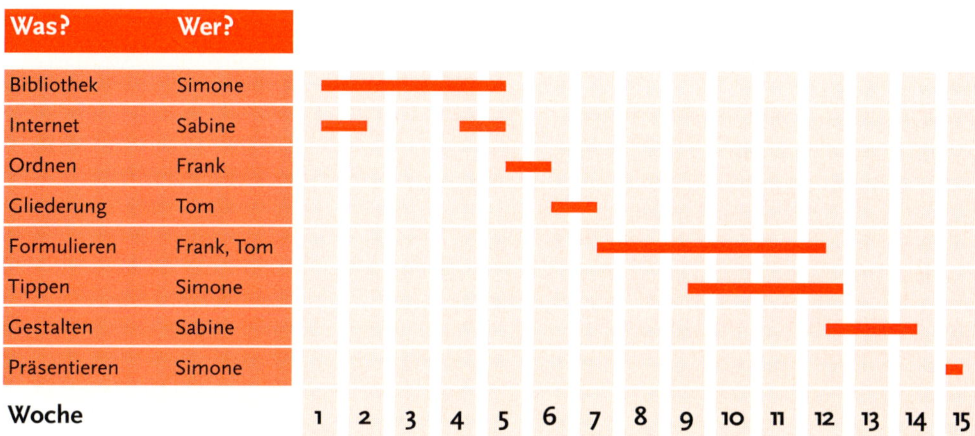

4. Aufstellung einer Kostenplanung (bei Großprojekten)
- Wie hoch ist voraussichtlich der finanzielle Gesamtbedarf des Projekts?
- Wann sind Einkäufe, Materiallieferungen und Zahlungen fällig?
- Wann sind evtl. Einkünfte oder finanzielle Zuwendungen und Unterstützungen fällig?
- Muss etwas zwischenfinanziert werden?
- Ist eine Optimierung der Kosten möglich?
- Wo müssen Ausgaben gekürzt werden?

5. Formulierung von Qualitätskriterien und Planung der Qualitätssicherung
- Welchen Qualitätsanforderungen muss das Projekt genügen?
- Wie und wann sind die festgelegten Qualitätsstandards zu überprüfen?

6. Erstellen einer Risikoanalyse
- Welche Probleme können im Verlauf eines Projekts auftreten?
- Welche Alternativplanungen treten bei Problemfällen in Kraft?
- Wie können Termin-, Kosten- und Qualitätsvorgaben trotzdem erfüllt werden?

Wenn die Planung eines Projekts abgeschlossen ist, so ist es vielleicht nicht gerade bei Gruppenreferaten und Seminararbeiten, aber doch bei Projekten, die über diese Möglichkeiten hinausgehen, üblich, dass alle an der Planung und an Entscheidungen Beteiligten nochmals zusammenkommen und die bisherigen Teilergebnisse bewerten, um dann zu einer endgültigen Entscheidung über den möglichen Übergang zur Realisierungsphase zu gelangen.

Wo liegen die Vorteile der Projektplanung nach diesem Muster?
- Man kann ziemlich genaue Aussagen über den Projektverlauf und den damit verbundenen Aufwand treffen. Man weiß, wer von den Beteiligten was tut, wann er es tut und mit welchen Kosten dies evtl. verbunden ist.
- Der Einsatz aller Ressourcen kann optimiert werden.
- Je genauer ein Projekt geplant ist, desto besser weiß jeder Beteiligte, was genau zu tun ist. Genaue Planung ist daher nicht nur ein Instrument der Projektsteuerung, sondern auch der Ablaufüberwachung, der Kostenkontrolle und der Qualitätssicherung.

Erstellen Sie zu einem Projekt, an dem 10 Schüler mitarbeiten, eine genaue Planung. Ziel ist es, eine Informationsveranstaltung von Schülern für Schüler zu organisieren, zum Thema „Begegnungen zwischen Schule und Wirtschaft“ . Erarbeiten Sie:
a) eine Zielformulierung
b) eine grafische Darstellung einer Projektstruktur als Baum oder Netzdiagramm
c) einen Ablaufplan
d) eine Terminplanung als Balkendiagramm
e) eine möglichst genaue Kostenplanung
f) eine Liste von Qualitätskriterien und einen Qualitätssicherungsplan
g) eine Risikoanalyse mit Alternativplänen

6.3.3. Durchführung

Zur Realisierungsphase gehört:
- Durchführung der jeweiligen Arbeitsaufträge
- Verfolgung und Steuerung des Projektverlaufs
- Aktualisierung der Planung aufgrund projektpraktischer Erkenntnisse
- Regelmäßige Kommunikation der Projektbeteiligten beim Erreichen der Zwischenziele

Während der Realisierungsphase steigt die Bedeutung der psychologisch-sozialen Ebene.

Konflikte auf der Sachebene:

- Zielkonflikte
  Mehrere Teammitglieder haben gegensätzliche Interessen und Vorstellungen hinsichtlich der Projektziele, insbesondere der Qualitäts-, Kosten- und Terminziele. Zielkonflikte können bereits in der Planungsphase aufbrechen.
- Beurteilungskonflikte
  Diese werden hervorgerufen durch unterschiedliche Informations- und Kenntnisstände, Unklarheit über weiteres Vorgehen und unterschiedliche Ansichten über die Methoden und Verfahren, die zur Zielerreichung angewandt werden sollen.
- Verteilungskonflikte
  gibt es dann, wenn bei Ressourcenknappheit nicht alle Ansprüche befriedigt werden können.

Konflikte auf der psychologisch-sozialen Ebene:

- Wertekonflikte
  Verschiedene Teammitglieder haben im Bereich persönlicher Werte unterschiedliche Vorstellungen, die auch bei viel Einfühlungsvermögen und Toleranz nicht immer miteinander vereinbar sind.
- Beziehungskonflikte
  aufgrund von Vorurteilen, Antipathien, geringerem Selbstwertgefühl, Misstrauen und Unsicherheit

Konfliktbewältigung

Sollten sich derartige Konflikte nicht nach kurzer Zeit „von selbst" bereinigen, sondern sich negativ auf die Projektarbeit auswirken, sind seitens der anderen Teammitglieder Lösungsversuche notwendig:

- Gespräche
- Klärung und evtl. Neudefinition von Verantwortlichkeiten
- Hinzuziehen eines neutralen Mediators
- Erarbeiten neuer Kommunikationsstrategien
- Austausch von Teammitgliedern
- Projektabbruch

Erfahrene Projektmitarbeiter planen ihre Projektarbeit nicht nur unter sachlichen Gesichtspunkten, sondern legen gerade auch in der Realisierungsphase großen Wert auf die psychosoziale Komponente. Entspannungsphasen, Pausen, Abmildern äußerer Zwänge, Stressabbau, Beachtung des individuellen Biorhythmus und Respektierung persönlicher Gewohnheiten gehören unbedingt dazu. Gerade in einer heißen Phase einer Projektrealisierung sind von allen Beteiligten Teamfähigkeit, emotionale Intelligenz und Selbstdiziplin als unverzichtbare Qualitäten gefordert.

6.3.4. Projektabschluss

In die Projektabschlussphase gehören nur wenige Punkte, bei Seminarprojekten nur zwei:

- Abschlussbericht
- Projektabschluss

Ein Projekt wird dadurch abgeschlossen, dass die Ergebnisse präsentiert werden (siehe Kapitel 5).

Zuvor trifft sich aber das Projektteam und klärt unter sich, ob das Projekt tatsächlich im Sinne der ursprünglichen Definition und Planung abgeschlossen ist:

- Sind die Termine eingehalten worden?
- Sind die Zielvorgaben erreicht worden?
- Entsprechen die erreichten Qualitätsstandards denen, die angestrebt worden waren?
- Sind die Ressourcen eingehalten worden?

Erst wenn diese Fragen positiv beantwortet werden können ist das Projekt abschlussreif und ein Abschlussbericht, evtl. auf einem Formular kann erstellt werden.

Feedbacktreffen · Nachbesprechung

Sehr empfehlenswert ist ein nochmaliges Feedbacktreffen aller Beteiligten, um sich nochmals ohne Erfolgsdruck über die Zusammenarbeit auszusprechen. Die folgenden Auswertungsfragen können auch hier eine Grundlage für die teaminterne Nachbesprechung sein:

1. Welche Zeitvorgaben habe ich mir gesetzt?
2. Welches sind meine Ziele?
3. Wie habe ich mein Thema ausgewählt?
4. Wie habe ich mich in mein Thema eingearbeitet?
5. Welche inhaltlichen Ziele habe ich mir gesetzt?
6. Welches sind meine Zwischenziele (mit Zeitvorgaben)?
7. Habe ich meine Zwischenziele termingerecht erreicht?
8. Welche Qualitätsziele habe ich mir gesetzt?
9. Wie bin ich zu einer inhaltlichen Gliederung meines Projekts gelangt?
10. Wie habe ich die Menge meiner Informationen bewältigt?
11. Wie habe ich meine Arbeit organisiert?
12. Mit wem habe ich über mein Projekt gesprochen?
13. Waren dies allgemeine Gespräche oder waren sie konkret vorbereitet?
14. Habe ich allein oder im Team gearbeitet?
15. Wie war die Aufgabenverteilung im Team?
16. Wer hat mir direkt oder indirekt geholfen, mich beraten, unterstützt?
17. Welche Schwierigkeiten und Probleme sind während der Arbeit aufgetreten?
18. Wie habe ich Schwierigkeiten und Probleme überwunden?
19. Welche unergiebigen Wege habe ich verfolgt?
20. Zu welchem Zeitpunkt habe ich festgestellt, dass sie unergiebig waren?
21. Wie habe ich meine Projektarbeit in meine Tagesroutine eingepasst?
22. Was hat mir bei der Arbeit viel/wenig/keinen Spaß gemacht?
23. Welche Hilfsmittel habe ich verwendet?
24. Welche Materialien habe ich verwendet?

25. Welche nicht-inhaltlichen Aspekte der Präsentation habe ich bedacht/vorbereitet/geübt?
26. Bin ich mit dem Ergebnis meiner Arbeit und mit mir selber zufrieden?
27. War das Verhältnis zwischen Arbeitseinsatz und Wissens- und Erkenntniszuwachs akzeptabel?
28. Was könnte ich inhaltlich verbessern?
29. Was könnte ich an meiner Präsentation verbessern?
30. Was könnte ich an meiner Arbeitsweise verbessern?
31. Was habe ich durch meine Projektarbeit gelernt?
32. Habe ich meine Persönlichkeit durch die Arbeit an dem Projekt weiterentwickelt?
33. Hat mich die Arbeit an diesem Projekt finanziell belastet?
34. Welche Themen, die für meine Projektarbeit wichtig gewesen wären, habe ich nicht behandelt?
35. Hat mir meine Thema Anregungen für weitere Recherchen und interessiertes Weiterforschen gegeben?

7. Im Team arbeiten

FEEDBACK
GESPRÄCHSFÜHRUNG
TEAMÜBUNGEN
BRAINSTORMING
FLIPCHARTS
TEAMBILDUNG

7.1. Lieber allein oder im Team?

Heute wird überall Teamarbeit und Teamfähigkeit erwartet. Dabei kann die Frage, ob eine Gruppe leistungsfähiger ist als der Einzelne, nicht eindeutig beantwortet werden, weil verschiedene Faktoren eine Rolle spielen, wie z.B. die Art der Aufgabe und die Bedingungen ihrer Lösung. Die Gruppensoziologie hat zu diesem Thema zahlreiche Experimente und Untersuchungen durchgeführt.

1. Formulieren Sie ausgehend von M 1, S.198 fünf Thesen, die verdeutlichen, bei welchen Aufgabentypen sich Vorteile der Einzelarbeit ergeben.
2. Formulieren Sie ausgehend von M 2, S.199 fünf Thesen, die verdeutlichen, bei welchen Aufgabentypen sich Vorteile der Gruppenarbeit ergeben.
3. Diskutieren Sie im Kurs, ob sich die Ergebnisse der Untersuchungen auf die Schule übertragen lassen und unter welchen Bedingungen und bei welchen Aufgabenstellungen Gruppenarbeit im Unterricht sinnvoll oder weniger sinnvoll erscheint.
4. Was genau ist ein Team? Versuchen Sie eine Definition, die den Begriff von verwandten Begriffen wie „Kollektiv", „Gruppe" oder „Clique" abgrenzt. Benennen Sie auch Beispiele aus Ihrem Alltag, aus den Bereichen Sport, Arbeitswelt usw.

M 1

Drei Missionare und drei Kannibalen

Shaw verwandte in seinen Untersuchungen so genannte disjunktive Aufgaben, bei denen die Gruppe gezwungen ist, aus den von den Gruppenmitgliedern vorgetragenen individuellen Lösungsvorschlägen eine auszuwählen. Ein typisches Beispiel für diesen Aufgabentyp ist das so genannte Missionar-Kannibalen-Problem: Drei Missionare und drei Kannibalen befinden sich auf der A-Seite des Flusses. Sie sollen auf die B-Seite mithilfe eines Bootes, dass nur zwei Personen fasst, gerudert werden. Alle Missionare und ein Kannibale können rudern. Zu keiner Zeit und an keinem Ort dürfen die Kannibalen in der Überzahl sein, da die Kannibalen die Missionare auffressen würden. Gesucht wird die Anzahl der Fahrten, die notwendig sind, damit alle sechs Personen ans andere Ufer kommen. Die richtige Antwort lautet: 13 Fahrten. Nach den Untersuchungen von Shaw schneiden Gruppen bei diesem Problem insgesamt besser ab als Einzelpersonen, da innerhalb der Gruppe mehr Möglichkeiten bestehen, die individuellen Lösungsvorschläge kritisch zu analysieren, Fehler zu entdecken und falsche Vorschläge abzulehnen. In einer zweiten Untersuchung erhielten Gruppen und Einzelpersonen ein Gedicht, dessen letzte zwei Zeilen fehlten. Weiterhin erhielten sie auf Kärtchen die einzelnen Worte, aus denen sich die letzten zwei Zeilen des Gedichtes zusammensetzten. Die Aufgabe bestand darin, die Worte so zusammenzustellen, dass sie den letzten zwei Zeilen des Gedichtes genau entsprachen. Diese Aufgabe wurde ebenfalls einmal Einzelpersonen gestellt, die für sich allein arbeiten mussten, ein andermal wurden die Aufgaben kooperierenden Gruppen von vier Personen gegeben. Es fanden sich folgende Ergebnisse: (a) Es wurden signifikant mehr richtige Lösungen gefunden, wenn Gruppen anstatt Einzelpersonen die Aufgabe bearbeiteten. (b) War die Lösung falsch, dann tauchte der Fehler im Denkprozess bei den Gruppen später auf, wohingegen bei Einzelpersonen die Fehler gewöhnlich schon in einem früheren Stadium des Aufgabenverlaufs auftauchten.

Weitere Hinweise für den Leistungsvorteil der Gruppe kommen aus einer Untersuchung von Maier & Solem (1952). Der Zweck des Experiments war, den Beitrag eines Diskussionsleiters auf das Gesprächsniveau zu untersuchen. Dieser Diskussionsleiter war nicht klüger, erfahrener oder informierter als die übrigen Versuchspersonen. Es war ihm sogar verboten, sachliche Anregungen zu geben. Seine einzige Aufgabe bestand darin, die Diskussion der Gruppe zu leiten. In diesem Experiment wurden die folgenden zwei Bedingungen der Gruppenarbeit miteinander verglichen: die Qualität der Leistung von 34 Gruppen, die nur von einem Außenstehenden beobachtet wurden. Die Gruppen mit und ohne Diskussionsleiter bekamen die gleiche Aufgabe des disjunktiven Aufgabentyps gestellt: Ein Mann kaufte eine Stute für 60 Dollar und verkaufte sie für 70 Dollar. Dann kaufte er dasselbe Pferd für 80 Dollar zurück und verkaufte es erneut für 90 Dollar. Wie viel Geld hat er verdient? Die richtige Antwort lautet: 20 Dollar, und die häufigste falsche Antwort ist 10 Dollar. Zunächst schrieb jedes Gruppenmitglied die Lösung auf einen Antwortbogen, nachdem es vor der eigentlichen Gruppendiskussion für sich allein darüber nachgedacht hatte. Nach einer Gruppendiskussion von acht Minuten schrieb jedes Gruppenmitglied auf, was es jetzt für die richtige Lösung hielt. Ergebnisse: Vor Einsetzen der Diskussion fand sich in beiden Gruppen der gleiche Prozentsatz richtiger Lösungen (45%). Nach der Diskussion stieg der Prozentsatz der richtigen Antworten in den „Leiter-Gruppen" auf 84%, wohingegen der Prozentsatz der richtigen Antworten in den „Beobachter-Gruppen" nur auf 72% stieg. Dies ist zwar keine statistisch signifikante, aber doch bemerkenswerte Differenz zwischen den beiden Gruppentypen.

Insgesamt kann der Leistungsvorteil der Gruppe auf die Wirksamkeit folgender Einflussfaktoren zurückgeführt werden:

(1) Fehlerausgleich: Wenn eine Person ein Problem zu lösen versucht, wird sie sich dabei meistens von einer bestimmten Einstellung zu diesem Problem leiten lassen. Die Gedanken und der Lösungsversuch werden in eine bestimmte Richtung gedrängt. Bei sehr vielen Problemen des Lebens hängt die Lösung nun aber gerade davon ab, dass man fähig ist, seine Einstellung und Lösungsmethode zu ändern. Wenn das nicht gelingt, gerät man schnell in eine Sackgasse und bleibt in den alten Bahnen stecken. Eine Gruppe besteht aus mehr als einer Person, und es besteht die Möglichkeit, ja eine hohe Wahrscheinlichkeit, dass diese Personen von verschiedenen Einstellungen gelei-

tet werden und dass der richtige Lösungsansatz bei irgendeinem Gruppenmitglied vertreten ist. In der Gruppe können dann diejenigen, die den richtigen Lösungsansatz haben, andere berichtigen, die mit falschen Voraussetzungen an die Lösung des Problems herangegangen sind. Falls die Gruppenmitglieder mit dem richtigen Lösungsansatz in der Gruppe zu Wort kommen und die anderen Gruppenmitglieder bereit sind, sich überzeugen zu lassen, dann kann die Gruppe die ihr gegebene Möglichkeit des Fehlerausgleichs und der Fehlerkontrolle effektiv zur Problemlösung einsetzen.

(2) Ideenhäufung: Aus der Tatsache, dass sich in einer Gruppe Personen zusammenfinden können, die verschiedene Einstellungen zu einem Problem haben, ergibt sich ferner, dass die Gruppe eine größere Zahl von Ideen und Meinungen produzieren kann als der Einzelne. Ein bedeutender Teil der Gruppenüberlegenheit besteht gerade in der Vielfalt der Meinungen und Einstellungen.

(3) Koordination: Die zweite Untersuchung von Shaw zeigte, dass der Einzelne mit seiner Einzelmeinung dann eine größere Chance hat, seiner Ansicht Gehör zu verschaffen, wenn ein Diskussionsleiter die Gruppe lenkt. Unter dieser Bedingung besteht eine höhere Wahrscheinlichkeit dafür, dass selbst ein statusniedrigeres Gruppenmitglied oder ein Teilnehmer mit geringem Selbstvertrauen der von ihm gefundenen richtigen Aufgabenlösung in der Gruppe Gehör verschaffen kann, wenn der Gruppenführer ihn zur Teilnahme an der Diskussion ermuntert und unterstützt. In der führerlosen Gruppe wird demgegenüber die Mehrheit dominieren, und ein womöglich für die Lösung förderlicher Beitrag kann dabei unbeachtet bleiben und verloren gehen.

Bis jetzt sind Einflüsse besprochen worden, die zur Überlegenheit der Gruppe gegenüber dem Einzelnen führen. Damit ist das Problem aber keineswegs erledigt, denn es lassen sich auch Umstände und Bedingungen finden, die den positiven Einfluss der Gruppe abschwächen und sogar aufheben können.

Alexander Thomas: Grundriss der Sozialpsychologie. Band 2/Individuum, Gruppe und Gesellschaft. Göttingen 1992, S. 148f.

Vom Kreuzworträtsel zur Relativitätstheorie

M 2

In einer Untersuchung von Thorndike (1938) ging es um die Analyse des Einflusses verschiedener Aufgabenarten auf die Gruppenleistung. Dabei erhielten studentische Versuchspersonen die Aufgaben, Kreuzworträtsel zu entwerfen und Kreuzworträtsel zu lösen, und zwar sowohl alleine als auch unter Gruppenbedingungen. Es zeigte sich, dass Gruppen bessere Leistungen erbrachten, wenn Kreuzworträtsel zu lösen waren, wohingegen Einzelpersonen bessere Leistungen beim Entwerfen von Kreuzworträtseln zeigten, d.h. sie hatten in kürzerer Zeit ein komplizierteres und schwierigeres Kreuzworträtsel erstellt als die Gruppen.

Thorndike selbst interpretiert seine Untersuchung folgendermaßen: Beim Lösen eines Kreuzworträtsels ist eine Anhäufung von Einzelbeiträgen gefordert. Je mehr Einfälle produziert werden, um so besser. Die Ideenhäufung in der Gruppe wirkt sich hier positiv aus. Das Entwerfen eines Kreuzworträtsels dagegen ist etwas anderes. Hier gibt es keine richtigen oder falschen Lösungen. Einer, der allein arbeitet, wird auf eine Methode stoßen und sie weiterverfolgen, obwohl eine andere Methode genauso angemessen wäre. Andere Personen haben eine andere Methode. Sollen diese Personen nun zu einer einheitlichen Lösung kommen, werden sie sich gegenseitig stören. Verallgemeinernd können wir sagen: Dort, wo es die Anhäufung von Einzelinformationen geht, oder dort, wo es nur eine einzige richtige Lösung gibt, wird die Quantität und die Qualität der Gruppenleistung vermutlich größer sein können. Wenn es andererseits mehrere richtige Wege gibt bzw. wenn konzentriertes, folgerichtiges und schöpferisches Denken erforderlich ist, werden häufig Einzelpersonen besser sein als Gruppen. Bei einer noch weiteren Verallgemeinerung gilt, dass die Theorie für die Lösung eines Problems wohl am besten der Einzelne ausarbeiten kann, wohingegen die Lösung von technischen Fragen oder Teilproblemen den Einsatz eines Teams ratsam erscheinen lässt. Ein einzelner Wissenschaftler entwickelte die Relativitätstheorie, aber die Technik zur Nutzung der Atomkraft, die ohne Einsteins Werk nicht hätte geschaffen werden können, wurde von vielen Wissenschaftlern im Team entwickelt.

Alexander Thomas: Grundriss der Sozialpsychologie. Band 2/Individuum, Gruppe und Gesellschaft. Göttingen 1992, S. 152f.

7.2. Sind wir ein Team?

Gruppen sind unter bestimmten Bedingungen leistungsfähiger als Einzelpersonen, d. h. aber nicht, dass es in diesen Fällen allein darauf ankommt in einer Gruppe zu arbeiten. So ist die Befindlichkeit und das Leistungsvermögen eines Teams oder einzelner Teammitglieder abhängig von der Art der Zusammenarbeit sowie von athmosphärischen und sozialen Faktoren. Unter welchen Bedingungen ein gutes bzw. schlechtes Gruppenklima entstehen kann, können Sie mithilfe des folgenden Selbstversuchs erforschen.

1. Kopieren Sie M3 und kreuzen Sie an, inwieweit die Aussagen zutreffen (1 = stimmt genau, 2 = stimmt weitgehend, 3 = stimmt ein wenig, 4 = stimmt eher nicht, 5 = stimmt weitgehend nicht, 6 = stimmt überhaupt nicht). Falls einzelne Fragen nicht auf Ihre Situation zutreffen, können Sie diese auslassen.
2. Werten Sie die Fragebögen aus und fassen Sie das Ergebnis in einem kurzen Text (Untersuchungsbericht) zusammen (Sinnvoll ist es, zunächst Oberbegriffe zu finden, denen Sie mehrere Fragen zuordnen können). Wenn sich deutliche Hinweise auf ein schlechtes Gruppenklima ergeben haben, sollten Sie dies innerhalb Ihrer Gruppe/Ihres Kurses diskutieren und über Gegenmaßnahmen beraten.
3. Formulieren Sie (ausgehend von M3) 15 goldene Regeln für eine erfolgreiche Teamarbeit.

M3

	1	2	3	4	5	6
Ich bin freiwillig in dieser Arbeits-/Kursgruppe.						
In unserem Team werden Ansichten und Meinungen anderer angehört.						
Alle Gruppenmitglieder haben genügend Zeit und Möglichkeiten, ihre Gedanken und Haltungen einzubringen.						
Andere Standpunkte werden gelten gelassen.						
Der Teamleiter/Gruppenleiter/Kursleiter bestimmt die gesamte Arbeit.						
Gemeinsame Diskussionen stehen im Vordergrund der Arbeit.						
Wir haben eine lohnende Aufgabe.						
Mehrheitsentscheidungen werden in unserem Kurs/unserer Arbeitsgruppe angenommen und mitgetragen.						
Es ist möglich, dass sich jemand zeitweise zurückzieht, weil er/sie nicht hinter einer Sache stehen kann.						
Wir haben die Möglichkeit, freie Entscheidungen im Rahmen der gegebenen Grundbedingungen zu treffen.						
Wir reden nicht abwertend über Abwesende.						
Konflikte werden im Kurs/im Team nicht verdrängt.						
Konflikte werden mit psychischem und/oder physischem Druck ausgetragen.						
Unsere Gruppe hat ein gemeinsames Ziel.						
Wir reflektieren, wenn etwas gut oder nicht gut läuft.						
Jeder/jede von uns kann mit jedem/jeder gut in Kontakt treten.						

In unserem Kurs/unserem Team werden nur Sachprobleme besprochen.						
In unserem Kurs/unserem Team wechseln die Zielsetzungen häufig.						
In unserem unserem Kurs/unserem Team wird gemeinsam entschieden.						
Außenseiter gibt es unserem Kurs/unserem Team nicht.						
Wir werden nicht dauernd kontrolliert (z. B. von Lehrern/Lehrerinnen).						
Ich kann mich unserem Kurs/unserem Team frei entfalten und meine Bedürfnisse befriedigen.						
Wenn es jemandem in unserem Kurs schlecht geht, bekommt er/sie Hilfe von der Gruppe.						

7.3. Ein Team organisieren

Wenn Sie in der Schule im Team arbeiten, müssen Sie vier Etappen bewältigen:

1. Etappe: Sie definieren oder bestimmen gemeinsam das Thema/die Aufgabe und planen Arbeitsschritte.
2. Etappe: Sie bilden Einzelteams, die die Arbeit teilen.
3. Etappe: Sie führen die Gruppenarbeiten durch.
4. Etappe: Sie werten die Teamarbeiten aus und präsentieren die Ergebnisse.

Die inhaltliche Seite dieser Arbeitsschritte wird im Kapitel 6 („Ein Projekt durchführen“) behandelt. Hier geht es vor allem darum, wie Sie als Team die jeweiligen Etappen erfolgreich bewältigen können, d. h. es geht um Ihre Fähigkeiten zur Kommunikation, zur Kooperation und zur Arbeitsorganisation.

7.3.1. Das Gruppengespräch

Regeln und Strukturen

Für erfolgreiche und effiziente Besprechungen in der Gruppe müssen Sie bestimmte Regeln beachten und Strukturen installieren.

- Notieren Sie das Thema/den Zweck einer Gruppendiskussion vorab als Frage (z. B. an der Tafel).
  Wenn Sie ein umfangreicheres Thema besprechen, legen Sie eine Tagesordnung fest und ordnen Sie den Punkten entsprechende Zeiten zu.
- Bestimmen Sie einen Gesprächsleiter/eine Gesprächsleiterin und legen Sie dessen Aufgaben und Rechte fest (Wie soll die Diskussion geführt werden? Welche Rechte hat der Moderator/die Moderatorin?)
- Bestimmen Sie einen Schriftführer/eine Schriftführerin (Welche Aussagen sollen protokolliert werden? Wie sollen die Beiträge festgehalten werden?).
- Ernennen Sie einen Regelspezialisten/eine Regelspezialistin (Wer überwacht die vereinbarten Gesprächs- und Arbeitsregeln, schaut z. B. auf die Uhr um Zeitabsprachen nicht aus den Augen zu verlieren?)

Gesprächsleitung

Das Gruppengespräch selbst sollte sich zwischen den Polen „Ich“ (Einzelner), „Wir“ (Gruppe“) und „Es“ (Sache) ausbalancieren.

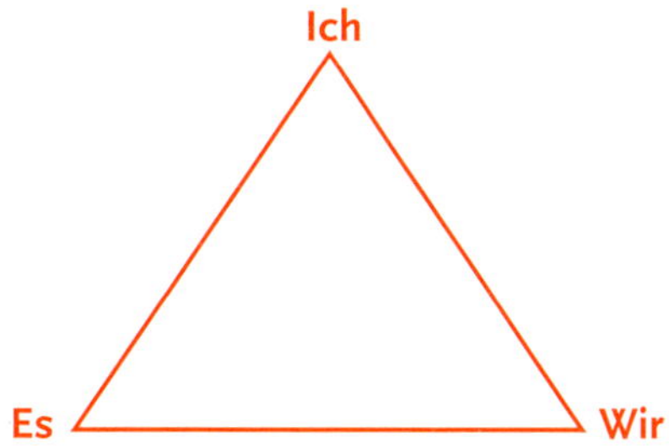

Ausgehend von diesem Dreieck lässt sich ein Trainingsprogramm für Gruppengespräche formulieren:

1. Sei dein eigener Chairman (=Diskussionsleiter).
2. Störungen haben Vorrang.
3. Wenn Du willst, bitte um ein Blitzlicht (= die Diskussionsteilnehmer äußern sich der Reihe nach zu ihrem Gefühlszustand).
4. Es kann immer nur einer sprechen.
5. Beachte Deine Körpersignale.
6. Sage „Ich“ statt „man“ oder „wir“.
7. Formuliere eigene Meinungen statt Fragen.
8. Sprich direkt.
9. Gib Feedback, wenn du das Bedürfnis hast.
10. Wenn du Feed-back erhältst, hör ruhig zu.

aus: H. Biermann/B. Schurf (Hg.): Texte, Themen und Strukturen. Deutschbuch für die Oberstufe. Cornelsen Verlag, Berlin 1999. S. 83

1. Erläutern Sie die einzelnen Regeln vor dem Hintergrund Ihrer Erfahrungen mit Gruppengesprächen.
2. Entwickeln Sie einen Beobachtungsbogen für die Gruppengespräche, der sich an den drei Komponenten „Ich“, „Wir“ und „Sache/Aufgabe“ orientiert.

Feedback und Kritikgespräch

Für eine gute Teamarbeit ist es von entscheidender Bedeutung, regelmäßig über die Arbeit in der Gruppe und über die Gruppenbeziehungen miteinander zu sprechen. Das gilt besonders, wenn Konflikte innerhalb des Teams auftreten (siehe auch Kap. 6, S.183/193).

Kritik formulieren

Wenn Sie Kritik am Verhalten anderer formulieren, muss diese gekennzeichnet sein von Offenheit und von der grundlegenden Absicht, die Beziehungen zu verbessern. Gemeinsam können Sie sich auch darüber verständigen, welche sprachlichen Formen für Kritikgespräche wünschenswert sind. Grundsätzlich gilt: Kritik am anderen ist dann angemessen formuliert, wenn jedes Gruppenmitglied sie auch für sich selbst ertragen könnte.

Regeln für Konfliktgespräche

Um einen konstruktiven Gesprächsverlauf zu gewährleisten, sollten Sie besonders auch in Konflikt- und Kritikgesprächen folgende Regeln für das Sprechen und für das Zuhören beachten:

Regeln für das Zuhören

1. Zeigen Sie, dass Sie zuhören. Wenden Sie sich dem Partner/der Partnerin zu und halten Sie Blickkontakt.
2. Fassen Sie zusammen. Wiederholen Sie mit eigenen Worten, was die Partnerin/der Partner gesagt hat, so dass sich diese/r verstanden fühlen.
3. Fragen Sie offen. Vermeiden Sie Unterstellungen. Geben Sie positive Rückmeldungen.
4. Melden Sie bei Bedarf zurück, was das Gesagte in Ihnen auslöst.

Regeln für das Sprechen

1. Bleiben Sie beim Thema.
2. Sprechen Sie von sich und verwenden Sie Ich-Aussagen. Du-Sätze beinhalten oft Vorwürfe, die Gegenangriffe auslösen.
3. Beziehen Sie sich auf konkrete Situationen. Vermeiden Sie Verallgemeinerungen wie „immer“ oder „nie“.
4. Sprechen Sie konkretes Verhalten an. Schreiben Sie dem anderen als Person keine negativen Eigenschaften zu wie z. B. „Du bist faul“/„Du bist unordentlich“).

aus: H. Biermann/B. Schurf (Hg.): Texte, Themen und Strukturen. a.a.O., S. 99

Feedback: Rückmeldung auf eine sprachliche Äußerung oder das Verhalten eines Kommunikationspartners. Es gibt drei Arten von Feedback: positives, negatives und kein Feedback. Kein Feedback (so die Gruppenpsychologie) ist schlimmer als negatives Feedback, weil es fast dem Ignorieren der anderen Personen gleichkommt. Unterschieden wird zwischen allgemeinem und spezifischem Feedback.

Allgemeines Feedback: Allgemeines positives Feedback kann, wenn es wohl dosiert ist, für gute Stimmung sorgen und Beziehungen festigen

Allgemeines negatives Feedback erfüllt keinerlei Zweck, außer dass es das Selbstwertgefühl Anderer herabsetzt und Beziehungen zerstört

Spezifisches Feedback: Spezifisches positives Feedback kann angewandt werden, um ein bestimmtes Verhalten zu verstärken und dient damit der Motivation.

Spezifisches negatives Feedback, das seinen Zweck erfüllen soll, muss direkt nach einem bestimmten Verhalten eingesetzt werden. Ziel ist es, das unerwünschte Verhalten zu ändern.

5 wichtige Punkte zum Feedback geben:

1. Seien Sie *spezifisch.* Wenn der andere erfahren soll, was er tun oder lassen soll, muss er klar und deutlich verstehen, was Ihnen an ihm gefällt oder nicht gefällt.
2. Sprechen Sie ein *Verhalten* an, *nicht die Deutung.* Zum Beispiel: „Ich habe noch nie beobachten können, dass Du anderen bei ihrer Arbeit hilfst, wenn Du selbst schon fertig bist. Ich sehe Dich aber dann häufig mit einer Tasse Kaffee im Pausenbereich." Ein derartiges Feedback wird eher akzeptiert, als wenn Sie sagen. „Du bist faul und überhaupt nicht hilfsbereit."
3. Seien Sie *konstruktiv.* Die Absicht von Feedback ist es, jemanden zu stärken und zu motivieren. Geben Sie daher ein ausgewogenes Maß von positivem und negativem Feedback und lassen Sie dem Empfänger die freie Wahl, Ihr Feedback zu akzeptieren oder abzulehnen.
4. Seien Sie *realistisch.* Es ist wichtig, Feedback möglichst bald nach dem Verhalten zu geben, auf das es sich beziehen soll. Dieses Verhalten muss aber für den Feedbackempfänger auch tatsächlich veränderbar sein. Unrealistische Vorstellungen führen hier nicht weiter.
5. Fassen Sie sich kurz und kongruent (FKK) beim Feedback. Vermeiden Sie Doppeldeutigkeiten und ambivalentes Verhalten.

Führen Sie die Übungen zum Feedback geben und zum Feedback empfangen durch (siehe Seite 221).

7.3.2. Schreibtechniken zur Unterstützung der Gruppenarbeit

Teambesprechungen, aber auch die eigentliche Bearbeitung der Gruppenaufgabe ist durch verschiedene Formen des Schreibens geprägt. Im Folgenden sind die wichtigsten zusammengestellt:

1. Eine schriftliche Paraphrasierung von Themenstellungen erleichtert das Klärungsgespräch.
2. Das schriftliche Festhalten aller Aspekte aus der Zieldiskussion dient der Rückversicherung im Arbeitsprozess.
3. Zu Beginn durchgeführte Kartenabfragen beschäftigen jedes Gruppenmitglied mit den eigenen Vorstellungen bzw. Erwartungen, bevor diese z. B. im Cluster- oder Mind-Map-Verfahren oder in anderer Form von allen systematisiert werden.
4. In einem detaillierten Ablauf- und Zeitplan werden alle Aufgaben und ihre Bearbeiter vermerkt und auch die Termine für den Zwischenaustausch.
5. Beim arbeitsteiligen Recherchieren bzw. Aufarbeiten von Informationen erstellt man Ergebnispapiere und schriftliche Zusammenfassungen, auch in systematisierender oder grafischer Form.
6. Komplexe oder schwierige Texte werden für den Gruppenaustausch umgeschrieben, zusammengefasst oder durch eine Gliederung oder ein Konspekt (Inhaltszusammenfassung, die die gedankliche Struktur abbildet) aufbereitet.

7. Zwischenergebnisse aus dem Gruppenaustausch hält man protokollarisch fest. Diese Protokolle enthalten besonders die bereits vorgenommenen Systematisierungen und alle offenen Fragen.
8. Alle Präsentationsformen und Visualisierungen werden ausprobiert und bis zum Ende der Gruppenarbeit optimiert.

Es gibt verschiedene Formen, Arbeitsprozesse schriftlich zu begleiten, festzuhalten und auch zu bewerten. Die jeweils günstigste können Sie mit Ihrer Gruppe ausprobieren. Hier drei Anregungen:

Das *Gruppenjournal* ist eine Art Tagebuch zur Gruppenarbeit; es sollte reihum geführt werden.

Im *Simultanprotokoll* hält man, z. B. auf einer Wandzeitung im Klassenraum, Wichtiges zum Arbeitsstand, zu den Erfahrungen in der Gruppe fest, die man auch knapp kommentiert.

Jedes Gruppenmitglied kann auch ein individuelles *Lernjournal* führen.

aus: H. Biermann/B. Schurf (Hg.): Texte, Themen und Strukturen. a.a.O., S. 99

Erproben Sie die Arbeit mit einem persönlichen Lernjournal, wenn Sie das nächste Mal längere Zeit in der gleichen Gruppe mitarbeiten. Im persönlichen Lernjournal sollten Sie für sich die Antworten auf folgende Fragen schriftlich festhalten:
- Warum habe ich den Teilauftrag übernommen?
- Was habe ich gelernt?
- Welche Schwierigkeiten hatte ich auf der Sach- und auf der Beziehungsebene?
- Was möchte ich noch lernen?
- Wie schätze ich meinen Anteil am Gruppenprodukt ein?

7.3.3. Visualisierungstechniken: Tafel, Flipcharts, Moderationswand.

Tafel/Whiteboard

Es gibt zahlreiche Möglichkeiten, Arbeitsprozesse in der Gruppe durch Visualisierungstechniken zu unterstützen. Das gebräuchlichste Mittel dürfte die Tafel sein. Hier unterscheiden wir zwischen den in Schulen meist vorhandenen Tafeln, die mit Kreide beschrieben werden und den in Tagungsinstituten und Firmen meist verwendeten Whiteboards, für die es spezielle trocken abwischbare Stifte gibt. Viele Whiteboards sind aus Metall, so dass sie gleichzeitig als Magnettafel benutzt werden können. Beide haben in der Regel Querformat. Auf beiden kann das, was man geschrieben hat, augenblicklich wieder weggewischt, überschrieben oder ersetzt werden.

Flipcharts

Flipcharts haben den Vorteil, dass sie recht gut transportabel sind. Dafür sind sie wieder vergleichsweise klein. Flipcharts gehören aber zur Standardausrüstung jedes Seminarraums und sind sowohl für Gruppenarbeiten wie auch für Präsentationen zu nutzen. Sie sind mit einem Papierblock versehen, so dass sie mit ganz normalen Filzstiften mit der Strichbreite 2–5 mm zu beschreiben sind. Wenn Sie umweltfreundlich arbeiten wollen, können Sie Blocks aus Recyclingpapier mit Wachsmalstiften benutzen.

Was ist beim Tafelanschrieb zu beachten?

- Schreiben Sie groß genug und leserlich. Ihre Schrift muss auch für Teilnehmer im hinteren Teil des Raumes noch gut lesbar sein. Benutzen Sie am besten die Druckschrift.
- Schreiben Sie möglichst nicht über die gesamte Breite der Tafel. Es fällt den meisten Leuten, auch den geübten, schwer, ihre Schrift über längere Strecken sauber an einer imaginären Grundlinie zu orientieren. Bei linierten Tafeln ist dies dann kein Problem.
- Schreiben Sie auch am Ende der Zeile oder am unteren Tafelrand noch mit gleichmäßigen Buchstabenbreiten, Wortabständen und Schriftneigung.
- Schreiben Sie Tafeln nie so voll, dass man die Übersicht verlieren kann.
- Tafeln sind meistens so groß, dass man den Tafelanschrieb gut strukturieren kann, z. B. auf der linken Seite, durch eine senkrechte Linie abgetrennt, eine reine Notizspalte für Stichworte, Ideen, Teilnehmerbeiträge. In der Mitte entstehen dann ein Schaubild, Diagramm, Thesensammlung, Berechnungen, etc. Auf der rechten Seite, ebenfalls von allem anderen durch eine senkrechte Linie getrennt, z. B. eine Sammlung mit Fachbegriffen.
- Zur Einteilung der Tafel kann man sich auch an der Fenstertechnik vieler Internet-Homepages orientieren und eine ähnliche Struktur anwenden.
- Für Tabellen, Schaubilder etc. kann man auch an Tafeln Lineale, Tafelzirkel etc. verwenden. Das Tafelbild sieht gleich wesentlich ordentlicher aus.
- Geben Sie all Ihren Anschrieben eine knappe, aussagekräftige Überschrift.
- Schreiben Sie nie während Sie noch sprechen. Sprechen Sie zu Ihren Zuhörern. Beenden Sie den Satz, dann erst wenden Sie sich der Tafel zu und schreiben.
- Wenn man eine Tafel vollgeschrieben hat, mit seinem Thema aber noch nicht fertig ist und noch weitere Dinge anschreiben möchte, muss man das bisher geschriebene wegwischen. Geben Sie Ihren Zuhörern Zeit, ihre Mitschriebe zu aktualisieren. Fragen Sie nach, ob Sie die Tafel schon wischen können, oder ob noch jemand abschreibt.
- Stellen Sie sich, wenn Sie nicht gerade schreiben, nie zwischen die Tafel und Ihre Zuhörer. Sie nehmen Ihnen damit die Sicht auf die Tafel.
- Stellen Sie sicher, dass die Tafel immer sauber ist, wenn Sie einen Vortrag beginnen. Wenn Dinge an der Tafel stehen, die nichts mit Ihrem Vortrag zu tun haben und die Sie nicht selbst angeschrieben haben, wird die Aufmerksamkeit der Zuhörer abgelenkt.
- Wenn Sie etwas an der Tafel zeigen wollen, benutzen Sie dazu einen Zeigestock oder die flache Hand. Stellen Sie sich dabei an die Seite der Tafel mit Blickrichtung zu den Zuhörern.

Mit Flipcharts arbeiten

- Stellen Sie sicher, dass Sie immer genügend Papier auf dem Flipchartblock zur Verfügung haben.
- Entfernen Sie evtl. beschriftete Blätter, die nicht von Ihnen sind.
- Achten Sie darauf, dass die Flipchart sicher steht und nicht plötzlich während des Beschriftens zusammenklappen oder umfallen kann. Denken Sie auch daran, sie so zu stellen, dass sie gut beleuchtet ist und von allen Anwesenden gut gesehen werden kann.
- Schreiben Sie deutlich und gut lesbar mit möglichst breiten Strichen. Benutzen Sie die Druckschrift.
- Setzen Sie Farben ein, wo immer dies möglich ist. In gewisser Weise können Sie mit Farben auch die Stimmung des Publikums beeinflussen. Schwarz wirkt hart und kontrastreich. Rot ist an- und aufregend. Gelb kann trotz der schwierigen Lesbarkeit anregend und motivierend wirken. Blau wirkt kühl und sachlich. Grün wirkt entspannend.
- Flipcharts sind vor allem in Kombination mit anderen Medien sehr geeignet und können für spontane Anschriebe und Bilder genutzt werden.
- Überladen Sie das Blatt nicht mit schriftlichen Informationen, sondern lassen Sie auf jeder Seite ca. 10 cm frei.
- Flipcharts können Sie schon vor Beginn Ihres Vortrags vorbereiten und entweder auf dem Block belassen oder im Raum aushängen. Wenn Sie sie aushängen, nummerieren Sie sie deutlich, sodass die Zuhörer sofort erkennen, wovon Sie gerade sprechen. Wenn Sie sie auf dem Block lassen und zwischendurch umblättern, lassen Sie zwischen jeder vorbereiteten Chart eine oder zwei Seiten für spontane Aufschriebe während des Vortrags frei.
- Schlagen Sie vorbereitete und abgearbeitete Charts nach hinten um, wenn Sie nicht gerade darüber sprechen. So wird die Aufmerksamkeit der Zuhörer nicht abgelenkt.
- Stellen Sie sich zum Zeigen aus Sicht der Betrachter links neben die Flipchart und zeigen Sie mit der ausgestreckten Hand.

Moderationswand

Die Moderationswand ist das inzwischen klassische Medium für Visualisierungen. Bespannt mit einem Bogen Moderationspapier kann man die Wand mit Markern jeder Farbe und Strichstärke beschreiben, gleichzeitig kann man mit Nadeln Bilder, Fotos, Visualisierungselemente und sogar dreidimensionale Gegenstände daran befestigen.

Im wesentlichen gelten die gleichen Hinweise wie für Tafel und Flipchart. Etwas differenzierter ist die Arbeit mit Visualisierungselementen zu sehen:

Visualisierungselemente sind Moderationswolken (weiß mit roter Umrandung) Überschriftstreifen, Rechtecke, Kreise und Ovale. Diese Karten sind normalerweise in den Farben weiß, blau, grün, gelb und orange erhältlich. Verschiedene Anbieter haben darüber hinaus noch weitere Elemente im Programm, wie etwa Rauten und Karten in der Form kleiner Menschen. Weitere Elemente, z. B. Dreiecke, erhält man durch Zerschneiden der lieferbaren Formen.

Mit einer Kombination dieser Elemente und Linien auf dem Papier lassen sich Listen,

Tabellen, Cluster, Baumstrukturen, Netzwerke, Skalen und Koordinaten visualisieren. Aber auch künstlerische Aspekte können mithilfe von Formen und Farben in die Visualisierung eingebracht werden. Hier einige Beispiele:

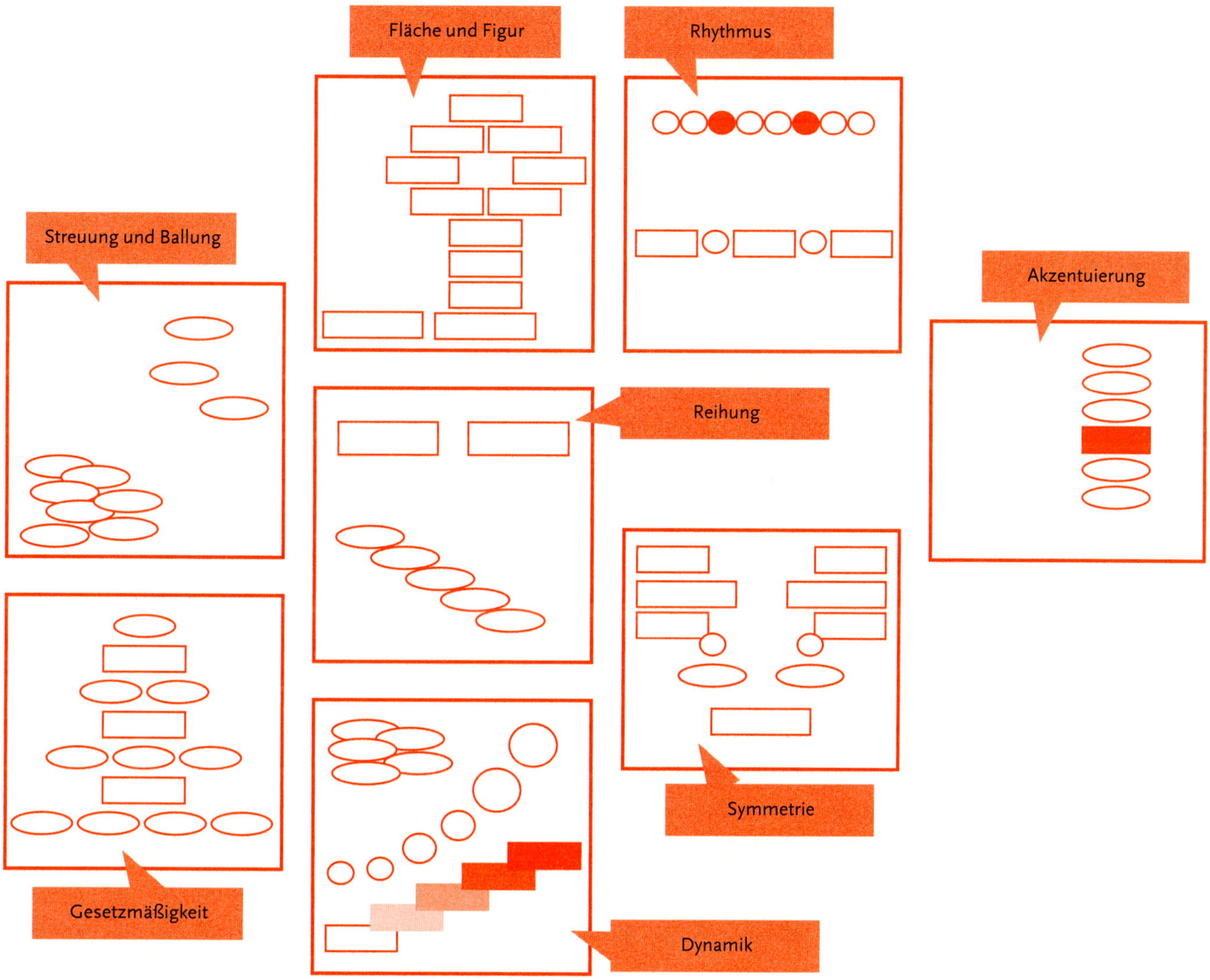

Versuchen Sie, mit Moderationskarten zu einem der folgenden Themen eine Visualisierung nach dem in Klammern angegebenen Kriterium zu erarbeiten:

- Erweiterung der EU (dynamisch)
- Bismarcksche Außenpolitik (Netzwerk)
- Bundestags- und Landtagswahlen in Deutschland (Rhythmus)
- Romeo und Julia: Die Familienstrukturen der Montagues und der Capulets (Symmetrie)
- Vererbungslehre nach Mendel (Gesetzmäßigkeit)

7.4. Kreatives Arbeiten

Kreativität ist die Fähigkeit, die herkömmliche Denkweise zu verlassen und zu neuen Lösungen zu kommen, indem man bekannte Dinge aus einer anderen Perspektive betrachtet und indem man nicht nur mit der analytischen, logischen und rationalen Betrachtungsweise der linken Gehirnhälfte an Probleme herangeht, sondern auch das intuitive und bildhafte Denken der rechten Hälfte aktiviert.

Es gibt bewährte Arbeitstechniken, die Ihnen in bestimmten Gruppen- und Arbeitssituationen weiterhelfen. Wenn Sie z. B. den Eindruck haben, dass Sie in der Gruppe was Themenstellung und Zierlsetzung angeht ganz unterschiedliche Vorstellungen haben, können Sie ein Blitzlicht, eine Kartenabfrage oder eine Ideenbörse durchführen . Kreativitätstechniken können Sie anwenden, wenn es wirklich darauf ankommt, möglichst viele Ideen zu sammeln oder wenn völlig neue Ansätze gebraucht werden.Sie zeichnen sich dadurch aus, dass Sie herkömmliche lineare Denkstrukturen verlassen und neue Wege suchen, die quer zu den herkömmlichen liegen. Hierzu zwei Beispiele:

Das Neun-Punkte-Problem

M 1

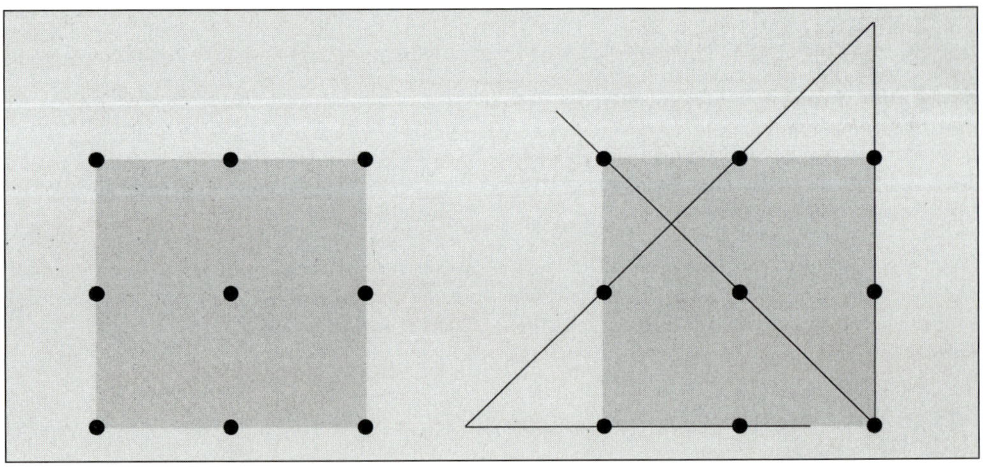

Diese neun Punkte sollen durch vier gerade Linien so verbunden werden, dass alle Punkte berührt werden. Der Zeichenstrich darf aber nicht abgesetzt werden. Kein Punkt darf doppelt berührt werden. Überkreuzungen sind erlaubt.

Das Problem kann nur gelöst werden, wenn die imaginäre Begrenzung durch die Punkte überschritten wird.

aus: Günther Gugel: Methoden-Manuel I: „Neues Lernen". Tausend Praxisvorschläge für Schule und Lehrerbildung. Beltz Verlag, Weinheim und Basel 1997, S. 201

Das Reiter-Problem

Die unten abgebildete Vorlage wird kopiert und so ausgeschnitten, dass Sie drei Streifen Papier erhalten. Die Aufgabe besteht darin, die Reiter und die Pferde so zu legen, dass jeder Reiter auf einem Pferd reitet. Die Papierstreifen dürfen weder geknickt noch gefaltet werden. Probieren Sie es aus! Die Lösung finden Sie im Anhang.

aus: Günther Gugel: Methoden-Manuel I: „Neues Lernen“. Tausend Praxisvorschläge für Schule und Lehrerbildung. Beltz Verlag, Weinheim und Basel 1997, S. 201

M 2

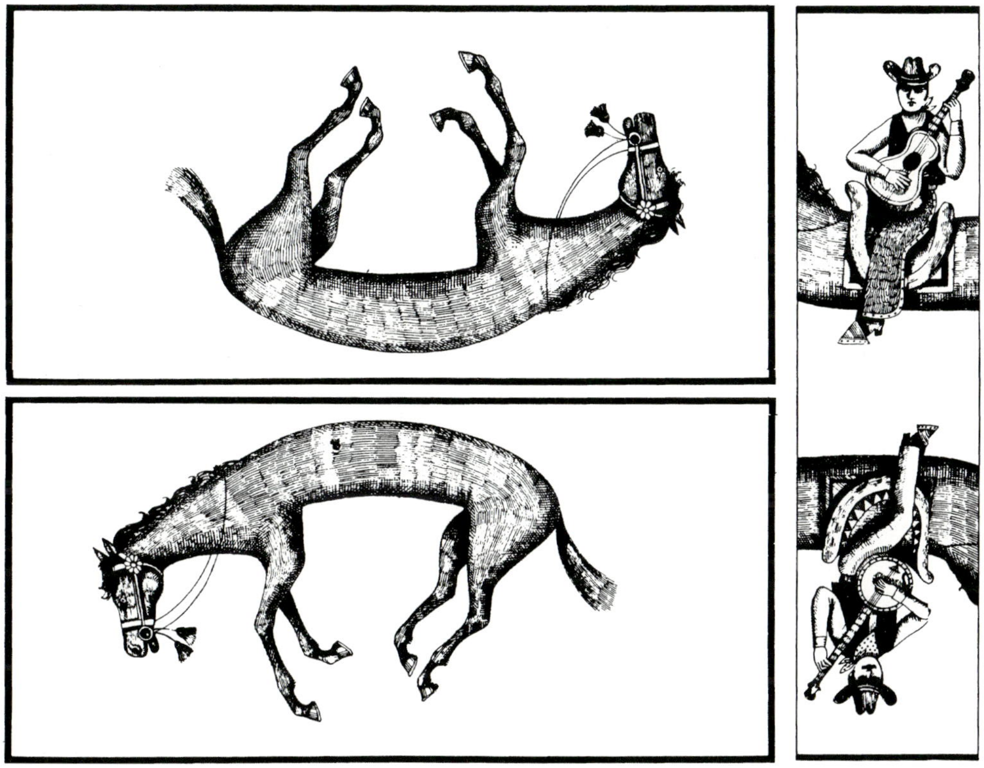

7.4.1. Brainstorming

Brainstorming ist ein schneller Weg, Gedanken oder Ideen zu einer Frage oder zu einem Problem zu sammeln.

Voraussetzungen

- Verfrühte Kritik behindert kreatives Denken. Wer bereits im ersten Arbeitsgang Perfektion erwartet, wird sich beim Brainstorming unwohl fühlen. Seien Sie bereit, jede Idee zunächst einmal kritiklos zu akzeptieren und sei sie auf den ersten Blick noch so abwegig. Je weniger kritisch Sie an die Methode herangehen, desto weniger brauchen Sie auch zu befürchten, dass andere Ihre Idee sofort bewerten oder gar ablehnen. Und je weniger Sie sich selbst durch derartige Befürchtungen behindern, desto produktiver wird Ihr eigener Ideenausstoß.
- Zu den Voraussetzungen gehört ebenso eine klar formulierte Aufgabe oder ein Ziel.
- Sie benötigen einen genügend großen Raum für ca. 6 bis 8 Teilnehmer. Zum sichtbaren Mitschreiben für alle genügt oft eine Wandtafel. Flipchart oder Moderationswände sind besser geeignet. Setzen Sie bitte einen Zeitbedarf von 30 Minuten an.
- Es wird ein Moderator benötigt, der zu Beginn des Brainstormings die Aufgabenstellung vorträgt, die Teilnehmer auffordert alle Ideen zum Thema laut zu äußern, der diese Ideen sichtbar mitprotokolliert, und der dann, wenn Stockungen eintreten, die Teilnehmer zum Weitermachen motiviert.

Regeln

- Ideen, die laut vorgetragen werden, werden grundsätzlich weder kritisiert noch kommentiert, weder negativ noch positiv. Akzeptieren Sie auch die verrücktesten Spinnereien.
- Quantität geht vor Qualität. Befreien Sie sich in Ihrem Denken von jeglichem Ordnungszwang. Es macht nichts, wenn die Formulierung nicht ausgefeilt ist. Beginnen Sie einfach irgendwo. Springen Sie von einer Idee zur anderen.
- Alle Ideen müssen sofort aufgeschrieben werden, so dass sie von allen Teilnehmern gut gesehen werden können. Vorschläge von anderen lösen bei Ihnen wieder weitergehende Ideen oder Folgeideen aus.

- Prinzip der Solidarität
- Solidarität auch mit Menschen aus Entwicklungsländern
- Arbeit und Leistung an individuelle Möglichkeiten und Fähigkeiten anpassen
- soziale Abstände verringern, dadurch dass sich alle beim Vornamen nennen und duzen
- Verantwortung für die Sicherheit am Arbeitsplatz
- Job-Pooling für Teilzeitbeschäftigte
- Visionen schrittweise realisieren
- Gleichberechtigung als Voraussetzung
- Hinterfragen und Reformieren der bisherigen sozialen Errungenschaften
- Aktives Tolerieren anderer Lebensweisen
- Verantwortung für bessere Bildungschancen
- Alterssicherung durch Geburtenzunahme
- Nur wer selbst abgesichert ist, kann soziale Verantwortung übernehmen
- Investition in die Zukunft

So könnte dann ein Auszug aus den Aufschrieben zur Frage „Wo liegt die soziale Verantwortung des Einzelnen in der Industriegesellschaft?“ aussehen:

- Wenn die Zeit des Ideensammelns um ist – spätere Einfälle können immer noch dazugeschrieben werden – folgt nach einer Pause eine Phase der Diskussion und der Bewertung. Auch hier werden noch Ideen von anderen aufgegriffen und ergänzt oder erweitert.

Kritik

Kritiker des Brainstorming halten diese Technik deswegen für fragwürdig, weil ihrer Meinung nach der Aspekt der Qualität zu kurz kommt. Es werde mit relativ viel Zeitaufwand sehr viel „Ideenschrott“ gesammelt. Man solle sich lieber auf intensives Nachdenken konzentrieren und dann brauchbare Ideen liefern.

1. Führen Sie mit einer Gruppe von 6–8 Personen ein ca. 30-minütiges Brainstorming zum Thema „Wie könnte das Verhältnis zwischen Europa und den USA verbessert werden?“ durch.
2. Versuchen Sie in einer zweiten Runde bitte einen anderen Denkansatz: „Wie könnte man das Verhältnis zwischen Europa und den USA verschlechtern?“ (ca. 15 Minuten)
3. Diskutieren Sie innerhalb Ihrer Gruppe, ob die Antworten auf die zweite Frage nicht eigentlich neue Aspekte zur Beantwortung der ersten Frage darstellen.

7.4.2. Brainwriting

Brainwriting ist eine schriftliche Variante des Brainstorming. Es gibt hier zwei unterschiedliche Ansätze. Der erste ist weitgehend identisch mit der Kartenabfrage in der Moderation nach Metaplan.

1. Jeder Teilnehmer, wenn möglich nicht mehr als 15 pro Gruppe, erhält einen dicken Filzstift mit 5 mm-Spitze und mehrere Moderationskarten. Der Moderator gibt den Frageimpuls. Die Frage sollte als offene Frage gestellt sein.
   Alle Teilnehmer schreiben jetzt ihre Ideen auf die Karten, pro Idee oder Gedanke eine Karte. Nach etwa 20 Minuten gehen alle vor an die Moderationswände und heften ihre Karten an. Es folgt eine 10-minütige Phase, in der sich alle die angehefteten Karten ansehen und dadurch vielleicht zu weiteren Ideen inspiriert werden, die sie aufschreiben und dazuheften.
   Danach folgt die Auswertung, wie sie in einem der folgenden Teilkapitel „Die Moderation“ beschrieben wird.
2. 6–8 Teilnehmer erhalten je ein leeres Blatt Papier. Auf eine Impulsfrage hin beginnen alle, ihre Ideen in Stichworten auf dieses Blatt zu notieren. Nach einigen Minuten legen alle ihre Blätter in die Mitte und nehmen sich jeweils das Blatt eines anderen Teilnehmers, von dessen Ideen sie sich inspirieren lassen, und nun auf dieses Blatt weitere Ideen und Anregungen schreiben. Dies wird so oft wiederholt, bis alle die Blät-

ter aller anderen einmal gehabt haben. Anschließend werden die Ergebnisse dieses Brainstorming ausgewertet.

1. Führen Sie ein Gruppenbrainwriting durch zu einem der nachfolgenden Themen:
   a) Europäisch-amerikanische Beziehungen
   b) Veränderungen der sozialen Verhältnisse in den nächsten 20 Jahren
   c) Welche Folgen hat das Fusionsfieber in der Weltwirtschaft am Ende der 90er Jahre für die Bürger der EU?
   d) Wie wird durch kontinuierliches Lernen und Bildung ein Wettbewerbsvorteil gesichert?
2. Übertragen Sie die Ergebnisse des Brainwriting auf Karten.
3. Ordnen Sie die Karten an der Pinwand so, dass bereits die Grobstruktur eines Referates zum Thema erkennbar ist.
4. Verfeinern Sie die Struktur durch Umorganisation, Hinzufügen und Ergänzen von Karten
5. Erläutern Sie in einem kurzen Vortrag Ihre Fragestellung, Arbeitsweise und bisheriges Ergebnis.

7.4.3. Funneling

„Funneling“ bedeutet „durch einen Trichter leiten, kanalisieren“. Bei größeren Gruppen ist es schwierig, den Überblick zu behalten. Hier eignet sich diese Variante sehr gut:

- Ziel ist es, dass die Teilnehmer Meinungen, Beobachtungen, Forderungen oder Ideen zu einem bestimmten Thema auflisten und diese nach Prioritäten ordnen.
- Man benötigt Papier und Schreibgeräte für die Teilnehmer, sowie Flipchart, OH-Folie oder Tafel etc. mit den entsprechenden Schreibgeräten. Die benötigte Zeit liegt zwischen 15 und 30 Minuten.
- Die Teilnehmer werden in Arbeitsteams von je 3 – 5 Personen, darunter ein Schriftführer, eingeteilt.
- Sobald der Themenimpuls gegeben ist, führen die Teams ein ca. 10-minütiges teaminternes Brainstorming durch. Der Schriftführer protokolliert alle Gedanken des Teams. Es erfolgt keinerlei Bewertung.
- Als nächstes suchen die Teams drei oder vier Gedanken, die sie für die besten oder wichtigsten halten, aus ihrer Liste aus.
- Nun arbeitet die ganze Gruppe wieder zusammen. Jedes Team nennt einen Gedanken oder eine Idee von der Teamliste. Dieser Gedanke wird auf der Tafel notiert.
- Das Ergebnis des Funneling ist eine Liste mit den Gedanken, die die einzelnen Teams als ihre wichtigsten ansehen.

7.4.4. Gegenstandsassoziation

Im Gegensatz zur freien Assoziation des Brainstorming (siehe 7.4.1.) gibt es auch die Möglichkeit der Gegenstandsassoziation.

Vor der Gruppe werden 5 Gegenstände aufgestellt, beispielsweise eine Flasche, ein Buch, ein Schuh, ein tragbarer CD-Spieler und eine Plastiktüte.

Wenn nun die Frage wieder lautet „Wie könnte das Verhältnis zwischen Europa und den USA verbessert werden?“ sind die Teilnehmer aufgefordert, die Assoziationen auf Kärtchen aufzuschreiben, die ihnen bei der willkürlichen Beziehung zwischen dem ersten Gegenstand und dem Problem der Fragestellung in den Sinn kommen. Wenn einem nichts mehr einfällt, geht man zum nächsten Gegenstand über. Zum Beispiel:

Gegenstand	Assoziation	Karte
„Flasche“	amerikanische Getränkeindustrie	Dominanz des American way of life auch in Europa
	Amerikaner halten Europäer für „Flaschen“	Europäer zeigen zu wenig Engagement bei außenpolitischen Krisen
	Cola in Amerika, Wein in Europa	Notwendigkeit des kulturellen Austausches
„Schuh“	Cowboystiefel als Symbol für amerikanischen Pioniergeist	Pioniergeist im Gegensatz zu konservativerem Denken in Europa
	Amerikaner leben auf großem Fuß	unterschiedliche Auffassungen in der Umweltpolitik
	Chrustchows Auftritt vor der UNO (in einer sehr emotionalen Rede schlug er mit seinem Schuh auf das Rednerpult)	Wichtigkeit der russisch-amerikanischen Beziehungen

Anschließend werden die Karten für alle sichtbar an die Moderationswand geheftet und ausgewertet.

Wählen Sie sich fünf beliebige Gegenstände und versuchen Sie eine Gegenstandsassoziation zum Thema „Wie kann der Einzelne in der Industriegesellschaft Verantwortung übernehmen?“

7.4.5. Kreativer Spaziergang

Schließlich gibt es noch die Möglichkeit des „kreativen Spaziergangs“. Man geht allein oder in der Gruppe eine Viertelstunde lang in der frischen Luft spazieren und schreibt sich dabei alles auf, was einem zum Thema einfällt. Aber Achtung: Das Aufschreiben erfolgt mit derjenigen Hand, mit der man normalerweise nicht schreibt. Wer normalerweise mit der rechten Hand schreibt, benutzt also beim kreativen Spaziergang zum Schreiben die linke Hand.

Neben dem eigentlichen Auftrag der Ideensammlung gibt es bei dieser Methode Zusatzaufträge: Gehen und Schreiben mit der schreibungewohnten Hand. Damit wird zum einen die rechte Gehirnhälfte aktiviert (zuständig für die motorische Steuerung der linken Hand), zum anderen wird die Ideenproduktion durch Gehen (erhöhte Sauerstoffaufnahme) und durch die Stimulation durch die andere Umgebung angeregt.

Es gibt zahlreiche Beispiele aus der Geschichte und der Politik dafür, dass tage- und wochenlange festgefahrene Verhandlungen dadurch zu einer Lösung gelangten, dass zwei Spitzenpolitiker oder Delegationsführer einen Spaziergang machten oder auf einen See hinausruderten und dort die Lösung ihres Problems fanden.

7.4.6. Quickstorming

Eine neue Technik des Brainstorming mit Computerunterstützung sollte hier noch erwähnt werden, selbst wenn es eher unwahrscheinlich ist, dass diese Methode in absehbarer Zeit Schülern zur Verfügung gestellt werden kann. Es handelt sich um die Methode des Quickstorming mit dem Computerprogramm Quickstar.

Quickstar ermöglicht die gleichzeitige Nutzung verschiedener bisher beschriebener Methoden und ist sowohl eine elektronische Pinwand, ein elektronisches Notizsystem als auch eine elektronische Ideenbank für Einzelne und Gruppen.

Alle eingegebenen Gedanken werden zu anderen in Beziehung gesetzt, verglichen, dokumentiert und druckfertig präsentiert oder ausgedruckt. Ein vernetztes System aus 12 „Archetypen des Denkens“ stellt unterstützende Fragen und trägt somit auf innovative Weise zu einer beschleunigten Problemlösung bei. Das selbsterklärende Programm ist eine automatisierte Werkstatt für kreative Projektarbeit und ist mit mehreren internationalen Preisen bedacht worden.

7.5. Teamübungen

7.5.1. Verhalten in Arbeitsgruppen

Wenn Sie Ihr eigenes Verhalten oder das Verhalten von Teammitgliedern beobachten und beschreiben möchten, ist es sinnvoll sich vorab über bestimmte Verhaltensformen und dazugehörige Begriffe/Kategorien zu verständigen, wie z. B.

a) Dominanz (Wer versucht die Arbeit im Team am stärksten/am wenigsten zu beeinflussen?
b) Hilfe (Wer hat der Gruppe bisher am meisten/am wenigsten geholfen, ihre Aufgaben zu erfüllen?)
c) Flexibilität (Wer ist das beweglichste/vielseitigste Gruppenmitglied, wer das unbeweglichste?).

Dominanz

Hilfe

Flexibilität

Neben bestimmten Rollenmustern, die Teammitglieder einnehmen (der Gruppenführer, der Beliebte, der Mitläufer, der Tüchtige, der Opponent, der Außenseiter, der Sündenbock ...) gibt es bestimmte Verhaltensformen:

Ich-orientiertes Verhalten: Gruppenmitglieder, die die eigenen Bedürfnisse in den Vordergrund stellen und weniger daran interessiert sind, der Gruppe bei Ihrer Aufgabe zu helfen.

Ich-orientiertes Verhalten

Sachorientiertes Verhalten: Gruppentmitglieder, die sich darauf konzentrieren die Teamaufgabe zu bewältigen.

Sachorientiertes Verhalten

Interaktionsorientiertes Verhalten: Gruppenmitglieder, die sehr stark an anderen Gruppenmitgliedern und an der Zusammenarbeit im Team interessiert sind.

Interaktionsorientiertes Verhalten

Diesen Verhaltensformen lassen sich bestimmte Verhaltensweisen zuordnen, die Sie beobachten können (z. B. Bereitschaft Informationen mit anderen zu teilen, zu organisieren, Probleme zu klären, Unfähigkeit zuhören zu können, über andere hinweggehen, andere in die Diskussion hineinziehen, vermitteln bei Konflikten oder unterschiedlichen Meinungen).

Bei den folgenden Übungen geht es darum, dass Sie Ihren Blick – sowohl als einzelner, als auch als Gruppe – für bestimmte Verhaltensformen schärfen und zugleich Ihre Fähigkeit im Team zu arbeiten trainieren.

7.5.2. Der Sin-Obelisk

Diese Übung ist dem Buch Mehr Erfolg im Team von Dave Francis und Don Young, Windmühle GmbH, Hamburg 1996, Seite 168–171 entnommen.

Ziele:

1. Umgang mit verstreuter Information im Problemlösungsprozess
2. Analyse von Führungsverhalten, Kooperationsbereitschaft und Konfliktmuster bei der Problemlösung in der Gruppe

Gruppengröße:

Arbeitsgruppen mit 5 Teilnehmern, je Arbeitsgruppe eine Beobachtergruppe (2–3 Teilnehmer)

Dauer:
Ca. 1 – 1,5 Stunden, davon 25 Minuten zur Lösung der Aufgabe und zwischen 40 und 60 Minuten zur Prozessanalyse.
Materialien:
- ein Instruktionsblatt „der Sin-Obelisk“ für jeden Teilnehmer
- ein Satz Informationskärtchen für die Gruppe (33 Kärtchen pro Satz)
- Flip-Chart und Filzschreiber, Tafel und Kreide oder Moderationsausrüstung
- Papier und Bleistift für die Teilnehmer
- eine Kopie „Fragen zur Prozessanalyse“ für den Moderator

Räumliches Arrangement:
ein ruhiger Raum; die Teilnehmer sitzen im Kreis
Ablauf:
1. Jeder Teilnehmer erhält ein Instruktionsblatt, Papier und Bleistift.
2. Wenn die Mitglieder der Arbeitsgruppen die Instruktionen gelesen haben, erhalten sie einen Satz Informationskärtchen (s. u.) und die Mitglieder beginnen mit der Aufgabe.
3. Das Team löst die Aufgabe und wird nach 25 Minuten von den Beobachtern unterbrochen.
4. Die Beobachtergruppe diskutiert mit der Arbeitsgruppe den Lösungsprozess; dazu schreiben sie die „Fragen zur Prozessanalyse“ und ggf. die Lösung und Erklärung der Aufgabe an die Tafel.

Varianten:
- Eine beliebige Anzahl von Kleingruppen kann simultan die Aufgabe lösen. Für jede Gruppe muss ein Satz Informationskärtchen vorhanden sein.
- Die Teilnehmer können die „Fragen zur Prozessanalyse“ erst individuell und anschließend in der Gruppe beantworten.
- Weitere, unerhebliche Informationen können hinzugefügt werden, um die Lösung zu erschweren.

Teilnehmerunterlage

Der Sin-Obelisk
Instruktionen:
- In der alten Stadt Atlantis wurde zu Ehren der Göttin Onra ein „Sin“, ein massiver rechteckiger Obelisk, gebaut. Das Bauwerk wurde in weniger als zwei Wochen vollendet.
- Aufgabe Ihrer Gruppe ist es nun herauszufinden, an welchem Tag der Obelisk fertiggestellt wurde. Sie haben 25 Minuten Zeit.
- Wählen Sie keinen Vorsitzenden.
- Sie werden Kärtchen mit Informationen über die Aufgabe erhalten. Sie können diese Informationen mündlich weitergeben, dürfen aber Ihr Kärtchen nicht herzeigen.

Informationen zum Sin-Obelisk/Info-Karten:

Schreiben Sie jede der folgenden Informationen auf ein 7 x 5 cm großes Kärtchen. Die Kärtchen sollten zufällig unter den Gruppenmitgliedern verteilt werden.

1. Die elementare Zeiteinheit in Atlantis ist der Tag.
2. Der atlantische Tag ist unterteilt in Quags und Yoghs.
3. Die Länge des Sin-Obelisks beträgt 50 Ellen.
4. Die Höhe des Sin-Obelisks beträgt 100 Ellen.
5. Die Breite des Sin-Obelisks beträgt 10 Ellen.
6. Der Sin-Obelisk wird aus Steinblöcken zusammengesetzt.
7. Jeder Steinblock ist eine Kubikelle groß.
8. Der erste Tag der atlantischen Woche heißt Aquatag.
9. Der zweite Tag der atlantischen Woche heißt Neptiminus.
10. Der dritte Tag der atlantischen Woche heißt Avgamatia.
11. Der vierte Tag der atlantischen Woche heißt Ninildu.
12. Der fünfte Tag der atlantischen Woche heißt Meltemi.
13. Die Woche in Atlantis hat 5 Tage.
14. Ein Arbeitstag dauert 9 Quags.
15. Jeder Arbeiter hat insgesamt 16 Yoghs Pause.
16. 1 Quag besteht aus 8 Yoghs.
17. Jeder Arbeiter legt 150 Blöcke pro Quag.
18. Während der Arbeitszeit befindet sich jeweils eine Gruppe von 9 Leuten am Bau.
19. Ein Mitglied jeder Gruppe hat rituelle Pflichten und legt keine Blöcke.
20. Am Meltemi wird nicht gearbeitet.
21. Was ist ein Klaster?
22. Ein Klaster ist ein Würfel, dessen Kanten 1 antediluvialen Yard betragen.
23. 1 antediluviale Parasange hat 3 $^{1}/_{2}$ Ellen.
24. Wird am Sonntag gearbeitet?
25. Was ist der Sin?
26. Mit welcher Seite nach oben steht der Sin?
27. Der Sin besteht aus blassvioletten Blöcken.
28. Blassviolett hat am Avgamatia eine besondere kultische Bedeutung.
29. In jeder Gruppe arbeiten zwei Frauen.
30. Die Arbeit beginnt am Aquatag bei Tagesanbruch.
31. Nur 1 Gruppe arbeitet jeweils am Bau des Sin-Obelisks.
32. 8 Atlantis-Chips ergeben einen pharaonischen Dollar.
33. 1 Steinblock kostet 2 pharaonische Dollar.

Instruktionen für die Beobachter:

Die *Lösung* heißt Neptiminus.

1. Die Ausmaße des Sin-Obelisks ergebe, dass er aus 50.000 Kubikellen Raum besteht.
2. Jeder Block hat eine Kubikelle, deshalb werden 50.000 Blöcke benötigt.
3. Jeder Arbeiter arbeitet 7 Quags pro Tag (2 Quags sind Ruhepause)
4. Jeder Arbeiter legt 150 Blöcke pro Quag, das ergibt 1050 Blöcke pro Tag
5. Es arbeiten immer 8 Leute am Obelisk, diese legen 8400 Blöcke pro Arbeitstag.

6. Der 50.000. Block wird am 6. Arbeitstag gelegt.
7. Weil am Meltemi nicht gearbeitet wird, ist der 6. Arbeitstag der Neptiminus.

Fragen zur Prozessanalyse:

1. Welche Verhaltensweisen haben der Gruppe bei der Lösung der Aufgabe geholfen?
2. Welche Verhaltensweise haben die Gruppe bei der Lösung der Aufgabe behindert?
3. Auf welche Weise sind Führungsfunktionen entstanden?
4. Wer hat sich am meisten beteiligt?
5. Wer hat sich am meisten zurückgehalten?
6. Wie haben Sie den ganzen Lösungsprozess erlebt?
7. Was würden Sie vorschlagen, um die Leistung der Gruppe zu verbessern?

7.5.3. Der Turmbau

Die folgende Übung wurde dem Buch von Klaus Antons, Praxis der Gruppendynamik, Hogrefe, Göttingen 1998, S. 133 f. entnommen.

Ziele:
Kooperation im Wettbewerb, Analyse von Führungsverhalten, Kooperationsbereitschaft und Konfliktmustern in Wettbewerbssituationen.
Gruppengröße:
5–8 Teilnehmer
Dauer:
30 Minuten
Materialien:
4 Bögen Kartonpapier
1 große Flasche Klebstoff
1 Schere
1 Lineal
4 Bögen Papier (nur zum Entwerfen)
Instruktionen für die Arbeitsgruppen:

- Bauen Sie in dem Ihnen zugewiesenen Raum einen Turm, der ausschließlich konstruiert werden soll aus dem Material, das Ihnen zur Verfügung gestellt worden ist (4 Bögen Kartonpapier, 1 große Flasche Klebstoff, 1 Schere, 1 Lineal, 4 Bögen Papier/nur zum Entwerfen).
- Der Turm muss auf seinem eigenen Fundament stehen können, d. h. er darf weder gegen die Wand oder irgendeinen Gegenstand im Raum gelehnt sein noch darf er aufgehängt oder an der Decke angebracht werden. Er muss standfest genug sein, um ein Lineal tragen zu können, ohne umzufallen.
- Eine Gruppe steht im Wettbewerb mit den anderen Gruppen; eine davon gewinnt, die anderen verlieren. Die Türme werden von einer Jury nach drei Kriterien beurteilt: 1. Höhe, 2. Standfestigkeit, 3. Originalität.
- Sie können Ihr Material in jeder beliebigen Art und Weise, wie es Ihre Gruppe möchte, zuschneiden, biegen, kleben, zusammenfügen usw. Jedoch ist zu beachten, dass kein einzelner Streifen länger oder breiter als die Maße des Lineals sein darf.

Instruktionen für die Beobachter:

Hier einige Fragen, die Ihnen bei Ihrer Aufgabe als Beobachter behilflich sein können:

- Wie hat sich die Gruppe für die Arbeit organisiert: War eine Struktur vorhanden? Wie haben die Gruppenmitglieder darauf reagiert? Konnten Sie Änderungen in dieser Hinsicht beobachten? Welche?
- War keine Struktur vorhanden? Wie ist die Gruppe vorgegangen bei der Strukturierung? Erfolgte eine Rollenverteilung? Wie? Wurde jemand zum Leiter ernannt? Wie? Konnte man überhaupt ein Vorgehen in dieser Hinsicht feststellen?
- Wie war das Arbeitsklima? Allgemein freundlich entspannt, gelassen, ...? Konnten einzelne Vorschläge berücksichtigt werden? Wurden einige Gruppen-Mitglieder übergangen? Haben sich alle Gruppen-Mitglieder an der Arbeit aktiv beteiligt? Konnten Sie während der Arbeit Spannungen feststellen?
- Wer half der Gruppe am besten bei der Arbeit? Wer hatte die meisten, wer die besten Einfälle? Wurde viel herumdiskutiert?
- War die Gruppe für die Durchführung der Aufgabe genug motiviert? War das Ziel der Übung klar? Wurde das ausdrücklich festgestellt? Wer hat die wichtigsten Entscheidungen getroffen?

7.5.4. Feedbackübungen

Feed-my-back

Alle Teilnehmer kleben sich mit Hilfe von Klebeband ein leeres Blatt auf den Rücken und laufen damit zunächst ziellos im Seminarraum herum. Jeder Teilnehmer, der will, kann nun jedem anderen etwas auf den Rücken schreiben und damit etwas positives oder etwas negatives zum Ausdruck bringen.

Mit dieser Übung können mehrere oder alle Seminarteilnehmer jedem anderen ein Feedback geben.

Nach ca. 10 Minuten kann jeder seinen eigenen Zettel abnehmen, lesen, was darauf steht und evtl. Rückfragen zum Verständnis stellen.

Feedback-Kreis

Auch hier geht es um Geben und Annehmen von Feedback.

Alle Teilnehmer bilden zwei Kreise, einen inneren und einen äußeren. In beiden Kreisen ist die gleiche Anzahl von Teilnehmern. Die Teilnehmer im äußeren Kreis stehen so, dass sie zum Kreismittelpunkt hinschauen, die Teilnehmer im inneren Kreis stehen mit dem Gesicht nach außen, sodass sie mit denen im äußeren Kreis direkten Blickkontakt haben. Jeder Teilnehmer hat einen Partner im anderen Kreis.

Nun beginnen die im inneren Kreis denen im äußeren ein negatives Feedback zu geben, das diese unkommentiert entgegennehmen. Der äußere Kreis bewegt sich dann im Uhrzeigersinn um jeweils eine Person weiter, so lange bis jeder im äußeren Kreis ein Feedback bekommen hat. Dann ist Wechsel. Die äußeren gehen nach innen und umgekehrt. Jetzt bekommt der andere Kreis sein negatives Feedback.

Anschließend gibt es nochmals zwei Wechsel, bei denen dann aber positives Feedback gegeben wird.

7.5.5. Kommunikationsübungen

Hier drei Beispiele für Kommunikationsübungen, die mit verbundenen Augen gespielt werden.

Roboterspiel

Dies ist ein Spiel zur non-verbalen Kommunikation. Die Teilnehmer spielen jeweils zu zweit. Einer ist Roboter und hat die Augen verbunden, der andere ist Mechaniker und sieht. Der Roboter bewegt sich nur mit kurzen mechanischen Schritten. Der Mechaniker steuert ihn, indem er hinter ihm läuft und ihn jeweils kurz berührt: Leichter Schlag auf den Kopf – der Roboter ist eingeschaltet und läuft vorwärts. Berührung auf der rechten Schulter – der Roboter dreht nach rechts. Berührung auf der linken Schulter – der Roboter dreht nach links. Leichter Schlag zwischen die Schulterblätter – der Roboter geht rückwärts. Zwei leichte Schläge auf den Kopf – der Roboter ist ausgeschaltet und bleibt stehen.

Es kommt jetzt darauf an, dass der Mechaniker seinen Roboter durch einen Hindernisparcours aus Tischen und Stühlen steuert, ohne dass der Roboter irgendwo anstößt.

Man kann auch die schwierigere Halma-Variante spielen. Jeweils ein Roboter-Mechaniker-Paar startet gleichzeitig in jeder Ecke des Raumes. Alle Mechaniker haben die Aufgabe, ihre Roboter in die gegenüberliegende Ecke zu steuern, ohne dass es Berührungen mit Möbeln oder anderen Robotern und Mechaniker gibt.

Magic Rope

Für dieses Spiel, das sich auch besonders gut für draußen eignet, wird ein ca. 8 m langes Seil benötigt. Alle Teilnehmer haben die Augen verbunden. Der Spielleiter stellt sie so hin, dass sie alle in die gleiche Richtung schauen. Dann gibt der Spielleiter ein Zeichen und alle gehen langsam los. Irgendwo, ca 10–15 m vor der Gruppe hat der Spielleiter das Seil hingelegt. Sobald einer der Teilnehmer das Seil findet, versammelt er durch Zuruf alle anderen. Alle müssen nun das Seil anfassen und – weiterhin mit verbundenen Augen – es so vor sich hinlegen, dass es ein Quadrat bildet.

Es geht hier darum, gemeinsam eine Aufgabe zu lösen, die nur bei ganz klarer Kommunikation lösbar ist. Auch die Herausbildung von Führungsfunktionen kann beobachtet werden.

Das geschnürte Bündel

Dieses Spiel ist eine klassische Outdoor-Übung, die Führung durch Kommunikation erlebbar macht. Es wird wieder ein ca. 8 m langes Seil benötigt.

Alle Teilnehmer stellen sich irgendwo, z. B. auf einer Wiese oder in einem Waldstück, ganz eng zusammen, etwa so, wie man es sich in einer U-Bahn in Tokio zur rush hour vorstellt. Dann nimmt der Spielleiter das Seil und verschnürt alle Teilnehmer zu einem festen Bündel.

Einer der Teilnehmer kann nun seine Augenbinde abnehmen. Dieser Sehende, der Teil des Bündels ist, muss nun das gesamte Bündel zu einer Stelle führen, die ihm vom Spielleiter gezeigt wird. Das kann durchaus über Stock und Stein gehen, über Treppen oder zwischen engstehenden Bäumen hindurch. Es geht nicht darum, möglichst schnell zum Ziel zu gelangen, sondern sicher und ohne Berührung von Hindernissen und ohne hinzufallen. Da keiner etwas sehen kann, muss der einzige Sehende ganz präzise Führungsanweisungen geben.

Es liegt hier in der Verantwortung des Spielleiters, der seine Teilnehmergruppe gut kennen muss, welchen Weg er die Gruppe nehmen lässt. Besondere Vorsicht ist bei abwärts führenden Treppen geboten. Evtl. sollten auch mehrere Assistenten bereitstehen, die an kritischen Wegstellen Hilfestellung geben können.

8. Zeitplanung und Zieldefinition

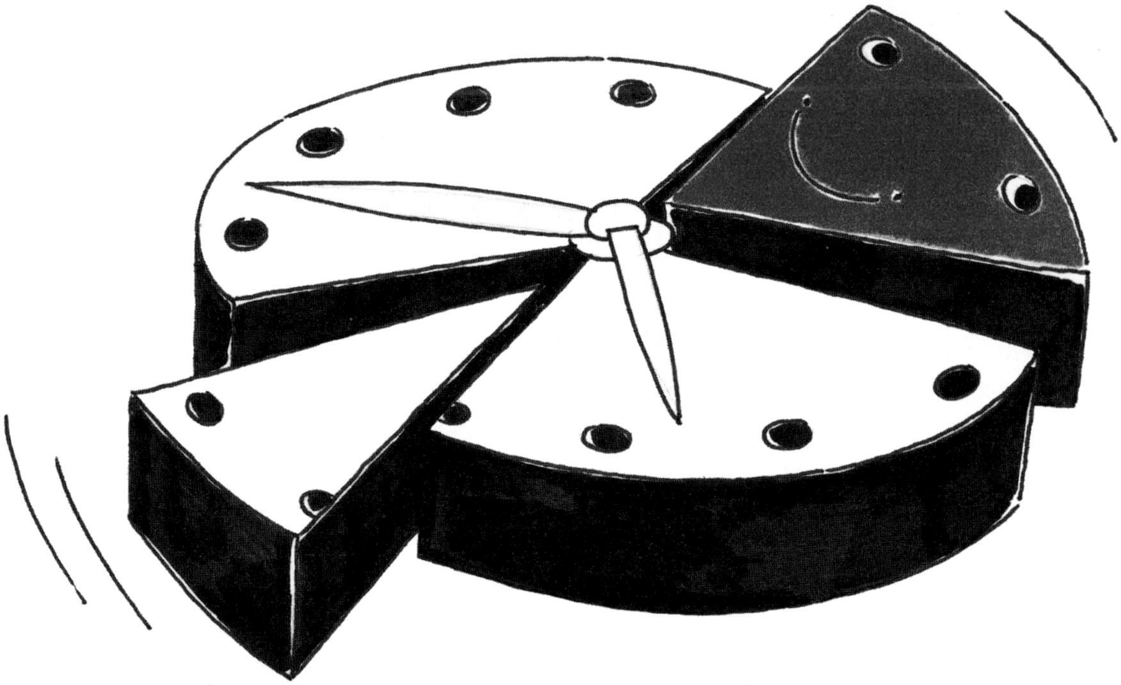

8.1. Keine Zeit?

Schon die Römer hatten gewisse Vorstellungen von Zeitmanagement und Selbstorganisation, die sie in dem geflügelten Wort „carpe diem" zusammenfassten. Die Amerikaner des 20. Jahrhunderts setzen Zeit mit Geld gleich: „Time is Money!" Damit wird Zeit zu Kapital, unterscheidet sich aber wesentlich von finanziellem Kapital dadurch, dass Zeit nicht vermehrbar ist, sondern ständig abnimmt.

Zeitkapital

Letzteres bestätigen auch Meinungsumfragen. Auf die Frage „Was fehlt Ihnen?" antworteten 43 % aller Erwerbstätigen an erster Stelle: „Zeit!" Geld folgte dahinter mit 27 %, noch vor Freiheit, unberührte Natur etc. (Schmidt, Josef/Wollner, Hilmar: Zeitsouveränität. Der Weg zur modernen Zeit- und Lebensplanung. 13. Auflage 1993. S. 11)

Bei Schülern würde eine vergleichbare Umfrage nicht anders ausfallen. Ihr Wochenplan ist in der Regel vollgestopft mit Unterricht und umfangreichen Aktivitäten und es erscheint immer wichtiger Zeit zu planen. Zeitplanung ist etwas individuelles und sie kann je nach Lerntyp (siehe Anhang) unterschiedlich erfolgreich organisiert werden. Die folgenden Ausführungen erheben deshalb keinen Anspruch auf Allgemeingültigkeit. Es sind vielmehr Tipps und Anregungen für einen effektiveren Umgang mit der Zeit.

8.1.1. Zeitinventur

Zeitmanagement bedeutet, die zur Verfügung stehende Zeit mit Hilfe von Arbeits- und Zeitplanungstechniken optimal zu nutzen. Ziel ist es, dass die eigene Arbeit mit weniger Aufwand erledigt wird und bessere Ergebnisse bringt.

Checkliste: „Well organized?“	Ja	Nein
Ich bin jederzeit für alle ansprechbar?		
Fällt es Ihnen leicht, mit einer Arbeit (z. B. Hausaufgaben) überhaupt anzufangen?		
Ich werde sehr oft an meinem Arbeitsplatz gestört.		
Verzichten Sie bei Ihrer Arbeit auf eine Untermalung durch Musik?		
Es fällt mir schwer nach einer Pause wieder anzufangen.		
Können Sie Nein sagen, wenn andere Ihre Zeit beanspruchen wollen und Sie wichtigere Dinge zu erledigen haben?		
Ich bin meistens wenig motiviert. Meine Gedanken wandern während einer Arbeit zu anderen Dingen.		
Mein Schreibtisch ist in der Regel unaufgeräumt und überfüllt.		
Beurteilen Sie den Aufwand einer Arbeit, bevor Sie mit Ihr beginnen?		
Oft brauche ich lange, um überhaupt mit einer Tätigkeit zu beginnen. Ich kann mich nicht entschließen.		
Notieren Sie wichtige Aufgaben und Termine in einem Zeitplanbuch?		
Haben Sie in der Regel alle Informationen, die Sie für eine Arbeit benötigen griffbereit?		
Ich arbeite oft langsam, weil ich ständig übermüdet bin.		
Meine Mitschriften und Notizen sind in der Regel unbrauchbar.		
Haben Sie oft zu viele verschiedene Aufgaben zu erfüllen?		
Kennen Sie Ihre Stärken und Schwächen in den einzelnen Fächern sehr genau?		
Gelingt es Ihnen (in der Regel) Ihre jeweilige Aufgabe nur einmal und abschließend zu bearbeiten?		
Am Tag vor einer Klausur lerne ich besonders viel.		
Wissen Sie, ob Sie am Abend mehr oder weniger leisten können?		
Legen Sie Ihre Aufgaben schriftlich und mit Erledigungsterminen fest?		
Ich packe alles spontan und sofort an.		
Ich neige dazu, schwierige Dinge oft abzuschieben.		
Häufig befasse ich mich bei der Erledigung einer Aufgabe zu sehr mit Einzelfakten.		
In bestimmten Arbeitssituationen treten stets die gleichen Schwierigkeiten auf.		
Legen Sie eine Rangordnung der anstehenden Arbeiten nach Ihrer Wichtigkeit fest?		
Entspricht Ihr Arbeitstag Ihrem Leistungsrhythmus?		
Arbeiten Sie normalerweise zu festgelegten Zeiten?		
Halten Sie Ihre Arbeitsmittel, Bücher und Papiere gern in Ordnung?		
Wenn ich viele Aufgaben zu erledigen habe, erledige ich das Leichteste gern zuerst.		

1. Bei wievielen Aussagen (insgesamt sind es 14 Aussagen) haben Sie mit „Nein“ geantwortet?
   Bei wievielen Fragen (insgesamt sind es ebenfalls 14) haben Sie mit „Ja“ geantwortet?
2. Aus den Fragestellungen und Aussagen können Sie erkennen, worauf im Zeitmanagement (und bei der Zielplanung) besonderen Wert gelegt wird. Versuchen Sie aus Ihren Antworten die zehn wichtigsten Zeitverlustquellen herauszuarbeiten und ordnen Sie diese in der Reihe ihrer Wichtigkeit (Sie können auch Gruppen bilden wie z. B. „Zeitverluste zu Beginn der Arbeit“, „Zeitverluste bei der Organisation der Arbeit“ usw.)
3. Überlegen Sie sich eine persönliche Strategie zur Bekämpfung dieser Zeitverluste und formulieren Sie diese.

Um Zeitplanung sinnvoll einsetzen zu können, muss man zunächst feststellen, wieviel Zeit man überhaupt zur Verfügung hat.

Zu diesem Zweck können Sie einen einwöchigen Selbstversuch durchführen.

Legen Sie sich für jeden Tag der Woche ein Formblatt nach beiliegendem Muster an. Es ist egal, an welchem Tag Sie beginnen. Sie können sofort anfangen. Benutzen Sie ein Blatt im DIN A 4-Format.

Tag:			**Datum:**				
Nr.	Tätigkeit	von	bis	Dauer (min)	Priorität (A, B, C)		
1							
2							
3							
4							
5							
6							

Nr.	Art der Störung	durch	Beginn	Dauer (min)	Grund

Spalte „Tätigkeit“ Tragen Sie in die Spalte „Tätigkeit“ mit einem Stichwort ein, was Sie gerade tun, z. B. „Hausaufgaben Französisch“, „Schulweg“ oder „Klavierstunde“. Tragen Sie hier bitte auch alle Tätigkeiten ein, die der Erholung dienen oder Freizeitcharakter haben, z. B. „Reiseprospekte angesehen“, „Teepause“ oder „Musik hören“.

Spalten „von“ und „bis“ In die Spalten „von“ und „bis“ tragen Sie bitte die genaue Uhrzeit vom Beginn einer Tätigkeit bis zu deren Ende ein.

Bitte nehmen Sie alle Einträge unmittelbar bei Beginn und Ende der jeweiligen Tätigkeit vor. Eine zeitverschobene Rekonstruktion aus dem Gedächtnis führt mit Sicherheit zu einem unrealistischen Bild.

Spalte „Dauer“ Nehmen Sie sich am Ende des Tages Zeit, um für jede Zeile die Dauer der jeweiligen Tätigkeit zu berechnen.

Nun beantworten Sie bitte die folgenden Fragen:

- Welches Teilergebnis hat Sie besonders überrascht? Warum?
- In welchem Verhältnis stehen eher freizeitorientierte Aktivitäten zu eher arbeitsorientierten Tätigkeiten?
- Zu welchen Zeiten haben Sie besonders lang und intensiv gearbeitet?
- Zeigt Ihr Tätigkeitsmuster weniger zeitlich länger andauernde Tätigkeiten an oder eine Vielfalt von kürzeren?
- Welche Arbeitszeiten sind Ihnen vorgegeben? Über welche Zeiten können Sie selbst frei verfügen?

Priorität Viele Menschen sehen in ihrem Aufgaben-Wald die Bäume, sprich die einzelnen Aufgaben nicht mehr und können dabei auch nicht mehr Wichtiges von Unwichtigem unterscheiden. Eine Kategorisierung der Aufgaben im Rahmen einer täglichen Planung kann dabei helfen. Im Sinne der ABC-Analyse unterteilen wir drei Prioritätenstufen.

höchste Priorität A-Tätigkeiten: höchste Priorität. Diese Tätigkeiten müssen bis zu einem bestimmten kurzfristigen Termin erledigt werden. Sie sind im Rahmen der beruflichen Tätigkeit oder der Ausbildung besonders wichtig und können nicht delegiert werden. Beispiele: Hausaufgaben, Vorbereitung auf Klausuren, Referaterarbeitung zu einem bestimmten Termin. A-Tätigkeiten machen in der Regel 15 % der gesamten Tätigkeiten aus.

mittlere Priorität B-Tätigkeiten: mittlere Priorität. Auch diese Tätigkeiten sind termingebunden, aber nicht kurzfristig. Sie können teilweise delegiert werden, z. B.: Hausaufgaben für nächste Woche, Rückgabe ausgeliehener Bibliotheksbücher, etc. B-Tätigkeiten machen etwa 20 % der gesamten Tätigkeiten aus.

niedrige Priorität C-Tätigkeiten: niedrigere Priorität. Dies sind täglich anfallende Routinetätigkeiten, die zwar nicht unwichtig aber auch nicht besonders dringlich sind. Dazu gehören z. B. die private Korrespondenz oder Aufräumen, etc. 65 % aller Tätigkeiten können normalerweise als C-Tätigkeiten angesehen werden.

- Wenn Sie nun Ihre Prioritäten angegeben haben, stellen Sie bitte fest, in welchem Verhältnis die Tätigkeiten auf Ihrer Liste und deren Priorität zueinander stehen.
- Verbringen Sie zu viel Zeit mit Routinearbeiten?
- Zu welchen Zeiten werden die A-Tätigkeiten erledigt?

- Wie konsequent werden die A-Tätigkeiten erledigt?

Spalte „Sörungen“

Es kommt selten vor, dass man eine Tätigkeit konsequent und ohne störende Unterbrechung zu Ende führen oder abschließen kann. Die einzelne Störung mag zwar nur kurz und vielleicht sogar willkommen sein. In der Summe kommt aber im Lauf des Tages sehr viel Zeit zusammen. Notieren Sie deshalb, wann und wodurch Sie von Ihrer Arbeit abgehlaten wurden.

Sie haben nun einen Überblick über Ihre Tätigkeiten und über Störungen. Vielleicht erkennen Sie auch schon, wann Sie besonders leistungsfähig sind und wann Ihre Biorhythmuskurve aufsteigt oder das Leistungshoch erreicht hat. Das ist die beste Zeit für A-Tätigkeiten. Ziel ist es jetzt, Tätigkeiten, die im Verhältnis zu ihrer Wichtigkeit besonders zeitintensiv sind, herauszufiltern und zu fragen, warum sie so lange dauern. Mögliche Gründe werden in Checkliste „Well organized“ (S. 188) genannt.

8.1.2. Im Rhythmus des Tages

Biorhythmus

Über Biorhythmus ist schon sehr viel geschrieben worden, auch sehr viel, das einer wissenschaftlichen Untersuchung nicht standhält. Beispielsweise, die geburtstagsabhängige Theorie vom körperlichen (23 Tage), emotionalen (28 Tage) und geistigen (33 Tage) Rhythmus, die sehr eingängig ist und zu einem großen kommerziellen Erfolg wurde, ist trotz vielfältiger wissenschaftlicher Bemühungen um eine Verifizierung nicht haltbar. Eindeutig nachgewiesen ist jedoch, dass jeder Mensch über einen persönlichen Lebensrhythmus und eine dazugehörige Tagesleistungskurve verfügt. Eine normale Tagesleistungskurve sieht ungefähr so aus:

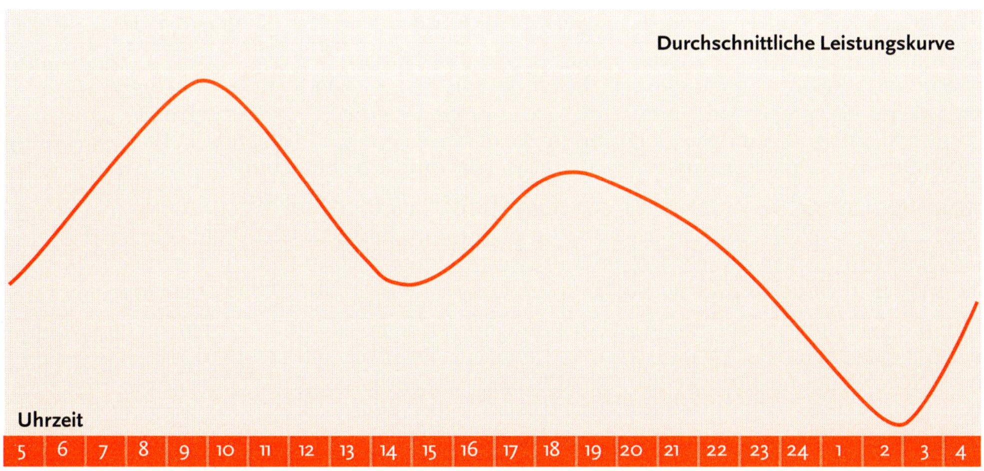

A-, B- und C-Tätigkeiten

In der Praxis bedeutet dies, dass die Zeiten vor 7.^{00} Uhr morgens, zwischen 13.^{00} Uhr und 16.^{00} Uhr und nach 21.^{00} Uhr für C-Tätigkeiten geeignet sind. A-Tätigkeiten sind dann sinnvoll, wenn die körperliche und geistige Leistungsfähigkeit besonders hoch ist, also vormittags zwischen 8.^{00} und 12.^{00} Uhr und nachmittags nach der Überwindung des „post-lunch dip“ von ca. 16.^{00} Uhr bis ca. 20.^{00} Uhr.

Unser körperliches und seelisches Wohlbefinden ist auch abhängig von Faktoren, die man selbst über Verhalten beeinflussen kann. Dazu gehören ausreichend Licht, gesunde Ernährung, Bewegung durch Ausdauersportarten bei frischer Luft, und ein geregelter Schlafhaushalt. Von einer anderen Beeinflussung des Wohlbefindens, vor allem vor

Beobachten Sie sich bitte selbst einige Tage lang und notieren Sie

- wann Sie sich besonders wohl fühlen
- wann Sie müde und abgeschlafft sind
- wann Sie sich geistig besonders leistungsfähig fühlen
- wann Sie Konzentrationschwierigkeiten haben bzw. wann Ihnen bestimmte Tätigkeiten besondere Schwierigkeiten machen

Versuchen Sie nun, zwischen den unterschiedlichen Tagen Parallelen zu finden und drücken Sie das Ergebnis Ihrer Selbstbeobachtung in einem Liniendiagramm aus.

der externen Steuerung über Medikamente, ist abzuraten. Außer dem Hormonpräparat Melatonin, das geringfügige Erfolge gezeigt hat, haben sich alle anderen Therapien und Medikamente bisher als unwirksam oder schädlich erwiesen. Melatonin ist in den USA frei verkäuflich, auf dem deutschen Mark aber nicht zugelassen.

8.1.3. Zeitplanung

Wer seine Zeit nicht im Griff hat, sollte es mit einem Zeitplanbuch versuchen. Eine Anschaffung ist jedoch nur lohnenswert, wenn Sie es konsequent nutzen und fortlaufend pflegen. Zeitplanungsinstrumente sind in den letzten Jahren immer populärer geworden und so ist der Markt übersät mit Kalendern und Zeitplanbüchern. Ein Zeitplanbuch ist nichts anderes als ein etwas aufwendiger gestaltetes Ringbuch, das als Tages- oder Wochenplanung organisiert ist, eine Zielplanung enthält und zwischen Terminen und Aufgaben unterscheidet. Als Beispiel sei hier das Colleg Timing Zeitplansystem beschrieben. Die für Schüler entwickelte Version enthält:

- einen Schuljahreskalender mit Ferienterminen und wichtigen Ereignissen,
- einen Unterrichts- und Freizeitplaner,
- eine Monatsübersicht zum Vorplanen,
- eine Schuljahreszielplanung,
- einen Tagesplan mit Terminen, Hausaufgaben, Vorbereitung von Schulaufgaben, Klassenarbeiten und private Planungen,
- ein Monatslaunometer,
- eine Notenübersicht,
- ein Adressregister.

elektronische Zeitplanung

Alles, was Zeitplanbücher möglich machen, können elektronische Organizer auch, teils schneller und besser, teils etwas umständlicher. Elektronische Organizer sind entweder kleine Computer im Notizbuchformat (Palmtops oder Handheld Computers) wie sie beispielsweise von Herstellern wie Sharp, Psion, Compaq oder Hewlett Packard angeboten

Wie plane ich einen Tag?

- Verplanen Sie nicht die gesamte Zeit, sondern nur etwa 60%, sodass Sie Zeit für unvorhergesehene und spontane Tätigkeiten haben.
- Jeder Tag enthält einen Höhepunkt. Planen Sie auch Zeit für Freizeit und Vergnügungen ein.
- Unterscheiden Sie bei Ihrer Planung drei Bereiche: Das muss ich erledigen! Das sollte ich erledigen! Das möchte ich machen!
- Achten Sie darauf, dass sich arbeitsintensive Phasen mit Entspannungsphasen abwechseln.
- Finden Sie die 15% Ihrer täglich anfallenden Arbeiten heraus, die von höchster Dringlichkeit und Wichtigkeit sind.
- Berücksichtigen Sie bei Ihrer Planung Ihr individuelles Arbeitstempo und Ihren persönlichen Arbeits- und Leistungsrythmus.
- Planen Sie schriftlich. Nur so behalten Sie den Überblick und die Kontrolle.

Das Pareto-Prinzip

Der italienische Volkswirtschaftler Vilfredo Pareto fand heraus, dass sich im Italien des 19. Jahrhunderts 80% des Besitzes in den Händen von nur 20% der Einwohner befanden. Dieser als „Pareto-Prinzip" bezeichnete Sachverhalt gilt auch für viele andere Lebensbereiche. So werden z. B. 80% des Umsatzes in der Industrie in der Regel von 20% der Kunden getätigt, 80% der Beschlüsse in Besprechungen werden in 20% der veranschlagten Zeit vollzogen etc.
Für den Umgang mit Zeit folgt entsprechend folgende Regel:
20% der eingesetzten Zeit erbringen 80% des Ergebnisses.
Den Rest an Zeit, nämlich 80%, verbringt man damit, auf 100% des Ergebnisses zu kommen. Das, was einem leicht von der Hand geht, schafft man schnell weg. Für den Rest, der übrig bleibt, braucht man das Vielfache an Zeit.
Wer sich also beim Lernen und Arbeiten zielgerichtet auf das konzentriert, was 80% des Erfolgts bewirkt, benötigt weniger Zeit.

werden, die über eine Vielzahl von Funktionen verfügen, oder kombinierte Datenbank und Kalenderprogramme für Laptop-, Notebook- oder Personal Computer, deren Uhrzeit und Kalenderfunktionen von der Systemuhr des Computers gesteuert weden. Beispiele für die große Anzahl der Programme dieser Art sind Lotus Organizer oder Sidekick.

Hier ein Vergleich zwischen Zeitplanbuch und Organizer:

	Zeitplanbuch	Handheld Computer	Organizerprogramm für PC
Größe	handelsübliche Formate, normalerweise A5 oder kleiner. Ringbuch mit ca. 20–30 mm Ringdurchmesser.	ca. 170 x 100 x 25 mm. Aufklappbar mit Tastatur im unteren und Bildschirmdisplay im oberen Bereich.	nur mit einem Computer verwendbar. Programm und Daten können aber auf einer Diskette gespeichert und über unterschiedliche Computer bearbeitet werden.
Preis	je nach Ausstattung zwischen € 10,– und€ 250,–	je nach Typ zwischen € 150,– und € 750,–. zusätzliche Kosten für Zusatzprogramme und Peripheriegeräte (Netzadapter, Speichererweiterung etc.)	zwischen € 5,– für ältere Programmversionen und € 100,–.
Funktionen	• Kalender (Tag, Woche, Monat, Jahr) • Formblätter für Listen, Adressen, Geburtstage, Termine, Tätigkeiten, Bankkonten, Zahlungen (beliebig erweiterbar, da Loseblattsammlung) • Notizblätter zur freien Gestaltung	• Kalender (Tag, Woche, Monat, Jahr, mehrere Jahre) mit integrierter Alarmfunktion • Datenbankfunktion für Listen, Adressen, Geburtstage, Termine, Tätigkeiten, Bankkonten, Zahlungen • Druckfunktion in Verbindung mit einem Drucker • Datenaustauschmöglichkeit mit PC • Textverarbeitung • Tabellenkalkulation • Zeichenprogramm • akustische Telefonwahlfunktion • Datenbank • Rekorder für kurze Sprachnotizen • in Verbindung mit einem Modem und einem Mobiltelefon Senden und Empfangen von Faxen und E-mails, Internetzugang • über Zusatzprogramme freie Notizfunktion, Aufgabenverwaltung, Kontaktmanager, Routen- und Streetplaner, Finanzverwaltung, Grafik-Präsentationsprogramm, E-Book-Funktion, Wörterbuch, Translator, Telefonbuch, Spiele etc.	• Kalender (Tag, Woche, Monat, Jahr, mehrere Jahre) mit integrierter Alarmfunktion • Datenbankfunktion für Listen, Adressen, Geburtstage, Termine, Tätigkeiten, Bankkonten, Zahlungen • Druckfunktion in Verbindung mit einem Drucker • integrierter Taschenrechner • Telefonwahl- und Faxfunktion in Verbindung mit einem Modem oder einer ISDN-Karte • Internetanbindungsmöglichkeit • Netzwerkfähigkeit

Handheld Organizers haben, vor allem auch mit Zusatzprogrammen, einen sehr hohen Funktionsumfang. Für die reine Zeitplanung reichen PC-Programme aus, die, da man normalerweise auf seinem PC eine Vielzahl von Spezialprogrammen speichert, sich auf das reine Zeitmanagement beschränken.

8.2. Zieldefinition

Die Basis jeder Zeitplanung ist die Zielplanung. Aus Ihrer Zielplanung können Sie ermitteln, wie und auf welche Aufgaben Sie die Ihnen zur Verfügung stehende Zeit verteilen:

- Welches Ziel oder welche Ziele möchte ich kurzfristig erreichen (z. B. in den nächsten Tagen)
- Welches Ziel oder welche Ziele möchte ich mittelfristig erreichen (z. B. bis zum Jahresende oder bis zum Ende des Schuljahres)
- Welches Ziel oder welche Ziele möchte ich langfristig erreichen (z. B. in den nächsten 3–5 Jahren)

Ziele reflektieren unsere Wünsche, Bedürfnisse und Aufgaben und geben die Handlungsweise vor, die wir zur Erfüllung als notwendig erachten.

Zieldimensionen

Ziele haben drei Dimensionen: Inhalt, Ausmaß und Dauer. Wenn ich mir eine Aufgabe vornehme, unabhängig davon ob selbst gewählt oder von außen aufgegeben, beispielsweise die Erarbeitung eines Referats zum Thema „Die industrielle Entwicklung des Ruhrgebiets im 19. und 20. Jahrhundert“ wird durch dieses Thema die inhaltliche Dimension vorgegeben.

Das Zielausmaß liegt irgendwo zwischen dem Minimum („Was muss erreicht werden?“) und dem Maximum („Was kann erreicht werden?“), wobei das Minimum gerade eine Zusammenstellung der wichtigsten Fakten und Entwicklungen zu den Teilbereichen Industrialisierung, Wirtschaft, Demographie und geografischen Aspekten wäre, die in einem ca. 15-minütigen Vortrag dargestellt würden, das Maximum aber eine medienunterstützte Präsentation mit anschließender Diskussion und einer Ergebnissicherung.

Die Zieldauer ist die Zeit, die mir für die Vorbereitung dieses Referates zur Verfügung steht, ca. 3 Wochen.

Grundsätzlich unterscheidet man zwischen

Zielarten

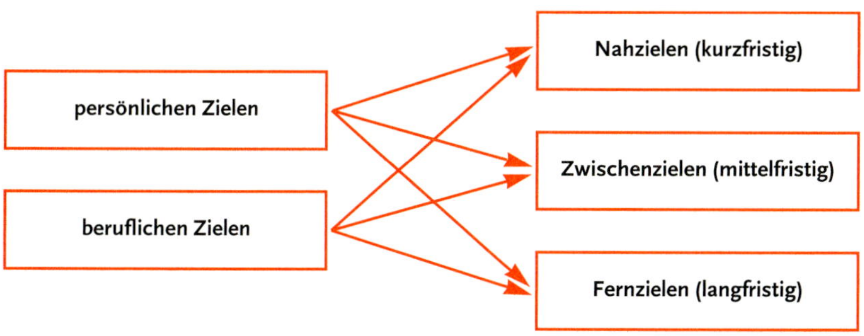

Der Abschluss einer Berufsausbildung kann zum Beispiel ein persönliches wie auch berufliches Fernziel sein. Das Abitur ist dann, wenn Sie gerade in Klasse 11 sind, ein Zwischenziel, die Versetzung in die Klasse 12 ein Nahziel.

Die Wichtigkeit von Zwischenzielen verdeutlicht die nachfolgende Übung:

Gehen Sie bitte mit einer Partnerin/einem Partner in einen Park. Suchen Sie sich einen ca. 100 m entfernten Baum auf einer Wiese aus. Prägen Sie sich die Richtung und Entfernung dieses Baumes genau ein. Nun lassen Sie sich die Augen verbinden und gehen Sie geradewegs auf diesen Baum zu bis Sie ihn berühren können. Der Partner oder die Partnerin geht zur Sicherheit mit, gibt aber keinerlei Hinweise. Sie können auch gern eine Videoaufzeichnung von sich machen lassen und sich das Resultat Ihrer Zielsuche hinterher ansehen.

Sie werden, wenn Sie glauben, geradewegs auf diesen Baum zuzugehen, sicherlich im Kreis oder in Schlangenlinien laufen und Ihr Ziel nicht nur um Haaresbreite, sondern um ein gewaltiges Stück verfehlen. Wenn Sie auf dem Weg zu diesem 100 Meter entfernten Fernziel aber vielleicht drei oder vier Zwischenziele haben und diese zunächst ansteuern, z. B. einen Strauch, einen großen Stein, einen Liegestuhl, etc., wird Ihnen das Erreichen des Ziels eher gelingen.

Der Prozess der Zielfindung beinhaltet mehrere Komponenten:

Zielfindung

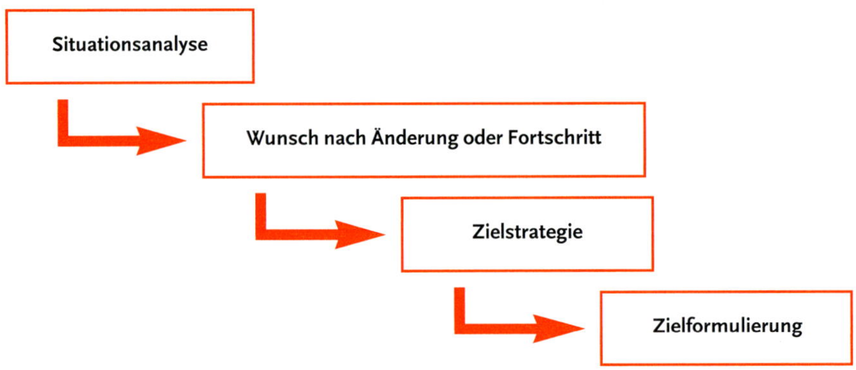

Zielstrategie

Bei der Zielstrategie beantworten Sie sich diese Fragen:

- Warum ist dieses Ziel für mich wichtig?
- Was habe ich davon?
- Was haben meine Mitschüler/Kommilitonen/Kollegen davon?
- Was haben die Menschen in meinem privaten Umfeld davon?
- Wem nützt das Ziel?
- Wem schadet das Ziel?

Zielformulierung

Zur Zielstrategie gehört auch die Zielbetrachtung, d.h. Sie müssen gedanklich überprüfen, ob das Ziel überhaupt zu verwirklichen ist:

- Ist das Ziel überhaupt realistisch ausgewählt?
- Wollen Sie das Ziel tatsächlich verwirklichen?
- Was kann auf dem Weg zum Ziel alles passieren?

Nun wählen Sie sich Ihr wichtigstes Ziel aus und formulieren es schriftlich. Formulieren Sie auch die Zwischenziele und legen Sie die Fertigstellungstermine fest.

Setzen Sie sich realistische Ziele und Zwischenziele. Nehmen Sie sich nicht zuviel vor. Es demotiviert nur, wenn Sie Ihre Ziele nicht erreichen.
Formulieren Sie Ihre Ziele ganz klar und detailliert. Formulieren Sie sie schriftlich. Verbinden Sie jede Zielformulierung mit einem Fertigstellungstermin. Es gibt eine sehr große, persönliche Befriedigung, wenn man etwas fristgerecht als „erledigt" abhaken kann und motiviert für neue Aufgaben.

ZIELPLANUNG	
Ziel	
Zeitpunkt	
Kontrolle	
Teilziel	**Teilziel**
Priorität	Priorität
Zeitpunkt	Zeitpunkt
Kontrolle	Kontrolle
Teilziel	**Teilziel**
Priorität	Priorität
Zeitpunkt	Zeitpunkt
Kontrolle	Kontrolle
Teilziel	**Teilziel**
Priorität	Priorität
Zeitpunkt	Zeitpunkt
Kontrolle	Kontrolle
Was muss getan werden?	
Bis wann?	
Wie soll das Ergebnis aussehen?	
Stärken	Schwächen
Wie findet Kontrolle statt?	

Benutzen Sie Kopien des obigen Formblatts und formulieren Sie ein langfristiges Berufsziel und ein langfristiges persönliches Ziel, jeweils mit den entsprechenden Zwischenzielen.

Selbstmanagement-Regelkreis

Machen Sie sich bewusst, dass die Zielsetzung ein wesentlicher Bestandteil im Regelkreis des Selbstmanagement darstellt:

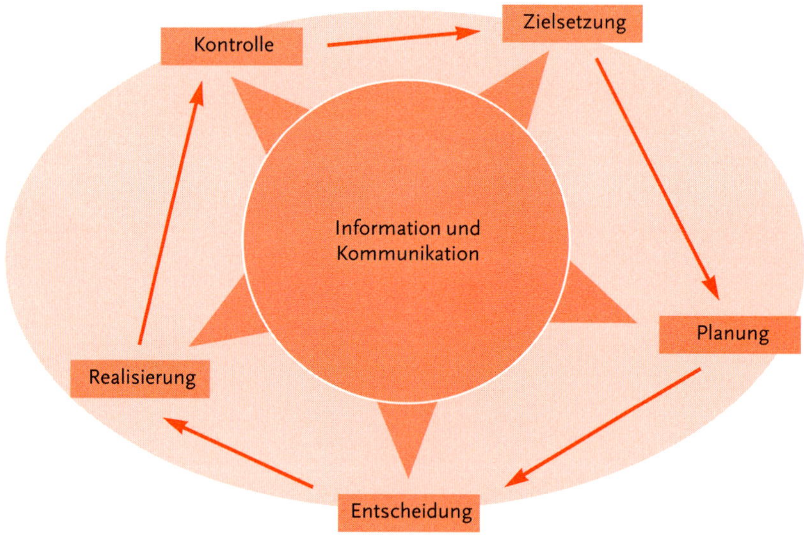

Sicher kennen Sie das Spiel „Jäger und Hasen". Mehrere Jäger haben die Aufgabe innerhalb von 2 Minuten möglichst viele Hasen zu fangen bzw. abzuklatschen. Wer gefangen ist, scheidet aus und verlässt das Spielfeld, auf dem sich auch einige Hindernisse befinden (Bäume, Pfeiler, Bänke, Blumenkübel ...). Dieses Fangen-Spiel zeigt sehr anschaulich unterschiedliche Strategien um gesteckte Ziele zu erreichen.

Zu viele Ziele: Ein schneller Jäger versucht ohne Konzept möglichst alle Hasen zu fangen. Nach einer Minute geht ihm die Puste aus.

Unrealistische Ziele: Ein langsamer Jäger läuft hinter objektiv schnelleren Hasen erfolglos hinterher.

Fehlendes Durchstehvermögen: Ein Jäger verfolgt eine aussichtsreiche Beute. Als er merkt, dass er sich noch weiter anstrengen muss, sucht er schnell ein neues „Opfer".

Vorbildliche Zielplanung: Ein Jäger orientiert sich vor jedem Fang erst einmal auf dem Spielfeld und sucht sich dann einen erreichbaren Hasen, den er dann bis zum „bitteren Ende" verfolgt.

Auch die Hindernisse auf dem Spielfeld sind von Bedeutung. Sie stehen für und können interpretiert werden als Hindernisse und Hürden auf dem Weg zum Ziel. Manche Fänger umlaufen Hindernisse, andere nutzen Sie zum Erfolg.

aus: Kneip, Winfried/Konnertz, Dirk/Sauer, Christiane: Lern-Landkarten. Ganzheitliches Lernen: Motivieren, Trainieren, Konzentrieren, Mülheim an der Ruhr, 1998, S.86

Das Thema Zielsetzung steht hier im Zusammenhang mit Zeitmanagement. Bitte überlegen Sie sich und diskutieren Sie mit Ihren Partnern, oder Mitschülern

- in welcher Weise Ihre Ziele in Ihrer Tages-, Wochen- und Jahresplanung berücksichtigt werden.
- wie Sie Ziele in Ihr Zeitplanbuch oder Ihr Organizerprogramm eintragen.
- ob Ziele auch Visionen sein können, und wenn ja, wie diese Visionen realistisch in die Praxis umgesetzt werden können.
- ob Zeitmanagement nur eine zusätzliche Belastung darstellt oder Ihnen zu mehr Selbstdisziplin, Selbstorganisation und Selbstmotivation verhilft.
- ob Zeitmanagement mehr Freizeit bedeutet.
- ob Sie weiter spontan leben wollen oder lieber einen Teil Ihrer Zeit mit den Methoden des Zeitmanagement planen möchten.

9. Anhang

LITERATUR

REGISTER

LÖSUNGEN

LERNTIPPS

LERNTYPEN

9.1. Lernverhalten und Lerntypen

Probleme in der Arbeitsmethodik, im Lernverhalten und in der Selbstorganisation bedürfen zunächst einer Diagnose, bevor man sie direkt angehen und beheben kann. Beantworten Sie die nachfolgenden Frage durch Ankreuzen einer Antwort.

	A	B	C	D
Gehen Sie gern zur Schule?	nein	manchmal	hin und wieder	ja
Fällt es Ihnen schwer, mit den Hausaufgaben anzufangen?	ja	oft	selten	nein
Lassen Sie sich bei Hausaufgaben leicht ablenken?	ja	manchmal	selten	nein
Nehmen Sie mündliche Hausaufgaben genauso ernst wie schriftliche?	nein	ab und zu	manchmal	ja
Erledigen Sie Hausaufgaben an dem Tag, an dem sie aufgegeben wurden?	nein	selten	manchmal	ja
Erledigen Sie Hausaufgaben während des Unterrichts?	oft	manchmal	selten	nein
Setzen Sie Prioritäten beim Erledigen der Hausaufgaben?	nein	selten	meistens	immer
Werden Sie bei den Hausaufgaben von „Erziehungspersonen" überwacht?	ja	meistens	manchmal	nie
Hätten Sie gern eine derartige Kontrolle bei der Hausaufgabenanfertigung?	auf jeden Fall	nie	ja	manchmal
Lernen Sie verstärkt kurzfristig vor Klassenarbeiten und Klausuren?	immer	meistens	manchmal	nein
Stehen Sie beim Schreiben von Arbeiten und Klausuren unter Zeitdruck?	immer	häufig	selten	nein
Haben Sie Angst vor Klassenarbeiten und Klausuren?	ja	vor manchen	kaum	nein
Kennen Sie Ihre Stärken und Schwächen in den einzelnen Fächern?	nein	ungefähr	recht genau	ganz genau
Vergessen Sie bei Arbeiten, was Sie vorher noch konnten?	fast immer	recht oft	selten	nein
Arbeiten Sie für manche Fächer mit Mitschülern zusammen?	nie	selten	häufig	oft
Arbeiten Sie für manche Fächer lieber als für andere?	für keins	eins	zwei	mehrere
Hängt das auch vom Lehrer ab?	sehr	stark	nein	etwas
Sind Sie vielleicht faul und ärgern sich darüber?	nein	bin nicht faul	ja	manchmal
Arbeiten Sie lieber, wenn Sie etwas genau verstanden haben?	nein	manchmal	oft	ja
Können Sie manchmal die Zeit vergessen, wenn Sie sich in ein Problem verbissen haben?	nein	selten	manchmal schon	ja
Haben Sie vor manchen Lehrern Angst?	ja	einem	selten	nein

	A	B	C	D
Fragen Sie den Lehrer, wenn Sie etwas nicht verstanden haben?	nein	manchmal	oft	ja
Haben Sie Angst davor, ausgelacht zu werden?	ja	oft	kaum	nein
Haben Sie einen festen Arbeitsplatz?	nein	manchmal	meistens	ja
Können Sie dort ungestört arbeiten?	selten	häufig	oft	immer
Besorgen Sie sich Zusatzinformationen, die über Schulbücher und Heftaufschriebe hinausgehen?	nein	selten	manchmal	oft
Können Sie sich gut allein in neue Stoffe einarbeiten?	nein	manchmal	oft	ja
Machen Sie beim Lernen vorher geplante Erholungspausen?	nein	gelegentlich	oft	immer
Können Sie nach einer Pause problemlos weiterarbeiten?	nein	selten	manchmal	ja
Hören Sie Musik oder sehen Sie fern während Sie lernen?	oft	manchmal	selten	nie
Wiederholen Sie den Lernstoff regelmäßig?	nein	manchmal	oft	immer

Wenn Ihre Antworten sich vorwiegend in der D-Spalte ergeben, haben Sie wohl kaum Probleme beim Lernen und mit der selbständigen Arbeit.

Bei Antworten hauptsächlich in der C-Spalte sollten Sie schon Ihre Arbeitsweise überprüfen und korrigieren.

Bei Antworten in den Spalten A und B, vor allem, bei häufigen Antworten in diesen Spalten, ist Ihre Arbeitsweise alles andere als optimal. Selbst wenn Sie es anderen gegenüber nicht zugeben möchten, so sollten Sie sich selbst gegenüber ehrlich sein und die in den Fragen angesprochenen Mängel von Grund auf beheben. Reden Sie sich bitte nicht ein, dass Sie Ihre optimale Arbeitsweise gefunden haben, egal wie Ihr Testergebnis aussieht. Bei vorwiegend A und B-Antworten sind wohl auch Ihre Noten in den meisten Fächern nicht besonders überzeugend.

Differenzen im Lernverhalten erklären sich aber ebenso aufgrund einer Lerntypologie. Je nachdem, von welchem Ansatz man her kommt gibt es unterschiedliche Lerntypen. Der Kommunikationswissenschaftler Frederic Vester unterscheidet zwischen visuellem, akustischen, haptischen und motorischen Lerntyp. Wer eher der Richtung des NLP (Neurolinguistisches Programmieren) anhängt, wird unterscheiden zwischen visuellen, auditiven, kinästhetischen und olfaktorisch/gustatorischen Lerntypen. Beide Richtungen zusammenfassend und vereinfachend können wir hier von drei Lerntypen sprechen, die sich jeweils über ihre bevorzugte Informationsaufnahme definieren:

- Lerntyp A: Lesen
- Lerntyp B: Hören
- Lerntyp C: Sehen

Da diese drei Typen nie in der reinen Form vorkommen, sondern immer gemischt sind, ist zu überprüfen, welche Form der Informationsaufnahme überwiegt. Wer zum Beispiel durch Lesen besonders gut lernt, sollte diesen Eingangskanal durch Übung verstärken. Zusatzinformationen zum Unterricht sind durch Bücher und Zeitschriften leicht zu bekommen. Möglicherweise lässt sich die Aufnahmegeschwindigkeit auch noch durch einen Schnelllesekurs, wie er an vielen Instituten und Volkshochschulen angeboten wird, steigern.

Lernende, die über das Hören besonders aufnahmefähig sind, sind bei zahlreichen Radiosendern gut bedient. Der Einsatz von Cassettenrecorder und Diktiergerät ist eine große Hilfe, und aus dem Unterricht nehmen sie sehr viel mit, auch ohne unbedingt sehr viel mitzuschreiben.

Wer zum Lerntyp Sehen gehört, ist besonders auf Bilder, Filme und Visualisierungen in Form von Tafelanschrieben, Flipchart-Diagrammen und optische Kompositionen an der Pinwand angewiesen.

Unser Gehirn bedarf unserer Sinne, um Informationen aufzunehmen. Da die Aufnahmefähigkeit und die Leistung des Gehirns durch ständiges Training weiter wachsen kann, vor allem auch, wenn man über vernetztes Denken beide Gehirnhälften kombiniert einsetzt, lernt man auch durch eine Kombination verschiedener Sinne mehr und schneller.

Wir behalten von dem, was wir …

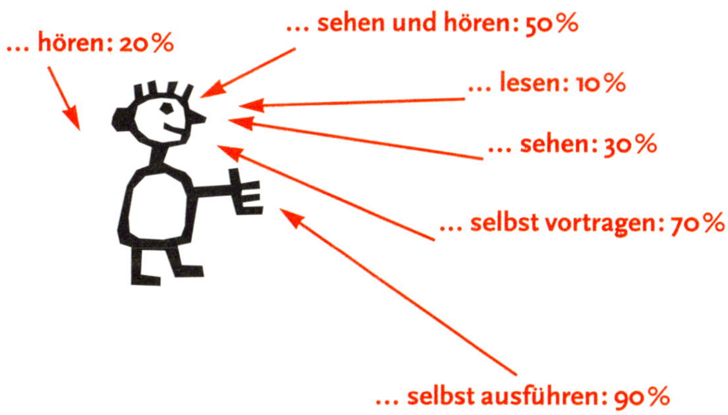

Entscheiden Sie, vielleicht auch im Gespräch mit Freunden, Eltern und Lehrern, zu welchem Lerntyp Sie gehören, und wie Sie Ihre Lernfähigkeit steigern können.

9.2. Konzentration und Kreativität trainieren

mangelnde Sauerstoffversorgung

Oft entstehen Konzentrationsprobleme dadurch, dass sich viele Menschen in einem zu kleinen Raum befinden, der noch dazu schlecht belüftet ist. Eine Unterversorgung mit Sauerstoff führt zunächst zu Gähnen und dann zu erheblichen Ermüdungserscheinungen. Aber auch ohne erschwerte Bedingungen ist zu wenig Sauerstoff ein Auslöser für Konzentrationsprobleme. Hier kann eine Atemübung etwas weiterhelfen:

Stellen Sie sich bequem hin, stehen Sie gerade und nehmen Sie die Schultern leicht zurück. Legen Sie die Hände so auf Ihre Hüften, dass die Daumen nach hinten zeigen und Ihre Finger unterhalb des Nabels auf dem Bauch liegen. Atmen Sie nun tief ein. Dabei bewegen Sie bitte Ihre Schultern nicht. Auch der Brustkorb dehnt sich nicht. Atmen Sie ein, bis Sie mit Ihren Händen die Ausdehnung Ihres Bauches fühlen können. Mit dieser Art des Atmens erreichen Sie die maximale Füllung Ihrer Lunge mit Atemluft. Halten Sie die Luft kurz an und versuchen Sie konzentriert, den Sauerstoff in Ihrer Lunge in Arme, Beine und Kopf zu pressen. Dann atmen Sie wieder langsam durch den Mund aus, halten kurz ein und beginnen wieder von vorn.

Wenn Sie diese Übung ein paar mal gemacht haben, werden Sie sich wieder fit genug zum Weiterarbeiten fühlen. Wiederholen Sie sie, wann immer Sie dazu Gelegenheit haben, wenn es geht, mehrmals am Tag.

Sie können die Übung auch variieren, indem Sie versuchen, die Einatemphase und die Ausatemphase in drei gleichgroße Einheiten zu unterteilen, d. h. sie beginnen einzuatmen, machen eine kurze Pause, atmen weiter ein, wieder eine kurze Pause, und atmen dann bis zu Ihren vollen Lungenkapazität ein. Dann pressen Sie die Luft in Arme, Beine und Kopf, bevor Sie wieder – ebenfalls in drei Einheiten – ausatmen.

Wir alle haben solche Phasen, in denen wir uns nicht voll auf das konzentrieren können, was wir gerade tun.

Störung der Konzentration durch äußere Ereignisse

Bei vielschichtigen und komplexen Tätigkeiten ist es nicht ungewöhnlich, dass man oft an Kleinigkeiten scheitert, die auch etwas mit Konzentration zu tun haben.

Sie sitzen zum Beispiel mitten in einer komplizierten Gemeinschaftskunde-Klausur. Zwar schreiben Sie gerade nicht, aber jeder kann an Ihren körpersprachlichen Signalen sehen, dass Sie hochkonzentriert sind und an einem wichtigen Gedanken arbeiten. Vielleicht haben Sie noch ein paar andere wichtige Ideen in einer Warteschleifen im Hinterkopf. Da fällt einem Ihrer Mitschüler im Raum mit einem lauten und störenden Geräusch eine Blechdose mit Schreibutensilien auf den Boden. Sie zucken zusammen, schrecken auf. Ihre Konzentration ist gestört.

Sie wissen zwar noch, woran Sie gerade gedacht haben, aber das komplexe Gedankengebäude ist zusammengestürzt und muss erst mühsam wieder aufgebaut werden. Die guten Formulierungen sind ganz weg.

Wenn Sie einen durch äußere Störungen ausgelösten Blackout vermeiden wollen, müssen Sie Ihre Gedanken, sofort wenn Sie kommen, zu Papier bringen. Eine Mind-

Map (siehe Kapitel 4.3.) leistet hier vorzügliche Dienste. Aber auch eine Checkliste mit zwei schmalen und einer breiten Spalte sind recht brauchbar. In die breite Spalte kommen Ihre Gedanken in Stichwortform und Punkte, die Sie noch erledigen müssen. In die erste schmale Spalte kommt eine Nummerierung, eine Reihenfolge, in der Sie die Gedanken und Tätigkeiten abarbeiten möchten. Und da eine solche Reihenfolge beim ersten Mal nie perfekt ist, gibt es noch eine zweite Spalte für Änderungen und Aktualisierungen. Das was abgearbeitet ist, wird einfach durchgestrichen. Die Checkliste sieht etwa so aus:

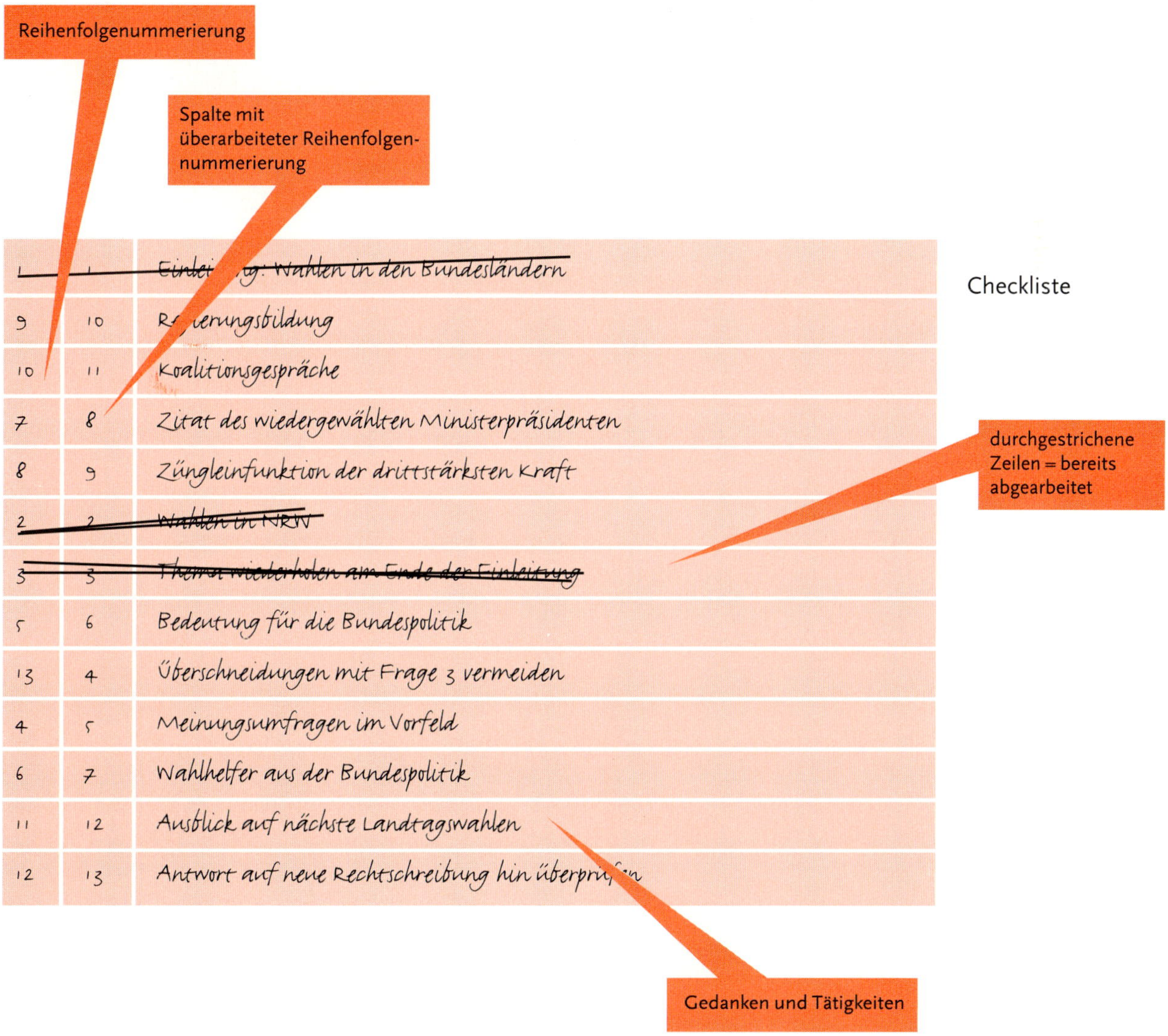

Checkliste

Die folgende Übung, bei der es auch um Konzentration und gleichzeitig Kreativität geht, ist sehr schwierig, weil Ihre Gedanken wahrscheinlich immer wieder abwandern und nicht bei der Sache bleiben wollen. Versuchen Sie es trotzdem. Träumen Sie sich die Welt schön, auch wenn es Ihnen gerade gut geht und Sie sich rundum zufrieden fühlen. Erst recht, wenn dem nicht so ist.

Träumen Sie sich die Welt schön!

Stellen Sie sich bei geschlossenen Augen einen Ort vor, wo Sie gerade gerne sein würden. Vielleicht segeln Sie gern und stellen sich ein Segelboot in der führenden Position an der Spitze einer Regatta vor, vielleicht mögen Sie es aber auch, einfach auf einer Bank auf einer Frühlingsblumenwiese an einem der oberitalienischen Seen zu sitzen. Stellen Sie sich die Örtlichkeit ganz genau vor, so wie Sie sie empfinden könnten. Denken Sie auch an den kühlenden Luftzug, wie Sie ihn auf Ihrer Haut spüren und an das Sprühwasser beim Segeln. Konzentrieren Sie sich weiter und achten Sie auf die Geräusche, die italienischen Kirchenglocken in der Ferne, das Summen einer Hummel, Vogelgezwitscher, Möwengeschrei oder das Knarren des Masts und des Rumpfes auf dem Segelboot. Können Sie sich auch die passenden Gerüche vorstellen? Atmen Sie sie tief ein.

- Wenn Sie ein komplettes Bild haben, wenn Sie in Ihrer Vorstellung Ihren Lieblingsort mit all Ihren Sinnen erfasst haben, dann stellen Sie sich vor, Sie sähen sich selbst inmitten dieser Szene. Halten Sie dieses Bild ganz fest. Sie sehen einen Menschen, der entspannt ist und sich wohlfühlt. Und Sie sehen einen Menschen, der jetzt wieder bereit ist, in die Realität zurückzukehren.

Versuchen Sie, sich – ausgelöst durch jeweils eins der folgenden fünf Bilder – eine solche Szene mit sich selbst als Mittelpunkt in Ihrer Vorstellung zu kreieren.

9.3. Lösungen

Die hier angebotenen Lösungen sind als Lösungsvorschläge zu verstehen, d. h. es gibt sicherlich in vielen Fällen Varianten oder andere Lösungen, die im jeweiligen Zusammenhang genauso richtig sind. Bei zahlreichen Übungen aus diesem Buch läßt sich aber auch gar keine verbindliche Lösungsmöglichkeit vorgeben, weil sich diese entweder aus einem Gruppenprozeß, aus der Interaktion mit anderen oder aufgrund der vor Ort bestehenden Möglichkeiten ergibt. Und weiterhin gibt es Übungen, bei denen der Weg, die individuelle Vorgehensweise, die Lösung darstellt. Sie finden daher hier nur Antworten auf die Fragen und Übungen, die sich verbindlich beantworten lassen.

Übung Kapitel 2.1., Seite 12

1. Diese Schlagzeileninformation ist nachprüfbar und zuverlässig, für das Thema aber nicht relevant.
2. Die Information ist relevant und trotz der ungenauen Quellenangabe nachprüfbar. Dennoch scheint sie aus sachlichen Gründen heraus doch eher nicht zuverlässig zu sein.
3. Die Information ist relevant. Durch Nachforschungen hinsichtlich der Quelle oder beim ZDF lassen sich auch Zuverlässigkeit und Nachprüfbarkeit herstellen.
4. Auch diese Information ist relevant, bedarf aber intensiver Arbeit zur Überprüfung der sachlichen Richtigkeit. Da keinerlei Hinweis auf eine Quelle gegeben wird, ist sie nicht nachprüfbar.
5. Relevant, zuverlässig und nachprüfbar.

Übung Kapitel 2.3., Seite 16

1. Reich-Ranicki spricht ein breites Publikum an, also Stadtbibliothek. Als Zeitzeuge mit schlimmen Erfahrungen aus dem Warschauer Ghetto gehört er auch in die historische Bibliothek, und eine literaturwissenschaftliche Bibliothek ohne MRR verdient diesen Namen nicht.
2. Der Autor klingt italienisch. Insofern ist das italienische Institut der Universität sicher ein guter Tipp. Das Thema Faschismus ist aber so allgemein gehalten, dass hier auch eine gute Stadtbibliothek Erfolg verspricht.
3. Das Buch über Zukunftsmanagement gehört zu den Wirtschaftswissenschaften.
4. Human Factors in Flight ist ein Standardwerk über das arbeitspsychologische Umfeld von Piloten und Flugbegleitpersonal. Es ist sicherlich nicht in der Stadtbibliothek zu finden. Bei Luft- und Raumfahrttechnikern könnte es in den Bereichen Cockpitgestaltung und Ergonomie zu finden sein.
5. Goethe ist zwar allgegenwärtig, aber in der Logopädie ist er fehl am Platz. Im germanistischen Seminar steht das Buch bestimmt, und auch die Übersetzer verfügen wohl über dieses hochspezielle Wörterbuch
6. Dieses Buch von Paul Davies gehört sowohl in das Theologieseminar wie auch in die Bibliothek des Instituts für theoretische Physik. In der Metallforschung ist es eher fehl am Platz.
7. Das Buch von Margarete Graf ist ein Stadtführer für Besucher der belgischen Hauptstadt. Daher findet man es sicher in der Stadtbibliothek.

Übung Kapitel 2.3., Seite 24

Die Fragen dieser Übung können hier nicht verbindlich beantwortet werden, da die Antworten vom Bestand der ausgewählten Bibliothek abhängig sind. Daher hier nur ein unvollständiger Lösungsvorschlag:

1. Wahrscheinlich unter „Geld", „Währung", „Wirtschaft", „Finanzen".
2. Nein. Es ist ein Kriminalroman.
4. Es handelt sich um 71 meist Schwellen- oder Entwicklungsländer des afrikanisch-karibisch-pazifischen Raums. Die Zusammenarbeit mit Europa wird durch bisher 4 Lomé-Abkommen (Hauptstadt Togos, in der die Konferenzen zu den entsprechen-

den Abkommen stattfanden) geregelt. Ein neues Abkommen, Lomé 2000, wird diskutiert.

6. Bundesrepublik Deutschland: Walter Hallstein (1958–67); Belgien: Jean Rey (1967–70); Italien: Franco Maria Malfatti (1970–72); Niederlande: Sicco L. Mansholt (1972–73); Frankreich: François-Xavier Ortoli (1973–77); Großbritannien: Roy Jenkins (1977–81); Luxembourg: Gaston E. Thorn (1981–85); Frankreich: Jacques Delors (1985–95); Luxembourg: Jacques Santer (1995–99); Italien: Romano Prodi (ab 1999).
11. Die deutsche Delegation, unterstützt von Österreich, wollte Deutsch zur gleichberechtigten Konferenzsprache machen.

Übung Kapitel 2.5., Seite 27

1. Das Bundesarchiv Koblenz ist ein staatliches Archiv.
2. Auch die Gauck-Behörde ist ein staatliches Archiv.
3. Das Zentralarchiv zur Erforschung der Geschichte der Juden in Deutschland gehört zu den Institutionsarchiven.
4. Das Archiv der Stiftung preußischer Kulturbesitz ist ein staatliches Archiv.
5. Das NRW-Hauptstaatsarchiv ist staatlich.
6. Das Archiv der Grafen von Bissingen und Nippenburg ist ein privates Archiv, im weiteren Sinne ein Familienarchiv.
7. Das Archiv der Uni Münster ist ein Universitätsarchiv.
8. Die Abteilung MA des Bundesarchivs gehört auch zu den staatlichen Archiven.
9. Das Caritasarchiv ist ein Verbandsarchiv.
10. Das Stadtarchiv Dortmund gehört zu den kommunalen Archiven.
11. Die Berliner Außenstelle des AA-Archivs ist staatlich.
12. Das Bundestagsarchiv ist ein parlamentarisches Archiv.
13. Das Landkreisarchiv Esslingen ist ein kommunales Archiv.
14. Das SPIEGEL-Archiv ist ein Medienarchiv.

Übung Kapitel 4.8., Seite 126

1. Die folgenden Diagrammformen sind gut geeignet für die vorgegebenen Themen oder Abläufe:
   a) das Organigramm für den organisatorischen Aufbau der Schule
   b) das Flussdiagramm für den Entstehungsweg eines Gesetzes
   c) ein Beziehungsnetzwerk für die Darstellung des Verhältnisses von Romanfiguren zueinander
   d) das Netzdiagramm für die Bismarck'sche Außenpolitik
   e) ein Mind Map oder eine Baumstruktur für die Grobgliederung eines Referates
   f) ein Mind Map für eine Ideensammlung
   g) eine Baumstruktur für die Maastrichter Verträge
   h) ein Organigramm für die Vereinten Nationen
   i) ein Flussdiagramm für die amerikanische Präsidentschaftswahl

Übung Kapitel 5.2, Seite 130

Der Mitarbeiter der Berufsberatung könnte seinen Auftritt durchaus verbessern. Hier einige Vorschläge:

- Statt um 10 Minuten nach 10 sollte Herr K lieber um 10 Minuten vor 10 kommen. Verspätungen sind immer ärgerlich und zeugen von Arroganz gegenüber dem Publikum.
- Herr K. beginnt mit „Liebe Abiturienten...“. Die deutsche Sprache ist insofern etwas umständlich, als sich die femininen Formen von den maskulinen unterscheiden. Es ist aber eine Unhöflichkeit, deswegen die „Abiturientinnen“ nicht anzusprechen, sondern in den maskulinen Begriff „Abiturienten“ miteinzubeziehen.
- Die Überprüfung der Verstärkeranlage sollte vor Beginn der Veranstaltung abgeschlossen sein. Der Gastredner wirkt dabei nicht mit, schon gar nicht vor versammeltem Publikum.
- Die Vorstellung von Herrn K. durch den Oberstufenberater ist ein wesentlicher Bestandteil der Veranstaltung. Sie sollte am Anfang stattfinden und Herrn K. einen guten und würdigen Auftritt ermöglichen. Sie ist mit Sicherheit kein Pausenfüller, während noch an der Verstärkeranlage gearbeitet wird.
- Herr K. sollte sich vor der Veranstaltung informieren, mit wem er es zu tun hat. Den Oberstufenberater als „Direktor“ anzusprechen ist peinlich.
- Herr K. entschuldigt sich für seine Verspätung. Ein verpatzter Einstieg! Wäre er

pünktlich gekommen, hätte er einen besseren Start gehabt. Besonders taktlos ist es dann, die Verspätung mit der mangelhaften Situation vor Ort zu erklären.

- Herr K. beginnt mit einigen Bemerkungen zu seiner Person. Das kann wichtig sein, um die Sachkompetenz des Redners deutlich zu machen, sollte aber nicht von ihm, sondern von demjenigen gesagt werden, der die Vorstellung übernimmt. Dass Herr K. den Arbeitgeber gewechselt hat, weil ihm die Arbeitsbedingungen und die Bezahlung nicht genehm waren, interessiert in diesem Zusammenhang niemanden und sollte weggelassen werden.
- Der Hinweis darauf, Zwischenfragen zu stellen, ist richtig, wenn auch verfrüht. Niemand wird eine Frage zum Werdegang von Herrn K. stellen.
- Ein Redner, der mit dem Hinweis auftritt, dass er ohnehin nicht wisse, was die Zuhörer interessieren könnte, zeigt, dass ihm die Zuhörer gleichgültig sind, dass er sich nicht vorbereitet hat und dass er bestenfalls nur eine Routinerede abspult.
- Die Scharfeinstellung und Ausrichtung des OH-Projektors ist nicht Sache des Gastredners. Ebenso wie die Mikrofontechnik hätte dies vor Beginn der Veranstaltung überprüft werden müssen.
- Dass Herr K. Probleme mit der Bedienung des Geräts hat, ist nicht so schlimm. Er sollte sich aber jetzt nicht wieder negativ über die örtlichen Ausstattungen äußern.
- Wenn er von Berufen spricht oder sprechen möchte, ist die Folie „Verdienstmöglichkeiten“ falsch. Dass er diese für den Schluss vorgesehene Folie am Anfang auflegt, zeigt dass sein Vortrag unvorbereitet ist und über keinerlei Struktur verfügt.
- Herr K. liest die Folie von der Projektionswand aus vor. Eine gute Folie ist so klar und groß, dass man sie nicht vorlesen muss. Sie dient als visuelle Unterstützung des Gesagten, nicht umgekehrt. Einzelheiten auf Folien werden nicht an der Projektionswand gezeigt, sondern mit einem spitzen Gegenstand auf dem Projektor selbst. Die Nähe zum Mikrofon wäre dann auch erhalten geblieben.
- Helle Farben sind nur als Kontrastfarben auf Folien geeignet. Schrift sollte in dunkleren, kräftigen Farben gehalten sein. Helle Farben sind bei starkem Lichteinfall nicht mehr klar erkennbar.
- Die Folie zeigt Spitzenverdienste, die vor ein paar Jahren gezahlt wurden. Warum bringt Herr K. keine aktuellen Zahlen? Eine Frage zum genauen Alter der Zahlen kann er nicht beantworten, weil er nicht nur nicht vorbereitet ist, sondern seine entsprechenden Unterlagen auch noch im Auto gelassen hat. Wieder sind die Zustände vor Ort dafür verantwortlich.
- Auf den Hinweis, dass die Zahlen nicht zu erkennen seien, reagiert er zunächst leicht ungehalten. Dann sagt er, sie seien zur Zeit ohnehin nicht so wichtig. Warum hat er sie dann aufgelegt? Und schließlich versucht er witzig zu sein, hat aber kein Gespür dafür, was seine Zuhörer im Augenblick gerade als amüsant empfinden könnten und was nicht.
- Auch ein ordentlicher Abschluss seines Vortrags gelingt Herrn K. nicht. Es ist peinlich, Zuhörern, die den Raum bereits verlassen, noch die Telefonnummer und Sprechzeiten des Redners nachzurufen.

Übung Kapitel 5.3., Seite 150

1 Die Ereignisse des 20. Juli 1944: Dokumentation
2 Führt das Abschalten der deutschen Kernkraftwerke zu einer Energieversorgungsabhängigkeit vom Ausland?: Argumentation
3 Hätte Sigmund Freud Hamlet helfen können?: Interpretation
4 Faschistische Entwicklungen in der deutschen Innenpolitik 1933–1939; Systematisierung
5 Beobachtung von Verhaltensauffälligkeiten bei Zootieren: Dokumentation
6 Andy Warhols „Gold Marilyn Monroe" (1962) und James Rosenquists „Marilyn Monroe, I." (1962): Kontrastierung
7 Die Veränderung des deutsch-polnischen Grenzverkehrs seit 1995: Kompilation
8 Die Bodenkollision der beiden Boeing 747 von Teneriffa 1978. Wie konnte es zur bisher größten Flugzeugkatastrophe kommen?: Kompilation
9 Franz Kafka, „Die Verwandlung“. Klarere Wahrnehmung durch andere Perspektiven?: Interpretation
10 Warum junge Menschen zur Wahl gehen sollten: Argumentation

11 Landschaftsmalerei im 19. Jahrhundert: Systematisierung
12 Kann Osteuropa die Voraussetzungen für einen EU-Beitritt erfüllen?: Evaluation
13 „Wer hat Angst vor Virginia Woolf?“ Der geplatzte amerikanische Traum: Analyse
14 Sozialer Wohnungsbau in Deutschland. Unterschiedliche Ansätze in den 50er Jahren und heute: Evaluation
15 Fitzgeralds Sicht der 20er Jahre in „The Great Gatsby“: Analyse
16 Die gesundheitspolitischen Vorstellungen von Regie rung und Opposition: Kontrastierung

Übung Kapitel 6.2., Seite 184

1. Hier gibt es einen Kommunikationskonflikt. Vereinbaren Sie ganz klare Zuständigkeiten und eine klare Richtung des Informationsflusses. Abweichende Meinungen werden diskutiert, wenn eine solche Diskussion bei der Gruppen-sitzung vorgesehen ist. Ansonsten herrscht Sachdisziplin.
2. Sprechen Sie das Problem an und vereinbaren Sie einen klaren Verhaltensko-dex. Wenn die beiden feststellen, dass ihr Verhalten den anderen auf die Nerven geht, werden sie sicher andere Gelegenheiten finden.
3. Führen Sie eine Teambesprechung durch und schlagen Sie vor, dass manche Aufgaben, besonders die anspruchsvolleren, von mindestens zwei Teammitgliedern bearbeitet werden, so dass die zunächst ungeeigneten einen Partner bekommen, der sie anleiten kann. Eine Alternative: Manchmal ist es erstaunlich zu beobachten, wie gut Leute, die nicht gut an einem Thema arbeiten können, mit Führungs- und Organisationsaufgaben umgehen können. Als letzte Möglichkeit bleibt eine Neukonstituierung des Teams.
4. Vielleicht ist Ihre Aufgabe zu groß. Grenzen Sie Ihr Thema ein. Machen Sie einen Teilbereich zum Hauptthema und besprechen Sie eine klare Aufgabenverteilung.
5. Vielleicht ist es besser sich rechtzeitig zu trennen oder über eine andere Themenstellung nachzudenken (siehe Profitipp S. 183).
6. Teilen Sie die Gruppe und die Arbeit; bilden Sie Unterarbeitsgruppen.
7. Sprechen Sie das Problem offen an. Ziel der Besprechung ist eine Verhaltensänderung im Hinblick auf größere Teamintegration. Auch ist es möglich, Teilergebnisse von den Leuten präsentieren zu lassen, die die Hauptarbeit daran geleistet haben. Ein Wechsel der Zuständigkeiten ist eine weitere Möglichkeit.
8. Hier würde eine zentrale Koordination durch eine Person weiterhelfen. Der aktuelle Stand wird regelmäßig von dieser Person an einem schwarzen Brett oder einer Internetseite bekanntgegeben und abrufbar gemacht.
9. Legen Sie Verantwortlichkeiten fest und benennen Sie einen Organisationsverantwortlichen, der diese kontrolliert (Wer macht was? Bis wann?)
10. Planen Sie kleinere Arbeitsschritte, mit denen Sie sich leichter Erfolgserlebnisse verschaffen können.
11. Lassen Sie sich von Misserfolgen und Krisen nicht zu schnell entmutigen. Krisen und Durststrecken bleiben bei einem längeren Arbeitsprozess nicht aus. Nehmen Sie die Hilfe der Lehrer/Lehrerinnen in Anspruch und machen Sie sich innerhalb der Gruppe gegenseitig Mut.
12. Sprechen Sie offen miteinander über die ungleichen Erwartungen und Verhaltensweisen, verdeutlichen Sie Konsequenzen und trennen Sie sich ggf.
13. Finden Sie eine andere Arbeitsform gefunden werden, evtl. eine Dezentralisierung, oder Sitzungen ohne den Experten, dessen Fachwissen nur noch schriftlich abgefragt wird.
14. Wenn Sie eine ständige Pinwand installieren, an der alle Vorschläge aller Teilnehmer gesammelt und visualisiert werden, wird der Teilnehmer bald er-kennen müssen, dass seine Vorschläge nicht in die Projektstruktur passen und zurückgenommen oder aktualisiert werden müssen.
15. Versuchen Sie trotzdem, einen Abschluss zu erreichen und fügen Sie Ihrer Arbeit eine Seite an, auf der kurz beschrieben wird, welche Punkte noch un-bearbeitet sind.

Übung Kapitel 6.3.2., Seite 189

Die Reihenfolge der einzelnen Schritte bei dieser Projektarbeit geht davon aus, dass zunächst ein schriftliches Referat vorliegt und danach nochmals eine mündliche Präsentation erfolgt. Mehrere Punkte, z. B. „Überprüfung und Korrektur der Arbeitsweise", „Überprüfung der Projektfortschritte" oder „Maßnahmen zur Qualitätssicherung" sind kontinuierliche Tätigkeiten, die nicht folgerichtig und logisch an einer ganz bestimmten Stelle einzusetzen sind. Auch andere Punkte, sind je nach Team, Thema und Gegebenheiten austauschbar.

- Allgemeines Einarbeiten in das Gebiet
- Allgemeine Recherchearbeit in Bibliotheken, Internet, etc.
- Formulieren eines Arbeitsthemas
- Zusammenstellen eines Arbeitsteams
- Informationen über Öffnungszeiten der Bibliotheken einholen
- Buchung von Internet-Nutzungszeiten bei öffentlich genutzten Geräten
- Anlegen einer Materialsammlung
- Teaminterne Absprache und Verteilung individueller Zuständigkeiten
- Einigung über Teamarbeitsmodalitäten (persönlicher Einsatz, Verhalten bei Konflikten, unvorhergesehene Probleme, Flexibilität, Kreativität, Arbeitsmethoden, etc.)
- Bestimmung/Wahl eines Projektleiters
- Strukturierung in Teilaufgaben
- Endgültige Themenformulierung
- Themabewertung im Hinblick auf das Gesamtgebiet
- Themabewertung im Hinblick auf unveränderliche äußere Rahmenbedingungen
- Erstellen eines Zeitplans
- Arbeitszeitplanung
- Zielgerichtetes Einarbeiten in das Spezialgebiet
- Spezielle Recherchearbeit in Bibliotheken, Internet, etc.
- Anlegen eines persönlichen Apparates in der Bibliothek
- Ordnen des Materials (Karteikarten, Datenbank, Ordner, Zettelkasten, Magnettafel, etc.)
- Sammeln von themenrelevantem Bildmaterial
- Festlegen des Referat-, Präsentations- oder Einreichungstermins
- Festlegung von Zwischenzielen (Meilensteine)
- Tonbandprotokolle von Informationen, Fakten, Ideen, Tätigkeiten
- Anlegen von Checklisten
- Koordinieren von Einzelinformationen
- Kostenberechnung für Materialien, Kopien, Drucke, Videos, Fotoarbeiten, etc.
- Anschaffung von Papier, Karteikarten, Disketten
- Erstellen einer Gliederung
- Ausformulierung
- Formulierung einer Einleitung und/oder eines Vorworts
- Überlegungen zur äußeren Gestaltung der Arbeit
- Tipparbeiten am Computer
- Erstellen eines Literaturverzeichnisses
- Erstellung eines Stichwortregisters
- Korrekturlesen
- Überlegungen zur Präsentationsgestaltung
- Überlegungen zur Erwartungshaltung der Adressaten
- Überlegungen zum Medieneinsatz bei der Präsentation
- Erarbeitung von Präsentationsmaterialien
- Erstellen von Grafiken
- Erstellung von Handouts für die Zuhörer
- Überlegungen zur Nachprojektphase
- Trainieren des Vortrages
- Planungen zur Projektabschlussfeier

Ständige projektbegleitende Tätigkeiten:

- Systematische Ergebnisdokumentation
- Status- und Teambesprechung
- Überprüfung und evtl. Korrektur der Arbeitsweise
- Arbeitsprotokoll (Dokumentation)
- Überprüfung der Projektfortschritte
- Diskussion und Reflektion mit Dritten
- Maßnahmen zur Qualitätssicherung

Übung Kapitel 7.4., Seite 211

Die beiden Streifen mit den Pferden werden so gelegt, dass die Pferde Rücken an Rücken liegen.
Die Reiter werden nun quer zu den Pferden (also im 90-Grad-Winkel) genau auf die Rücken der Pferde gelegt.

9.4. Literatur- und Quellenverzeichnis

Die nachfolgend aufgeführten Werke sind eine Auswahl derjenigen Veröffentlichungen, die bei der Erarbeitung des Manuskripts für dieses Buch sehr hilfreich waren. Sie sind für eine vertiefende Arbeit am Thema "Methoden" sehr empfehlenswert.

Albers, Olaf/Broux, Arno
Zukunftswerkstatt und Szenariotechnik.
Beltz-Verlag, Weinheim 1999.

Arbeitsgemeinschaft Lernmethodik
Gewußt wie. Bewährte Lerntipps für Schülerinnen und Schüler ab Klasse 5.
Deutscher Sparkassenverlag, Stuttgart.

Barrett, Neil,
30 Minuten für den Einstieg ins Internet.
Gabal-Verlag, Offenbach 1998.

Bauer, Volker, u.a.
Methodenarbeit im Geschichtsunterricht.
Cornelsen-Verlag, Berlin 1998.

H. Biermann/B. Schurf,
Texte, Themen und Strukturen.
Deutschbuch für die Oberstufe.
Cornelsen Verlag, Berlin 1999

Birkenbihl, Vera F.,
Stroh im Kopf.
Gabal-Verlag, Offenbach, 31. Aufl. 1997.

Birkenbihl, Vera F.,
Stichwort: Schule. Trotz Schule lernen.
Gabal-Verlag, Offenbach, 11. Aufl. 1997.

Birkenbihl, Vera F.,
Sprachen lernen leicht gemacht!.
Gabal-Verlag, Offenbach, 11. Aufl. 1998.

Boy, J./Dudek, C./Kuschel, S.,
Projektmanagement.
Gabal-Verlag, Offenbach, 5. Aufl. 1998.

Bozek, Phillip,
50 Ein-Minuten-Tips für erfolgreichere Kommunikation.
Ueberreuter-Verlag, Wien 1992.

Brenner, Gerd,
Besser in allen Fächern. Sachtexte verstehen und verfassen.
Cornelsen Verlag Scriptor, Berlin 1996.

Brenner, Walter,
Grundzüge des Informationsmanagement.
Springer-Verlag, Berlin 1994.

Bünting, K.-D./Bitterlich, A./Pospiech, U.,
Schreiben im Studium.
Cornelsen Verlag Scriptor, Berlin 1999.

Cole, Kris
Kommunikation klipp und klar.
Beltz-Verlag, Weinheim 1996.

Decker, Franz,
Die neuen Methoden des Lernens.
Lexika-Verlag, Krick-Fachmedien, Würzburg 1999.

Flockenhaus, Ute (Hrsg.),
Zukunftsmanagement. Trainings-Perspektiven für das 21. Jahrhundert.
Gabal-Verlag, Offenbach, 1999.

Forsyth, Patrick,
30 Minuten bis zur überzeugenden Präsentation.
Gabal-Verlag, Offenbach 1998.

Francis, Dave/Young, Don
Mehr Erfolg im Team.
Windmühle-Verlag, Hamburg, 5. Aufl. 1996.

Geiselhart, Roland R./Burkart, Christiane,
Konzentrations-Power.
Gabal-Verlag, Offenbach 1998.

Dr. W. Gerber u.a.: Mensch und Raum.
Geographie 11. Gymnasium Oberstufe.
Nordrhein-Westfalen.
Cornelsen Verlag, Berlin 2000

GTZ (Hrsg.)
ZOPP. Deutsche Gesellschaft für Technische Zusammenarbeit, Eschborn 1988.

Gugel, Günther,
Methoden Manual I: »Neues Lernen«
Beltz-Verlag, Weinheim 1997.

Gugel, Günther,
Methoden Manual II: »Neues Lernen«
Beltz-Verlag, Weinheim 1998.

Harris, Thomas A.,
Ich bin o.k. Du bist o.k.
Rowohlt-Taschenbuch-Verlag, Reinbek 1973.

Kirckhoff, Mogens,
Mind Mapping.
Gabal-Verlag, Offenbach, 11. Aufl. 1997.

Koenig, Detlef (Hrsg),
Der persönliche Organisationsberater.
Verlag Norman Rentrop, Bonn 1997
(Loseblattsammlungen mit aktuellen Ergänzungen).

Koenig, Detlef (Hrsg.),
Erfolgreich überzeugen und präsentieren.
Verlag Norman Rentrop, Bonn 1997 (Loseblattsammlung mit aktuellen Ergänzungen).

Kruse, Peter/Stadler, Michael,
Wahrnehmen, Verstehen, Erinnern. Der Aufbau des psychischen Apparates. Manuskript zum Funkkolleg Medien und Kommunikation. Hessischer Rundfunk, Frankfurt.

Lorenz, Beatrice (Hrsg.),
Konrad Lorenz. Denkwege.
R. Piper Verlag, München 1992.

Maddux, Robert B.
Team-Bildung.
Ueberreuter-Verlag, Wien 1993.

Preiser, Siegfried,
Zielorientiertes Handeln.
Roland Asanger Verlag, Heidelberg 1989.

Ressel, Hildegard,
Was ich wirklich brauche.
Scherz-Verlag, Bern 1998.

Reutler, Bernd H.
Körpersprache im Bild.
Englisch-Verlag, Wiesbaden, 4. Aufl. 1991.

Rückle, Horst,
Körpersprache für Manager.
Verlag Moderne Industrie, Landsberg/Lech, 9. Aufl. 1992.

Rüttinger, Rolf/Kruppa, Reinhold,
Übungen zur Transaktionsanalyse.
Windmühle-Verlag, Hamburg 1988.

Ruhleder, Rolf H.,
Vortragen und Präsentieren.
Max Schimmel Verlag, Würzburg 1996.

Sampson, Eleri,
30 Minuten für die überzeugende Selbstdarstellung.
Gabal-Verlag, Offenbach 1998.

Scheler, Uwe,
Informationen präsentieren.
Gabal-Verlag, Offenbach, 2. Aufl. 1997.

Schnelle, Eberhard
The Metaplan Method.
Metaplan, Quickborn.

Schnelle-Cölln, Telse
Visualisierung, die optische Sprache in der Moderation.
Metaplan, Quickborn 1983.

Seifert, Josef W.,
Besprechungsmoderation.
Gabal-Verlag, Offenbach, 4. Aufl. 1998.

Seifert, Josef W.,
Visualisieren, Präsentieren, Moderieren.
Gabal-Verlag, Offenbach, 11. Aufl. 1998.

Seiwert, Lothar J.,
Selbstmanagement.
Gabal-Verlag, Offenbach, 7. Aufl. 1997.

Seiwert, Lothar J.,
30 Minuten für optimales Zeitmanagement.
Gabal-Verlag, Offenbach 1998.

Seufert, C. (Hrsg.: GTZ)
Methoden und Instrumente der Projektplanung und -durchführung.
Deutsche Gesellschaft für Technische Zusammenarbeit, Eschborn 1991.

SKILL-Autorenteam,
Kreativ lehren und lernen.
Gabal-Verlag, Offenbach, 3. Aufl. 1997.

Stary, Joachim/Kretschmer, Horst,
Umgang mit wissenschaftlicher Literatur.
Cornelsen Cerlag Scriptor, Berlin 1999.

Steiner, Claude,
Emotionale Kompetenz.
dtv, München 1999.

Tierney, Elizabeth,
30 Minuten für erfolgreiche Kommunikation.
Gabal-Verlag, Offenbach 1998.

Ulich, M./Stenger, W./Büscher, D.
Language & Politics. Political Speeches in the U.S.A.
Langenscheidt-Longman, München 1983.

Ulsamer, Bertold/Blickhan, Claus,
NLP für Einsteiger.
Gabal-Verlag, Offenbach, 10. Aufl. 1998.

Vogel, Ingo,
Personal Way.
Econ Verlag, München 1999.

Wilson, Paul,
Wege zur Ruhe.
Rowohlt Taschenbuch Verlag, Reinbek 1996.

9.5. Register